사회복지정책론

SOCIAL WELFARE POLICY

사회복지정책론

임정문·신미애·원유나·이지복·나직균 공저

dm 동문사

머리말

2000년대 들어 시작된 저출산·고령화가 우리나라의 정치·경제·사회·문화의 전반적인 구조를 뒤흔들기 시작했다. 통계청 자료에 따르면 2019년 7월부터 2020년 6월까지 30만 9,000명이 태어나고 31만 4,000명이 사망해 1983년 관련 통계가 작성된 이후 처음으로 "인구 자연감소"가 시작되었다. 인구구성비는 아래 표에서 보는 바와 같이 청장년층은 계속 줄게 되고, 노년층은 늘어 우리나라의 산업 등의 급격한 변화가 예측되고 있다. 하지만 우리나라의 경제 및 복지정책은 급속한 변화를 대응하는 정책보다는 선심성 현금복지급여와 나라의 앞날을 생각하지 못하는 지속적인 구시대적인 정책시행으로 예산 낭비와 청년들의 사회참여가 단절되는 기현상으로 변화해 가고 있는 실정이다.

| 표 | 저출산·고령화 인구구성비율 비교

구분	2019년	2025년	2030년	2040년
유소년 (0~14세)	12.4%	10.7%	9.6%	9.8%
생산연령 (15~64세)	72.7%	69.1%	65.4%	56.3%
고령인구 (65세 이상)	14.9%	20.3%	25%	33.9%

※자료 : 통계청 장래인구추이

위의 표에서 볼 수 있듯이 우리나라는 2019년 인구자연감소를 시작으로 2025년 고령화와 저출산으로 나타나는 정년연장을 통한 계속고용제도 시행과 생산 및 소비의 불균형으로 나타나는 상권붕괴와 사회전반적으로 도시중심적인 인구이동과 빈집 증가, 유령도시가 생성되고, 2030년 우리나라 평균연령이 50대시대가 열리는 등 초단기로 급변하는 사회구조를 맞이하게 된다. 인구절벽시대를 시작하는 이 중요한 시기에 어떻게 하면 사회복지정책을 기초부터 잘 세워 10년 후, 20년 후 우리 후손들에게 복지국가를 구축하여 넘겨줄 수 있을지 고민해 보는 시간이 되어야 한다. 이에 저자들은 2020년 복지국가의 기초를 바로 세워야 할 우리나라의 현실을 고민하며 사회복지정책에 대한 새로운 접근을 시도하고자 하였다. 저자들은 그동안 사회복지학을 연구하고 가르치며 정리하였던 이론들과 우리나라 사회복지역사, 사회복지제도를 살펴보고, 사회복지학을 공부하는 사회복지학도에게 사회복지정책의 새로운 접근을 통해 우리의 복지국가 건설을 위한 기본틀을 가르치고자 이 책을 출판하게 되었다.

이 책은 사회복지현장에서 요구하는 사회복지사로서의 기본적인 지식습득과 국가복지정책의 변동을 반영하고자 영역별 복지제도 정리를 통해 예비 사회복지사로서 기본적으로 학습해야 할 내용과 국가고시를 대비한 기출문제와 예상문제를 한 권으로 정리하였다.

이 책은 총 14장으로 구성하였다. 1장에서는 사회복지정책의 개념과 영역, 특성을 이해하고 사회복지정책의 발달이론에 대해 학습할 수 있도록 하였다. 2장과 3장에서는 사회복지정책의 가치, 이념과 모형에 대해 살펴보고, 정책의 역사를 학습할 수 있다.

4장에서는 사회복지정책의 형성과정에 대해 이해할 수 있으며, 5장에서는 정책의 분석틀과 대상에 대해 학습할 수 있도록 구성하였다. 6장부터 8장까지는 사회복지 대상자를 위한 복지급여의 수준과 전달체계, 더 나아가 복지재원 조달을 생각해볼 수 있도록 사회복지정책의 안정적인 실현을 위한 근본적인 틀을 설명하였다. 9장에서는 사회보장의 개념과 사회보장기본법을 통해 사회복지 대상자의 복지급여 실태에 대해 논의하고, 10장과 11장에서는 우리나라 사회보험제도와 공공부조제도를 살펴보고, 12장과 13장에서는 사회적 약자의 각 분야별 사회복지서비스 정책의 현황을 살펴보았다. 마지막으로 14장에서는 복지국가의 성립배경과 발달과정, 유형을 제시하며 복지국가를 이루고자 노력해야 할 방향을 제시하였다.

이 책의 미흡한 부분은 앞으로도 꾸준히 수정, 보완해 나가도록 노력할 것이며, 이 책을 통해 복지국가 구축을 위한 국가정책의 방향과 사회복지사로서의 역할에 대해 생각해보는 시간이 되길 바란다. 끝으로 이 책을 출판하는 데 도움을 주신 동문사 이중수 사장님과 관계자 여러분께 감사를 드린다.

2020년 03월
저자 일동

차 례

Contents

Chapter 01

사회복지정책의 의미와 특성

01 사회복지정책의 개념과 성격

사회복지정책은 '사회복지'와 '정책'의 합성어로, 사회복지와 정책의 개념을 따로 분리하여 살펴볼 필요가 있다. 왜냐하면 사회복지의 개념을 어떻게 규정짓느냐에 따라 사회복지정책의 개념이 달라질 수 있기 때문이다. 먼저 사회복지의 개념을 살펴보면 다음과 같다.

1) 사회복지의 개념

사회복지라는 용어는 현대 산업사회의 발전과 더불어 발생한 여러 가지 사회문제와 관련하여 사용하게 되었다. 현대사회가 산업화, 도시화되고 발전할수록 사회복지에 대한 관심은 더욱 높아지고 있으며 이에 대한 욕구도 증대되어 가고 있다.

사회복지라는 용어는 시대와 국가에 따라 그 의미가 다르며, 학자들의 견해에 따라서도 그 의미가 다르기 때문에 반드시 동일한 뜻으로 사용되지 않고 있다.

사회복지란 무엇인가? 사회복지학을 공부하는 사람이 가장 먼저 질문하는 것이다. 그런데 사회복지가 무엇인지에 대한 다양한 정의는 있지만, 사회복지계에서 합의된 정의를 찾을 수는 없다. 사회복지는 각 나라마다 다른 전통을 가지고 발전되었으며, 학자들에 따라 혹은 지향하는 이념에 따라 강조하는 사회복지의 내용이 다르기 때문이다.

(1) 어원적 개념

사회복지가 무엇인지를 이해하기 위해서 가장 먼저 사용되는 방식은 '사회복지'라는 말의 어원을 찾는 일이다. 사회복지는 영어의 social welfare를 번역한 것이다. 먼저 복지를 뜻하는 welfare[1]는 '지내다', '살아가다'란 의미의 fare에

---

1) 사회복지는 16세기 초부터 사용되기 시작한 독일어의 wohlfahrt란 말에서 유래되었다는 주장도 있다. 이 낱말은 처음에 '원하다 혹은 바라다'라는 의미의 wohl과 '한 장소에서 다른 장소로 옮긴다는 의미의 fahren이 연결되어 관용적으로 쓰이기 시작된 것이라고 한다. 이 두 낱말이 결합된 wohlfahrt는 '바람직한 상태로 바꾼다는 의미가 된다.

'만족스러운' 혹은 '적절한'이란 의미의 well이 합쳐져서 '만족스럽게 지내는 상태'를 의미한다. 웹스터 사전에 의하면 복지는 "건강하고 행복하며 안락한 상태"라고 정의되어 있다. 복지란 건강하고 안락한 인간의 이상적인 상태, 즉 안녕(well-being)의 상태를 나타내는 개념이라고 할 수 있다.

다음으로 사회적이란 의미의 social은 '지역사회나 집단 속에서 같이 지내다'란 뜻을 가지고 있다. '사회적'이란 사회 안에서의 삶의 질과 개인, 집단, 사회 전체 간의 사회 내적인 관계를 뜻한다. 여기서 '사회 내적인 관계'란 개인의 정신세계나 국제관계와 같은 사회 외적인 관계를 제외한 개인 대 개인, 개인 대 집단, 개인 대 전체사회, 집단 대 집단, 집단 대 전체사회의 비이기적인 상호관계를 의미한다. 따라서 이때의 '사회적'이란 의미는 물질적이거나 영리적인 요소보다는 비영리적이며, 이타적 속성의 공동체적 삶의 요소에 관심을 기울이는 것이라고 할 수 있다.

이렇게 보면 사회복지의 언어적 의미는 "공동체 사회에서 사회 내적인 관계를 기초로 구성원들의 전 생애에 걸쳐 건강하고 안락하며 바람직한 삶을 추구하는 사회적 노력"이라고 하겠다(김기태 외, 1999: 3-5). 그러나 사회복지의 어원을 찾은 것만으로는 사회복지의 개념을 파악하는 데는 한계가 있다. 사회복지는 고정되어 있는 것이 아니라, 시대와 사회에 따라서 변화되는 것이기 때문에 그 실체를 파악하기가 더욱 어렵다.

(2) 학술적 의미

사회복지에 대한 국내외 학자들의 정의를 몇 가지 살펴보면 다음과 같다.

프리드랜더와 앱트(Friedlander & Apte)는 "사회복지는 국민의 복지에 기본적인 것으로 인정된 사회적 욕구를 충족시키기 위하여, 사회질서의 회복을 위하여 제반 급부를 확보하거나 강화시키는 법률, 프로그램, 급여 및 서비스 체계"라고 했다.

바커(Barker)는 사회사업사전에서 "사회복지를 사회를 유지하는 데 기본적인 사회적, 경제적, 교육적, 건강의 욕구를 사람들에게 충족시키고, 지역사회와 전체 사회의 집단적인 복지 상태를 유지하기 위한 국가적 프로그램, 급여, 서비스 체계"라고 정의했다(Robert L. Barker, 1987).

김영모는 "사회복지의 개념은 인간의 사회적 욕구에 대한 서비스인 동시에 사회문제를 해결하기 위한 노력이다. 인간의 사회적 욕구는 의식주와 같은 민생문제, 즉 소득·보건·교육·주택과 같은 기본적 욕구가 결핍되어 있는 사람을 도와주는 것을 말한다. 사회문제는 범죄 비행자와 같은 좁은 의미의 반사회적 행위(일탈)도 있지만, 빈곤 실업 가족해체 지역해체와 같은 넓은 의미의 사회구조적 문제(불평등과 사회해체)도 있다"고 정의했다(김영모, 1999: 1).

장인협 등은 "사회복지란 사회구성원들이 기존의 사회제도를 통하여 자신의 기본적인 욕구를 충족시키는 데 어려움을 겪고 있거나 어려움이 예상될 때, 그 욕구를 충족시킬 수 있도록 도움을 제공하는 조직화된 사회적 활동의 총체"라 정의했다(장인협 외, 1999: 3-4).

이상에서 살펴 본 사회복지학자들의 정의를 종합해 보면 사회복지는 사회문제의 해결 또는 사회적 욕구를 충족시켜주는 기능을 수행하는 사회제도라는 개념으로 볼 수 있다.

(3) 범위적 의미

사회복지를 범위기준에 따라 분류하면 협의의 사회복지, 광의의 사회복지, 최광의의 사회복지로 나누어 볼 수 있다.

첫째, 협의적 의미의 사회복지는 주로 사람을 매개로 제공되는 보육, 원호, 양호, 개호 등의 '사회복지서비스'를 의미한다. 즉, 복지서비스를 필요로 하는 사람의 생활상의 욕구를 개별적으로 파악하고, 그 필요를 대인복지서비스로 충족하는 제도라고 할 수 있다. 미국에서는 일반적으로 사회복지의 대상자가 빈곤, 노령, 신체 혹은 정신적 장애, 질병, 기타 특별한 사정으로 인하여 도움을 필요로 하는 사람들로 국한되며 도움의 내용도 제한적으로 현금이나 물품, 기타 서비스와 같이 범위가 좁으며, '공공부조'와 동일시하기도 한다.

둘째, 광의적 의미의 사회복지는 협의적 의미의 사회복지에 소득보장, 보건의료, 교육, 고용, 실업대책, 주택 등을 포함하는 개념이다. 영국의 '사회서비스(social services)'와 유사한 개념으로 전 국민을 대상으로 그 생활의 모든 측면에서 넓은 의미의 복지 도모를 목표로 하는 정책·시설·서비스 등을 총칭하는 의미로 사용된다. 즉, 광의의 사회복지는 사회복지의 협의의 개념 외에 사회정책, 사회보장, 보건, 의료, 주택, 고용, 교육 등을 포함하는 것으로 최저한의 평균적인 욕구가 충족되지 않은 개인, 가족, 집단 등에 대한 다양한 서비스가 포함된다.

셋째, 최광의적 사회복지는 토목, 건축, 재정, 금융, 경찰, 군사 등 모든 영역을 포함하며 사회복지의 협의의 개념, 광의 개념을 포함한다. 이에 더하여 전 국민의 사회생활의 안정과 발전에 공헌하는 일체의 사회적 시책을 총칭한다.

(4) 잔여적 사회복지와 제도적 사회복지

사회복지의 모형개념을 정의할 때 가장 광범위하게 인용되는 것은 윌렌스키와 르보(Wilensky & Lebeaux)가 제시한 사회복지의 잔여적 모형과 제도적 모형이다 (나직균 외, 2011).

첫째, 잔여적 개념의 사회복지는 가족, 시장, 종교, 정치제도가 기능적으로 실패할 때 임시적으로 보충할 뿐이며, 사회복지가 사회를 유지·발전시키는 데 필수적이라고 인식하지 않는다. 따라서 사회구성원 중 낙오자들에게 최저한도의 보호를 제공하는 사회복지활동은 잔여적이고 주변적·예외적인 안전망기능을 수행할 뿐이다. 가능하면 가족이나 시장과 같은 기존 사회제도가 제대로 기능해서 사회복지활동이 필요치 않게 되는 것이 사회복지의 궁극적인 지향점이 된다.

둘째, 제도적 개념의 사회복지는 시장과 가족의 실패는 임시적인 것이 아니라 피할 수 없고 지속적인 것으로 이해한다. 따라서 사회복지는 사회를 유지하는 데 필수적인 기능을 수행하며, 제도화되는 것이 당연하다고 인식한다. 사회복지의 필수적인 기능이란 사회구성원 간의 상호부조로, 이러한 기능은 다른 사회제도가 수행하는 기능과 구별되며 독립적으로 수행된다. 현대 산업사회의 핵가족제도가 아동의 양육과 노인, 장애인의 보호 및 그들의 사회화를 전적으로 책임질 수 없음을 인정한다. 또한 시장의 분배원칙은 기본적으로 사회구성원의 개개인의 욕구를 고려하는 것이 아니기 때문에, 시장경제 원리에 의한 일차적 분배의 수정 보완이 필수적이다. 따라서 가족과 시장이 그 주요 기능을 수행하는 것과 동등한 차원에서 사회복지제도는 상호부조의 기능을 수행한다고 본다.

사회복지 개념의 차이는 사회복지활동에 구체적인 범위, 내용, 구성, 동기, 가치와 이념, 주체와 대상, 실천철학과 방법 등에 직접적인 영향을 미치게 된다. 예를 들면, 사회복지의 제도적 모형은 그 대상을 전체 사회구성원으로 보고, 잔여적 모형은 사회적 취약계층으로 한정시킨다. 또한 사회복지의 실천 주체에서도 제도적 모형은 국가의 보다 많은 역할을 강조하는 반면, 잔여적 모형은 민간의 자발적인 활동을 장려한다. 서양과 한국의 사회복지의 발달과정을 보면, 농업사회에서 산업사회로 바뀌면서 사회복지는 잔여적 모형에서 점차 제도적 모형으로 그 강조점이 바뀌고 있다.

| 표 1-1 | 윌렌스키와 르보의 2분 모형

구분	잔여적 모형	제도적 모형
사회복지의 목표	가족과 시장체계에서 제 기능을 하지 못하는 사람 또는 탈락한 사람들을 일시적, 한정적으로 보호하고 지원	사회복지제도는 항시적으로 소득의 재분배기능을 수행하여 전체 국민들이 최적의 사람을 영위하도록 함
대상	사회적 취약계층	전체 사회구성원
실천주체	민간의 자발적 활동 장려	국가의 보다 많은 역할 강조
빈곤의 책임	개인 책임	사회의 책임
복지욕구 충족기제	가족이나 시장 우선	국가의 사회복지제도
이념	선별주의(자산조사)	보편주의

이처럼 사회복지의 개념은 고정되어 있는 것이 아니라 사회변화에 따라 바뀐다. 초기 산업사회에 비하여 후기 산업사회에 들어서면서 사회경제적 특성이 매우 다양해지고 심각한 현상이 도래하였다. 소비수준의 향상과 다양한 열망수준의 상승, 다양한 욕구에 대한 사회 개입의 확대는 기존의 사회복지제도와 서비스로는 해결할 수 없게 되었다. 이에, 로만신(Romanshyn)은 사회복지의 개념은 점차 다음과 같은 방향으로 변화되고 있다고 주장했다(Romanshyn, 1971). 첫째, 보완적 개념에서 제도적 개념으로, 둘째, 자선에서 시민권으로, 셋째, 특수한 서비스에서 보편적 서비스로, 넷째, 최저조건에서 최적조건으로, 다섯째, 개인적 개혁에서 사회적 개혁으로, 여섯째, 자발성에서 공공성으로, 일곱째, 빈민복지에서 복지사회로의 변화이다.

(5) 선택주의와 보편주의

사회복지의 잔여적 개념과 제도적 개념은 선택주의, 보편주의와 관련하여 설명되기도 한다. 급여수급의 자격기준이 개인의 욕구나 자산조사에 의거하여 어떤 특정 계층에게만 사회복지서비스가 제공되면 그 사회복지 프로그램은 선택적(selective) 성격을 지닌다고 할 수 있고, 모든 사람에게 권리로서 급여가 지급된다면 그 사회복지 프로그램은 보편적(universal) 성격을 지닌다고 할 수 있다. 다시 말해 급여를 받기 위해서 개인 재산보유수준이나 소득수준과 관련된 기준을 충족시켜야 한다면 그 프로그램은 선택적 성격을 띤다고 할 수 있으며, 재산보유수준이나 소득수준이 아닌 기여 등으로 인해 급여를 받는 경우 그 프로그램은 보편적이라고 할 수 있다.

공공부조, 의료급여 등은 개인의 재산이나 소득을 조사하여 정해진 수준에 미달할 때 수급대상자가 되기 때문에 선택적 사회복지제도들이다. 반면에 사회보험제도는 기여에 의해 급여를 수급받기 때문에 보편적 사회복지제도이다. 그러므로 사회복지의 잔여적 개념은 선택주의, 제도적 개념은 보편주의와 같은 맥락이라고 할 수 있다(박병현, 2011: 22).

2) 정책의 개념과 정의

(1) 정책의 개념

정책(policy)이라는 의미는 'policy'라는 그리스어에서 파생된 것이다. policy의 원래 의미는 도시국가를 뜻한다. 이후 라틴어와 만나면서 'politia'라는 의미로 변화되었으며, 중세에 이르러 "공공문제의 처리" 또는 정부의 행정관리를 뜻하는 'police'라는 의미로 변화하였다(Dunn, 1981: 7-8). 따라서 어원적으로 볼 때, 정책이라는 의미에는 도시국가, 경찰, 정치와 같은 의미가 내포되어 있다. 이것은 곧 정책이 정치의 영역에 속하는 것임을 말해 준다. 정치가 국가 또는 정부의 활동이라는 점에서 정책 역시 국가나 정부의 활동이라고 볼 수 있다(최봉기, 2004: 91). 그러나 정책의 개념은 정책의 종류, 정책의 기능, 정책연구자의 관점이나 연구목적에 따라 다양하다.

(2) 사회복지정책의 개념

일반적으로 사회복지정책이란 사회복지의 목표를 이루기 위하여 필요한 행동들에 관한 원칙이다. 즉, 각 개인의 최저생계를 보장하고 사회적 위협에 대비하여 일상 생활보호에서 나아가 삶의 질을 향상시키기 위한 사회적·실천적 수단과 방법이라고 정의할 수 있다. 그러나 사회복지정책에 대한 개념 정의는 결론이 쉽지 않다. 이는 학자들마다, 각 나라마다 정치·사회·경제적인 여건과 시대적인 상황을 반영하는 역사적 결과물이기 때문일 것이다. 따라서 사회복지정책의 개념은 변화하는 개념으로 생각하고 접근해야 한다.

영미계 사회정책의 개념을 대표하는 Marshall(1970: 11-15)은 "사회정책이란 서비스 혹은 소득을 제공함으로써 사람들의 복지에 직접적인 영향을 미치는 정부의 정책"이라고 정의한다. 그리고 영국의 1950년대 사회행정학파의 대두인 티트머스(Titmuss, 1974)는 "사회정책이란 일정한 물질 및 사회적 욕구, 특히 요구호 욕구에 관하여 시장에서 충족하지 못하거나 충족시킬 수 없는 사회적 약자에게 부여하는 정부의 행위"라고 정의한다. 아울러 그는 "사회정책은 사회복지체계로서 시혜적이고 재분배적이며, 경제적인 목적뿐만 아니라 비경제적 목적을 가진 정책"이라고 규정하였다.

영국의 타운센트(Townsend, 1975: 2)는 사회정책이란 "일반적으로 인정된 특수한 사회문제를 시정하거나 사회목적을 추구하기 위한 국가와 지방당국의 건강, 교육, 복지 및 사회보장 서비스와 같은 서비스의 개발과 관리에 관련한 정책"이라고 하였다(박경일, 2014: 29).

또한 사회복지정책이란, 사회복지사전에 의하면 넓은 의미에서는 사회복지의 추진·수행을 위한 국가·지방공공단체 혹은 기타 공사의 여러 단체·기관의 방침(계획)으로 간주될 수 있으나, 좁은 의미에서는 국가·지방공공단체가 계획하는 사회복지의 목적달성을 위한 방법, 절차 등을 포함한 방침으로 한정하는 경우가 많다. 그리고 이 정책을 구체적으로 수행하기 위한 방법, 절차 등을 명확히 정한 것을 일반적으로 제도(예: 국민기초생활보장제도 등)라고 부르고 있다.

| 표 1-2 | 사회복지정책의 개념 정의

좁은 의미	국가, 지방자치단체의 사회복지의 목적 달성을 위한 것
넓은 의미	국가, 지방자치단체, 기타단체의 방침·계획

사회복지현장에서 실천 대상자의 다수는 국가나 지방 공공단체의 보호대상자로 대상이 사회복지정책에 규정되며, 그 제도적인 체계 속에서 행해지고, 사회복지의 정책과 실천은 현실문제로서 불가분의 결합관계에 있게 된다.

사회정책과 사회복지정책의 차이점을 간략하게 살펴보면, 사회정책은 사회복지정책의 상위개념이다. 즉, 사회정책이 질서유지라는 목표를 가진다면, 사회복지정책은 욕구충족이라는 목표를 갖게 되는 것이다. 사회정책이 사회가 공인한 사회행동으로서 인간사회의 공식적·체계적 질서유지를 위한 정책이라면, 사회복지정책은 고용·소득·음식·주택·보건의료·사회관계 등 기본적 욕구 충족을 위한 서비스를 제공하는 정책으로 해석할 수 있다(김귀환 외, 2009: 16-17).

| 표 1-3 | 사회복지정책과 유사용어 비교

용어	정의
사회복지 정책	시민의 복지를 증진시키려는 정부의 활동이다. 기본적으로 갈등관계에 있는 정치적 목표들 중에서 하나 또는 몇 가지를 선택하는 일과 그러한 선택이 결정되는 과정에 관한 것으로 시민들에게 복지서비스와 소득을 보장해 주는 것이다.
사회정책	사회복지정책의 상위개념으로, 사회가 공인한 사회행동으로서 인간사의 공식적·체계적 질서 유지를 위한 정책이다.
사회보장	사람들이 살면서 직면하는 여러 가지 위험들로 인하여 소득이 일시적으로 중단되거나, 장기적 소멸, 지출이 크게 증가하여 사람들이 이전의 생활을 못할 때 이전의 생활을 할 수 있도록 하는 모든 국가의 프로그램이다. 즉, 사회복지정책이 프로그램의 내용과 형성의 과정이라면 사회보장은 사회복지정책의 중요한 내용인 것이다.
사회복지 계획	정책은 집단적인 "목적"을 선택하는 것이라면, 계획은 목적을 달성하는 데 필요한 "수단"을 선택하는 것으로, 정책이 계획보다 거시적인 뜻을 나타낸다.

즉, 사회복지정책이란 산업자본주의 사회가 발전하면서 발생하는 문제를 해결하고 사회적 약자와 사회적 위험에 처한 사람들을 보호하기 위한 사회적인, 즉 국가적인 대책이다. 이는 사회복지라는 목표와 일련의 원리와 행동지침과 계획 등을 포함하게 되는데, 간단하게 사회복지정책이란 사회복지를 실현하기 위해 마련된 사회적이고 국가적인 계획과 원칙이라고 할 수 있다.

3) 국가별 사회복지정책의 개념

(1) 영국의 사회복지정책의 개념

영국은 사회복지정책보다는 사회서비스(personal social service), 사회정책(social policy) 또는 사회행정(social administration)이란 용어를 선호하는 국가로, 사회정책의 범위(중앙정부나 지방정부가 사람들의 욕구를 충족시키고 복지를 증진시키기 위해 제공하는 사회서비스급여와 관련된 것으로, 예를 들면 사회보장·건강·교육·대인적 사회서비스·주택·고용 및 가족정책을 포함)를 전 세계국가 중 가장 넓게 보고 있는 나라이다.

영국은 전 국민을 위한 시민권의 보장을 중시하여 사회서비스로서의 사회복지정책을 강조한다. 유럽대륙의 국가들이 사회정책과 사회정치를 구별하지 않을 정도로 '정치성'을 강조하는 것과는 달리 영국에서는 '정책'이라는 정치색이 덜한 용어로 사용되어 질서유지가 아니라 시민의 복지를 위한 탈권위성을 특징으로 하고 있다. 대표적인 학자로는 티트머스(Titmuss)[2], 마샬(Marshall), 타운센트(Townsend) 등이 있다(김귀환, 2009: 17-19).

(2) 독일의 사회복지정책의 개념

독일은 세계최초의 사회정책을 시행한 국가로써 1880년대 비스마르크가 주도하여 제정한 일련의 사회입법(1883년 건강보험, 1884년 산재보험, 1889년 노령폐질연금)을 통해 시행되었다.

독일의 사회복지정책은 사회생활 중에서 일어나는 여러 가지 문제를 해결해주는 국가적 조치인데, 그 주류는 노동자와 그 가족의 생활문제를 해결하는 노동정책, 혹은 경제정책의 하나로 파악하는 경향이 있다. 따라서 독일에서는 노동조건을 규제하는 노동법이 사회복지 프로그램에서 중요한 위치를 차지하고 있다. 이 노동법은 자본주의 경제체제에 따른 문제해결에서부터 더 나아가 근본적인 사회구조를 평등사회로 바꾸려는 여러 정책을 포함하며 계급정책(계급갈등의 제도화)으로서의 성격을 갖는다. 대표적인 학자로는 바그너(Wagner), 쉬몰로(Schmoller), 분드리히(Wunderlich)이다.

| 표 1-4 | 독일의 사회복지정책의 대표학자의 정의

대표학자	개념 정의
바그너 (Wagner)	분배과정에 있어서의 여러 가지 폐해를 입법 및 행정수단으로서 극복하려는 국가의 정책으로서의 사회정책
쉬몰로 (Schmoller)	사회개량의 일반적 목표는 사회계급 간 우호적인 관계의 회복, 부정의 극복이나 경감 혹은 분배적 정의로 접근하는 것이며, 중하위 계급의 물질적 향상을 보증하기 위한 사회입법적 활동
분드리히 (Wunderlich)	생산력으로서의 노동력을 보전하며, 자본축적을 순조롭게 하기 위한 자본가적 생산증가 정책

(3) 미국의 사회복지정책의 개념

미국은 사회복지정책이라는 용어를 선호하는데, 독일과 영국이 사회정책을

2) Richard Titmuss(1907~1973): 그의 부친은 베드포드셔의 작은 농장에서 일을 했는데, 1920년 농업공황이 밀어닥치자 새로운 삶을 찾아 런던으로 이주했으며, 화물운송업을 시도하였으나 실패하였다. 그의 부친은 1926년 많은 빚더미 속에서 사망하였고, 티트머스는 14살에 학교를 그만 두었다. 그 후 지방상업전문학교를 졸업 후 카운티 보험회사의 서기직으로 취업하였다. 티트머스는 보험회사에서 16년간 근속하면서 보험 업무에 대한 통계에 특출한 재능을 보였고, 빠르게 승진하여 32살이라는 이례적인 젊은 나이에 조사관의 직책을 맡게 된다.

'국가정책'의 하나로 간주하는 반면에 미국에서는 국가뿐만 아니라 민간기관의 사회복지정책까지도 포함한다.

1935년 최초로 '사회보장법'을 제정하면서 사회보험, 공공부조, 사회복지서비스 등 사회보장체계를 구축하였으며, 이러한 '사회보장'을 사회복지정책의 핵심으로 여기고 있다. 즉, 서민의 생활보장으로 생활 곤란에 빠진 시민들을 위한 고용기회와 주택 및 생활 변동에 대비한 대비책이라는 의미가 강하다. 미국의 사회복지정책을 정리하면 사회적 외형과 재분배 및 사회적 급부의 공정한 분배로써, 특히 서비스 혹은 소득을 제공함으로써 시민의 복지에 직접 영향을 미치는 행동에 관한 정부의 정책으로 정의할 수 있다(김귀환, 2009: 21-22).

02 사회복지정책의 영역과 특성

1) 사회복지 영역

사회복지정책의 영역에 대해에서는 학자마다 그 견해가 다양하다. 영국의 베버리지(Bereridge, 1942)는 사회보장, 의료보장, 교육보장, 주택보장, 고용보장을 사회복지정책의 영역으로 보며, 영국의 타운센트(Townsend, 1970)는 소득보장, 건강, 교육, 주택 그리고 대인적 사회서비스 등을 사회보장정책의 영역으로 본다. 디니토(DiNitto, 1995: 3)는 소득보장, 영양, 건강, 사회서비스 등 네 가지 항목을 사회복지정책 영역으로 구분한다.

티트머스(Titmuss)는 『복지의 사회적 분화』라는 저서에서 사회보장과 비영리대인서비스를 포함하는 사회복지뿐만 아니라 조세정책을 사용하는 재정복지(fiscal welfare)와 기업복지를 포함한다. 칸(Kahn, 1979)과 힐(Hill, 1980)은 여기에 노동시장정책(고용정책)을 포함시키고 있다(임정문 2006: 97).

이러한 학자들의 견해를 종합하여 사회복지정책의 영역을 구분하면 사회복지정책의 영역은 협의의 사회복지정책 영역과 광의의 사회복지정책 영역으로 구분할 수 있다. 첫째, 협의의 사회복지정책 영역은 협의의 사회복지 개념과 대응되는 것으로, 소위 사회사업정책이라고 할 수 있는데, 여기에는 사회생활에 어려움을 가진 사람들에 대한 기본적 생활의 보장을 위한 정책이다. 예를 들면, 사회적 취약계층에 속하는 아동, 장애인, 노인, 여성, 부랑인 등을 위한 보호, 육성, 지도, 치료 및 재활 등의 사회복지서비스정책이 해당된다. 즉, 소득보장, 건강, 주택, 대인적 사회서비스 등 네 가지 영역으로 볼 수 있다. 둘째, 광의의 사회복지정책 영역은 협의의 사회복지정책 영역에 더하여 사회보장(소득보장), 보건의료, 주택, 고용, 교육 등이 포함되는 서비스정책으로, 국가에 있어서 최저 수준 또는 평균적 욕구가 충족되지 않은 개인, 가족 또는 집단 등에 제공되는 서비스정책이라고 할 수 있다. 예를 들면, 사회보장에 사회보험과 사회부조를 포함하는 의미로 보며, 나머지 영역은 사회복지정책적인 의미를 가지기 위해서는 인간의 기본적인 욕구를 충족시키는 한에서 제공되는 각종 서비스정책이라고 할 수 있다. 즉, 소득보장, 건강, 주택, 교육, 대인적 사회서비스, 조세정책, 노동시장정책 등 일곱 가지 영역으로 볼 수 있다.

사회복지정책의 영역 설정에서 일반적으로는 공적인 주체, 즉 중앙정부 및 지방정부가 사회복지정책의 주체라는 입장이 보편적인 것으로, 기존의 정부주도 사회복지정책에서부터 시장원리에 따른 개인이나 기업의 사회복지정책, 종교기관이 주체가 되는 각종 사회복지정책, 비영리 민간주체의 사회복지정책 등으로 구분할 수 있다.

| 표 1-5 | 사회복지정책의 영역 및 내용

정책의 영역		정책의 내용
협의의 사회복지 정책	소득보장정책	사회보험, 공공부조, 사회수당, 보육수당, 장애수당, 양육수당 등
	건강보장정책	국민보건서비스, 건강보험, 의료급여 등
	사회서비스	영유아복지, 아동복지, 노인복지, 모부자복지, 장애인복지 등
	주택정책	주택담보대출제도, 영구임대주택, 주거환경개선사업 등
광의의 사회복지 정책	교육정책	저소득 중·고등학생 학비지원, 학교급식지원, 산업체 부설학교, 장학금 등
	조세정책	부의 소득세, 근로소득공제제도 등
	노동시장정책	고용정책, 최저임금제도, 산업복지 등

출처: 송근원·김태성(1999). p. 32. 재구성.

(1) 소득보장정책

소득보장정책은 두 가지로 나눌 수 있다. 첫째, 국민들이 빈곤에 빠지지 않도록 최저생활을 유지하도록 소득을 보장하는 정책이며 대표적으로 사회보험을 들 수 있다. 우리나라의 경우 국민연금, 국민건강보험, 노인장기요양보험, 산업재해보상보험, 고용보험 등 5대 보험과 기초연금 등이 이에 속한다. 둘째, 빈곤에 처한 자들에게 최저생활을 보장하고 자립을 지원하는 정책으로 공공부조가 이에 속한다. 우리나라는 국민기초생활보장제도, 의료급여제도, 재해구호제도, 탈북자 보호제도, 다문화가족제도 등이 실시되고 있다.

(2) 주거보장제도

주거보장정책은 공공 임대주택의 공급, 주거환경의 개선을 목적으로 노후한 주택의 재개발을 촉진하는 정책, 저소득층에 대한 임대료지원정책 등이 이에 속한다. 또한 주민들의 질병, 위생, 교육, 범죄 등의 예방정책도 포함된다.

(3) 의료보장정책

우리나라의 경우 전 국민을 대상으로 보험의 형식으로 제공하는 국민건강보험제도와 빈곤자에게 무상으로 서비스를 제공하는 의료급여제도가 이에 속하며, 건강한 생활의 유지와 질병이 발생할 경우 충분한 의료서비스를 제공함을 목적으로 한다.

(4) 교육보장정책

교육보장정책은 국민의 지적 수준을 향상시키고 이를 토대로 사회문화, 시민의식, 시민의 경제수준, 정치의식, 고용 등 모든 영역에서 그 수준과 질을 높이기 위한 정책이다. 예를 들면, 도시와 농촌 간의 불균형 해소를 위한 교육환경의 개선, 장애인을 위한 특수교육 등이 이에 해당한다.

(5) 사회서비스정책

사회서비스정책은 아동, 청소년, 노인, 장애인, 여성 등 사회적 약자를 대상으로 여러 가지 사회적 욕구를 해결하고자 하는 정책으로 아동복지, 청소년복지, 노인복지, 영유아복지, 장애인복지, 모·부자복지, 정신보건 등이 이에 해당된다.

(6) 조세정책

조세정책은 국가의 조세부과와 권한에 기반하여 소득재분배의 효과와 사회복지를 실현하기 위한 정책을 의미한다. 예를 들어, 경제적 약자들에 대한 면세, 근로소득 조세의 감경, 저소득 근로자에 대한 환급, 육아교육비지원, 가족부양의 책임을 고려하는 정책 등이 포함된다.

(7) 노동정책

노동정책은 근로능력이 있는 사람에게 고용이나 직업소개 및 알선 등을 통해 많은 일자리를 창출하거나 고용을 확대하는 정책으로 우리나라의 경우 빈곤문제를 해결하기 위해 고용에 대한 정책적 지원, 직업안정지원, 실업대책, 고용교육 등을 실시하고 있다.

2) 사회복지정책의 특성

사회복지정책의 특성을 살펴보면 인간 지향적이며, 소득재분배, 비용과 효용의 양면성, 정치적 성격 등을 가지고 있다.

(1) 인간 지향적 특성

사회의 구성원 그리고 관련 정책이 적용되는 범위 내에 있는 사람 누구나 인간으로서의 존엄성이 보장되고, 그 사회가 지향하는 가치체계 안에서 인간으로서 대우받을 수 있는 생활이 보장되어야 한다. 즉, 사회복지정책은 어떠한 문제로 인하여 인간의 존엄성을 훼손당하거나 위협받을 가능성이 있는 사람들을 대상으로 한다(송근원, 1994: 12).

(2) 소득재분배 특성

소득재분배는 사회복지정책의 가장 궁극적인 목적이라 할 수 있는 것으로, 인간의 존엄성도 정책결정에 필요한 가치의 권위적 배분도 모두 효율적인 소득재분배를 위해서이다.

이러한 특성은 사회복지정책과 경제정책을 비교하면 보다 명확하다. 경제정책은 재화의 생산을 통한 소득증대가 목표이지만, 사회복지정책은 경제성장의 결과로서 나타나는 부의 정의로운 배분이 목적이다. 즉, 경제정책은 시장원리에 따른 쌍방적 이전(bilateral transfer)을 전제로 한 교환관계이지만, 사회복지정책은 '가진 자'로부터 '못 가진 자'로의 일방적 이전이 주요 내용이 된다(박병현, 2011: 39).

(3) 비용과 효용성의 양면성 특성

모든 정책은 비용과 편익의 양면성을 지니고 있으므로 어떤 정책을 설정할 때 우리는 비용과 편익의 범주를 완전히 추정할 수 있어야 한다. 이러한 비용과 편익을 누가 담당해야 하는지에 대해서도 결정해야 한다. 특히, 사회복지정책은 상위계층의 대상자가 아닌 하위계층의 대상자가 주대상층으로 이들을 위한 적은 비용의 투입을 통해 많은 효율성을 나타내야 하므로 가장 중점을 두어야 하는 특성이라고 할 수 있다(나직균 외, 2011).

(4) 사회복지정책의 정치논리

사회복지정책은 시장논리보다는 정치논리에 좌우되는 경향이 있다. 사회복지정책은 사회의 자원을 배분하기 위해 국가에 의해 행해지는 일련의 행위이다. 이러한 일련의 행위는 사회가 어떤 형태를 취할 것이냐에 관한 사상에 기초한다. 사회복지정책에 의해 배분되는 자원은 시민이 소유할 자격이 있다고 주장하는 공공재이다. 사회복지정책의 특징 중 하나는 자원을 갖게 되는 것은 시장논리(market status)[3]에 의해서라기보다는 정치논리(political status)[4]에 달려 있다는 것이다(박병현, 2011: 29).

03 사회복지정책의 발달이론

1) 기능주의이론

기능주의이론(functional theory)은 사회과학의 주류 이론으로서는 제일 먼저 발전되었고, 이 이론에 근거하여 사회과학의 여러 학문분야의 많은 이론들이 파생되어 발전되었으며, 현재까지 가장 널리 적용되고 있는 이론이다.

파슨스(Parsons)를 중심으로 한 기능주의에 의하면 사회문제는 "어떤 사회체계

3) 돈으로 물건을 사는

4) 시민이 자원을 가질 자격이 있다는

가 상위체계에 대하여 기능적 요건을 충족하지 못하고 있는 상태", "한 사회체계가 사회적으로 합의된 규범을 준수하지 못하고 있는 상태" 또는 "어떤 사회체계가 사회화 과정과 결과에서 실패한 상태"라고 할 수 있다.

기능주의 시각에 의하면 사회는 그 부분적 체계가 전체 체계에 대하여 기능적으로 공헌하도록 되어야 생존하고 발전할 수 있다고 보고, 각각의 부분적 체계가 긍정적인 공헌을 하도록 하기 위하여 적합한 사회화기능과 통제기능을 발휘하는 장치가 있어야 한다. 사회문제가 발생하는 것은 사회 전체의 기능적 결함 때문이 아니라 사회체계 일부의 기능인 사회화기능과 사회통제기능의 실패라 할 수 있다.

따라서 사회문제의 해결방안은 사회화기능과 통제기능을 강화하거나 수정하고 재사회화 또는 재활기능을 강화하거나 또는 사회의 물질적 및 기회의 분배기능을 강화 또는 수정하는 것이 될 수도 있다. 다시 말해서 개인과 가족적 차원에 대해서는 교육기회 및 여건을 보장하거나 개인이나 가족에 대한 병리적 현상을 치료하는 서비스(예를 들면, 사회사업서비스)를 강화하는 것이 될 것이고, 사회제도적 차원에 대해서는 공적 교육제도의 개선, 재사회화제도(교정제도)의 개선 및 강화, 조세제도 및 사회복지제도의 개선, 기회균등의 보장 등이 될 것이다(나직균 외, 2011: 24-25).

2) 수렴이론

수렴이론은 기술결정론(technological determinism)의 입장에서 기술이 사회복지정책발달을 좌우한다는 이론이다. 사회복지발달수준은 사회적 양심과 같은 윤리나 이념, 시민권론과 같은 법적·정치적 권리가 아니라 산업화의 정도, 경제성장의 수준과 같은 요인이 결정한다는 것이다. 따라서 정치·경제적 사회체제가 다를지라도 산업화나 경제성장의 정도가 유사하면 사회복지의 발달수준도 비슷하다는 뜻에서 수렴이론(convergency theory)이라고도 한다. 또 어떤 면에서는 '이념의 종말', '체제의 종언'이라고도 한다(현외성, 2014: 45).

수렴이론은 산업화이론(industrialization theory)이라고도 하는데, 산업화의 과정에서 사회경제적 변화는 새로운 욕구와 사회문제가 나타나게 되지만, 산업화가 촉진한 경제성장을 통해 사회복지 재원의 증가도 가져오게 된다. 따라서 증가한 사회복지 재원의 증가는 새롭게 나타나는 사회적 욕구와 문제에 대응하기 위해 사회복지제도가 확대된다는 이론이다. 즉, 산업화는 경제성장을 가져와 문제해결에 동원할 수 있는 자원을 마련해 주며, 높은 수준의 노동력을 필요로 한다는 점에서 사회복지정책의 필요성도 가지고 있다는 것이다.

윌렌스키와 르보는 각종 복지서비스의 제공을 위한 공·사립 사회기관과 사회사업 전문직을 산업사회 내에서의 주요 형태로 간주하면서 이러한 조직의 전문성을 통해 복지서비스의 특성이 결정되는 것으로 보고 있다(김상균, 1987: 91). 물론 거시적으로 보면 전통사회에서 산업사회로 변화하는 과정에서 가족구조, 연령구조, 도시화 등 모든 사회구조 및 사회체제가 사회복지를 요청하게 되는 독립변수로 작용하게 되어 사회복지정책과 제도가 발달하게 되고, 상대적으로 이념의 영향력이 약화된다는 것이다. 그래서 미국사회를 사례로 분석한 윌렌스키와 르보의 연구는 결국 잔여적 복지모형에서 점차적으로 제도적 복지모형으로 변화하는 경향을 발견하는데, 이는 사회체제를 넘어 점진적으로 수렴하는 사회복지정책으로 발달하는 것으로 수용될 수 있다(현외성, 2014: 45).

산업화이론은 경제발전수준과 사회복지비 지출수준 간에 상당한 상관관계가 존재한다고 주장한다. 즉, 경제성장의 수준이 유사하면 사회복지의 수준도 비슷하다는 것이다. 이는 복지국가 간 차이점보다는 유사점을 강조하고 있다. 그러나 특정한 수준의 산업화 단계에서 특정한 수준의 복지국가가 나타난다는 점에서 경제결정론이라는 비판과 이데올로기나 정치적 변수의 역할을 중요하게 고려하지 않는다는 비판을 받고 있다.

3) 시민권이론

사회복지정책을 시민권적 입장에서 바라보는 학자는 마샬(Marshall)로 부터 나타났다고 할 수 있다. 마샬은 시민권을 완전한 사회구성원으로 인정되는 지위의 향유라고 보고 있는데, 일종의 기본적 평등을 의미하는 것으로 시민권의 개념은 자본주의의 경제적 불평등과 모순되지 않는다고 주장하였다.

마샬은 시민권을 개인의 자유와 법 앞에서의 평등과 같은 공민권(civil right), 참정권과 같은 정치권(political right), 복지권과 같은 사회권(social right)으로 발전하는 진화론적 과정으로 설명하였다. 즉, 과거의 역사일수록 시민권의 미분화 현상이 현저해지는데, 영국의 경우 공민권은 18세기에서 19세기에 걸쳐 확립되었고, 정치권은 19세기와 20세기 사이에, 사회권의 기반은 20세기 중반까지 조성된 것으로 보고 있다(현외성, 2014: 44).

4) 갈등주의이론

갈등주의이론(conflict theory)은 기능주의이론에 대한 대안적인 이론으로 발전되었다. 갈등주의에서 사회현실은 질서와 안정과 합의보다는 무질서, 변화, 갈등과 투쟁이 상존하는 현상으로 보는 시각이다. 갈등주의는 몇 가지 분파가 있는데, 모든 사회현상은 대립적 모순을 내포하고 있고 모순은 새로운 사회체계를 발생시킨다는 변증법적 갈등주의(dialectical conflict theory)와 사회현상에는 갈등이 불가피하게 편재하고 있지만 갈등은 기능적으로 작용한다는 기능적 갈등주의(conflict functionalism)의 입장에서 사회문제를 소개한다.

변증법적 갈등주의에 의하면 사회문제는 "희소자원의 불균등한 소유로 인하여 발생하는 갈등현상" 또는 "희소자원을 통제하는 데 있어 권위와 권력이 유형화되어 있는 것에 대한 불만적인 반응"이라 할 수 있다. 특히 마르크스(Marx)의 갈등주의 전통을 따르고 있는 입장에서는 "희소 자원을 많이 소유한 사람이 희소자원을 적게 소유한 사람을 착취하고 특권을 행사하고 시장경제를 수립한 결과 생겨난 현상"이라고 할 수 있다. 기능적 갈등주의에 의하면 사회문제는 "자원의 불평등한 분배에 대한 갈등의 결과로서 사회체계의 통합과 발전에 역기능적인 현상을 나타내고 있는 것"이라고 할 수 있다.

갈등주의 시각에서 사회문제의 원인은 "비합법적인 사회통제와 착취", "희소자원의 불균등한 분배" 또는 "불균등한 분배를 가져오는 사회의 권위와 권력의 구조"라고 할 수 있다. 변증법적 갈등주의는 사회문제의 원인은 개인에게 있는 것이 아니라 사회제도에 있다고 보고, 기능적 갈등주의는 주로 사회제도에 있지만 갈등이 어느 정도 적대적 본능 때문에 유발된다는 점에서 개인에게도 원인이 있다고 본다.

변증법적 갈등주의는 자원의 불평등한 지배를 영속화시키고 있는 기본적인 사회체제 자체를 재조직하지 않는 한 사회문제의 근본적인 해결은 불가능하다고 본다. 사회제도의 재조직은 자원의 소유와 통제를 평등화시키는 것을 보장하도록 해야 한다. 사회제도의 재조직은 현 체제에 대한 전반적인 부정과 도전이 되며 이에 대한 현 체제의 저항이 심할 것이므로 단기적으로는 해결되기 어렵지만, 장기적으로 보면 역사적 발전과정에서 필연적으로 이루어지게 된다는 것이다.

즉, 사회가 봉건주의사회에서 자본주의사회로 다시 사회주의사회를 거쳐 공산주의사회로 발전하게 되는데, 공산주의사회 이전의 각 단계의 자체 모순(사회문제를 포함)은 공산주의사회가 되면서 자연적으로 해결된다고 본다. 만약 단기적으로 사회문제를 해결하려면 혁명적인 사회제도의 개혁이 필요한데, 구체적인 방법으로 생산수단의 공유화, 자유경쟁시장체계의 폐기, 세제의 전면적인 개혁(고도의 누진세율 적용)이 있다.

기능적 갈등주의는 사회문제의 해결이 제도의 전면적 재조직이 아니라 단편적인 개혁, 개선, 보완으로 가능하다고 본다. 그 구체적인 방법은 역기능적인 제도에 관련된 자원분배를 평등화하는 것, 사회복지 프로그램을 보편적이고 제도적인 방향으로 강화하는 것, 세제의 개선 등이 있다(나직균 외, 2011: 25-26).

04 단원요약 및 문제풀이

1) 단원요약

(1) 윌렌스키와 르보(Wilensky & Lebeaux)의 복지모형

① 잔여적 모형

ⓐ 가족제도, 시장제도, 종교제도, 정치제도가 실패할 때 기능하는 임시적 보충이다.

ⓑ 사회를 유지 발전시키는 데 사회복지는 필수적이지 않다.

ⓒ 낙오자들에게 최저한도의 보호를 제공하는 사회복지활동은 잔여적이고 주변적, 예외적인 안전망 기능을 수행할 뿐이다.

ⓓ 가능하면 가족이나 시장과 같은 기존 사회제도들이 제대로 기능해서 사회복지활동이 필요치 않게 되는 것이 사회복지의 궁극적인 지향성이 된다.

ⓔ 초기 산업사회와 자유주의 국가에서 나타난다.

② 제도적 모형

ⓐ 시장과 가족의 실패는 임시적인 것이 아니라 피할 수 없고 지속적인 것

으로 이해한다.

ⓑ 사회복지는 사회를 유지하는 데 필수적인 기능을 수행하며, 제도화되는 것이 당연하다고 인식한다.

ⓒ 사회복지의 필수적인 기능이란 사회구성원 간의 상호부조로, 이러한 기능은 다른 사회제도가 수행하는 기능과 구별되며 독립적으로 수행된다.

ⓓ 현대 산업사회의 핵가족제도가 아동의 양육과 노인, 장애인의 보호 및 그들의 사회화를 전적으로 책임질 수 없음을 인정한다.

ⓔ 시장의 분배원칙은 기본적으로 사회구성원의 개개인의 욕구를 고려하는 것이 아니기 때문에, 시장경제 원리에 의한 일차적 분배의 수정 보완이 필수적이다.

ⓕ 가족과 시장이 그 주요 기능을 수행하는 것과 동등한 차원에서 사회복지제도는 상호부조의 기능을 수행한다고 본다.

ⓖ 평등, 빈곤으로부터의 우애, 자유의 3대 가치를 강조한다.

ⓗ 후기 산업사회와 복지국가에서 나타난다.

(2) 사회복지정책의 영역

① **Townsend(1970)**: 소득보장, 건강, 교육, 주택 그리고 대인적 사회서비스 등.

② **Dinitto(1995)**: 소득보장, 영양, 건강, 사회서비스 등 네 가지 항목을 사회복지정책 영역으로 할 것을 주장한다.

③ **Titmuss와 Kahn**: ①+②와 조세정책과 노동시장정책(고용정책)을 포함시키고 있다.

④ **광의의 사회복지정책 영역**: 소득보장, 건강, 주택, 교육, 대인적 사회서비스, 조세정책, 노동시장정책 등 일곱 가지 영역으로 볼 수 있다.

⑤ **협의의 사회복지정책 영역**: 소득보장, 건강, 교육, 주택, 대인적 사회서비스 등 다섯 가지 영역으로 볼 수 있다.

(3) 사회복지정책발달이론

<table>
<tr><td rowspan="6">기능주의 관점</td><td>사회 병리론</td><td>사회문제의 원인은 사회화의 실패에 있으며 이러한 실패는 결함을 갖고 출생한 개인, 불건전한 사회환경이 존재할 때 생긴다.</td></tr>
<tr><td>사회 해체론</td><td>사회체계 부분들 간의 적응이 결여되거나 적응이 잘못된 상태를 사회해체라고 부르며 이것을 사회문제로 본다.</td></tr>
<tr><td>사회 변동론</td><td>사회부분 간에 변화의 속도가 다르거나 변화가 상호갈등을 일으켜 부분들 간에 부적응이 일어나게 되면 이러한 문제를 사회문제로 본다.</td></tr>
<tr><td>일탈 행위론</td><td>사회의 적절한 기능수행을 위하여 각 체계에 사회에서 기대되는 행동규범이 있는데 이러한 규범으로부터 벗어나는 행위가 일탈행위이다. 일탈행위의 원인은 부적절한 사회화에 있다. 대표적으로 머튼의 아노미이론이 있다.</td></tr>
<tr><td>하위 문화론</td><td>사회의 주류적인 가치, 규범, 행위양태와는 다른 일부의 가치, 규범 또는 행위양태에 사회화하는 현상을 말한다.</td></tr>
<tr><td>접촉차 이론</td><td>복잡한 사회에서는 사회적으로 기대되는 것과 바람직스러운 것에 대한 상반되는 정의가 있는데, 어떤 집단에서는 사회적 규범에 위배되는 행동을 지지하게 되고 어떤 집단은 사회적 규범에 합치되는 행동을 지지하게 된다. 사회화 과정 속에서 개인은 양 집단과 접촉하게 되고 이러한 접촉과정에서 개인이 사회적 규범에 위배되는 집단의 정의와 행위에 의한 영향을 더 크게 받음으로써 그들의 규범과 상황규정을 배우게 된다는 것이다.</td></tr>
<tr><td rowspan="2">갈등주의 관점</td><td>변증법적 갈등주의</td><td>"희소자원의 불균형한 소유로 인하여 발생하는 갈등현상" 또는 "희소자원을 통제하는 데 있어 권위와 권력이 유형화되어 있는 것에 대한 불만족인 반응"으로 사회문제를 정의한다.</td></tr>
<tr><td>기능적 갈등주의</td><td>사회현상에는 갈등이 불가피하게 편재하고 있지만 갈등이 기능적으로 작용한다고 본다. 사회문제의 원인은 주로 사회제도에 있지만 갈등이 어느 정도 적대적 본능 때문에 유발된다는 점에서 개인에게도 원인이 있다고 본다.</td></tr>
<tr><td>상호작용주의 관점</td><td>낙인이론</td><td>사회의 한 집단이 다른 집단의 의미에 동의할 수 없는 것으로 규정하고 그 집단의 의미대로 행동하지 않는 것을 사회문제로 본다.</td></tr>
<tr><td>교환주의관점</td><td colspan="2">사회문제는 기본적으로 교환관계가 단절되거나 불균형을 이루고 있는 상태로 정의할 수 있고, 사회문제의 원인은 교환자원의 부족, 고갈 또는 가치 저하라고 할 수 있다.</td></tr>
</table>

출처: 임정문(2006). EBS사회복지학개론. p. 231.

2) 문제풀이

1. 사회복지의 개념을 제도적 개념과 잔여적 개념으로 제시한 학자는?

① 티트머스　　② 윌렌스키와 르보　　③ 펄만
④ 클로서　　⑤ 에스핑 안데르센

정답 ②

2. 다음 중 윌렌스키와 르보의 제도적 모형에 대한 설명으로 옳지 않은 것은?

① 사회복지는 사회를 유지하는 데 필수적인 기능을 담당한다.
② 시장경제 원리에 의한 일차적인 분배의 수정보완이 필수적이다.
③ 시장과 가족의 실패는 임시적인 것이 아니라 피할 수 없고 지속적이다.
④ 선별주의 입장을 강조한다.
⑤ 보편주의 입장을 강조한다.

정답 ④ 보완적 모형에서는 선별주의 입장을 강조한다.

3. 사회복지모형에 대한 다음 설명 중 그 성격이 다른 것은?

① 초기 산업사회와 자유주의 국가에서 나타난다.
② 평등, 빈곤으로부터의 자유, 우애의 3대 가치를 강조한다.
③ 사회적 최저한의 경계선상에서 빈곤자에게 급부를 주는 역할만 한다.
④ 소극적 자유(간섭받지 않는 자유)와 자유시장 경제원칙의 극대화를 기초로 한다.
⑤ 사회에서의 불평등을 인정한다.

정답 ②

Check

①③④⑤ 보충적 모형(선별주의) ② 제도적 모형(보편주의)

4. 다음 중 개인주의 이념과 기능주의적 이론에서 중요 대상이 되는 문제는?

① 빈곤　　② 결손가족　　③ 박탈
④ 탈선행동　　⑤ 교환가치부족

정답 ④

Check

① 기능론적 관점: 사회문제는 사회의 구조적 결함에 의하여 초래되고 사회적으로 인정된 규범에 의하여 적절한 사회화가 이루어지지 못하고 기회가 결핍될 때 초래된다고 본다. 이렇게 초래된 역기능을 일탈행위라고 하며, 이것이 사회의 안정을 위협하기 때문에 사회문제라고 본다.
② 갈등론적 관점: 법적체계와 지역사회규범에 의하여 규정되어 있는 강력한 사회집단의 가치에 저촉되는 행위라고 본다.
③ 상호작용주의 관점: 인간과 사회 간의 관계성에서 비롯되는데 집단들이 특정행위를 일탈이라고 낙인하는 경우이다.
⑤ 교환이론 관점: 사회문제는 기본적으로 교환관계가 단절되거나 불균형을 이루고 있는 상태로 정의할 수 있고, 사회문제의 원인은 교환자원의 부족, 고갈 또는 가치 저하라고 할 수 있다.

5. 다음 중 어떤 집단 또는 사회가치로의 평가가 특정현상을 바람직하지 않다고 규정하는 이론은?

① 낙인이론 ② 아노미이론 ③ 일탈행위론
④ 사회병리이론 ⑤ 하위문화론

정답 ①

6. 다음 중 기능주의적 측면에서 보는 사회복지의 기능은?

① 사회불평등의 해소 ② 사회통합과 질서유지 ③ 사회연대와 통합
④ 사회해체의 방지 ⑤ 교환가치의 증대

정답 ①

7. 사회정책을 사회적 취약계층에게 좀 더 많은 시혜를 부여하고 물질적 자원을 부자로부터 가난한 사람에게 분배하는 정책이라고 주장한 학자는?

① 좀바르트 ② 티트머스 ③ 레인
④ 디니토와 다이 ⑤ 길버트와 스펙트

정답 ②

Check

티트머스의 사회정책정의: 기존의 사회적 장치로는 해결할 수 없는 욕구 충족에 관련하여 경제정책이 쌍방적 이전에 의해 이루어지는 것과는 달리 일방적 이전에 의해 이루어지는 것으로, 시혜적이란 사회적 취약계층에게 좀 더 많은 복지혜택을 부여하는 것이고, 재분배적이란 물질적, 비물질적 자원을 부자에게서 빈민에게로, 한 인종집단에서 다른 인종집단으로, 일하는 연령층에서 은퇴한 연령층에게로 이전하는 것을 말한다. 경제적 목적뿐 아니라 비경제적 목적을 가진 정책이다.

8. 미국 사회복지정책의 특징에 대한 설명으로 옳은 것은?

① 사회계급에 관심을 두고 노사협의와 계급투쟁의 순기능을 강조
② 빈곤구제와 같은 개인적 구제보다는 사회통합을 위한 집단적 요구
③ 시장경제로 충족시키지 못한 사회적 욕구충족을 위한 기회를 제공하는 정부활동
④ 노사협조론과 계급투쟁론으로 구분된다.
⑤ 사회적 서비스와 관련된 정책

정답 ③

Check

미국의 사회복지정책은 사회보장으로서의 사회복지정책이다. 계급정책의 의미보다는 생활 곤란에 빠진 시민들을 위한 고용기회와 주택 및 생활변동에 대한 대비책, 즉 시장에 대한 개입을 최소화하고 시장경제로 충족시키지 못한 사회적 욕구를 보충적으로 충족한다. 의료보험이 아직 시행되지 못하고 있으며 사회복지정책은 1935년 루즈벨트 사회보장법 이후 개선이 거의 없다.

9. 미국의 일정소득 이하의 사람에게 조세제도를 통하여 현금급여를 지급하는 제도는?

① AFDC ② TANF ③ NIT
④ Medicare ⑤ WOTC

정답 ③

Check

미국의 여러 가지 사회복지제도

① AFDC: 부양 어린이가 있는 가족에 대한 지원(현재는 NANF로 대체됨)
② TANF: 가난한 가정을 위한 일시보조
③ NIT: 부의 소득세, 저소득층에 대한 정부의 지급금
④ Medicare: 시장원리에서 배제된 사람들, 즉 노인이나 장애인의 의료비를 지원하는 의료보험제도
⑤ WOTC: 고용 세액 공제, 목표 그룹으로부터 사람들을 고용하는 고용주에게 세금 감면

Chapter 02

사회복지정책의 가치, 이념과 모형

01 사회복지정책에서의 가치

사회복지정책이란 본질적으로 당위성 내지 규범적 성격을 갖는다. 따라서 사회복지정책의 목표 및 방향 그리고 가치 및 이념의 내용은 매우 중요하다. 그럼에도 불구하고 사회복지정책의 가치 및 이념에 대한 논의는 1970년에 와서야 논의되기 시작하였다. 정책이란 사회구성원 사이에서 제한적인 자원을 어떻게 배분할 것인가의 논의로 만들어지는 소산이라 할 수 있다. 이러한 의미에서 정책 선택에는 가치선호가 중요한 요인이 될 수 있다. 사회복지정책에 가치에 대한 학자들의 견해는 다음과 같이 제시될 수 있다.

프리드랜더(Friedlander)는 개인존중의 가치, 자기결정권의 가치, 기회균등의 가치, 사회연대성의 가치를 들고 있으며, 길버트와 테럴(Gilbert & Terrell)은 사회복지정책의 분석을 위한 가치로 첫째, 급여의 할당과 관련한 평등성, 둘째, 공정한 처우라는 관점에서의 형평성, 셋째, 신체적·정신적 바람직한 수준의 제공이라는 관점에서의 적절성을 들고 있다.

퍼니스와 틸튼(Furniss & Tilton)의 견해는 다음과 같다. 첫째, 현대 복지국가는 결국 사회복지정책의 실현을 통하여 그 가치 및 이념을 구현하고자 하므로 복지국가의 추구가치이념과 동일하다. 퍼니스와 틸튼에 따르면 사회복지정책이 추구하는 일반적인 가치로 자유, 평등, 민주주의, 사회적 연대, 생존권의 보장 그리고 경제적 효율성 등 여섯 가지를 지적하고 있다. 다만 이러한 가치 사이의 우선순의는 각 사회나 국가가 직면한 정치, 경제, 사회, 문화적 상황에 따라 결정되어야 한다고 보고 있다.

여기서는 사회복지정책의 기본적 가치로서 인간의 존엄성과 생존권, 사회적 연대의식을 살펴보고, 상대적 가치로서 자유, 평등, 형평, 적절성, 효율성, 사회정의를 살펴보고자 한다. 상대적 가치는 국가나 시대에 따라 혹은 그 사회가 당면한 경제적 여건에 따라 그 비중이나 중요함이 달라질 수 있는 신념이다.

1) 사회복지정책의 기본적 가치

(1) 인간의 존엄성

사회복지에서 인간에 대한 존엄성은 어떠한 상황에서도 고수되어야 하는 기본적 가치이다. 인간의 존엄성에 대해서 살펴보면(양옥경 외, 2004: 23-26) 인간은 자신의 존재와 삶에 대해 반성하고 이를 바탕으로 스스로를 특별한 존재로 자각하여 타인도 자신과 똑같이 특별하게 대우해야 한다고 추론한다. 이것이 바로 인간은 그 자체로 절대적 가치를 지닌다는 '인간 존엄성'에 대한 기본적 내용이다.

그러므로 개인은 인간이라는 그 자체로 존중되어야 하고 모든 사회구성원은 연령의 차이, 사회적 지위의 다름, 빈부의 격차, 장애의 유무에 따라 차별받거나 소외되지 않고 한 명의 인간으로 대우받아야 한다. 이러한 인간 존중의 가치는 세계인권선언문과 우리나라 헌법 제10조에서 "모든 국민은 인간으로서의 존엄과 가치를 가지며 행복을 추구할 권리를 가진다"라고 선언하고 있다.

(2) 생존권

사회복지는 인간 존엄성을 기본적 가치로 받아들이면서 모든 사회구성원은 인간답게 살 권리가 있음을 강조한다. 이를 위하여 사회복지에서는 모든 인간의 생존권보장을 중요한 가치로 삼는다. 자본주의가 발전함에 따라 빈부의 격차, 사회문제, 노동문제, 환경문제 등이 발생하여 사람들의 생존에 문제가 대두되기 시작한 1919년 독일의 바이마르 헌법에서 최초로 생존권에 관한 조항이 신설되었다. 이러한 생존권은 기본적인 인권의 하나로서 인간이 인간답게 살아갈 권리이며, 국가에 대하여 인간의 생존을 유지할 수 있는 생활에 필요한 서비스를 요구할 권리를 말한다(박지영 외, 2000: 66).

우리나라 헌법 제34조에서는 "모든 국민은 인간다운 생활을 할 권리를 가진다"라고 규정하고 있다. 따라서 사회복지정책은 인간의 존엄성의 가치를 실현하기 위한 최소한의 기본적인 권리인 생존권보장을 중요한 실천전략으로 삼는다.

(3) 사회연대 의식

사회복지를 가장 대표하는 가치의 하나는 연대(solidarity)이다. 뒤르켐(Durkheim)은 연대를 기계적 연대와 유기적 연대로 구분한다.

첫째, 기계적 연대는 가족이나 부족사회에서 흔히 나타나는 연대로, 구성원들을 결속시킬 수 있는 공통의 대인관계나 가치 그리고 신념이 존재할 때 가능하게 된다. 둘째, 유기적 연대는 사회적 분화가 급격하게 발생하는 현대사회에서 질서를 유지하기 위해서 사회구성원들 개개인이 상이하게 평가되는 역할을 수행할 필요성을 갖게 되는데, 이러한 상이성에 근거한 연대가 유기적 연대이다.

사회복지는 구성원 상호 간의 도움을 주고받는 행위를 통하여 사회적 자원을 재분배할 뿐만 아니라, 이러한 원조행위가 구성원 상호 간의 감정적 통합을 가져오게 된다. 한편, 이러한 감정적 연대와 통합은 사회적 자원의 재분배를 가능하게 한다. 전통적 사회에서는 가족이나 지역공동체의 상호의존성에 기초하여 자원의 재분배가 이루어지고 사회통합이 달성될 수 있었다. 그러나 산업혁명 이후 사회경제적 진보에 따라 가족과 지역공동체는 그 기능을 상실하게 되었으며, 사회통합을 위한 새로운 사회적 장치가 필요하게 되었다. 현대사회에서의 사회복지제도는 공동체구성원의 상호의존성을 제도적 장치로 복원함으로써 사회통합을 달성하고 있다.

2) 사회복지정책의 상대적 가치

(1) 자유

사회복지의 가치에서 가장 논란이 많은 개념 중의 하나는 자유(freedom)이다. 자유의 개념에는 소극적 자유와 적극적 자유가 있다.

첫째, 소극적 자유는 사람들 간의 상호작용 관계에서 다른 사람의 간섭 없이 자신의 의지대로 행할 수 있는 상태를 의미한다. 이러한 소극적 자유의 개념은 신자유주의자들이 강조하는 개념으로 국가의 역할과 개입을 최소한의 상태로 억제하는 것을 강조한다. 둘째, 적극적 자유는 자기가 원하는 것을 할 수 있는 상태를 말한다. 즉, 스스로 원하는 혹은 바람직하다고 생각하는 어떤 목적이나 행위를 추구할 수 있을 때 경험하는 자유를 의미한다.

이러한 자유의 개념은 이념적 입장의 차이에 따라 다르게 사용된다. 반집합주의자들은 소극적 자유를 사용하고, 페이비언주의자와 마르크스주의자들은 적극적 자유를 사용한다. 전자는 사유재산권 행사의 자유 또는 급여나 서비스 선택의 자유를 강조하여 복지에 대한 국가의 개입을 자유의 침해로 간주한다. 반면, 후자는 사회적 권리로서 복지를 누릴 수 있는 자유를 인식하며, 국가의 복지에 대한 개입을 적극적 자유의 확대로 간주한다.

(2) 평등

사회복지의 가치에서 가장 중요한 것 중의 하나는 평등(equality)이다. 평등은 사회적 자원의 재분배를 통하여 사회구성원의 삶의 질을 골고루 향상시키고자 하는 가치이다. 그러나 평등의 구체적인 개념에 관하여는 논란이 많다. 평등의 개념은 수량적 평등, 비례적 평등, 기회의 평등이 있다.

첫째, 수량적 평등(equality of numerical)은 모든 사람을 똑같이 취급하여 욕구나 능력의 차이에 관계없이 사회적 자원을 분배하는 개념으로, 가장 적극적인 평등 개념이다. 예를 들면, 출발점이나 자연적 능력은 고려하지 않고 법적 조치나 정책적 수단을 활용하여 마지막 결과의 평등을 얻고자 한다. 따라서 이러한 경우 자유로운 경쟁이나 개인적 역량발휘는 억제되거나 무시된다. 100m 달리기에서 모든 사람을 똑같이 골인시키는 것과 같다. 둘째, 비례적 평등(equality of proportional)은 개인의 욕구, 능력, 기여 정도에 따라 사회적 자원을 다르게 분배하는 개념으로 공평성 또는 형평성이라고 한다. 비례적 평등의 가치를 실현하기 위해서는 자원배분의 기준이 우선 정해져야 한다. 셋째, 기회의 평등(equality of opportunity)은 결과는 무시한 채 과정상의 기회만 똑같이 해주는 개념이다. 예를 들면, 가난한 사람들에게 교육기회를 제공함으로서 자립할 수 있게 하는 방식으로 활용된다. 1960년대 미국에서 이른바 '빈곤과의 전쟁' 시기에 강조되었던 각종 빈곤층을 대상으로 한 교육, 훈련 프로그램을 들 수 있다. 그러나 이러한 기회의 평등 프로그램은 대부분 결과의 평등을 달성하는 데는 실패한 것으로 평가되고 있다.

평등의 개념 중 복지국가의 형성과 확대에 기초가 된 것은 적극적인 의미의 평등으로, 복지국가의 평등전략은 보편주의 원칙에 입각하여 모든 국민에게 사회적 권리로서 보편적으로 제공하는 사회복지급여와 서비스를 통하여 일정한 수준의 기본적인 삶을 보장하고 사회적 불평등을 감소시키고자 노력하였다.

(3) 형평성(공평성)

사회복지정책에서 형평성이 강조되는 것은 자본주의 국가에서 부(wealth)의 불평등 현상, 즉 빈부격차와 부의 편재현상이 두드러지게 나타나기 때문이다. 형평성의 가치는 공정한 처우(fair treatment)의 문제로 비례적 평등개념과 연관된다. 즉, 개인의 업적, 공헌, 능력 및 갹출 등에 따라 자원의 분배 등이 포함된다. 예를 들면, 전통적으로 영국의 구빈정책에서 활용되어 온 열등처우의 원칙(less eligibility)과 사회보험가입자의 갹출금에 대한 사회보험급여 등이 이에 해당된다. 사회보험은 '베버리지 보고서(Beveridge report)' 이후 평등 원칙에 입각하여 실천되어 오다 1970년대 이후부터 비례급여 원칙, 즉 형평성의 원칙으로 변경되어 오고 있다. 즉, 기초연금이나 공적부조제도 등으로 표현되는 국민적 최저한의 보장은 국가의 의무로 남아 있지만, 그 이상의 급여배분은 형평성에 입각하고 있는 것이 각국의 사회복지정책이다.

(4) 적절성

급여수준이 신체의 안녕을 가능하게 해야 한다는 가치로, 그 기준은 시간과 상황에 따라 변화한다. 한국의 대표적인 공공부조제도인 국민기초생활보장제도에서 급여의 기준이 되는 최저생계비는 사회적 적절성에 근거하여 기준이 정해진다. 하지만 실제 최저생계비의 수준은 '인간다운 생활'을 보장하기보다는 '최저한의 생활'수준에 그친다는 비판도 있다. 사회보험의 경우 일반적으로 보험료 납부수준에 상응하여 급여수준이 정해지는데, 저소득층의 경우 납부하는 보험료 수준이 낮기 때문에 급여의 수준도 낮아지는 문제점을 해결하기 위해 사회적 적절성이라는 가치에서 기본적인 급여수준을 유지할 수 있도록 제도를 설계하기도 한다.

공공부조와 사회보험 모두 사회적 적절성을 반영하고 있지만, 인간다운 생활을 할 수 있을 정도의 급여수준이라는 측면에서 본다면 사회보험의 실현정도가 상대적으로 높다고 볼 수 있다. 오늘날은 표현의 자유, 자아실현과 같은 정신적 안녕도 중요한 영역이 되고 있다.

(5) 효율성

사회복지정책이 추구하는 가치 중 하나인 효율성은 크게 수단으로서의 효율성과 배분으로서의 효율성으로 나눌 수 있는데, 첫째, 수단으로서의 효율성은 효율성 자체가 일차적인 목표가 아니고 궁극적이고 일차적인 목표를 달성하기 위한 수단으로서의 의미가 있다. 즉, 여러 정책 중 하나를 선택할 때 상대적으로 효율적인 수단으로 투입(인적·물적 자원) 대비 산출(정책효과)이 높은 것을 선택하는 것을 의미한다.

오늘날 제한된 자원의 활용과 관련하여 효율성의 개념이 매우 중요시되고 있는데, 이것에는 목표효율성[5]과 운영효율성[6]의 개념들을 포함하고 있다. 수단으

5) 목표효율성(대상효율성): 정책이 목표하는 대상자들에게 자원이 얼마나 집중적으로 할당되었는가에 대한 기준이다. 예를 들면, 빈곤감소라는 정책목표의 측면에서 공공부조와 사회보험을 비교할 때, 공공부조가 저소득층에게 집중적으로 자원을 할당한다는 측면에서 목표효율성이 높다고 할

로서의 효율성은 정책의 일차적인 목표가 있고 이를 달성하기 위한 여러 수단들이 있을 때 보다 효율적인 수단을 선택해야 한다는 관점에서 사회복지정책이 추구하는 가치임에는 분명하지만 '목표'로서의 가치라고는 할 수 없다.

(6) 사회정의

정의(justice)의 개념은 절차상의 정의, 실질적 정의, 능동적 과정으로서의 정의, 분배적 정의 등으로 사용되고 있다.

첫째, 절차상의 정의는 법률에서 정한 합법적인 절차를 강조하고, 둘째, 실질적 정의는 결과로서 분배적 정의를 강조하며, 셋째, 능동적 과정으로서 정의는 불의한 현상을 예방하고 치료하는 사회적 과정을 강조한다. 넷째, 사회복지에서는 특히 분배적 정의를 강조하며, 사회적으로 취약한 계층이나 불우한 위치에 있는 사람에게 보다 나은 처우와 권한 및 자원의 배분이 이루어지도록 노력한다.

02 사회복지정책의 이념

이념을 의미한 '이데올로기'(ideology)는 어원적으로 희랍어의 '이데아'(idea)와 논리를 의미하는 '로기'(logie)의 합성어로, '이념논리'로 직역될 수 있다. 복지국가에서 이데올로기는 흔히 개인과 사회가 열망하는 사상, 신념, 가치의 체계로 표현된다. 즉, 이데올로기란 한 개인 혹은 한 집단이나 계층의 성원들에 의해서 공통적으로 소유되는 신념의 체계라 할 수 있다. 이에 따라 사회정책은 특별한 가치 전체를 표현하는 특정한 사회규범과 이상들을 진단하고 변화의 방향과 특징을 예측할 수 있고 성취하는 것을 목적으로 한다. 사회복지정책에 있어 이념 연구는 조지와 윌딩(George & Wilding)의 『이데올로기와 사회복지(Ideology & Social Welfare)』(1976)에서부터 활발하게 시작되었다고 볼 수 있다. 물론 그 이전에도 사회복지와 이념에 관한 연구가 있어 왔지만, 이들은 사회복지정책이나 복지국가

수 있다.

6) 운영효율성: 정책을 집행·운영하기 위한 행정비용이 전체 자원에서 차지하는 비중을 기준으로 한다. 즉, 행정비용이 많이 사용될수록 전체 자원 중에서 실제 정책 대상자에게 전달되는 자원의 비중은 줄어들게 되기 때문에, 행정비용의 비중이 높을수록 운영효율성이 낮아지며, 행정비용이 낮아질수록 운영효율성은 높아진다.

혹은 자본주의 국가에 대한 연구에서 다루어졌을 뿐이다.

이념의 분류는 학자에 따라 다양하게 이루어지고 있다. 좌파와 우파, 보수와 진보로 나누기도 하고(김종일, 2009) 반집합주의자, 소극적 집합주의자, 페이비언 사회주의자, 마르크스주의자로 나누기도 하며(George & Wilding, 1985) 보다 더 세분화하기도 한다. 여기에서는 조지와 윌딩의 분류와, 신자유주의, 제3의 길 등에 대하여 알아보고자 한다.

1) 조지와 윌딩의 분류

빅 조지와 폴 윌딩(Vic George & Paul Wilding)의 저서『이데올로기와 사회복지』에서는 정치적 스펙트럼모형을 제시하고 있다. 가장 오른쪽에는 반집합주의(anti-collectivism)의 사상을 갖는 보수주의자들이 자리 잡고 있다. 19세기경 영국을 지배한 이데올로기를 숭상하는 자들이며, 오늘날에는 신보수주의자 입장으로 새롭게 출현하였다. 이들과 대립적인 위치인 가장 왼쪽에는 마르크스주의자(Marxist)들이 존재한다. 이러한 반집합주의자들과 마르크스주의자들의 중간에는 비교적 보수적인 시각의 소극적 집합주의자들과 단계적인 개혁을 추진하는 페이비언사회주의자들이 존재한다. 네 가지 이데올로기를 중심으로 복지국가이론이 각각 어떻게 정립하여 왔는가를 검토하고자 한다.

복지제도를 확립하고 발전시켜 온 이론적 근거를 제공하였던 이데올로기는 소극적 집합주의자들과 페이비언사회주의자들이었다. 페이비언사회주의는 마르크스주의의 정통적인 혁명노선을 비판하면서 사회주의의 목표를 추구하기 위하여 의회민주주의를 통한 점진적인 사회개혁을 추구하여 가고자 하였다. 소극적 집합주의(비사회주의적 복지집합주의)는 자유주의적 개혁가들로부터 시작되어 1930년대와 1940년대의 케인즈와 베버리지처럼 자본주의의 유지, 자유기업, 개인의 자유 등을 신봉하지만, 자본주의는 자기 규제적이지 못하다는 확신을 갖고 있어서 국가의 적절한 개입을 통하여 자본주의의 잘못된 모습이 고쳐질 수 있다고 보았다. 셋째, 반집합주의는 역사적으로 두 가지로 구분된다. 고전적 자유주의(아담스미스)는 19세기의 아담스미스의 고전적 자유주의로서, 시장경제가 사회질서의 열쇠이고 시장을 통하여 인간의 필요와 욕구가 충족될 수 있다고 보아서 국가의 개입을 최소화해야 한다고 보았다. 신자유주의는 하이에크나 프리드만 등으로 '신자유주의자'들로 불리는 현대의 자유주의철학자들이다.

(1) 반집합주의

반집합주의자(anti-collectivism)들의 가장 근본적인 사회적 가치는 자유(freedom)[7]와 개인주의(individualism)[8], 불평등(inequality)이다. 자유란 소극적인 상태(negative state), 강제가 없는 상태로 자유는 사회에서 강제가 최소화할 때 극대화된다고 본다. 반집합주의자들에게 있어서 개인주의는 자유를 보완하는 것으로 대규모 국가개입이나 강제를 불필요하고 불가능하게 만들어 준다. 시장에서 발생하는 빈곤이나 불평등은 자연스럽고 바람직한 것이기 때문에 현재 정부가 맡고 있는 대부분의 일은 개인이 맡는 것이 보다 바람직하다고 한다. 공민권, 기회의 평등에 대해서는 받아들이면서 결과의 평등을 확대하거나 보장하려는 시도는 반대한다. 반집합주의자의 대표적인 학자로는 하이에크(Hayek), 프리드만(Friedman)을 들 수 있다.

반집합주의자들의 정부행위 불신이유로는 첫째, 정부의 행위는 자유를 위협한다. 프리드만은 "정부의 모든 개입행위는 직접적으로 개인적 자유의 영역을 제한하며, 간접적으로는 자유의 보존을 위협한다"고 하였다. 둘째, 정부의 행위는 비효율적이며, 바람직한 목표를 성취하기 어렵다. 정부의 활동영역은 자발적인 질서가 효율적으로 기능할 수 있도록 필요한 틀을 제공하는 영역이며 자발적인 교환이 지나치게 비용이 많이 들거나 현실적으로 불가능한 영역들로서 독점 또는 그와 유사한 시장불완전성의 영역, 외부효과가 발생하는 것으로 본다. 셋째, 정부의 활동 영역은 가부장적인 역할로써 자신의 삶을 스스로 책임질 수 있는 능력이 없다고 사회가 인정한 사람들에게는 정부가 가부장적인 역할로써 공적부조를 수행해야 한다고 주장한다.

반집합주의 복지국가에 대한 태도 부정적인 이유로는 이들은 정부성장을 비판하며 정부 성장에 따른 복지국가는 자유에 대한 위험을 내포하고 있으며, 가족과 가족의 책임을 손상시킨다고 주장한다. 공적 급여는 의존성과 도덕적 타락, 무책임성을 조장하고 창의력과 자존심, 우리 사회에서 바람직한 자선과 박애 등의 미덕을 약화시킨다고 본다.

반합주의의 국가구제의 책임은 빈곤을 구제할 책임이 국가에게 있다는 것에는 동의하지만 빈곤구제의 책임을 수행하는 데까지가 국가가 해야 할 일이라는 것이다. 질병과 노령, 실업 등에 대하여 소득보장을 목표로 하는 공적인 계획은 빈곤구제라는 책임한계를 벗어나는 것이라고 주장한다. 욕구에 관계없이 모든 사

---

7) 타인으로부터 간섭 또는 강제 받지 않는 것으로서의 자유를 의미한다.

8) 사회란 개인의 자발적 협동과 경쟁에 기초하여 형성되어야 한다고 본다.

람에게 주어지는 수당제도, 사회적 형평성에 근거한 재분배를 목표로 한 급여제도도 국가책임의 지나친 확대라는 것이다. 반집합주의자들은 복지국가의 보험원리는 사기극이며, 뒷문으로 사회주의를 도입하기 위하여 사용되는 도구라고 비난한다.

(2) 소극적 집합주의

소극적 집합주의자(reluctant collectivists)들은 정부에 의하여 관리되는 경제가 필요하며, 그것이 좋은 결과를 가져올 것이라고 본다. 소극적 집합주의자들의 사회적 가치는 실용주의(pragmatism)와 인간주의(humanism)에 있다. 실용주의는 자본주의가 가장 좋은 경제체제라고 믿지만, 자본주의가 효율적이고 공정하게 기능하기 위해서는 사려 깊은 규제와 통제가 필요하다고 생각한다. 그리고 자본주의의 결점이 심각하지만 교정될 수 있다고 보며, 자본주의경제체제가 실제로 어떻게 운영되고 있는가를 연구하는 데서 출발한다. 케인즈(J. M. Keynes)는 실업을 참을 수 없는 악이라고 보고, 실업을 불가피하다고 생각하는 것이 아니라 실업에 대한 해결책을 제시하였다. 베버리지(W. Beveridge)는 완전고용을 달성할 수 있는 가장 좋은 방법은 "여러 가지 방법들을 선택적으로 결합하는 것"이라고 주장하면서 일반적 통제를 필요로 하며 공적 독점요소를, 다른 분야에서는 사적인 기업활동에 대한 공적인 통제를, 또 다른 분야에서는 일반적인 통제를 받지 않는 사적 기업 활동을 필요로 할 것이라고 실용성을 강조하였다. 또 하나의 사회적 가치는 인간주의이다. 갈브레이드(J. K. Galbraith) 등에게 자본주의의 문제점을 연구하도록 이끌었던 것은 실용주의에 앞서서 자본주의가 인간에게 갖는 의미가 무엇인가에 대한 관심이었다.

케인즈는 전형적인 보수주의자의 특징을 갖고 있긴 하였지만, 사회악에 대하여 관심이 있었고 고통에 민감하였으므로 전통적인 경제이론을 의문시하였다. 베버리지는 철저한 인간주의자이어서 완전고용이란 일자리를 필요로 하는 사람이 필요로 하는 일자리가 항상 더 많음을 의미하고, 노동시장이 구매자의 시장이 아니라 판매자의 시장이 되어야 함을 의미하는 것이라고 말한다. 노동력을 구매하는 데 어려움을 겪는 구매자는 불편함과 다소간의 이윤감소로 고통을 받게 될 뿐이지만, 자신의 노동력을 판매할 시장을 발견치 못한 판매자는 그에게 있어서는 분노나 손실을 넘어서서 일종의 재앙과 같다고 주장하였다. 이 외에도 소극적 집합주의자들이 추구하는 사회적 가치에는 자유, 평등과 불평등이 있다.

소극적 집합주의에서 정부의 역할은 사회의 모든 구성원들의 이익에 관심을 가지고, 그것을 증진시키기 위하여 독립적인 실체로서 기능하는 것을 의미한다. 정부는 완전고용을 유지할 수 있는 총수요수준을 보장하기 위해 경제를 관리할 능력과 의무를 가지고 있다고 본다. 케인즈는 개인의 창의성을 성공적으로 발휘하게 해주는 것이 된다고 정부활동을 옹호하였다.

한편 소극적 집합주의자들은 복지국가를 시장의 실패를 보충하는 수단으로 본다. 이들은 복지의 '혼합경제'(mixed economy)를 강조하며, 복지제도도 국가뿐만이 아니라 공동체와 가족 등의 비공식부문, 자원봉사부문, 시장에 의하여 제공되는 부문 등이 실용적으로 균형을 이루는 것으로 본다. 즉, 분권화와 참여가 강조되며, 비공식부문과 자원봉사부문의 역할이 강조된다.

소극적 집합주의에서 복지국가에 대한 견해는 베버리지의 견해를 들 수 있다. 그는 복지국가에 대한 추구를 '국민 최저생활수준'(national minimum)의 달성에 두었고, 국민최저생활수준을 달성하기 위한 주요 정책으로 사회보험을 제안하였다. 베버리지의 주장은 민간의 자발적인 요소가 가장 중요하다는 것이다. 또한 기여방식의 보험제도를 택한 것이야말로 자산조사에 의하지 않고 권리로써 급여를 제공할 수 있는 유일한 방식이라고 생각하였다. 베버리지는 정부가 사회복지에 대하여 종합적인 접근을 취할 것을 주장하며 국민 보건서비스, 가족수당계획, 완전고용정책 등이 포함된 사회보험종합계획인 베버리지 보고서를 제출하였던 것이다.

(3) 사회민주주의

사회민주주의(social democracy)는 각국의 역사적인 경험과 정치 여건에 따라서 다양한 형태로 나타났다. 사회민주주의와 복지국가를 연계하기 위해서는 약간의 유형화가 필요하다. 사회민주주의는 마르크스주의의 정통적인 혁명노선을 비판하고 계급혁명을 통한 사회개혁이 아니라 의회민주주의를 통한 점진적인 개혁을 추구한다. 이러한 사회민주주의에는 우파사회민주주의와 좌파사회민주주의, 영국의 페이비언사회주의를 들 수 있다. 대표적인 학자로는 티트머스(Titmuss), 크로스랜드(Crosland), 토니(Tawney), 마샬(Marshall) 등이 이에 속한다.

첫째, 우파사회민주주의는 소극적 집합주의자들과 같은 노선을 걷는다.

둘째, 좌파사회민주주의는 계급 간의 타협을 통하여 사회민주주의의 정당이 집권을 성취하는 경우이다. 생산영역에서의 자본주의적 계급질서를 분배영역을 포함한 모든 차원의 불평등의 근원으로 간주하여 경제적 권력과 정치적 권력의 분리를 핵심으로 한다. 경제적 권력을 갖고 있는 자본가계급과 정치적 권력에서 조직화된 다수의 힘을 발휘할 수 있는 노동자계급 간의 대타협의 산물이라고 하겠다. 좌파사회민주주의는 노동자계급의 정치적 권력화이며 사회주의로의 첫걸음이다.

셋째, 페이비언 사회주의(the Fabian Socialism)는 소극적 집합주의와 마르크스주의적 사이의 모호한 중간 영역에 위치설정을 할 수 있다. 민주주의를 전적으로 옹호하며 사회복지서비스를 적극적으로 도입한다. 이러한 페이비언사회주의의 사회적 가치는 평등·자유·우애이며, 평등과 자유로부터 파생된 민주적 참여라는 가치와 평등과 우애로부터 파생된 인본주의라는 가치를 강조한다. 또한 불평등의 감소를 사회통합(social integration)과 사회조화(social harmony)의 필요조건으로 보았다. 즉, 불평등의 감소는 사회적 소속감을 증진시킬 것이며, 증진된 사회적 소속감은 사회질서의 급격한 붕괴를 막아 준다는 것이다. 그리고 정치적 자유가 실질적인 의미를 가지기 위해서는 경제적 자유에 의하여 보완되어야 한다고 주장한다. 인간들은 최소한의 생활수준을 누릴 수 있어야 하고, 사회의 곤궁은 제거되어야 한다는 점을 중시한다. 아울러 전통적인 사회복지의 목적을 위하여 국가의 부를 투입하는 것을 대단히 중요하게 생각한다. 정부의 역할은 시장체계의 해악을 해결하는 일이다. 권력집중을 수정하고 권력을 보다 많은 대중에게로 확산시키기 위해서는 정부의 행동이 필요하다고 생각한다. 중요한 것은 민주적인 의회과정이 계획을 통제함으로써 정부와 관료들의 권력이 항상 대중들에게 책임성을 실현할 수 있도록 해야 한다는 것이다.

생산수단과 분배수단의 국유화는 없어서는 안 될 필수적인 조치라는 점을 인정하지만, 국유화의 문제는 페이비언사회주의자들을 수정주의자와 근본주의자로 분리시켰다. 근본주의자들은 사회주의를 위해서는 공적 소유를 전체적으로 확산시켜야 한다고 보는 반면에, 수정주의자들은 제한적으로만 실시해도 복지자본주의는 길들여지고 통제될 수 있다고 생각한다.

복지국가에 대한 페이비언사회주의자들의 태도는 크로스랜드가 말하는 사회지출의 네 가지 기능을 통하여 볼 수 있다. 첫째, 사회적 곤궁과 고통을 경감시키고 사회적 결핍을 수정하는 것이다. 둘째, 사회사업적 개입을 통해 개인의 역기능을 수정하는 것이다. 셋째, 효율성을 증가시키고 낭비를 감소하는 것이다. 넷째, 사회적 결합을 향상시키고 사회적 이동을 촉진하는 것이다.

페이비언사회주의자들은 보편적인 사회서비스급여를 찬성해 왔으며, 복지국가를 지지하면서도 몇 가지 그 한계와 위험을 제기한다. 첫째, 복지국가는 정의와 예방에 관한 것이 아니라 불의와 치료에 관한 것이며, 둘째, 복지국가는 결과의 평등이 아니라 기회의 평등을 추구하고, 셋째, 복지국가는 불평등보다는 빈곤에 관련되어 있으며, 넷째, 복지국가의 행정구조는 민주적이고 참여적이기보다는 부패하기 쉽고 권위적이라는 것이다. 즉, 복지국가를 사회주의적 목적 중 일부만을 제한적으로 달성된 것으로 보면서도 복지국가는 여전히 불안정한 타협물이며 사회주의를 향한 잠재적인 도약판으로 간주하고 있는 것이다.

(4) 마르크스주의

마르크스(Marx)와 엥겔스(Engels)는 사회적 가치를 사회를 지배하고 있는 경제적 조건의 결과로 간주하였으며, 사회에서 가치가 변화하게 되는 것은 생산수단과 분배수단에 대한 사회적 소유의 결과로서 나타나게 된다고 생각하였다. 사회주의 체제의 지배적 이데올로기는 모든 사람들의 이익에 공평하게 봉사할 사회주의적인 생산 및 분배형식을 방영하게 되리라고 보았다. 사회주의 단계의 원리란 "각자 능력에 따라 일하고 욕구(need)에 따라 분배받는다"라는 원리로 변화한다는 것이다. 대표적인 학자로는 라스키(Laski), 밀리반드(Miliband), 오코너(O'Connor) 등이 이에 속한다.

마르크스주의자(Marxist)들의 경제 전략은 두 가지 프로그램으로 구성되어 있다. 생산 및 분배수단의 국유화와 효과적인 산업민주주의이다. 생산수단의 사적 소유는 분명히 자본가계급의 손에 경제력을 집중시키게 된다. 이것은 정치적 권력도 자본가들의 손에 집중됨을 의미한다. 스트래치(J. Strachey)가 지적한 바와 같이 "정치적 권력과 경제적 권력은 궁극적으로 분리할 수 없는 권력 전체의 두 가지의 측면에 불과하기 때문"이다. 그리고 사적기업을 국유화해야 한다는 경제적 주장은 정치적 주장만큼이나 강력한 것이다.

마르크스주의자들은 복지국가의 사회서비스에 대하여 인간의 욕구(need)를 무시하고, 사회경제체제에서 기인하는 문제를 단순하게 구급차적 시각에서 접근하는 것을 비난한다. 자본주의체제에서는 진정한 의미의 예방적 사회서비스가 불가능하다고 본다. 따라서 사회주의적 사회서비스는 첫째, 욕구(need)의 충족에 중점을 두어야 하며, 둘째, 실질적 적용에 있어서 보편적이어야 하며, 셋째, 전문직의 권력을 가능한 한 축소시키면서 보다 많은 참여가 가능하게 해야 하며, 넷째, 사회서비스의 핵심은 예방에 두어야 한다는 것이다.

| 표 2-1 | 조지와 윌딩의 이데올로기 모형

구분	반집합주의	소극적 집합주의	페이비언 사회주의	마르크스주의
사회가치	소극적 자유 (개인주의, 불평등 인정)	소극적 자유 (실용주의, 인본주의)	적극적 자유, 평등	적극적 자유, 평등, 우애
사회조직	시장경제제도 옹호	시장경제의 보완	시장경제의 수정	시장경제의 부정
정부역할	←최소최대 →			
복지국가	잔여적	국가가 국민의 최저수준 보장	보편주의 원칙(복지국가주의)	복지국가로는 빈곤제거 불가능(복지국가 반대)

2) 신자유주의와 신보수주의

신자유주의(neo-liberalism)와 신보수주의(neo-conservatism)는 국가의 개입으로부터 시장을 자유화하고, 시민사회 내에서 일어나는 문제들이 가능한 시장 자체의 자연적인 움직임에 따라 조절 및 해결되도록 하는 이론이다. 국가가 경제에 개입하는 것을 반대하고 자유로운 시장을 통해 국가의 부를 확대시켜 사회적 복지를 극대화해야 한다는 19세기 고전적 자유주의 노선을 이어받아 1970년대에 등장했으며, 프리드리히 하이에크(Friedrich Hayek)와 밀튼 프리드만(Milton Friedman)과 같은 자유시장 경제학자와 로버트 노직과 같은 학자들에 의해 발전했다.

신자유주의 사상이 등장하게 된 배경은 케인스이론에 따른 큰 정부의 실패 때문이라고 볼 수 있다. 첫째, 1970년 초 선진 자본주의 경제체제의 위기 이후 장기불황의 문제로 인한 국가재정의 적자 누적, 경제성장의 둔화 등이 나타나면서 해결하지 못한 케인스주의 경제정책의 무능력과 둘째, 이에 따른 사회민주주의에 대한 정당성의 약화로 인해 등장한 것이 신자유주의이다. 즉, 신자유주의자들은 당시의 경제위기가 무리한 복지정책과 공공부문의 확대, 자본에 있어서의 정부의 지나친 개입으로 초래되었다고 보았다.

신자유주의의 특징은 복지국가에서 발생한 여러 문제들에 대해 국가의 공공부채와 재정적자를 줄이는 방법으로 첫째, 증세가 아닌 공공 지출의 축소와 시장의 경쟁력을 높일 수 있는 국가개입의 축소, 둘째, 국민경제의 경쟁력 강화를 위해 복지국가의 축소가 반드시 필요하다는 주장을 통한 여러 사회보장제도의 축소, 셋째, 국영기업의 민영화와 노동시장 유연화 등을 들 수 있다. 즉, 복지국가의 축소는 국가의 재정지출을 줄여 인플레를 약화시키고, 공공복지부문에 과다하게 투여되었던 인력과 자원을 민간경제로 돌리며, 복지국가가 약화시켰던 납세자와 복지수혜자 모두의 노동 유인을 강화함으로써 건전한 성장을 유도할 수 있다는 것이다.

1980년대 영국의 대처 정부와 레이건 정부의 정책으로 대표되는 대처리즘(thatcherism)[9]과 레이거노믹스(reaganomics)[10]는 신자유주의의 대표적인 정책이라고 할 수 있다. 영국의 대처는 수상으로 집권하면서 비효율적인 국영기업의 민영화, 공공부문의 축소, 공공서비스의 시장화, 사회보장급여수급자격의 엄격화, 급여율의 축소, 정부의 규모를 축소하면서 세금을 줄이고 노동의 유연성을 확보해 기업환경을 개선함으로써 시장을 활성화했다. 제2차 세계대전 이래 유지해왔던 완전고용정책을 폐기하고 노동시장의 유연화를 위해 여러 가지 고용보호조치들을 철폐하였다. 하지만 이 과정에서 떨어져 나온 실업노동자들의 재취업이나 노동시장에의 신규진입이 막혀있던 청년노동자들의 취업을 위한 어떤 훈련 프로그램도 적극적으로 추진하지 않았다. 대처 정부는 실업자들을 일할 능력이 있음에도 불구하고 일하지 않는 자, 국가복지에 기생하려는 복지 의존자들로 공격하면서 집권 기간 내내 실업급여를 삭감하고 통제하는 정책으로 일관했다. 경제정책에 있어서는 총수요를 진작하기보다는 통화 공급을 조절하는 것이 정책의 우선순위가 되어야 한다고 주장했다. 완전고용을 추구하기보다는 인플레이션을 조절하는 데 강조점을 두었다. 복지 프로그램에 있어서는 모든 복지 프로그램(사회보장 프로그램, NHS, 개인사회서비스, 교육, 주택 등)에 걸쳐 지출을 줄이고 민영화를 고무하고자 했으나 그 결과는 상이했다. 중앙정부의 역할을 지방정부에 이양하는 지방분권화는 보다 많은 책임을 지방정부에 넘기면서도 지방정부에 대한 중앙정부의 보조금을 삭감하거나 지방정부의 재정지출에 대한 통제를 강화함으로써 특히 주택과 교육부문에서 강한 효과를 미쳤다.

---

9) 대처주의(Thatcherism, 대처리즘)는 영국 경제의 재생을 꾀한 마거릿 대처 수상의 사회 경제 정책의 총칭이다. 1979년 총선거에서 보수당의 승리로 집권한 대처 수상은 노동당 정부가 고수해 왔던 각종 국유화와 복지정책 등을 포기하고 민간의 자율적인 경제활동을 중시하는 통화주의(monetarism)에 입각한 강력한 경제개혁을 추진했는데, 이러한 대처의 정책을 '대처주의'라 하며, 영국식 신자유주의, 보수주의, 반공주의, 반노동조합주의를 옹호한다.

10) 레이거노믹스(Reaganomics)는 미국 대통령 로널드 레이건이 1981년부터 1989년까지의 임기 동안 수행한 시장 중심적 경제 정책 혹은 이와 유사한 정책을 가리킨다. 라디오 방송자 폴 하비가 레이건(Reagan)과 이코노믹스(economics, 경제학을 뜻하는 영어 단어)를 합쳐서 만든 말이다. 레이거노믹스의 중심 내용은 정부지출의 축소, 노동과 자본에 대한 소득세 한계세율을 낮춤, 정부규제의 축소, 인플레이션을 줄이기 위한 화폐 공급량의 조절 등이다.

미국의 레이건 대통령은 집권 후 '강한 미국'을 주장하면서 복지예산과 환경예산을 축소하고 세금을 감면해 시장의 활성화를 꾀했다. 이런 신자유주의적 전략은 자본의 자유로운 이동을 따라 세계 곳곳에 자리잡았으며, 세계 각국의 개방을 촉구하게 되었다.

사회복지제도에 대한 신자유주의자들의 비판논리는 다음과 같다. 첫째, 사회복지제도의 확대는 기업의 조세부담 증가와 노동비용의 증가로 나타나고, 이로 인한 재화와 서비스의 가격상승은 시장에서의 경쟁력을 약화시킨다. 따라서 복지지출의 증가는 생산부문의 투자를 위축시켜 경제성장을 저해한다. 둘째, 복지급여수급은 의존성을 증가시키고 개인의 저축동기 및 투자동기를 약화시켜 생산성의 감소를 초래한다. 즉, 복지급여수급으로 소득효과가 대체효과보다 커져 근로동기가 감소하며, 경제성장을 저해한다고 주장한다. 셋째, 재화나 서비스에 대한 수급자들의 선택을 왜곡시켜 비효율적 배분을 초래한다. 넷째, 노동시장의 경직성을 야기하여 생산성에 따른 노동배분이 효율적으로 이루어지지 않는다. 다섯째, 사회복지제도의 확대는 조세 및 사회보험료 부담을 증가시키므로 이러한 부담을 피하기 위한 지하경제의 규모를 증가시킨다고 주장한다.[11)]

신자유주의자들은 사회정책분야에서 발생하는 문제들은 국가가 개입하기 때문에 생기는 것인데, 이는 시장질서의 회복을 통해서 치유가능하다고 본다. 그러나 신자유주의 진영의 주장에 따라 국가가 개입을 자제하고 빈곤의 문제와 노동자계급의 문제 해결을 시장기능에 맡긴다고 문제가 해결된다는 보장은 없다. 사회보장의 민영화는 개인적 차원의 해결은 될 수 있을지 몰라도 퇴직노동자 집단 전체의 노후생활을 보장해주는 방법은 되지 못한다. 국가의 정책대안으로서 사회보장을 시장의 자율에 맡겨두는 것은 성립할 수 없다. 사회정책은 공익에 관한 사항이기 때문에 문제점이 나타난다.

3) 제3의 길

중도파 및 중도좌파의 본질적인 가치를 간직하고 이를 현실에 맞게 변형시켜 새롭게 적용하고자 하는 이념적인 시도이다. 여기에 이론적 바탕을 제시한 앤서니 기든스(A. Giddens)는 그의 대표적인 저서 『좌우를 넘어서』에서 보호와 책임의

11) 정부차원에서 공개되지 않고 신고되지 않는 경제활동, 즉 정부의 규제를 피하기 위해 주로 비합법적 수단을 동원해서 이루어지는 숨은 경제를 의미한다. 마약거래, 성매매, 장기밀매 등 범죄조직을 통해 발생한 자금이나 사채, 골동품 거래 등을 통해 발생한 자금 등

균형, 일하는 복지, 소외와의 투쟁과 경영주의 등을 주장했는데, 1998년 3월 영국의 토니 블레어 총리가 프랑스 하원 연설에서 처음 언급했다. 뒤이어 같은 해 9월 미국 뉴욕에서 '제3의 길'을 주제로 한 심포지엄이 열리면서 주목받기 시작하여 국내외에서 새로운 정치·경제적 노선으로 채택하였다.

'제3의 길'은 복지국가를 지향하는 사회민주주의를 제1의 길로, 시장경제를 지향하는 신자유주의를 제2의 길로 규정하고, 이에 대한 절충적 대안으로 제3의 길을 지향하자고 주장한다. 신자유주의처럼 복지국가를 청산하자는 것이 아니라 복지국가의 비효율성 등을 개선하자는 것이다. 즉, '제3의 길'은 대처리즘의 자유주의 시장경제 노선을 견지하면서 복지제도의 개혁, 교육과 훈련, 기간 시설에 대한 정부개입 강화, 국제주의를 통한 우파의 고립주의 타파 등을 기본 이념으로 한다.

'제3의 길'이 등장한 배경은 다음과 같다. 사회민주주의의 동요로 복지국가의 위기론이 대두되고, 이러한 사회적 비판에 대처하면서 시장경제의 효율성과 자유를 강조하는 신자유주의가 대처리즘과 레이거노믹스 하에서 채택되어 번영을 누리게 되었다. 그러나 신자유주의는 사회적 부의 절대적 크기를 증가시키는 데는 기여하였지만, 빈부 간 격차가 심화되는 등 새로운 문제점이 나타나기 시작하였다. 1990년대 후반 유럽에서는 새로운 좌파 노선을 내세운 젊은 정치가들, 예를 들면 영국 노동당의 블레어나 독일 사민당의 슈뢰더, 프랑스의 사회당 등이 제3의 길이라고 분류할 수 있는 정치노선을 내세워 집권에 성공하였다.

'제3의 길'의 표방 이념의 경우 영국 노동당과 독일 사민당 및 프랑스 사회당의 '제3의 길' 이념과 그에 따른 최근 좌파정부들의 정책은 신자유주의 정치에 대한 새로운 극복 대안이라기보다 그 정치의 또 다른 변형이라는 공통점을 노정하면서, 구체적 정책에서 일정한 차이점들을 드러냈다.

3개국 좌파정당의 노선이 표방하는 이념의 형식은 각기 다르다. 영국 노동당은 기든스(Giddens)의 논리를 수용하여 '급진중도' 또는 '신노동당'이라 하고, 독일 사민당은 '신중도'를 주창하며, 프랑스 사회당은 '쇄신좌파'를 자처한다.

영국 노동당이 보는 '제3의 길'은 복지국가의 위기를 타개하고 신자유주의에 대항할 전략으로서, 사회민주주의가 취해야 할 새로운 대안이다. 그에 따라 노동당은 권리는 반드시 책임을 수반한다는 의미에서 '포지티브 복지' 또는 '새로운 혼합경제'가 필요하다고 역설한다. 영국 노동당의 '제3의 길'을 의미하는 '신노동당' 이념은 1995년 개정된 당헌 4조에 잘 나타난다. 즉, 노동당은 '민주적 사회주의당'으로서, "권력과 부의 기회가 소수의 손에 있지 않고 다수의 손에 있으며", "권리를 향유하면서도 의무를 수행하고", "연대와 관용과 존경의 정신으로 자유롭게 더불어 사는" 공동체를 건설하는 것을 목표로 한다고 했다(Pearce & Stewart, 2002: 569). 이때 '신노동당'이 규정하는 사회적 정의는 상당한 수의 시민들에게 기회를 제공하는 것을 가리키며, 사회적 정의가 경제적 효율성을 저해해서는 안 된다. 평등이란 모든 사람에게 균등한 교육 기회를 제공해 각자가 자기의 잠재력을 최고도로 발휘할 수 있게 하는 것이라는 관점이다. 그러나 실질적 기회, 시민적 책임, 공동체와 민주주의에 대한 '신노동당'의 강조는 사회민주주의와 신자유주의를 초과하고 있지 않기 때문에 '새로운 특수한' 정치철학을 형성한다고 보기 어렵다. 따라서 경기가 나빠져 실업률이 상승한다면 조세나 재정적자의 증가를 반대하는 '제3의 길' 노선은 힘을 잃고, 결국 전통적인 좌파 정책(국유화나 재정적자 증가에 의한 경기부양책)이나 우파 정책(건전재정의 유지로 실업을 증가시키는 정책)으로 휩쓸리게 될 가능성이 크다. 또한 신노동당의 '제3의 길'은 매우 애매하면서도 전체적으로 좌파보다는 우파에 가깝다고 할 수 있다. 예를 들어, '평등'에 대해 '제3의 길'은 기회의 평등이나 개인의 책임을 중시함으로써, 결과로 나타나는 불평등을 사실상 인정한다. '지구화'에 대해서도 불가역적 과정으로 받아들이면서 그것이 야기하는 온갖 폐해를 시정하려는 의도를 보이지 않기 때문에 지구화와 타협하고 있다는 비판을 받는다.

'신중도'로 불리는 독일 사민당의 '제3의 길'은 1989년 베를린 강령에서 시작되어 1999년 블레어-슈뢰더 성명으로 완성된다. 우선 베를린 강령은 '사회적 정의'를 "재산과 소득 및 권력의 분배에서 더 많은 평등을 요구"하는 것으로 규정하였다. 그러나 이 강령에서 언급되는 '사회적 정의'도 구체적인 정치적 실천목표로 제시된 것이 아니라, 추상적 규범으로만 제시된 것이었다. 따라서 영국 노동당과 마찬가지로 그 '정의'가 요구하는 '더 많은 평등'도 엄격히 결과적 평등의 개념으로 해석되는 것이 아니라 기회와 출발의 평등으로 전환될 여지가 있는 것이다. 1960년대 말 집권기에 평화정당의 성격을 획득한 이후 경제적 분배와 평등을 넘어 탈물질주의적 가치들로 무장한 현대사회의 새로운 문제점들을 보다 적극적으로 수용했다는 측면에서 이 강령은 진일보한 것으로 평가될 수 있다. 그러나 이 강령의 문제점은 경제적 사안들뿐만 아니라 새로운 가치들에 있어서조차 경쟁 및 시장의 개념과 타협하기 시작했다는 것이다. 더욱이 통일 이후 1990년대에는 이러한 정의 개념에 대한 언급조차 줄어들다가 1998년 연방의회 선거 당시에는 전혀 사용되지 않았다(Jun, 2000: 1518). 추상적 규범으로 제시된 '민주적 사회주의'가 정책적 실천으로 이어지면서 일정한 모순을 일으킨 것이라고 할 수 있다. 블레어-쉬뢰더 성명은 베를린 강령과 현실 정부정책 간의 괴리를 후자에 맞추는 방향으로 해소한 것으로 '현대적 경제정당'화로의 노선변화를 완성한 것이라 할 수 있다. 이른바 '현대적 사민주의자들'은 '제3의 길'로 포장된 '신중도'를 "21세기를 위한 현대적 통치"라고도 한다. 그러나 그 실질적 내용은 경제적 지구화를 옹호하고, 재정안정과 조세부담 경감이라는 '워싱턴 합의(Washington Consensus)'를 자발적으로 수용하며, '사회적 시장경제'라는 '라인 자본주의(Rheinischer Kapitalismus)'도 거부하고 케인즈주의적 복지국가도 거부할 뿐만 아니라, 노동운동으로부터 사민당을 단절시키고자 하는 것이다(Mahnkopf, 2000: 489-491).

독일 사민당과 적녹연정의 '제3의 길'은 명백히 고전적 분배정책과의 결별을 의미한다. 즉, 분배의 결과가 아니라, 부 자체의 증가로 인해 가난한 사람들의 소득도 증가한다는 이른바 '엘리베이트효과'를 강조한다는 것이다(Dörre, 1999: 10). 그 전략은 성장과 경쟁력이 될 수밖에 없으며, 결과적으로 경제력과 시장의 역할에 의지하고 그 강화와 확장을 위해 또 다른 형태의 물신화된 "권력환상(machtillusion)"으로 현상한다(Narr, 1999: 374). 한편 조시팽(Jospin) 사회당 정권에 의한 복지국가의 개혁은 상당 부분 1984년 이래 사회당이 추진해 온 복지국가 개혁의 연장선상에서 이해할 수 있다. 사회당내 다수 중도계열을 형성하고 있는 미테랑(Mitterrand) 계열의 조스팽은 사회당의 좌우 편향을 적절히 조절하면서 중간적인 길을 걸었던 것이다. 그러나 앞에서 언급한 바와 같이 사회당 자체가 이미 상당 부분 우경화되었다는 점을 감안할 때, 이러한 중도의 길 역시 우경화된 중도임에는 틀림없다.

프랑스 사회당이 표방하는 '쇄신좌파'는 그러한 변화의 중심에서 당내 우파들이 주장해온 공화주의 강조를 좇아간 길이었다고 할 수 있다. 사회당의 정체성은 사회주의적 조치를 통해 유지되기보다는 '공화주의적 연대'를 통해 재형성되고 있었고, 조스팽 정부의 정책에서도 그 점은 지속되고 있었다. 따라서 영국과 독일의 '제3의 길'과 비교해 상대적으로 전통적 사회주의의 맥락을 덜 벗어났다는 평가도 가능하지만, 그것도 어디까지나 '공화주의'라는 프랑스식 개혁 사회주의의 가치에서 이해되어야 하는 것이었다. 따라서 무지개 연정의 구체적인 정책은 공산당의 연정참여라는 요소를 차치하면 신자유주의적 정책으로의 수렴이라는 보다 넓은 범주의 일반성을 벗어나지 못했다. 부유층에 대한 세금 증가를 비롯한 소득 불평등 감소 정책은 전통적 좌파정책의 연장선상에서 이루어졌음이 인정되지만, 기업의 사회적 부담금을 낮추는 신자유주의적 개혁의 연장선상에 놓인 조치들도 어렵지 않게 발견할 수 있었다(Daniel, 2001).

| 표 2-2 | 영국, 독일, 프랑스의 좌파정부정책 비교

	영국	독일	프랑스
총리	블레어(T. Blair)	쉬뢰더(G. Schröder)	조스팽(L. Jospin)
정부구성	노동당	사민당, 녹색당	사회당, 공산당, 녹색당
경제 정책	탈규제: 국가와 기업의 경쟁력 제고		시장경제보장틀 내 국가개입
사회정책	'복지로부터 근로로'	'근로를 촉진하는 국가'	소외층 강조, 노동시간 단축 통한 실업해결
전략상 지지층	중간층 중심		전통 사회주의 지지자와 중간층 연합
유럽 정책	성장과 고용		연대와 고용
노조 참여 여부	배제	'고용 협정' 활용: 의사결정 참여 불가	'사회협약' 시도

'제3의 길'의 지향점을 요약하면 다음과 같다.

첫째, '제3의 길'은 자본주의 죽이기가 아닌 '인간의 얼굴을 한 자본주의 만들기'에 나선 유럽좌파의 부활이라고도 한다. 즉, 인도주의적 자본주의 내지 인간중심적 자본주의를 지향한다. 제3의 길은 영국의 '블레어리즘 또는 블레어노믹스와 독일 슈뢰더의 '새로운 중도'노선과 맥을 같이하는데, 정책적 측면에서 살펴보면 시장의 효율과 사회복지의 형평을 동시에 추구하면서 경제성장과 사회복지를 동시에 유지·발전시킨다는 것을 기본정책노선으로 설정하고 추구해나가고 있다. 둘째, 복지정책의 지향을 살펴보면 국민들이 단순히 복지의 수급자만이 아니라 노동시장에서 생산적인 활동에 참여할 의무를 진 개체라는 개인주의, 즉 상품화를 추구하면서 다른 한편에서는 공정한 기회균등과 분배적 정의를 실현함으로써 공동체적 사회연대를 달성하려는 집합주의(collectivism), 즉 탈상품화(de-commodification)를 시장경제 체제 내에서 동시에 추구하고자 한다. 이러한 측면에서 제3의 길은 '인간의 얼굴을 한 시장경제를 추구하고 있다. 셋째, 사회보장과 재분배에 관심을 기울이는 동시에 경제적인 부를 산출하는 주도적인 주체로서의 복지수혜 계층의 역할을 강조하고 있다. 즉, 베버리지 시대의 소극적 복지수혜자와는 대조적으로 적극적 복지시민의 위상 정립에 정책적 초점을 맞춘다.

03 사회복지정책의 모형

1) 윌렌스키와 르보의 모형

미국의 윌렌스키(Wilensky)[12]와 르보(Lebeaux) 등이 주장한 잔여적 개념은 개인의 욕구가 일차적으로 가족이나 시장을 통해 충족되고, 다만 그것이 제대로 되지 않을 때 사회복지가 잠정적, 일시적으로 그 기능을 대신하는 우회적 성격의 사회복지이다. 예를 들면, 영국의 빈민법 등을 볼 수 있다. 제도적 개념은 사회적 욕구원칙에 입각하여 시장 외부에서 제공되는 보편주의적 서비스를 지칭하는데, 사회변동과 사회적 평등에 관한 이론에 근거를 두고 있으며 기본적으로 소득재분배 체계와 같다. 이를 좀 더 구체적으로 살펴보면 다름과 같다(김영모, 1982: 32).

(1) 잔여적 개념

잔여적 개념은 좁은 의미의 사회복지 개념으로 볼 수 있는데, 도움이 필요한 사람만을 대상자로 선정하여 선별적으로 제공한다. 잔여적 개념은 가족제도, 시장제도, 종교제도, 정치제도가 실패할 때 기능하는 임시적 보충이다. 따라서 사회를 유지 발전시키는 데 사회복지는 필수적이지 않다. 가능하면 가족이나 시장과 같은 기존 사회제도들이 제대로 기능해서 사회복지활동이 필요치 않게 되는 것이 사회복지의 궁극적인 지향이 되고 낙오자들에게 최저한도의 보호를 제공하는 사회복지활동은 잔여적이고 주변적, 예외적인 안전망기능을 수행할 뿐이다. 초기 산업사회와 자유주의 국가에서 나타난다.

이 개념에 따른 사회복지제도는 개인의 빈곤, 궁핍을 개인의 문제로 간주하여서 일방적인 도움을 제공하기 때문에 수혜자에 대한 수치심을 유발할 수 있다.

---

12) 윌렌스키(Wilensky Harold C., 1923~)는 시카고대학, 미시간대학, 캘리포니아대학, 버클리대학 사회학부 교수를 역임한 산업사회학자로서, 보충적 사회복지와 제도적 사회복지를 제시하였다. 그는 사회복지관계자에 알려지게 된 것은 1955년 제8회 국제사회사업회의 자료로서 집필한 원고를 가필 증보한 1965년의 명저 『Industrial Society and Social Welfare』의 출판이다. 윌렌스키는 이 저서에서 사회복지의 개념구조로서 보충적 사회복지(residual)와 제도적 사회복지(institutional)를 제시하였다.

(2) 제도적 개념

제도적 개념은 넓은 의미의 사회복지개념으로 볼 수 있는데, 개인의 능력 부족에 의한 어려움을 사회구조적 문제로 간주하여 국가의 적극적인 개입을 통한 개인의 삶의 질을 우선시한다. 또한 기부, 자선을 통한 구제를 스티그마(stigma)로 받아들이지 않는다. 사회복지는 사회를 유지하는 데 필수적인 기능을 수행하며, 제도화되는 것이 당연하다고 인식한다. 여기에서 사회복지의 필수적인 기능이란 사회구성원 간의 상호부조로, 이러한 기능은 다른 사회제도가 수행하는 기능과 구별되며 독립적으로 수행된다고 본다. 예를 들면, 현대 산업사회의 핵가족제도가 아동의 양육과 노인, 장애인의 보호 및 그들의 사회화를 전적으로 책임질 수 없음을 인정한다.

시장의 분배원칙은 기본적으로 사회구성원의 개개인의 욕구를 고려하는 것이 아니기 때문에, 시장경제 원리에 의한 일차적 분배의 수정 보완이 필수적이다. 가족과 시장이 그 주요 기능을 수행하는 것과 동등한 차원에서 사회복지제도는 상호부조의 기능을 수행한다고 본다.

평등, 빈곤으로부터의 우애, 자유의 3대 가치를 강조한 후기 산업사회와 복지국가에서 나타난다. 이는 복지 시혜를 국가에서 받는 적극적인 시민보호로 받아들일 수 있는 하나의 시민의식 변화의 기틀을 제공한다.

2) 티트머스의 모형

티트머스(Titmuss)는 사회복지정책과 복지국가를 세 가지 모형으로 제시하고 있다.

첫째, 보충적 복지모형은 개인의 복지욕구가 적절히 충족될 수 있는 가족과 시장의 메커니즘에 근거를 두고 있다. 이러한 사적 메커니즘이 붕괴되었을 경우에 사회복지제도가 활동하게 되지만, 일차적으로 가족과 시장경제에서 보충이 되지 않는 빈곤자나 요보호자들을 대상으로 일시적·감정적으로 개입하는 것이다. 따라서 사회복지는 사회의 최저한의 경계선상에 있는 빈곤자와 요보호자들에 대한 급부만을 제공하는 공적 프로그램을 강조한다.

둘째, 산업성취수행모형은 사회적 욕구가 업적, 업무수행 및 생산성 등에 기반을 두고 충족되어야 한다는 전제를 가진다. 즉, 사회복지제도의 중요한 역할은 경제의 종속물로서 통합하고 구체화한다는 것이다. 이 모형은 동기, 노력, 보수,

집단의 충성, 계급형성 등에 관심을 두는 경제적, 심리적 이론 등에서 도출되었으며, 이것을 '시녀적 모형'이라고도 하고 사회보험 프로그램을 강조한다.

셋째, 제도적 재분배모형은 사회 내의 주요한 총체적 제도로 간주하여 욕구의 원리에 입각한 시장경제 메커니즘 외부에서 보편적 서비스의 제공을 전제로 한다. 이 모형은 사회변동과 경제체제의 상승효과에 관한 이론에 기반을 두고 있으며, 한편으로는 사회평등의 원리에 기반을 두고 있다. 이것은 기본적으로 '시간을 통한 자원의 통제'(command-over-resources-through-time)에서 재분배의 체계들을 총합하는 모형으로 복지정책의 진취적 입장을 표명한다.

이 제도적 재분배모형은 부분적으로 증가하는 비복지(disservice)[13]와 산업적·기술적·사회적·경제적 변화의 부정적인 영향에 대한 이론에 입각하고 있으며, 또 인간을 개인뿐만 아니라 집단이나 공동체의 일원으로 보는 사회정의의 개념에 기반을 두고 있다. 그러므로 이 모형은 기존 변화의 영향을 통합할 뿐 아니라 사회복지가 변화에 대해 적극적이고 동태적인 매개체로서 수행하게 하는 다양한 역할을 포함하고 있다.

3) 파커의 모형

파커(Parker)는 사회복지정책의 모형을 세 가지의 유형으로 구분하였다. 자유방임형과 사회주의형으로 크게 나누고 그 중간에 자유주의형이 있다고 보았다. 자유방임형은 개인주의에 기초하고 있으며, 사회주의형은 공동체주의나 전체주의에 바탕을 둔 유형이며, 자유주의형은 최저한의 정부 책임을 강조하는 것으로 다음과 같이 정리할 수 있다(김영모, 1982: 31).

첫째, 자유방임주의형은 개인주의에 기초하여 경제성장과 부의 극대화에 큰 가치를 부여한다. 소득과 부, 교육, 의료서비스 등 모든 사회보호의 형태는 시장의 생산제도에 의해 좌우되고, 그것이 약자를 보호하든 강자를 억제하든 간에 국가의 최소개입과 개인적 교환력에 의존하고 능력에 따라 배분한다. 이러한 경우 빈곤에 대한 대책은 상대적 개념보다는 절대적 개념에 의한 선별주의적 선택을 강조한다.

13) 티트머스는 사회발전에 따라서 환경적 요인으로 발생하는 노령, 실업, 산업재해, 환경오염 등 이와 유사한 복지문제를 비복지(disservice) 현상이라고 보았다. 즉, 다양하고 급속하게 변동하는 사회는 다른 사람들이 획득한 진보에 대한 대가의 일부를 비복지라는 형태로 지불하게 된다. 이런 비복지적 현상은 문제발생이 사회적이므로 그 해결 또한 사회적으로 요청된다.

둘째, 사회주의형은 자유방임주의와 반대의 개념으로 경제적·정치적 평등과 공동권을 강조한다. 자원의 배분은 능력보다는 요구에 따른 자원분배를 강조한다. 정부는 누구에게든지 선택을 할 수 있는 유사한 기회를 제공하여야 하고, 결핍을 예방하기 위한 활동보다는 쾌적한 기준을 제공하기 위한 책임을 지기 위해 국가의 적극적 개입을 요구한다. 이러한 배분은 완전한 노동제도 하에서 빈곤이 존재하지 않도록 해야 한다.

셋째, 자유주의형은 시장의 경제활동을 생활기회와 개인적 자유, 기회구조의 배분자로서 중요시한다. 스스로 부양할 수 없는 사람에 대한 최저수준을 보장하는 수준에서 국가의 개입을 허용한다. 이것은 개인의 책임과 독립을 주장하고 또한 개인이 개별적으로 선택하는 복지기준을 사적으로 종정하고자 한다. 자유주의형에서 보면 공공봉사(사회서비스)의 주요한 역할은 스스로 부양할 수 없는 사람을 위하여 최적수준을 보장하는 것이다.

04 단원요약 및 문제풀이

1) 단원요약

(1) 사회정책적 가치

① **평등**: 평등은 사회적 자원의 재분배를 통하여 사회구성원의 삶의 질을 골고루 향상시키고자 하는 가치이다. 평등의 개념 중 복지국가의 형성과 확대에 기초가 된 것은 적극적인 의미의 평등으로, 복지국가의 평등전략은 보편주의 원칙에 입각하여 모든 국민에게 사회적 권리로서 보편적으로 제공하는 사회복지급여와 서비스를 통하여 일정한 수준의 기본적인 삶을 보장하고 사회적 불평등을 감소시키고자 노력하였다.

ⓐ 수량적 평등: 모든 사람을 똑같이 취급하여 욕구나 능력의 차이에 관계없이 사회적 자원을 분배하는 개념으로 가장 적극적인 평등개념이다.

ⓑ 비례적 평등: 개인의 욕구, 능력, 기여 정도에 따라 사회적 자원을 다르게 분배하는 개념이다.

ⓒ 기회의 평등: 결과는 무시한 채 과정상의 기회만 똑같이 해주는 개념이다.

② **자유**: 자유는 정치적·경제적으로 어떠한 구속도 받지 않고 자발적으로 행동할 수 있는 권리를 의미한다.

ⓐ 소극적 자유

- 사람들 간의 상호작용 관계에서 다른 사람의 간섭 없이 자신의 의지대로 행할 수 있는 상태를 의미한다.
- 반집합주의자들이 사용
- 사유재산권 행사의 자유 또는 급여나 서비스 선택의 자유를 강조하여 복지에 대한 국가의 개입을 자유의 침해로서 간주한다.

ⓑ 적극적 자유: 자기가 원하는 것을 할 수 있는 상태를 말한다.

- 페이비언주의, 마르크스주의가 사용
- 사회적 권리로서 복지를 누릴 수 있는 자유를 인식하며, 국가의 복지에 대한 개입을 적극적 자유의 확대로 간주한다.

③ **연대**: 사회복지는 구성원 상호 간의 도움을 주고받는 행위를 통하여 사회적 자원을 재분배할 뿐 아니라, 이러한 원조행위가 구성원 상호 간의 감정적 통합을 가져오게 된다. 한편, 이러한 감정적 연대와 통합은 사회적 자원의 재분배를 가능하게 한다. 산업혁명 이후 사회경제적 진보에 따라 가족과 지역공동체는 그 기능을 상실하게 되었으며, 사회통합을 위한 새로운 사회적 장치가 필요하게 되었다. 현대사회에서의 사회복지제도는 공동체 구성원의 상호의존성을 제도적 장치로 복원함으로써 사회통합을 달성하게 하고 있다.

ⓐ 기계적 연대: 가족이나 부족사회에서 흔히 나타나는 연대로서 구성원들을 결속시킬 수 있는 공통의 대인관계나 가치 그리고 신념이 존재할 때 가능하게 된다.

ⓑ 유기적 연대: 사회적 분화가 급격하게 발생하는 현대사회에서 질서를 유지하기 위해서 사회구성원 개개인이 상이하게 평가되는 상이한 역할을 수행할 필요성을 갖게 되는데, 이러한 상이성에 근거한 연대가 유기적 연대이다.

④ **정의**: 정의는 절차상의 정의, 실질적 정의, 능동적 과정으로서 정의, 분배적 정의 등으로 사용되고 있다.

ⓐ 절차상의 정의: 법률에서 정한 합법적인 절차를 강조한다.

ⓑ 실질적 정의: 결과로서 분배적 정의를 강조한다.

ⓒ 능동적 과정으로서 정의: 불의한 현상을 예방하고 치료하는 사회적 과

정을 강조한다.

ⓓ 분배적 정의: 사회적으로 취약한 계층이나 불우한 위치에 있는 사람에게 보다 나은 처우와 권한 및 자원의 배분이 이루어지도록 노력한다.

⑤ **이타주의**: 이타주의는 이기주의에 기초한 자본주의 속에서 복지국가를 실현시킬 수 있는 가치이다. 티트머스는 부자에서 빈자에게 이전함과 같은 일원적 이전과 쌍방이 서로 도움을 주고받는 이원적 이전으로 이타주의를 설명하였다. 사회복지는 상대방으로부터 대가를 요구하지 않는 이타주의에 기초하고 있으며, 시장체계를 통하여 이루어지는 등가의 교환에 기초하여 개인 이익의 극대화와 효율을 추구하는 경제적 행위와 대별된다.

⑥ **적절성**: 적절성은 급여수준이 신체의 안녕을 가능하게 해야 한다는 가치로, 그 기준은 시간과 상황에 따라 변화한다. 오늘날은 표현의 자유, 자아실현과 같은 정신적 안녕도 중요한 영역이 되고 있다.

(2) 티트머스(Titmuss)의 복지모형

① 보완적 복지모형

ⓐ 사회복지는 사회의 최저한의 경계선 상에 있는 빈곤자와 요보호자들에 대한 급부만을 제공한다.

ⓑ 일차적으로 가족과 시장경제에서 보충이 안 되는 빈곤자나 요보호자들을 대상으로 일시적·감정적으로 개입하는 것이다.

ⓒ 공적 프로그램을 강조한다.

② 산업적 성취수행모델

ⓐ 사회복지는 경제의 부산물로 간주하며 경제성장의 수단으로 활용한다.

ⓑ 사회적 욕구가 업적, 업무수행 및 생산성에 기반을 두고 충족되어야 한다.

ⓒ 사회보험 프로그램을 강조한다.

③ 제도적 재분배모델

ⓐ 사회복지를 시장경제 이외의 욕구에 따른 보편적, 선택적 서비스를 제공하는 종합적 제도로 본다.

ⓑ 복지정책의 진취적 입장을 표명한다.

(3) 마샬(Marshall)의 복지모형

① 시민권을 기반으로 정치적으로는 민주주의를 표방하고, 사회적으로는 복지사회를 표방, 경제적으로는 혼합경제의 자본주의로서 민주–복지–자본주의의 복지모형을 표방한다.

② 시민권으로는 공민권(신체, 언론, 사상, 신앙, 재산, 계약의 자유 등)의 자유권과 정치권(투표권, 정치적 참정권), 사회권(최소한의 복지와 보장을 통한 사회의 문화수준과 알맞은 생활, 생존권 등)을 표방한다.

(4) 파커(Parker)의 복지모형

① 자유방임주의형

ⓐ 개인주의에 기초하여 경제성장과 부의 극대화에 큰 가치를 부여한다.

ⓑ 국가의 최소개입과 개인적 교환력에 의존하고 능력에 따라 배분한다.

ⓒ 선별주의적 선택을 강조한다.

② 사회주의형

ⓐ 경제적·정치적 평등과 공동권을 강조한다.

ⓑ 능력보다 요구에 따른 자원분배를 강조한다.

ⓒ 국가의 적극적 개입을 요구한다.

③ 자유주의형

ⓐ 시장의 경제활동을 생활기회와 개인적 자유, 기회구조의 배분자로서 중요시한다.

ⓑ 스스로 부양할 수 없는 사람에 대한 최저수준을 보장하는 수준에서 국가의 개입을 허용한다.

④ 사회민주주의형

ⓐ 평등·자유·우애·인도주의의 가치를 강조한다.

ⓑ 기존의 시장제도는 불평등을 제거하지 못한다는 판단하에 시장제도를 수정한 형태이다.

ⓒ 국가는 공동선의 구현자이며, 산업사회의 문제인 빈곤을 제거하는 역할을 요구한다.

(5) 조지와 윌딩(George & Wilding)의 복지모형

① 반집합주의(신우파)

ⓐ 기본적인 가치는 자유, 개인주의, 불평등이다.

- 자유: 타인으로부터 간섭 또는 강제받지 않는 자유를 의미한다.
- 개인주의: 사회란 개인의 자발적 협동과 경쟁에 기초하여 형성되어야 한다고 본다.
- 국가의 역할은 최소수준에 머물러야 한다는 것을 의미한다.

ⓑ 시장에서 발생하는 빈곤이나 불평등은 자연스럽고 바람직한 것이다.

ⓒ 사회적 최저수준을 보장하기 위한 정부의 역할까지 부정하지는 않지만, 그 수준 이상을 보장하려는 시도에 대해서는 격렬한 반대 입장을 취한다.

ⓓ 윌렌스키와 르보가 제시한 잔여적 개념의 사회복지만을 허용한다.

ⓔ 정부개입 부정적-복지국가 반대

ⓕ 반집합주의자의 대표적인 학자로는 하이에크(Hayek), 프리드만(Friedman)이 꼽힌다.

② 소극적 집합주의(중도노선)

ⓐ 자유와 개인주의를 가장 바람직한 것으로 생각하며 불평등도 인정한다.

ⓑ 국가개입으로 불평등의 극단적인 한 표현인 빈곤은 제거되어야 하고, 제거될 수 있다고 본다.

ⓒ 베버리지(Beveridge)가 사회공동의 적으로 결핍, 질병, 무지, 불결, 나태 등 5대악으로 제시한 것은 바로 이러한 맥락에서이며, 따라서 복지에 있어서 국가의 역할은 사회체계의 전체적인 변화를 지향하는 진보적인 것이라기보다는 당면 문제의 해결에 치우치는 문제해결 지향적인 것으로 상정된다.

ⓓ 정부개입 조건부 인정-복지국가 찬성

ⓔ 베버리지, 케인즈(Keynes), 갈브레이드(Galbraith) 등이 꼽힌다.

③ 페이비언주의(민주적 사회주의)

ⓐ 기본적 가치는 평등, 자유, 우애(연대)이다.

ⓑ 불평등이 자연적 정의에 어긋난다고 주장한다. 사회통합의 증진과 경제

적 효율성의 증진, 개인의 자아실현을 위해서 평등이 실현되어야 한다고 주장한다.

ⓒ 각 개인이 자신의 삶을 스스로 통제하고 자신의 목표를 이룰 수 있는 상태를 자유로 간주한다. 이들에게 자유는 정치적인 자유만을 의미하는 것이 아니라 경제적 자유까지 의미하는 것이다.

ⓓ 우애는 시장적 경쟁보다는 협동, 개인의 사적 이익보다는 공동체의 이익, 이기주의보다는 이타주의를 강조하는 것을 의미한다.

ⓔ 복지국가를 통해 자원을 재분배하고, 사회통합을 증진시키며, 경기변동으로 나타난 비복지의 공평한 분담을 추구하고, 이타주의를 증진시킬 수 있다고 생각한다. 이들도 소극적 집합주의자들처럼 빈곤의 제거가 복지국가의 중요한 목표라는 점에 동의하지만, 그들은 빈곤의 제거를 위해서는 불평등의 감소가 반드시 선행되어야 한다고 주장한다.

ⓕ 정부개입 적극 인정-복지국가 적극 찬성

ⓖ 티트머스(Titmuss), 크로스랜드(Crosland), 토니(Tawney), 마샬(Marshall) 등이 꼽힌다.

④ 마르크스주의

ⓐ 평등과 자유를 강조하며, 자유를 적극적 의미로 해석하고, 이러한 적극적 자유를 성취하기 위해서는 경제적 평등이 필수적이라고 주장한다.

ⓑ 정부개입 적극 인정-복지국가 적극 반대

ⓒ 라스키(Laski), 밀리반드(Miliband), 오코너(O'Connor) 등이 꼽힌다.

| 표 2-3 | George/Wilding의 복지이념과 Wilenske/Lebeaux의 복지모형

복지이념	기본가치	시장자본주의에 대한 태도	사회복지에 대한 태도	복지모형
반집합주의	자유, 개인주의(하이에크, 프리드만)	자유는 간섭으로부터의 자유, 기회균등의 찬성, 시장은 자유보장기제, 불평등은 필연적이며 바람직	자립불가능 계층에게 최소한의 급여	잔여적
소극적 집합주의	자유, 개인주의(베버리지, 케인즈)	시장자본주의는 적절한 규제와 통제 필요, 지나친 불평등의 해소	지나친 불평등의 수정	↑
페이비언주의	자유, 평등, 우애(티트머스, 토니, 마샬)	자유는 경제적 자원과 사회적 지위보장을 전제함, 복지국가는 사회주의로 가는 길(경제평등 옹호)	문화적이고 인간다운 생존권 보장	↓
마르크스주의	자유, 평등, 우애(정통 마르시스트)	복지제도는 사회주의 달성을 위한 수단이 아님, 복지제도는 기본적으로 자본주의를 강화	자본주의의 틀 안에서는 복지가 이루어질 수 없음	제도적

2) 문제풀이

1. 에스핑-앤더슨(G. Esping-Anderson)의 복지국가 유형 중 조합주의 복지국가 모형의 특징이 아닌 것은? (15회 기출문제)

① 사회보험 가입자들의 직장 이동성을 활성화할 수 있다.
② 산업재해와 같은 위험에 대해서 다수의 운영주체가 존재한다.
③ 제도의 적용대상은 임금근로계층을 원칙으로 한다.
④ 사회복지제도들은 위험별로 구분하여 각각 독립적인 제도로 운영한다.
⑤ 조합단위의 제도로 인하여 위험분산의 효과가 상대적으로 낮게 발생한다.

정답 ①

Check

조합주의 복지국가는 보수적 복지국가로써 기존의 계층/지위구조를 유지하고자 한다. 주로 사회보험의 혜택은 시장에서의 계층과 지위에 따라 차이가 나타나는 것으로 가입자들의 직장 이동성을 활성화하지는 않는다. 높은 사회보장세로 인한 높은 노동비용 때문에 일자리 창출이 어려워 실업률이 높은 수준이다.

2. 산업화 이론에 관한 설명으로 옳지 않은 것은? (13회 기출문제)

① 산업화 이론의 대표적인 학자로는 윌렌스키(H.Wilensky)가 있다.
② 산업화 정도와 복지국가의 다양한 제도 형태와의 연계성을 잘 설명해준다.
③ 복지국가는 산업화로 발생된 사회적 욕구에 대한 대응이었다.

④ 복지국가 발전은 산업화로 인한 경제성장과 함께 이루어지는 것으로 본다.
⑤ 복지국가는 산업화의 발전으로 재정적 능력이 향상되어 가능해졌다.

정답 ②

Check

산업화 이론에 의하면 산업화로 인해 새로운 문제들과 새로운 욕구들이 나타타고 더불어 자본축적이 일어났다고 본다. 이러한 새로운 욕구들과 문제들을 해결하기 위해 사회복지 혹은 복지국가의 발전이 이루어졌다고 본다. 그러나 산업화 이론은 다양한 제도와 복지 프로그램의 세부적인 내용에 대한 수렴을 제대로 설명하지 못하는 한계가 있다.

3. 에스핑-안데르센이 분류한 사회민주주의 복지체제에 관한 설명으로 옳지 않은 것은? (11회 기출문제)

① 대표적인 국가는 스웨덴, 덴마크, 노르웨이 등이다.
② 적극적 노동시장정책을 강조한다.
③ 중산층을 중요한 복지의 대상으로 포괄한다.
④ 주로 종교단체나 자원봉사조직과 같은 민간부문이 사회서비스를 전달한다.
⑤ 탈상품화 정도가 매우 높다.

정답 ④

Check

민간과 시장의 역할을 강조하는 자유주의적 복지국가 유형에서는 민간과 시장의 역할을 강조한다.

4. 다음 중 반집합주의에 대한 내용으로 옳은 것은?

① 기본적 가치는 평등, 자유, 우애이다.
② 자유와 개인주의를 가장 바람직한 것으로 생각하며 불평등도 인정한다.
③ 우애는 시장적 경쟁보다는 협동, 공동체의 이익, 이타주의를 강조하는 것으로 본다.
④ 정부의 개입은 국가재정의 낭비를 초래한다고 본다.
⑤ 정부개입 조건부 인정-복지국가 찬성

정답 ④

5. 다음의 보기는 에스핑-안데르센의 복지국가 유형 중 어느 유형에 해당하는가?

- 복지의 재분배적 기능이 강력하게 나타나는 복지국가 유형이다.
- 복지급여의 대상을 취약계층에서 중간계급까지 포괄하는 특징이 있다.
- 최소한의 생활수준을 보장하는 것에서 더 나아가 평등을 추구한다.

① 보편적 복지국가 ② 사회민주주의적 복지국가
③ 자유주의적 복지국가 ④ 보수주의적 복지국가
⑤ 잔여적 복지국가

정답 ②

6. 티트머스(Titmuss)의 모형에 대한 바른 설명은?

① 보완적 모형은 시장경제 이외의 욕구에 따른 보편적, 선택적 서비스를 제공하는 모형이다.
② 산업적 성취모형은 사회의 최저 경계선에 있는 요보호자들에 대해 급부를 제공한다.
③ 산업적 성취수행모델은 사회보험 프로그램을 강조한다.
④ 제도적 재분배모형은 요보호자들에게 급여를 제공함으로 개인을 강화시켜 준다고 본다.
⑤ 보완적 모형에서 사회복지는 경제의 부산물로 간주하며 경제성장의 수단으로 활용한다.

정답 ④

Check

① 제도적 재분배모형, ② 보완적 모형, ③ ⑤ 산업적 성취모형

7. 노동자계급이 단결하여야 복지제도를 발전시킬 수 있다는 이론은?

① 사회정의론 ② 사회민주주의 ③ 자유주의
④ 조합주의 ⑤ 자유방임론

정답 ②

Check

사회민주주의(페이비언주의)는 노동자들이 합법적 방법을 통한 정치세력화를 통해 복지제도를 발전시킬 수 있다는 점진적 사회주의를 주장한다.

8. 복지국가 발달이론 중 수렴이론에 관한 설명으로 옳지 않은 것은?

① 산업화이론 또는 기술결정론이라고 한다.
② 복지국가 간의 차이점보다는 유사점을 더 강조한다.
③ 경제적 변수보다 정치적 변수를 중요시한다.
④ 시회복지를 산업화의 산물로 간주한다.
⑤ 경제발전과 사회복지수준 간의 상관관계를 주장한다.

정답 ③

Check

수렴이론에 따르면 산업화로 인해 경제의 수준이 비슷한 수준에 도달하면 서로 다른 정치이념과 문화를 가진 국가들도 유사한 사회복지체계를 갖게 된다고 본다. 보는 입장이다. 수렴이론은 정치적 변수보다 경제적 변수를 중요시한다.

9. 다음 중 국가의 최소개입을 강조하는 모형은?

① 마르크스주의 ② 페이비언주의 ③ 자유방임주의 국가
④ 제도적 재분배모형 ⑤ 소극적 집합주의

정답 ③

10. 가족이나 시장경제기능이 수행되지 못할 때 일시적으로 기능하는 사회복지모형은?

① 제도적 재분배모형 ② 산업적 성취수행모형 ③ 보편적 모형
④ 잔여적 모형 ⑤ 사회민주주의모형

정답 ④

11. 빈곤에 대한 국가책임을 필요악으로 간주하는 복지이념의 모형은?

① 조합주의 ② 사회민주주의 ③ 소극적 집합주의
④ 반집합주의 ⑤ 마르크스주의

정답 ④

12. 신자유주의(신보수주의)에 관한 설명으로 옳지 않은 것은?

① 신우파에 속하는 이념들로 국가의 개입이 최소화되고, 개인의 자유가 중심이 된 사회체계를 지향한다.

② 대처리즘은 국영기업의 민영화, 공공부문의 축소 등 자유경쟁의 원리와 시장적 질서를 강화한 마가렛 대처의 신자유주의정책이다.
③ 시장에서의 자유와 개인의 사적 소유권을 절대적 가치로 파악한다.
④ 사회보장정책에 있어서 급여조건의 강화, 급여수준의 인하, 급여기간의 단축 등을 시도하였다.
⑤ 사회복지제도의 확대는 노동시장을 활성화시켜 생산성에 따른 노동배분을 효율적으로 이루어지게 한다고 보았다.

정답 ②

Check

신자유주의자들은 사회복지제도의 확대가 노동시장의 경직성의 야기, 생산성에 따른 노동배분에 대한 비효율성이 나타난다고 보았다.

13. 사회투자국가에 대한 설명으로 옳지 않은 것은?

ㄱ. 영국 노동당 정부가 '제3의 길'의 구체적인 실천 전략으로 제시한 국가모형이다.
ㄴ. 경제정책과 사회정책의 통합을 강조한다.
ㄷ. 인적자원과 사회적 자본에 대한 투자를 강조하였으며, 인구고령화로 인한 노인문제 해결을 위해 노인에 대한 투자를 강조하였다.
ㄹ. 결과의 평등을 강조하였다.

① ㄱ ② ㄱ, ㄷ ③ ㄷ, ㄹ
④ ㄱ, ㄴ, ㄷ ⑤ ㄱ, ㄴ, ㄷ, ㄹ

정답 ③

14. 조지(George)와 윌딩(Wilding)의 복지모형에 대한 설명으로 옳은 것은?

① 반집합주의–시장에서 발생하는 빈곤이나 불평등은 자연스럽고 당연하다.
② 페이비언 사회주의–정부개입을 적극적으로 반대하며 복지국가를 반대한다.
③ 마르크스주의–정부개입을 조건부로 인정하며 복지국가 건설 자체에 대해서는 부정적이다.
④ 소극적 집합주의–정부개입은 적극적으로 인정하나 복지국가 자체는 반대한다.
⑤ 페이비언 사회주의–소극적 자유를 사회의 주요한 가치로 보고 불평등 요소가 있는 시장경제제도를 대폭 수정해야 한다고 본다.

정답 ①

Check

조지와 윌딩의 복지모형유형

구분	반집합주의	소극적 집합주의	페이비언 사회주의	마르크스주의
사회가치	소극적 자유(개인주의, 불평등 인정)	소극적 자유(실용주의, 인본주의)	적극적 자유, 평등	적극적 자유, 평등, 우애
사회조직	시장경제제도 옹호	시장경제의 보완	시장경제의 수정	시장경제의 부정
정부역할	← 최소 최대 →			
복지국가	잔여적	국가가 국민의 최저수준 보장	보편주의 원칙(복지국가주의)	복지국가로는 빈곤 제거 불가능(복지국가 반대)

15. 다음은 조지와 윌딩의 수정된 이데올로기모형 중 어디에 해당하는가?

- 중심적 가치는 평등, 자유, 우애이다.
- 정부의 역할은 시장체계의 정의롭지 못한 분배를 시정하는 것이다.
- 사회복지정책의 확대를 통하여 사회통합과 평등을 추구한다.

① 신우파 ② 중도노선 ③ 페미니즘
④ 사회민주주의 ⑤ 녹색주의

정답 ④

Check

조지와 윌딩의 수정된 이데올로기모형

신우파	정부개입 반대, 복지국가는 개인의 자유 침해, 시장이 최선의 체계
중도노선	복지정책을 통해 자본주의의 폐해를 완화하는 선에서 정부역할 긍정
사회민주주의	적극적 자유 옹호, 시장 분배체계를 시정하는 것이 정부의 역할
마르크스주의	경제적 평등과 계급갈등에 대한 강조
페미니즘	복지국가에 대한 양면적 입장
녹색주의	경제성장과 소비의 지속 · 확대가 가능하며 바람직하다는 신념에 입각한 복지국가에 대해 비판적 입장

16. 복지국가의 유형화이론에 관한 설명으로 옳은 것을 모두 고른 것은?

ㄱ. 윌렌스키와 르보의 잔여적 모형: 사회복지는 제1차 집단이 기능을 발휘하지 못할 때 활동한다.
ㄴ. 티트머스의 산업적 성취모형: 개인의 자유를 강조하면서 시장을 통한 분배정책을 강조한다.
ㄷ. 에스핑-안데르센의 조합주의적 복지국가: 오스트리아, 프랑스, 독일 등이 이 유형에 해당한다.
ㄹ. 퍼니스와 틸톤의 사회복지국가: 보편적 복지서비스를 제공하며 평등을 확대하는 국가이다.

① ㄱ, ㄴ ② ㄴ, ㄷ ③ ㄷ, ㄹ
④ ㄱ, ㄴ, ㄷ ⑤ ㄱ, ㄴ, ㄷ, ㄹ

정답 ⑤

17. 복지국가 분석에 관한 이론의 설명으로 옳은 것을 모두 고른 것은?

ㄱ. 국가중심이론에서 복지국가의 발전은 국가조직의 형태, 정치인들의 개혁성, 정책형성 과정 등 국가와 관련된 변수의 중요성을 강조한다.
ㄴ. 사회민주주의이론에서 복지국가는 자본과 노동의 계급투쟁에서 승리한 성과물이라고 볼 수 있다.
ㄷ. 조합주의이론에서는 국가가 거대 이익집단에 대한 통제와 정치적 결합관계를 형성하여 국가의 지배체제를 이끌어간다고 본다.
ㄹ. 미국과 같이 다원화된 민주국가에 적용하기에 적합한 이론은 이익집단이론이다.

① ㄱ, ㄴ, ㄷ ② ㄴ, ㄷ ③ ㄷ, ㄹ
④ ㄱ ⑤ ㄱ, ㄴ, ㄷ, ㄹ

정답 ⑤

18. 다음의 설명 중 옳지 않은 것은?

① 비복지(diswelfare)란 개인들의 복지를 저해하는 제반의 요소들을 총칭한다.
② 자유주의모형은 최저기준의 생활보장의 책임이 국가에 있다고 보고, 기회와 개인적 자유 및 사회적 배분자로서 시장을 중요시한다.
③ 시민권론은 현대사회의 사회복지제도적 발전에 정치적 역할을 강조하였다.
④ 수렴이론은 산업화의 역할을 강조하고 산업발전과 더불어 복지가 태동한 것으로 본다.
⑤ 산업성취모형은 시녀적 모형이라고도 하며, 경제발전과 사회복지의 발전을 동시에 중요시한다.

정답 ⑤

19. 사회복지제도에 대한 신자유주의자들의 비판 논리로 옳지 않은 것은?

ㄱ. 사회복지제도의 확대가 노동시장의 경직성을 야기하여 생산성에 따른 노동배분이 효율적으로 이루어지지 않는다.
ㄴ. 사회복지제도의 확대가 수급자들의 의존성을 증가시킨다.
ㄷ. 사회복지제도의 확대와 복지지출의 증가는 생산부문의 투자를 위축시켜 경쟁성장을 저해한다.
ㄹ. 사회복지제도의 확대는 유효수요를 창출하여 경제활동을 활성화시킨다.

① ㄱ ② ㄷ ③ ㄴ, ㄹ
④ ㄹ ⑤ ㄱ, ㄴ, ㄷ

정답 ④

20. 다음 중 평등의 개념에 대한 설명으로 옳지 않은 것은?

① 산술적 평등은 모든 사람을 똑같이 취급하여 사람들의 욕구나 능력의 차이 없이 사회적 자원을 똑같이 배분한다.
② 비례적 평등은 개인의 욕구, 노력, 능력, 기여에 따라 사회적 자원을 배분한다.
③ 기회의 평등은 누구에게나 동일한 부여하는 과정상 평등이다.
④ 평등의 개념 중 가장 적극적인 평등의 개념은 비례적 평등이다.
⑤ 평등의 개념 중 가장 소극적인 평등은 기회의 평등이다.

정답 ④

21. 사회민주주의에 대한 설명으로 옳지 않은 것은?

① 사회적 가치는 평등, 자유, 우애, 민주적 참여이다.
② 페이비언주의의 대표 학자는 티트무스, 크로스랜드이다.
③ 복지제도에 있어 국가뿐 아니라 비공식부문의 참여를 강조한다.
④ 복지국가에 대해서는 사회적 곤궁과 고통경감, 사회적 결핍을 수정하는 것으로 본다.
⑤ 복지국가의 행정구조가 부패하기 쉽고 권위적임을 제기한다.

정답 ③

22. 분배정의의 기준이 되는 가치 중 적절성(adequacy)과 가장 관계가 깊은 것은?

① 비례적 평등 ② 자유권 ③ 수적 평등
④ 생존권 ⑤ 공정한 분배

정답 ④

23. 수량적 평등의 설명으로 옳은 것은?

① 평등의 개념 중에 가장 소극적인 개념이다.
② 욕구나 능력의 차이와 관계없이 사회적 자원을 똑같이 분배하는 것이다.
③ 공평이라고도 불린다.
④ 과정상의 기회를 똑같이 해주는 것이다.
⑤ 1960년대 미국의 '빈곤과의 전쟁' 정책들이 대표적인 예이다.

정답 ②

24. 다음 중 공평의 가치를 반영한 것으로 옳은 것은?

ㄱ. 보편주의	ㄴ. 보험수리원칙	ㄷ. 긍정적인 처벌	ㄹ. 열등처우의 원칙

① ㄱ, ㄴ, ㄷ ② ㄱ, ㄷ ③ ㄴ, ㄹ
④ ㄹ ⑤ ㄱ, ㄴ, ㄷ, ㄹ

정답 ③

Check

보험수리원칙은 납부한 금액에 비례하여 급여를 주어야 한다는 원칙이며 열등처우의 원칙은 일해서 벌어들이는 최저임금액보다 커서는 안 된다는 원칙이다.

25. 다음 중 비례적 평등의 예로 가장 적합한 것은?

① 국민연금제도의 노령연금 ② 국민건강보험제도의 요양급여
③ 국민기초생활보장제도의 생계급여 ④ 장애인복지제도의 장애수당
⑤ 노인복지제도의 노인요양시설 이용

정답 ①

Check

사회보험에서 보험료를 많이 낸 사람에게 많은 급여를 주는 것은 비례적 평등의 예이다.

26. 1960년대 미국의 빈곤과의 전쟁에서 치유적인 전략으로 실시된 교육 및 직업 훈련 프로그램으로 옳은 것은?

① 수량적 평등 ② 결과의 평등 ③ 비례적 평등
④ 기회의 평등 ⑤ 경제적 평등

정답 ④

Check

치유적인 전략이란 저교육, 저기술과 같은 빈곤의 원인을 찾아내어 해결하려는 전략이다. 대표적인 예가 직업훈련이다. 1960년대 미국의 교육 및 직업훈련 프로그램은 대표적인 기회의 평등 사례이다.

Chapter 03

사회복지정책의 역사

원석조는 “과거로 돌아가 현재의 뿌리를 추적하는 것”이 바로 사회복지학을 공부하는 사람들이 사회복지의 역사를 이해해야만 하는 가장 중요한 이유라고 말하며, 사회복지의 역사를 빈민법 시대, 사회보험 시대, 복지국가 시대로 나누고 각 시기의 성격을 다음과 같이 정리했다(원석조, 2001: 3-4).

흔히 구빈법으로 번역되기도 하는 빈민법은 봉건제가 쇠퇴하고 절대주의 국가가 성립하면서 등장했는데, 농촌의 부랑자에 대한 사회통제의 방법으로 노동력을 중시한 중상주의적 사회복지정책이었다. 빈민법은 자본주의의 등장과 함께 자신의 자리를 사회보험에 내주게 된다. 자본주의는 농촌의 노동력을 대거 흡수함으로써 부랑인 문제를 구조적으로 해소하는 대신 프롤레타리아트라는 새로운 계급을 출현시켰고, 실업자라는 새로운 사회문제를 야기했다. 이에 대한 대응책으로 등장한 것이 사회보험이었다.

제1차, 2차 세계대전을 거치면서 노동자 계급과 함께 시민계급의 힘이 강해졌고, 이들의 다양한 요구를 국가가 수용하지 않을 수 없게 되면서 이른바 복지국가가 나타났다. 복지국가는 소득보장뿐만 아니라 주택, 교육, 보건의료 등 시민들의 다양한 요구를 국가가 나서서 해결하는 체제를 말하는데, 이로써 사회복지의 대상이 노동자계급에서 전 국민으로 확대되고 복지가 자비나 온정이 아닌 시민의 권리로 인정되면서 사회문제의 해결보다는 욕구의 충족을 중시하게 되었다. 복지국가는 2차 세계대전 후의 세계적인 호황(자본 축적)과 시민계급의 정치적 성장에 힘입어 꾸준히 확대·발전하다가 오일쇼크 이후 신자유주의의 득세와 함께 후퇴기에 접어들어 현재에 이르고 있다.

01 빈민법 이전 시대

영국에서 빈곤문제를 다루는 행정적 시도는 1349년에 에드워드(Edward) 3세가 제정한 노동자법(Statute of Laborers)이라고 할 수 있다. 이 법의 주요 내용은 상업분야에 종사하지 않으며 자신의 재산이나 토지를 소유하지 못한 자들은 영주가 필요로 할 경우 언제나 그에게 노동력을 제공해야 한다는 것이었다. 이 법령은 당시 흑사병[14]과 흉작 같은 자연재해로 인한 인구감소와 엔클로저(enclosure)운동으로 인한 유랑민의 증가에 따른 봉건사회의 붕괴를 막기 위한 것이었다. 당시

14) 당시 흑사병으로 인해 1348년에서 1349년까지 2년동안 영국 인구의 약 1/3이 목숨을 잃었다.

봉건사회의 피지배층인 농민들 대부분은 낮은 농업생산성으로 인해 만성적인 빈곤 상태에 있었지만 살던 지역을 떠날 수 없었다. 흉작과 인구감소, 엔클로저로 인하여 농민들은 농토로부터 내몰리고 부랑자로 전락하게 되었다.[15] 공유지의 울타리치기로 가장 큰 타격을 입은 계층은 날품팔이와 영세 소농이었다. 이들은 공유지에서 자신의 소와 양을 키워 부족한 생계비를 보충했으며, 건축용 목재와 땔감을 조달했지만, 엔클로저는 이들 가난한 농민들의 생활근거지를 빼앗아 부랑자로 만들었던 것이다.

이러한 당시의 흑사병, 흉작으로 인한 인구감소는 노동력의 부족을 가져오게 되고 이러한 상황에서 노동력을 구하기 힘들어진 지주계급은 왕과 의회에 노동력의 공급을 보장할 수 있는 입법을 요구하기 시작하였다. 이 노동자 조례는 지주들의 요구에 의해 발표되었는데, 지주의 농업노동자 공급을 원활하게 하려는 시도로 이루어진 것으로 떠돌아다니는 부랑인들에게는 단지 연민(pity)과 금품(alms)을 주는 것보다 강제노동을 시키는 것이 낫다는 입장이었다. 이것이 향후 영국에서 입법화되는 수많은 노동자 관련 입법의 시초가 된다. 이는 20세기에 대두된 사회보장제도의 기원이 되는 입법조례였다고 할 수 있지만, 자본가 계급(지주 계급)이 농업 노동자들을 안정적으로 확보하기 위한 목적이 더 있었다고 볼 수 있다.

1349년 노동자법 제정 이후 1351년, 1377년, 1388년에 계속해서 억압적이고 통제적인 노동자법이 제정되었으며, 1597년에서 1598년 사이에 이루어진 일련의 빈민관련 법안들이 집대성되어 1601년 엘리자베스 여왕에 의해 노동능력을 가졌으면서도 여기저기 떠돌며 일자리를 찾아 헤매는 실업 부랑자들을 규제하려는 엘리자베스 빈민법이 제정되었다.

02 빈민법 시대

1) 엘리자베스 빈민법Poor Law, 1601

엘리자베스 여왕은 부랑자 문제가 억압과 교구의 구빈만으로 해결되지 않는다

---

15) 엔클로저(enclosure)운동은 16세기 국제적인 양털가격의 상승으로 양 목축업이 호황을 누리자 지주들이 자신의 농토와 공유지를 양목장으로 바꾼 것에서 시작하여 19세기 초까지 파상적으로 계속된 농토와 공유지의 울타리치기를 말한다.

는 것을 인정하고 보다 합리적인 대책으로 1601년 빈민법(Poor Law)을 집대성했다.

이 법의 핵심은 첫째, 부랑인에게 노동능력 유무에 따른 처우를 하려는 것이었다. 즉, 노동능력이 없는 빈민(노약자, 만성병자, 맹인, 정신병자)[16]은 구빈원 또는 자선원에 수용하고, 노동능력이 있는 빈민[17]은 교정원(실제로는 작업장)에서 강제로 일을 시키며, 아동은 도제[18]로 삼는다는 것이다.

둘째, 엘리자베스 빈민법은 구빈의 책임을 교회가 아닌 정부(지방정부)가 최초로 졌다는 점에서 가장 큰 의의가 있다. 이는 노동력 증가를 위한 중상주의적 발상이었으나, 빈민에 대한 공적 구제를 최초로 인정한 법이다. 그러나 수급자 권리보다 통제의 목적으로 제정되어 복지국가의 출발로 보기는 어렵다.

셋째, 이를 담당할 행정기관의 수립이다. 추밀원을 중심으로 중앙집권적으로 빈민을 통제하기 위해 정부는 지방세액을 증가시켰고, 당시 각 교구에는 자체 구빈제도와 시장이 임명한 구빈감독관이 있었는데 이들로 하여금 구빈업무와 지방세 징수업무를 관장케 하였다. 이들 구빈감독관은 지역유지 겸 무보수 왕립관료인 치안판사가 임명하고 감독했다.

넷째, 조세를 통해 재원을 마련하였다. 구빈법에 필요한 재원은 교구의 주민들에게 능력에 따라 부과하는 구빈세로 충당하였다. 초기에는 지방소득세의 성격이었으나, 후에는 부동산에 대한 재산세의 형태로 변화하였다.

다섯째, 친족 부양의 책임을 강조하였다. 우선적으로 가족책임을 원칙으로 삼아 보호할 가족이 있는 경우에는 구제의 대상에서 제외하였다.

그러나 현실적으로 빈민법은 잘 지켜지지 않았다. 빈민들은 일자리를 찾아서 여기저기로 떠돌아다녔지만 통제하는 데 한계가 있었고, 과부가 어린 자녀를 양육하는 경우에는 노동능력과 연령에 따라서 각기 구빈원, 작업장, 도제로 보내기보다는 원외구조가 폭넓게 활용되었다.

---

16) 노동능력이 없는 성인빈민은 구빈원에 수용하여 보호함을 원칙으로 하였으나, 거주할 집이 있는 경우 원외구제를 병행하였다.

17) 노동능력이 있는 빈민은 교정원이나 작업장에 수용하여 노동을 하게 하고, 이들에 대한 자선, 이주를 금하였다.

18) 요부양아동은 시민에게 무료위탁보호를 시키거나, 유료로 위탁할 경우 최저입찰자에게 보호시켜 도제로 활동하게 하였다.

2) 정주법Settlement Act, 1662

정주법(Settlement Act, 1662)은 일명 '주소법' 또는 '거주지법'으로 불리며, 모든 사람은 법적으로 일정한 교구에 속하고, 그 해당교구에서만 구호를 받을 자격을 부여하였다. 각 교구는 자기 교구 내에서 출생한 법적 거주권의 소지자에서 한해서 책임을 지려 했지만, 인구증가나 공업발달에 따른 인구의 도시집중이 촉진되면서 일자리를 찾거나 더 나은 구호를 받기 위하여 구호수준이 더 높은 교구로의 이동이 나타났다. 이로 인하여 많은 부랑인이 나타났고 구빈비용의 계속적인 증가가 나타났다. 이에 거주지가 불명확한 빈민을 어떤 교구가 책임질 것인가? 라는 문제가 대두되어 빈민에 대한 거주이전 제한을 지방적인 차원에서 전국적인 차원의 제도로 강화시킨 정주법이 제정되었다. 정주법 아래에서 국민은 엄격한 제약 아래에서 자유, 평등이라는 법적 지위를 누렸으나 자신과 자녀의 직업선택, 거주지의 선택에 대해서는 자유롭지 못하였고 노동을 강요받았다.

정주법은 다양한 비판과 문제가 나타났는데, 첫째, 법 적용 당시부터 자신의 교구에 거주하는 빈민의 수를 감소시키려는 빈민감독관의 노력, 빈민의 거주조건에 관한 교구 간의 빈번한 소송, 노동력이 부족한 지방의 산업발전의 저하 등과 같은 문제점을 만들어 냈다(김동국, 1994: 67-72). 둘째, 봉건제 자체가 붕괴되는 시기이자 빈민의 노동력이 부의 원천이 되는 시기임에도 불구하고 노동력의 자유로운 이동을 가로막는 시대착오적인 입법이라는 비판을 받게 되었다. 셋째, 구빈의 대상이 될 수 있다고 판단되는 새로운 전입자를 교구에서 거부할 수 있는 권리를 부여하여 보다 나은 구제를 찾아 빈민들이 떠도는 것을 막아 노동력을 안정적으로 확보하려고 하였던 농업자본가들의 이해가 반영된 제도로서 빈민의 주거선택과 이전의 자유를 침해한 것으로 비판을 받게 되었다(임정문, 2006: 74).

3) 작업장법Workhouse Act, 1696, 1722

작업장법(Workhouse Act, 1696, 1722)은 작업장을 단일교구 단위나 인접한 교구들 간의 연합에 의해서 세울 수 있게 하였다. 작업장은 구제를 억제시키는 기능을 하는 곳이어서, 작업장의 여러 열악한 조건들을 받아들일 정도로 다급한 사람들만 구제를 받도록 한 법이다.

17세기 후반 영국은 네덜란드와 치열한 상업경쟁을 벌이고 있었는데 네덜란

드는 효율적인 산업과 무역을 성공적으로 발전시키고 있었고, 구빈원을 생산적으로 운영하여 그곳에 수용된 사람들이 수출품을 만들어 냈으며 길거리에 걸인이 없었다. 이에 영국은 산업에 빈민을 투입하게 되었다. 1969년 작업장법(Workhouse Act)을 제정하고 브리스톨(Bristol)을 비롯한 몇몇 도시에 본격적으로 작업장을 설립하여 수출품을 제조하는 작업을 시켰다. 작업장법은 그 후 1722년 작업장 테스트법(Workhouse Test Act)으로 개정되었다. 작업장 테스트법은 빈민이 구제를 받으려면 작업장에 수용되어야 하며 작업장에 수용되기를 거부하면 구제받을 자격을 박탈하는 것을 내용으로 한다. 그러나 시설이 열악한 작업장에서의 생산물은 조악한 것이 많았고, 비효율적인 운영, 빈민의 혹사, 노동력의 착취 등으로 많은 문제를 안게 되었다.

작업장법은 구빈신청을 억제함으로써 구빈세 부담을 줄여보려는 의도가 포함되었다는 비판을 받았다. 즉, 작업조건이 나쁜 작업장에서 일하기를 기피하는 빈민들이 적지 않을 것이기에, 자연히 구제대상자 수를 줄일 수 있고, 따라서 구빈세의 부담을 줄일 수 있을 것이라고 보았다. 그럼에도 이 법은 오늘날 원초적 직업보도 프로그램의 성격을 가진 최초의 법이라는 것에 의의가 있다(임정문, 2006: 74).

4) 길버트법Gilbert Act, 1782

길버트법(Gilbert Act, 1782)은 18세기 후반부터 시작된 영국의 산업혁명으로 영국사회를 농업사회로부터 산업사회로 변모시키면서 이 과정에서 많은 임금노동자들이 빈민계층을 형성하게 되었는데, 종래의 구빈제도로는 이 새로운 빈민에 효과적으로 대처할 수 없기 때문에 새롭게 탄생한 법이었다. 길버트법은 작업장에서의 비참한 생활과 착취를 개선할 것을 목적으로 첫째, 노동은 가능하나 자활능력이 없는 빈민을 작업장에 보내는 대신에 자기 가정 내에서 또는 인근의 적당한 직장에서 취업할 수 있을 때까지 원외구호(outdoor relief)를 인정해 줄 것과 둘째, 노동의 대가로 얻은 수입이 부족한 경우 저임금을 보충해주는 임금보조제도의 법적 기초가 되었다(김동국, 1994: 121).

길버트법의 의의는 첫째, 작업장에서의 빈민의 비참한 생활과 착취를 개선할 목적의 새로운 인도주의적 구빈제도이며, 둘째, 최초의 유급구빈사무원을 채용하여 빈민감독관의 업무를 전담하게 하였고, 셋째, 원외구제제도는 오늘날의 거택구호제도의 효시가 되었다. 넷째, 이 법을 통해 최초로 근대적 의미의 고용, 실업대책이 시작되었다고 할 수 있다. 그러나 이 법은 일종의 실험이었으며 인도주의적 처우에 따라 교구민의 구빈세 부담이 가중되어 일부의 불만이 가중되었고, 법 실행의 여부는 각 교구의 자유재량에 맡겨졌기 때문에 기대만큼의 성과는 내주지 못했다.

5) 스핀햄랜드법Speenhamland Act, 1795

스핀햄랜드법(Speenhamland Act, 1795)은 버크셔(Birkshir) 지역에서 결정된 임금보조제도의 일종으로 일명 버크셔빵법으로 불린다(김동국, 1994: 121). 18세기 초부터 지속되어 왔던 경제적 호황은 끝나고 1790년대에 접어들자 불황이 다가왔다. 또한 1793년부터 1815년 사이에 걸친 프랑스와의 전쟁과 산업혁명은 영국사회에 정치·경제·사회적으로 많은 영향을 미쳤다. 전쟁은 물가를 상승시켰고 전쟁의 영향으로 영국의 지배자들은 혁명의 발생을 두려워하여 빈민폭동을 의식하기 시작하였다. 이러한 시대적 상황과 전쟁, 흉작에 대한 일시적인 대책으로 새로운 구빈정책이 필요하게 되었다. 또한 인구감소에 대한 우려도 스핀햄랜드법의 제정을 부추겼다. 경제성장을 위해서 노동인구의 확충은 필수적이었기 때문에 당시 수상이었던 피트는 가족 수에 따른 정부의 빈민수당을 늘리는 법안을 도입했다(박병현, 2011: 115).

스핀햄랜드법은 구빈세를 재원으로 저임금을 받고 있는 노동자에게 표준임금에 미달하는 임금의 부족분을 보조해 주는 것을 목적으로 하였다. 이를 위해 식품의 가격과 자녀의 수에 따라 등급화하여 임금을 보충해 주기로 결정하여 오늘날의 최저생활보장, 가족수당의 기반이 되었다.

이 법은 빈곤이라는 사회문제를 해결하는 데 어느 정도 이바지한 것은 사실이지만, 구빈세의 격증을 가져왔기 때문에 이를 주로 부담하게 된 자본가 계층의 큰 비판을 받게 되었다. 자본가들은 스핀햄랜드법은 근면한 자들의 희생 위에서 게으른 노동자를 양산하는 결과를 가져왔다고 비판하였다. 또한 구빈세를 재원으로 임금보조금을 지급함으로써 고용주를 위한 제도로 전락, 저임금의 합리화, 노동의욕의 저하, 농촌의 계층분화 촉진의 한계점을 가지고 왔다. 결과적으로 구빈법 역사상 빈민에게 가장 우호적이었던 스핀햄랜드법은 실패하였으며, 이 실패는 빈민에 대한 억압정책으로 회귀를 가져오게 되어 구빈법 역사상 빈민에게 가장 가혹했다고 평가받는 1834년의 신빈민법의 제정을 가져왔다.

6) 신빈민법New Poor Law, 1834

스핀햄랜드법에 대한 비판은 구빈법조사위원회의 발족을 가져왔고, 1834년 신빈민법이 제정되었다. 신빈민법은 구빈법조사위원회의 보고서(1832~1834)의 구빈제도의 비판을 근간으로 하는데, 첫째, 높은 구빈비용 증가는 스핀햄랜드법이 원인이 되었고, 둘째, 교구 간 비용부담의 불공평성으로 교구의 규모가 작을수록, 산업지역보다 농어촌교구의 부담이 상대적으로 많았으며, 셋째, 교구 내 비용부담의 불공평성 문제로서 소득세보다 재산중심의 구빈세 부과의 결과로 산업자본가보다 토지나 가옥의 재산소유자의 부담이 상대적으로 많았다고 보았다. 넷째, 구빈행정상의 문제로 구빈행정의 중앙집권화 및 전국적 통일은 지방자치를 존중해 온 영국의 전통으로 인해 실현되지 못하였고, 지역 간 비형평성 문제를 심화시킨 원인이 되었다고 비판하였다. 이에 따라 스핀햄랜드법의 빈민법의 인도주의를 배격하고 '억압 속의 구제'라는 구법의 원칙으로의 회귀를 목적으로 하였다.

이에 왕립위원회의 보고서의 6가지 주요 내용[19]을 바탕으로 신빈민법의 실행에 있어 세 가지 원칙을 마련하였다(임정문, 2006: 76).

첫째, 열등처우의 원칙으로 빈민법으로부터 구제받는 빈민의 상태는 구제받지 않는 최하층의 노동자보다 낮은 수준이어야 한다는 것이다. 둘째, 작업장제도의 재설립, 활용의 원칙으로 노동능력이 있는 빈민에 대한 재가구호를 폐지하고 구제를 작업장 내에서의 구제로 제한한 것이다. 다만 노약자, 병자 등 예외적인 경우에는 원외구제를 허용하였다. 셋째, 전국적 통일의 원칙으로 각 교구에 따라 상이하게 시행되고 있는 구빈행정을 전국적으로 통일시키는 것이다(균일처우의 원칙).

빈민법은 봉건사회의 농촌 노동력과 농촌사회로부터 이탈한 부랑자에 대한 억압책이었다. 그러나 자본주의의 진전으로 도시의 노동자계급이 등장했고, 이들

19) •스핀햄랜드제도 하에 제공되었던 보조금은 철폐한다.
•모든 노동가능자들에 대한 구호는 작업장 구호로 대체한다.
•원외구호는 병자, 노인, 무능력자, 아동을 가진 과부로 제한한다.
•몇 개의 교구를 묶어 구빈법조합으로 조정된다.
•구호수준은 지역사회의 가장 낮은 임금수준보다 적도록 조정한다.
•왕명에 의한 중앙통제위원회를 설립한다.

의 열악한 생활조건, 만성적이고 주기적인 실업, 극도의 저임금, 열악한 위생과 보건 등 이전과는 질적으로 다른 새로운 사회문제가 야기되었다. 이에 영국의 지배층은 빈민법을 개악한 신빈민법을 제정했다. 1834년 신빈민법의 핵심내용은 공적 구빈 수준이 자신의 노동으로 생활하는 사람보다 낮아야 한다는 열등처우의 원칙, 작업장 입소 자격조사를 통해서 노동능력이 있는 사람은 작업장으로 보내고 원외구조를 폐지하였으며, 행정의 중앙집권화를 추진하였다.

신빈민법에 의해서 구빈세를 줄이려는 목적은 달성되었지만, 당시 불어 닥친 공황과 대량 실업은 신빈민법의 적용을 어렵게 만들었다. 특히 농촌지역의 만성적 실업자를 주된 대상으로 하는 작업장제도는 공업지대의 일시적 실업자에게는 적절하지 않았다. 따라서 원외구조의 폐지원칙은 잘 지켜지지 않았고, 19세기 중반 빈민 6명 중 약 5명이 원외구조를 받게 되었다. 20세기 초 실업문제가 점점 더 심각해지자 신빈민법은 재검토가 불가피해졌고, 1948년 국민부조법이 제정되면서 신빈민법은 완전히 폐지되었다.

03 복지국가의 태동

1) 민간 영역의 변화

19세기 자본주의의 발전에 따라 임금노동자의 착취문제 등 자본주의적 사회조직의 구조적인 문제들이 크게 부각되기 시작하였다. 특히 경제공황은 기존의 자유방임주의로는 자본주의 체제의 경제·사회적 불균형에 대처하기 위해서는 역부족임이 분명해지기 시작함에 따라, 19세기 말 영국에서는 이 나라의 구빈관행과 사회철학에 영향을 미칠 수 있는 새로운 세 가지 요소가 싹트고 있었다. 첫 번째 요소는 노동운동의 성격변화이며, 두 번째 요소는 자선조직협회운동과 인보관운동, 세 번째 요소는 일련의 사회조사사업이었다. 이 시대는 합리적·과학적 구제와 빈곤의 재발견 시대로 요약할 수 있다.

(1) 노동운동의 변화

1870년대 대규모의 경제공황이 영국을 휩쓸게 되자 노동자계급의 지도자 사이에서는 점차 자유주의에 대한 환멸이 크게 고개를 들기 시작하였고, 부르주아에 지나치게 의존하였던 기존의 노동운동방식에 대한 자기비판의 소리가 높아졌다. 여기서 1880년대에 이른바 '영국사회주의의 재생'의 연대를 맞는다. 1880년 버나드소(G. B. Shaw), 웹부부(Beatrice Webb & Sidney Webb) 등 일단의 지식인들에 의해 결성된 페이비언협회(Fabian Society)와 1900년에 페이비언협회와 여러 노동자 대표들이 함께 모여 설립한 노동당(Labour Party)이 설립됐다. 노동당의 정책형성에 이론적 젖줄의 역할을 하게 된 페이비언주의자들은 정부의 큰 과제는 평등, 자유, 우애, 민주주의 및 복지의 관점에서 자유시장의 미비점을 수정하고 보완하는 기능이라고 설명하였다. 따라서 정부의 집단주의적 책임이 강조되었으며, 그것이 노동당이 추구하는 복지국가주의(welfare statism)의 이론적 바탕이 되었다(안병영, 1984: 441).

(2) 자선조직협회와 인보관운동

① 자선조직협회

박애사업에서 빼놓을 수 없는 것이 1869년 런던에서 처음 설립된 자선조직협회(Charity Organization Society)이다. 19세기 말엽의 영국은 빈민구제를 위한 모든 형태의 방법과 기관이 동시에 활동하고 있었고, 무차별적인 자선이 수많은 종교단체와 사회단체, 개인에 의해 이루어지고 있었다. 이들은 도움이 필요한 사람들에게 구호를 제공하는 것에만 관심을 두었고, 빈곤의 원인, 구체적이고 합리적인 방법 등에 관하여는 무관심하여 물자와 금품의 낭비, 중복수혜, 무의미한 봉사 등이 이루어지고 있었다. 이러한 시대적 상황을 극복하고 중복 구빈을 없애기 위한 여러 자선활동의 조정, 환경조사와 적절한 서비스 제공을 촉진하기 위한 방법으로 1869년 자선구제조직 및 걸식박멸협회가 런던에 설립되고 1870년 자선조직협회로 개칭되었다.

자선조직협회의 활동원칙은 첫째, 빈민 중 보호받을 가치가 있는 빈민은 친절과 성의로 대하고 그 외의 빈민은 공공기관에서 억압적 방법으로 취급할 것과 둘째, 자선기관들 간에 구호 실시상의 중복을 피할 것, 셋째, 개인의 필요에 대해 신중한 조사를 한 다음 대처할 것, 넷째, 질병과 같이 빈곤을 초래할 수 있는 특정한 문제를 가진 사람에 대해서는 원조를 하지만 태만, 음주, 낭비를 일삼는 자에게 원조를 하지 말 것, 다섯째, 봉사자는 무보수로 시간과 노력을 제공할 것 등이었다.

자선조직협회의 원리는 개인은 자신의 빈곤에 대한 책임이 있으며, 공공부조를 받는 것은 빈민의 자존심을 훼손하고 빈민을 시혜에 의존하여 살아가게끔 만든다는 찰머스(Thomas Chalmers)의 이론에 근거를 두고 있다. 따라서 원조의 수준은 도덕적 개혁을 주도하는 방법으로, 또 개개인에게 자조적 의식을 불어넣는 도덕적 감화를 주는 것을 목적으로 하였다.

자선조직협회의 의의는 중복 구빈을 피하기 위하여 연락기관이 설치된 것이 오늘날의 지역사회사업으로 발전하였고, 빈민에 대한 철저한 환경조사가 가족사회사업 또는 개별사회사업으로 발전되었다는 점이지만, 빈곤에 대해 자유주의적 죄악관을 가지고 있었기 때문에 빈곤을 개인의 도덕적 책임으로 돌리고 빈곤발생의 사회구조적인 문제에 대해서는 등한시한 것과 순수민간단체들로 빈민에 대한 과학적 조사는 선구적이었으나, 자조의 개인주의적 윤리를 너무 강조했다는 비판을 받았다.

② 인보관운동

한편, 이 무렵에는 자선조직협회와 함께 사회사업의 역사에서 중요한 의미를 갖는 인보관운동(settlement movement)이 전개되었다. 이 운동의 창시자는 런던의 바네트(Barnett, 1844~1913) 목사였으며, 캠브리지대학, 옥스퍼드대학의 학생들을 중심으로 슬럼가의 노동자들이 함께 적극적 환경개선을 통해 빈곤문제를 해결하려는 일종의 사회운동이었다. 이들의 목표는 빈민가의 생활 체험을 통해 빈곤은 경제적인 문제라기보다는 정신적인 문제이고, 따라서 교육을 통해 빈민이 자신을 스스로 변화시켜야 가난에서 벗어날 수 있다고 보았으며, 활동은 사회교육, 보건위생, 기술교육 및 레크리에이션을 통해 빈민을 교화하고 지역환경을 개량하는 사업에 힘썼다.

당시의 엘리트 남성이 주축이었던 영국의 인보관운동은 박애보다는 법규를 더 중요시하여 1900년대 초반의 사회개혁에 많은 영향을 미쳤다. 영국의 인보관운동은 미국으로 건너가 전문사회복지실천의 집단사회사업과 지역사회조직의 기초를 형성하였다. 이 운동에 적극 참여하다 젊어서 죽은 토인비(Arnold Toynbee)를 기려 동료들이 1884년 런던의 동부 빈민지역에 만든 토인비 홀(Toynbee Hall)은 세계 최초의 지역사회복지관이다.

2) 빈곤조사

영국의 1880년대는 빈곤의 재발견 시대로 묘사될 수 있다. 산업화와 도시화로 인하여 도시빈민들이 대량으로 생성되었지만, 일반 시민들은 여전히 빈곤의 원인을 개인의 게으름이나 도덕적 결함으로 돌렸다. 이때 찰스 부스(Charles Booth)가 런던시 빈민의 생활실태를 조사한 것(1889년)과 씨봄 라운트리(Benjamin Seebohm Rowntree)가 요크시의 빈민들의 생활실태를 조사한 결과(1901년)는 시민의 상식을 뒤집어 놓았다.

부스는 1889년에 발간된 그의 유명한 빈곤조사서인 『런던시민의 생활과 노동(Life and Labor of the People in London)』에서 사람들의 직업, 생활 및 노동조건, 작업시간 및 임금, 실업상태를 조사하였는데, 조사결과 동부런던에 거주하는 사람들의 약 35%가 빈곤상태에 있으며, 빈곤상태에 있는 65세 이상의 노인 중에서 8/9는 노령 때문에 빈곤하다고 밝혀졌다. 부스의 조사결과 빈곤은 항상 개인의 잘못이라고 오랫동안 확립되어 온 이론에 반증이 되었고, 인간의 빈곤고통은 종종 불충분한 임금, 부적절한 주택, 불결한 위생환경으로부터 생겨난다는 것을 보여 주었다.

라운트리는 1902년 「빈곤-도시생활의 한 연구(Poverty: A Study of Town Life)」에서 요크(York)시의 빈곤상태에 대한 조사연구를 발표하였다. 그는 부스의 조사결과가 런던에만 한정되어 적용되는지, 아니면 다른 도시에도 적용 가능한 것인가를 조사하기로 결정하고 빈곤 정도를 조사하였다. 그에 조사에 따르면 요크시의 노동인구 중 28%가 빈곤상태에 있으며 빈곤의 원인 중 52%는 저임금이라고 밝혀냈다. 즉, 이들은 체계적인 사회조사를 통해서 그때까지 영국에 존재하였던 빈곤의 주된 원인이 개인적 성격결함에 따른 것이 아니라, 노령, 질병, 실업, 낮은 교육수준 등 경제현상과 사회구조적 결함에 기인한 것임을 밝혀냈다. 즉, 빈곤문제는 인도주의적 자선에 의해서 해결될 성격의 문제가 아니라 보다 적극적인 국가개입을 필요로 한다는 주장을 제기하였다. 이러한 사회조사는 현대 사회과학적 조사방법론의 효시가 되기도 하였다.

3) 사회보험의 시대

빈민법이 봉건적인 사회복지정책이라면 사회보험은 자본주의적인 사회복지정책이다. 사회보험은 시행 초기에 임금노동자, 특히 육체노동자가 주된 대상이었으며, 자본제적 생산양식에서 발생된 문제인 사회적 위험(산업재해, 실업, 질병, 정년퇴직 등)에 대한 대응책이고, 노동자와 자본가가 그 재정을 공동 부담하였다.

사회보험은 19세기 말 당시 가장 선진적인 자본주의국가인 영국에서 출현된 것이 아니라 후발 공업국인 독일에서 세계 최초로 만들어졌다. 프로이센의 빌헬름(Wilhelm) 왕과 비스마르크(Bismarck) 재상은 1866년 오스트리아 전쟁과 1870년 프랑스 전쟁에서의 승리를 통해 독일을 통일하는 데 이어, 독일민족의 내부통합을 위해서 이른바 '채찍과 당근' 정책을 시도하였다. 채찍이란 노동운동을 탄압하기 위해서 만든 '사회주의자 진압법'(1878년)을 말하고, 당근이란 노동자계급을 국가 내로 통합시키기 위한 일련의 사회보험법의 제정이다.

비스마르크는 먼저 산재보험에 큰 관심을 갖고 1880년에 그 초안을 작성하게 하였다. 그는 산재보험을 만들 때 강제보험, 제국보험공단의 중앙집중식 통제, 사보험회사의 배제, 국가 보조금의 지급 등의 원칙을 정했다. 그러나 이 법안은 국가의 권력 강화와 관료화를 우려한 의회의 반대로 통과되지 못하고, 비스마르크는 중앙집중식 통제와 국가보조를 포기할 수밖에 없었다.

산재보험법의 제정이 의회에서 지연되자 이보다 늦게 입안된 의료보험법이 1883년에 먼저 통과되고, 산재보험법은 1884년, 노령폐질보험법이 1889년에 통과되었다. 비스마르크의 사회보험은 그 재정을 주로 자본가에게 부담시키면서도 노동자의 충성심을 국가로 유도하려는 것이었으므로, 자본가는 이에 반대하는 입장이었다. 노동조합도 노동자 계급의 정치적 진출과 과격화를 막기 위한 것이라는 음모를 파악하고 반대하였다.

그러나 자본가와 노동자의 반대에도 불구하고 이후 사회보험은 노사정이 함께 산업사회의 문제를 해결하기 위한 방안으로 널리 활용되었다. 영국에서는 1906년 총선에서 토리당을 누르고 집권한 자유당이 이전의 빈민법과 질적으로 다른 일련의 사회정책을 도입하고, 1911년에 영국 최초의 사회보험인 국민보험법을 제정하였다. 국민보험은 의료보험과 실업보험이 동시에 제도화된 것으로 로이드 조지와 윈스턴 처칠의 합작품이었다. 이들은 사회보험이 사회주의에 대한 방파제가 된다고 확신하였다.

독일에서 처음 도입되고 영국에서 실험을 거친 사회보험은 1930년대 미국에서 대공황의 사회문제를 해결하기 위해서 적용되었다. 1935년에 제정된 사회보장법은 연방정부가 관장하는 노령보험, 주정부가 관장하고 연방정부가 재정을 보조하는 실업보험, 주정부가 관장하고 연방정부가 재정을 보조하는 공공부조와 사회복지서비스로 구성되었다. 자유주의와 개인주의의 전통이 워낙 강하여 공적인 사회복지가 뿌리내릴 수 있는 토양이 아주 척박한 미국에서 연금과 실업보험이 수용된 것은 대공황이란 위기 상황 속에서 루즈벨트와 같은 강력한 행정부가 있었기 때문이다. 이후 미국의 사회보장제도는 별로 달라진 것이 없다.

4) 복지국가의 시대

사회보험 시대를 이어 바로 등장한 것이 복지국가 시대이다. 복지국가가 성립된 이후에도 사회보험이 복지국가의 핵심적인 제도로 존재하고 있기 때문에 사회보험과 복지국가는 중첩된다고 볼 수도 있다.

그러나 양자는 분명한 차이가 있다. 사회보험의 대상이 육체노동자에서 화이트칼라와 자영인 계층으로 확대되어 노동정책이라는 본래의 취지를 상실하고 전국민을 대상으로 하는 시민복지정책으로 성격이 바뀌었기 때문이다. 복지국가는 제2차 세계대전 이후 영국에서 베버리지 보고서(사회보험과 관련사업 Social Insurance and Allied Services, 1942)를 바탕으로 처음 만들어졌다.

베버리지 보고서는 영국의 국민들이 독일의 침공으로 바람 앞에 촛불처럼 위기에 처한 시점에서 만들어졌고, 2차 세계대전 직후 집권한 노동당은 그 보고서에 입각하여 복지국가를 만들어 나갔다. 따라서 베버리지 보고서는 영국에만 국한되지 않고 프랑스, 서독, 스웨덴 등 서유럽 복지국가의 기틀 형성에도 큰 영향을 미쳤다.

베버리지(Beveridge)는 '사회보험과 관련 서비스에 관한 위원회'의 위원장으로서 보고서를 작성할 때 세 가지 원칙에서 출발했다. 즉, 분파적 이해를 무시하고, 국가 재건을 위하여 5대악(결핍, 질병, 무지, 불결, 나태)을 극복하며, 국가는 단지 국민최저만을 보장하고 그 이상은 개인과 가족의 노력에 달려 있다는 것이다.

베버리지는 사회보장의 6개 원칙과 6개 대상층, 8개 욕구 원인을 제시하고, 이에 맞는 대책을 세우고자 하였다. 6개 원칙이란 급여수준은 일상생활을 하는 데 충분할 정도가 되어야 하고(충분한 급여), 급여와 갹출은 소득에 관계없이 동일해야 하며(정액급여, 정액 갹출), 지방사무소를 둔 하나의 사회보험금고가 관리 운영하고, 개인은 한 번 통합된 갹출료를 납부하면 되고(행정책임의 통합), 사회부조나 사보험은 물론 사회보험을 포함한 각종 방법으로 기본적이고 예측 가능한 모든 욕구를 해결하며(포괄성), 인구층을 피용자, 자영인, 전업주부, 기타 노동인구, 취업 전 청소년, 노동 불능 고령자 등 6개 집단으로 분류하고 이들 모든 인구층의 욕구를 보장한다(분류화)는 것을 말한다.

그리고 **표 3-1**은 8개의 욕구 원인별 대책을 세운 것이다.

| 표 3-1 | 욕구와 대책

욕구	대책
실업	실업급여
장애	장애급여 또는 장애연금
생계수단 상실	직업훈련급여
퇴직	연금
기혼여성의 욕구	결혼, 출산, 미망인 수당 등
장례비용	장제비
유아	아동수당
질병, 장애	질병 치료와 재활

한편 베버리지는 사회보험이 성공하기 위해서는 세 가지 기본 전제조건이 필요하다고 생각했다. 즉, 가족수당, 포괄적인 보건서비스, 완전고용이 그것이다. 가족수당은 가족의 크기와 소득을 고려하여 결정되어야 하고, 보건서비스는 치료적일 뿐만 아니라 예방적이어야 했다. 실업은 실업수당의 비용과 그에 따른 임금 손실을 감안하면 가장 낭비적인 문제이므로 완전 고용은 매우 긴요한 전제조건이었다.

베버리지 보고서는 실업/의료/출산/미망인연금/보호수당/장제비 등을 규정한 국민보험법(1946년), 정부가 국민보건을 책임지고 의료서비스를 무상으로 제공하는 것을 골자로 한 국민보건서비스법(1946년), 국민부조법(1948년), 아동법(1948년) 등으로 제도화되었다. "요람에서 무덤까지"로 칭송받은 노동당정부의 복지국가 정책은 1951년 총선에서 보수당에게 정권을 내줄 때까지 완성되었고, 이후 보수당정부에서도 큰 변화 없이 계속되었다.

그러나 오일쇼크 이후 경기침체 속에서 1979년 집권한 대처는 과거의 온정주의적 보수당 철학을 자유와 경쟁과 효율을 중시하는 냉혹한 자유주의로 바꾸는 데 성공하였다. 그에 따라 복지국가에 대한 대대적인 수정작업이 뒤따랐고, 신자유주의로 불리는 새로운 조류는 복지국가의 위기 또는 후퇴를 가져왔다.

5) 복지국가의 위기 및 재편의 시대

1960년대와 1970년대 초반에 걸쳐 경제성장과 사회의 욕구에 대응하면서 팽창되던 복지국가는 1973년 석유가격의 인상과 함께 찾아온 전 세계적 경제침체로 도전을 받는다. 1970년대 중반의 경제침체는 1930년 대공황 이후 처음으로 찾아온 경제침체였다. 저성장과 물가상승을 동반하는 스태그플레이션은 일자리를 감소시키고 빈곤을 증가시켰다. 경제침체가 가속화되면서 공공 사회복지지출을 줄여야 하고 복지에 대한 정부의 역할을 다시 정립해야 한다는 목소리가 나타나기 시작하였다. 이러한 상황에서 1978년에서 1979년으로 넘어가는 유난히 추웠던 겨울은 노사분규와 파업의 속출로 사회가 혼란에 빠져들게 되었다. 이러한 상황에서 1979년 영국의 보수당 대처, 1980년 미국의 레이건 대통령의 당선은 신자유주의적 기조로서 복지국가의 재편을 가져오게 된다. 이에 따른 복지국가 위기에 다른 재편과정은 14장 복지국가론에서 심도 있게 다루고자 한다.

04 단원요약 및 문제풀이

1) 단원요약

(1) 빈민법

① 시대적 배경

ⓐ 엔클로저(enclosure)운동: 16세기 국제적인 양털가격의 상승으로 양·목축업이 호황을 누리자 지주들이 자신의 농토와 공유지를 양목장으로 바꾼 것에서 시작하여 19세기 초까지 파상적으로 계속된 농토와 공유지의 울타리치기를 말한다. 공유지의 울타리치기로 가장 큰 타격을 입은 층은 날품팔이와 영세 소농이었다. 이들은 공유지에서 자신의 소와 양을 키워 부족한 생계비를 보충했으며, 건축용 목재와 땔감을 조달했지만, 인클로저는 이들 가난한 농민들의 생활근거지를 빼앗아 부랑자로 만들었다.

ⓑ 수도원의 해체: 봉건영주의 몰락으로 수도원이 해체되었고 수도원에서

빈민구제를 목적으로 설치 운영되던 수도원 숙박소가 문을 닫게 되자, 많은 빈민들이 길거리에 내몰리게 되었다. 이에 교구중심의 종교적 자선에 대한 비판이 일기 시작하였고, 빈민구제사업은 국가가 주도해야 한다는 여론이 높아진다.

② 엘리자베스 빈민법(1601)

ⓐ 최초로 빈민구제를 교회가 아닌 국가의 책임으로 인식하였다.

- 노동력 증가를 위한 중상주의적 발상이었으나, 빈민에 대한 공적 구제를 최초로 인정하였다.
- 수급자 권리보다 통제의 목적으로 제정되어 복지국가의 출발로 보기는 어렵다.

ⓑ 행정적 기관의 수립

- 추밀원을 중심으로 중앙집권적인 빈민의 통제. 빈민관리는 국가의 책임이지만 빈민의 권리는 존중되지 않음
- 교구위원회의 임명을 받은 빈민감독관이 구빈세를 징수, 음식물이나 돈을 배분하고 교구의 구빈원을 지도, 감독하는 일 등을 담당하였다.

ⓒ 조세를 통한 재원 마련: 구빈법에 필요한 재원은 교구의 주민들에게 능력에 따라 부과하는 구빈세로 충당하였다. 초기에는 지방소득세의 성격이었으나, 후에는 부동산에 대한 재산세에 형태로 변화하였다.

ⓓ 노동능력 유무에 따른 분류(작업장, 구빈원의 활용)

- 노동능력이 있는 빈민은 교정원이나 작업장에 수용하여 노동을 하게 하고, 이들에 대한 자선, 이주를 금하였다.
- 노동능력이 없는 성인빈민은 구빈원에 수용하여 보호함을 원칙으로 하였으나, 거주할 집이 있는 경우 원외구제를 병행하였다.
- 요부양아동은 시민에게 무료위탁보호를 시키거나, 유료로 위탁할 경우 최저입찰자에게 보호시켜 도제로 활동하게 하였다.

ⓔ 친족 부양의 책임 강조: 가족책임을 원칙으로 삼아, 보호할 가족이 있는 경우에는 구제의 대상에서 제외하였다.

③ 정주법(1662)

ⓐ 일명 주소법 또는 거주지법으로서 빈민의 자유로운 이동을 금지하였다.

ⓑ 구빈의 대상이 될 수 있다고 판단되는 새로운 전입자를 교구에서 거부

할 수 있는 권리를 부여

ⓒ 보다 나은 구제를 찾아 빈민들이 떠도는 것을 막아 노동력을 안정적으로 확보하려고 하였던 농업자본가들의 이해가 반영된 제도이다.

ⓓ 빈민에 대한 거주이전 제한을 지방적인 차원에서 전국적인 차원의 제도로 강화시켰다.

④ 작업장법(1723)

ⓐ 오늘날 직업보도 프로그램의 시초이다.

ⓑ 작업장을 단일교구 단위나 인접한 교구들 간의 연합에 의해서 세울 수 있게 하였다. 작업장은 구제를 억제시키는 기능을 하는 곳이어서 작업장의 여러 열악한 조건들을 받아들일 정도로 다급한 사람들만 구제를 받도록 한 법이다.

ⓒ 작업장에는 구빈신청을 억제함으로써 구빈세 부담을 줄여보려는 의도가 포함되었다. 작업조건이 나쁜 작업장에서 일하기를 기피하는 빈민들이 적지 않을 것이기에 자연히 구제대상자 수를 줄일 수 있고, 구빈세의 부담을 줄일 수 있을 것이라고 보았다.

⑤ 길버트법(1782)

ⓐ 노동은 가능하나 자활능력이 없는 빈민을 작업장에 보내는 대신에 자기 가정 내에서 또는 부근의 적당한 직장에서 취업할 수 있도록 알선해 주는 법이다.

ⓑ 가정 근처의 지주, 농업경영자, 기타 고용주 등에게 임금보조수당을 지원하여 고용케 함으로써 최저생계비 수준의 급료를 지급하였다(시설 외 구제방식).

ⓒ 최초의 유급구빈사무원을 채용하여 빈민감독관의 업무를 전담하게 하였다.

ⓓ 원외구제제도는 오늘날의 거택구호제도의 효시이다.

ⓔ 이 법의 시행과정에서 최초로 근대적 의미의 고용, 실업대책이 시작되었다.

⑥ 스핀햄랜드법(1795): 임금이 최저생활비에 미치지 못하는 노동자들에게 물가가 오른 만큼 임금을 보조해주는 것을 목적으로 하는 임금보조제도이다.

ⓐ 식품의 가격과 자녀의 수에 따라 등급화하여 임금을 보충해 주기로 결

정하였다.

ⓑ 최저생활에 미달하는 임금의 부족분을 보조해 주는 것을 목적으로 하였다.

ⓒ 오늘날의 최저생활보장, 가족수당의 기반이 되었다.

ⓓ 일명 버크셔빵법

ⓔ 구빈세를 재원으로 임금보조금을 지급함으로써 고용주를 위한 제도로 전락, 저임금의 합리화, 노동의욕의 저하, 농촌의 계층분화 촉진의 한계점을 가지고 왔다.

⑦ **공장법**(1833): 최초의 아동복지법의 성격을 갖는다.

ⓐ 비인도적인 처분을 받는 아동의 노동조건과 작업환경을 개선하는 데 목적을 두었다.

ⓑ 주요내용: 9세 이하 아동의 고용금지, 아동의 야간노동 금지, 아동의 1일 노동시간을 12시간으로 제한, 아동에 대한 교육, 후생복지와 위생환경의 개선 등

⑧ **개정구빈법**(1834): 구빈법의 인도주의를 배격하고 '억압 속의 구제'라는 구법의 원칙으로 회귀를 목적으로 하였다.

ⓐ 구빈제도의 비판

- 높은 구빈비용 증가: 스핀햄랜드법이 원인이 되었다.
- 교구간 비용부담의 불공평성: 교구의 규모가 적을수록, 산업지역보다 농어촌교구의 부담이 상대적으로 많았다.
- 교구 내 비용부담의 불공평성 문제: 소득세보다 재산중심의 구빈세 부과의 결과로 산업자본가보다 토지나 가옥의 재산소유자의 부담이 상대적으로 많았다.
- 구빈행정상의 문제: 구빈행정의 중앙집권화 및 전국적 통일은 지방자치를 존중해 온 영국의 전통으로 인해 실현되지 못하였고, 지역간 비형평성 문제를 심화시킨 원인이 되었다.

ⓑ 왕립위원회의 6가지 기본원칙

- 스핀햄랜드제도 하에 제공되었던 보조금은 철폐한다.
- 모든 노동가능자들에 대한 구호는 작업장 구호로 대체한다.
- 원외구호는 병자, 노인, 무능력자, 아동을 가진 과부로 제한한다.
- 몇 개의 교구를 묶어 구빈법조합으로 조정된다.

- 구호수준은 지역사회의 가장 낮은 임금수준보다 적게 조정한다.
- 왕명에 의한 중앙통제위원회를 설립한다.

ⓒ 개정구빈법의 주요 3원칙
- 열등처우의 원칙: 구빈법으로부터 구제받는 빈민의 상태는 구제받지 않는 최하층의 노동자보다 낮은 수준이어야 한다.
- 작업장제도의 재설립: 노동능력이 있는 빈민에 대한 재가구호를 폐지하고 구제를 작업장 내에서의 구제로 제한한 것이다(시설 외 구제금지).
- 균일처우의 원칙: 각 교구에 따라 상이하게 시행되고 있는 구빈행정을 전국적으로 통일시키는 것이다(전국적 통일의 원칙).

(2) 사회개혁

① 사회개량운동

ⓐ 결사금지법: 노동조합을 결성하면 노동자로 하여금 벌금을 물림으로써 높은 임금과 노동조건을 개선하기 위한 노동조합의 결성을 금지시켰다.

ⓑ 차티스트운동: 1830년 노동자들이 보통선거권을 비롯하여 무기명 투표, 의원들이 재산자격 및 시비지급의 폐지, 평등 선거구안 등의 정치적 요구를 관철시키기 위해 벌인 운동으로 실패했다. 이 운동을 계기로 노동자들의 관심이 정치적 문제에서 경제적 조건 개선으로 전화되었다. 1844년에는 최초로 노동자 자신들 소유의 소비조합매점을 개설하였다.

(3) 자선조직협회(Charity Organization Society, 1869)

① **창립목적**: 중복 구빈을 없애기 위한 여러 자선활동의 조정, 환경조사와 적절한 원조제공에 있었다.

② **의의**: 중복 구빈을 피하기 위하여 연락기관이 설치된 것은 오늘날 지역사회사업으로 발전하였고, 빈민에 대한 철저한 환경조사는 가족사회사업 또는 개별사회사업으로 발전되었다.

③ 자선조직협회의 활동원칙

ⓐ 빈민 중 보호받을 가치가 있는 빈민은 친절과 성의로 대하고, 그 외의 빈민은 공공기관에서 억압적 방법으로 취급할 것

ⓑ 자선기관들 간에 구호 실시상의 중복을 피할 것

ⓒ 개인의 필요에 대해 신중한 조사를 한 다음 대처할 것

ⓓ 질병과 같이 빈곤을 초래할 수 있는 특정한 문제를 가진 사람에 대해서는 원조를 하지만, 태만·음주·낭비를 일삼는 자에게 원조하지 말 것

ⓔ 봉사자는 무보수로 시간과 노력을 제공할 것

④ 자선조직협회의 한계

ⓐ 빈곤에 대해 자유주의적 죄악관을 가지고 있었기 때문에 빈곤을 개인의 도덕적 책임으로 돌리고 빈곤발생의 사회구조적인 문제에 대해서는 등한시하였다.

ⓑ 순수민간단체들로 빈민에 대한 과학적 조사는 선구적이었으나, 자조의 개인주의적 윤리를 너무 강조했다는 비판을 받았다.

(4) 인보관운동(settlement movement)

① 대학생들과 슬럼가의 노동자들을 결합시킴으로써 빈곤문제를 해결하려는 일종의 사회운동이었다.

② 빈민가의 생활 체험을 통해 빈곤은 경제적인 문제라기보다는 정신적인 문제이고, 교육을 통해 빈민이 자신을 스스로 변화시켜야 가난에서 벗어날 수 있다고 보았다.

③ 빈민지구를 실제로 조사하여 생활실태를 파악하고, 구제의 필요가 있는 사람에게 원조하는 사업이었다.

④ 사회운동가들은 사회교육, 보건위생, 기술교육 및 레크리에이션을 통해 빈민을 교화하고 지역환경을 개량하는 사업에 힘썼다.

⑤ 토인비를 기려 동료들이 1884년 런던의 동부 빈민지역에 만든 토인비 홀은 세계 최초의 지역사회복지관이다.

⑥ 영국의 인보관운동은 미국으로 건너가 전문사회복지실천의 집단사회사업과 지역사회복지 실천모형으로 발전하였다.

(5) 사회조사활동

① 찰스 부스가 런던시 빈민의 생활실태를 조사한 것(1889년)과 씨봄 라운트리가 요크시의 빈민들의 생활실태를 조사한 결과(1901년)가 대표적이다.

② 체계적인 사회조사를 통해서 빈곤의 주된 원인이 게으름이 아니라 노령,

질병, 실업, 낮은 교육수준 등임을 밝혀냈다.

③ 사회조사는 현대 사회과학적 조사방법론의 효시가 되기도 하였다.

(6) 구빈법다수파보고서(1909년)

① **구빈법위원회의 설립**: 1905년 발족된 왕립위원회의 18명의 위원들은 자신들의 직접적인 조사, 전문조사관의 조사보고, 각 방면의 증언 등에 기초하여 정부에 구빈법보고서를 제출하였다. 구빈법위원회는 방법론에 대한 견해차로 다수파와 소수파로 나누어져 보고서를 작성하여 제출하였고, 결국 다수파의 보고서가 채택되었다.

② **구빈법보고서의 주요 내용**: 구빈을 위한 행정 확대, 구빈제도에서 처벌적 성격 폐지, 혼합시설을 폐지하고 개별시설로 대치, 노령연금의 실시 등이 있다.

③ 관련법령

- 실업노동자법(1905년)
- 노령연금법(1908년)
- 직업소개법, 최저임금법(1909년)
- 국민보호법(건강 · 실업보험, 1911년)
- 미망인, 고아및노령기여연금법(1925년)

(7) 사회보험

① 사회보험제도의 등장 배경

ⓐ 산업화 이후의 자본주의 발전과 함께 각종 사회문제가 대두되었다.

ⓑ 사회문제의 해결에 대한 가족과 시장기능이 한계에 부딪혔다.

ⓒ 노동운동의 정치세력화를 통한 정치적 압력이 가중되었다.

ⓓ 근대국가의 성장과 개입기능이 확대되었다.

② 베버리지 보고서(1942)

ⓐ 작성배경: 1941년 영국 정부는 당시의 사회적 서비스의 구조나 효율성을 조사하고, 필요한 개혁을 실시하기 위해 사회보험 및 그 관련 사업에 관한 정부부처간 조사위원회를 설치하면서 베버리지를 위원장으로 임명했다. 그 성과가 1942년 11월 '사회보험 및 관련서비스'로 발간되었다.

ⓑ 베버리지 보고서의 목적: 국가 재건을 위하여 5대악(결핍, 질병, 무지, 불결,

나태)을 제거하며 기본적인 소득을 보장하는 것이었다.

ⓒ 베버리지 보고서의 5가지 프로그램

- 사회보험의 통일적, 포괄적 및 적절한 프로그램
- 사회보험급여에 의하여 충분히 보호받지 못하는 사람을 위한 전국적 공적부조
- 첫 아이 후 병든 아이들에 대한 주당급여의 아동수당(후에 가족수당)
- 전 인구에 대한 무료의 포괄적인 건강 및 재활서비스
- 경제위기에 있어 대중실업 예방을 위한 공공사업에 의하여 완전고용 유지

ⓓ 베버리지 보고서의 전제조건

- 15세까지 아동수당 지급
- 질병의 예방과 치료, 노동능력의 회복 등을 위한 포괄적인 보건서비스
- 완전고용의 달성

ⓔ 베버리지 사회보장의 6개 원칙

- 급여수준은 일상생활을 하는 데 충분할 정도가 되어야 한다(충분한 급여).
- 급여와 갹출은 소득에 관계없이 동일해야 한다(정액급여, 정액 갹출).
- 지방사무소를 둔 하나의 사회보험금고가 관리 운영하고, 개인은 한 번 통합된 갹출료를 납부하면 된다(행정책임의 통합).
- 사회부조나 사보험은 물론 사회보험을 포함한 각종 방법으로 기본적이고 예측 가능한 모든 욕구를 해결한다(포괄성).
- 인구층을 피용자, 자영인, 전업주부, 기타 노동인구, 취업 전 청소년, 노동불능 고령자 등 6개 집단으로 분류하고 이들 모든 인구층의 욕구를 보장한다(분류화).

ⓕ 관련법령

- 가족수당법(1945)
- 국민보험법(1946년), 국민보건서비스법(1946년), 산업재해법(1946)
- 아동법(1948년), 국민부조법(1948년)

2) 문제풀이

1. 다음의 설명으로 옳은 것은? (12회 기출문제)

ㄱ. 스핀햄랜드법은 가족수당제도의 시초이다.
ㄴ. 공장법은 아동의 노동 환경을 개선하였다.
ㄷ. 1834년 신빈민법은 전국적으로 구빈 행정 구조를 통일하였다.
ㄹ. 1911년 국민보험법은 건강보험과 실업보험으로 구성되었다.

① ㄱ, ㄴ, ㄷ ② ㄱ, ㄷ ③ ㄴ, ㄹ
④ ㄹ ⑤ ㄱ, ㄴ, ㄷ, ㄹ

정답 ⑤

2. 영국의 복지국가발달과정에 관한 설명으로 옳지 않은 것은? (11회 기출문제)

① 1930년대 경제공황으로 경제문제에 국가개입의 필요성이 중대되었다.
② 베버리지는 강제적인 사회보험을 국민최저선 달성을 위해 가장 중요한 제도로 보았다.
③ 1950년대와 1960년대는 복지국가의 황금기에 해당된다.
④ 베버리지 보고서는 결핍(궁핍), 질병, 무지, 불결, 나태를 5대악으로 규정하였다.
⑤ 영국의 빈민법이 공식적으로 폐지된 것은 제1차 세계대전 이전의 일이다.

정답 ⑤

Check

빈민법이 공식적으로 폐지된 것은 1948년 국민부조법이 도입되면서였다.

3. 엘리자베스 빈민법에 나타난 구빈정책의 원칙이 아닌 것은?

① 구빈정책의 책임이 국가에 있다는 국가책임의 원칙
② 구체적인 구빈행정은 지방단위로 실시하는 지방행정의 원칙
③ 능력이 있는 친족이 우선적인 부양책임을 지는 친족부양 우선의 원칙
④ 근로능력에 따른 차별을 하지 않는 동등처우의 원칙
⑤ 조세를 통한 재원마련

정답 ④

Check

④ 빈민의 근로능력에 따른 대상별 처우를 실시했다.
ⓐ 노동능력이 있는 빈민: 작업장 수용
ⓑ 노동능력이 없는 빈민: 구빈원 수용
ⓒ 아동: 가정위탁, 도제수용

4. 다음 중 열등처우의 원칙으로 옳은 설명은?

① 전체국민 가운데 가장 어려운 처지에 있는 사람을 우선적으로 지원하자는 것이다.
② 열등한 처지에 있는 사람이 없도록 사회복지환경을 개선하자는 것이다.
③ 사회복지서비스를 제공함에 있어서 우열이나 차별을 주어서는 안 된다는 것이다.
④ 정부의 사회복지급여는 최저임금보다 낮은 수준이어야 한다는 것이다.
⑤ 경제적으로 열등한 사람에게는 국가의 개입이 필요하지 않다는 것이다.

정답 ④

5. 다음 영국의 법 제정의 순서로 옳은 것은?

① 엔클로저운동–스핀햄랜드법–정주법–신구빈법
② 엔클로저운동–정주법–스핀햄랜드법–신구빈법
③ 정주법–엔클로저운동–신구빈법–스핀햄랜드법
④ 정주법–엔클로저운동–스핀햄랜드법–신구빈법
⑤ 엔클로저운동–신구빈법–정주법–스핀햄랜드법

정답 ②

6. 복지국가 위기론이 등장하게 된 사회경제적 배경으로 옳지 않은 것은?

① 국가의 사회복지서비스에 따른 의존문화의 양산
② 사회보장제도의 민영화 경향
③ 신자유주의 이념의 확산
④ 1970년대 오일쇼크와 환율체계 붕괴로 나타난 스태그플레이션 현상
⑤ 국가의 재정적 위기

정답 ②

7. 다음 중 연도와 나라가 바르지 않은 것은?

① 세계 질병보험–독일–1883년
② 토인비 홀–영국–1884년
③ 베버리지 보고서–영국–1942년
④ 세계 최초의 사회보장법–미국–1945년
⑤ 엘리자베스 빈민법–영국–1601년

정답 ④

Check

④ 1935년

8. 다음 중 노동자 가족의 생활비에 대한 보조책으로 가족 수에 따른 욕구를 고려한 제도는 무엇인가?

① 신구빈법 ② 길버트법 ③ 작업장법
④ 스핀햄랜드법 ⑤ 정주법

정답 ④

Check

스핀햄랜드법: 식품의 가격과 자녀의 수에 따라 등급화하여 최저생활기준에 미달하는 임금의 부족분을 보조해주는 것으로, 오늘날 가족수당 또는 최저생활보장의 기반이 되었다(버크셔빵법).

9. 영국 사회복지법에 대한 설명으로 맞는 것은?

① 길버트법은 구빈에 대한 최초의 국가책임을 인정하였다.
② 정주법에 의해 취업알선을 통한 원외부조가 시작되었다.
③ 구빈법은 최저생활기준에 미달되는 임금의 부족분을 구빈세로 보조하였다.
④ 신구빈법은 열등처우의 원칙, 작업장제도의 원칙, 전국적 통일의 원칙을 규정하였다.
⑤ 스핀햄랜드법은 빈민의 자유로운 이동을 금지하였다.

정답 ④

Check

① 구빈법 ② 길버트법 ③ 스핀햄랜드법 ⑤ 정주법

10. 베버리지 보고서에 사회보장계획을 성공하기 위한 전제조건으로 옳은 것은?

ㄱ. 국민보건서비스 ㄴ. 행정관리의 통합 ㄷ. 완전고용 ㄹ. 가족수당

① ㄱ, ㄴ, ㄷ ② ㄱ, ㄷ ③ ㄴ, ㄹ
④ ㄹ ⑤ ㄱ, ㄴ, ㄷ, ㄹ

정답 ①

Check

베버리지는 사회보장이란 국가에 의한 소득보장이라 하였으며, 이를 위해 우선 사회보험을 가장 중요시하고, 다음으로 사회보험에서 탈락한 자들에 대한 최후 안전망으로 공공부조를 주장하였다. 그러나 이 두 가지 프로그램으로 실질적 소득보장이 이루어지기 위해서는 가족수당과 포괄적 건강서비스 그리고 완전고용제도가 전제되어야 함을 주장하였다.

11. 다음 중 원외구제를 최초로 법으로 인정한 제도는?

① 정주법 ② 작업장법 ③ 길버트법
④ 스핀햄랜드법 ⑤ 신빈민법

정답 ④

Check

길버트법: 구제억제를 원칙으로 하는 작업장과 청부제도로 인해 야기된 폐단을 교정하기 위해 구빈법의 인도주의와 시설외 구제를 규정하고 있다.

12. 베버리지 보고서(1942)에 관한 설명으로 옳지 않은 것은?

① 모든 위험과 대상을 포괄하는 하나의 사회보험 시스템을 제시하였다.
② 사회경제적 수준과 인구학적 차이와 무관한 정액보험료, 정액급여를 제시하였다.
③ 영국의 사회문제를 궁핍, 질병, 무지, 불결, 나태 등의 5대악으로 규정하였다.
④ 국민 연대성에 기초한 국민 최저선의 보장을 사회보장의 원칙으로 제시하였다.
⑤ 사회보험에 우선하는 공공부조제도의 도입을 주장하였다.

정답 ⑤

Check

영국의 사회문제를 궁핍, 질병, 무지, 불결, 나태 등의 5대악으로 규정하고, 이를 해결하기 위해 사회보험 및 관련 서비스의 필요성을 주장하였다.

13. 자선조직협회(C.O.S)에 대한 설명 중 옳지 않은 것은?

① 빈곤가정에 대하여 우애방문원을 통한 개별 가정방문을 실시하여 이에 근거한 서비스를 제공하였는데, 이것이 Casework의 출발이다.
② 자선기관들이 서비스의 중복과 낭비를 피하기 위하여 등록하게 하고 서비스를 조정하였는데, 이것은 지역사회 조직방법의 출발로서 의의가 있다.
③ 자선조직협회는 그 당시 공공정책에 대하여 긍정적이었다.
④ 당시의 자선은 자본주의 발달에 따른 불평등의 심화가 이루어져 부르주아계급이 그들의 특권적 지위를 도덕적으로 정당화하기 위하여 행해진 것이다.
⑤ 빈곤의 원인을 개인으로 보았으며, 갱생가능한 자에게 급여를 행하였다.

정답 ③

Check

C.O.S는 개인적 빈곤관에 의거하여, 빈민의 자조정신을 손상시킬 위험이 있는 빈민에 대한 공공지출의 삭감을 지지하고 빈곤은 민간부문의 노력을 통해 해결될 수 있다고 보았다.

14. 다음 중 엘리자베스 빈민법의 특징이 아닌 것은?

① 열등처우의 원칙이 마련되었다.
② 빈곤에 대한 책임이 교구가 아닌 국가의 책임으로 마련되었다.
③ 빈곤에 대한 책임이 친족부양책임과 차별화된 빈민정책을 마련하였다.
④ 전국적으로 통일된 구빈행정기구가 마련되었다.
⑤ 빈민에 대한 인도주의적 성격이 아닌 노동력 확보와 사회통제에 목적이 있었다.

정답 ①

Check

① 구빈법으로부터 구제받는 빈민의 상태는 구제받지 않는 최하층 노동자보다 생활이 낮은 수준이어야 한다는 열등처우의 원칙은 개정 구빈법에서 실시되었다.

15. 다음 중 성격이 다른 하나는?

① 대처리즘 ② 베버리지 사회보장 ③ 레이건의 민영화
④ 신보수주의 ⑤ 신자유주의

정답 ②

Check

1970년의 경제불황의 영향으로 재정이 악화되고 신보수주의에 의한 복지국가에 대한 의구심이 일어났다. 이에 과다한 복지비용 지출이 경제발전을 저해하는 요인으로 간주되었다. 이에 따라 1980년대부터 복지비용의 억제와 공영기업의 민간으로의 이행 등이 이루어졌다. 베버리지는 국가책임과 확대를 추구하였다.

16. 다음 중 영국의 사회보장제도의 5가지 프로그램과 거리가 먼 것은?

① 사회보험의 통일적, 포괄적 및 적절한 프로그램
② 가족수당
③ 완전고용의 유지
④ 개별적 프로그램의 공적부조
⑤ 국민보건서비스

정답 ④

Check

영국 사회보장제도의 5가지 프로그램
① 사회보험의 통일적, 포괄적 및 적절한 프로그램
② 첫아이 후 병든 아이들에 대한 주당급여의 아동수당(후에 가족수당이라 함)
③ 경제위기에 있어서 대중실업을 예방하기 위한 공공사업에 의하여 완전고용의 유지
④ 사회보험급여에 의하여 충분한 보호를 받지 못하는 사람을 지원하기 위한 전국적 프로그램으로서 공적부조
⑤ 전 인구에 대한 무료의 포괄적인 건강 및 재활 서비스

17. 독일의 비스마르크 사회보험에 관한 설명으로 옳지 않은 것은?

① 빈곤에 대하여 사후관리적 성격보다 사전예방적 성격이 강하다.
② 공제조합적 성격이 강하다.
③ 자유주의자들의 주도로 입법되었다.
④ 사회주의자들은 노동자들을 국가복지의 노예로 만든다고 주장하며 도입을 반대했다.
⑤ 육체노동자뿐만 아니라 저임금 화이트칼라 노동자를 포함하였다.

정답 ③

Check

자조와 사적 자선을 강조하는 신우파는 사회보험의 강제성에 대해 격렬히 반대했다.

18. 복지국가의 위기로 인해 나타난 변화로 옳지 않은 것은?

① 케인즈주의적 복지국가의 기반인 성장과 고용, 복지를 동시에 추구가 동요되기 시작했다.
② 신자유주의자들은 정부의 사회복지 지출의 축소를 통해 복지국가의 과도한 재정부담을 줄이고 경제성장을 촉진해야 한다는 주장을 끊임없이 제기하였다.
③ 사회복지제도의 민영화가 나타났다.

④ 사회보장 프로그램의 수급자격의 엄격화, 급여기간의 축소, 급여수준의 하락 등이 나타났다.
⑤ 복지에 대한 투자를 통해 지속적인 경제성장과 높은 수준의 사회복지서비스가 확대되었다.

정답 ⑤

Check

국가별로 상이하게 나타났지만, 대체적으로 경제성장의 둔화, 사회복지서비스 수준의 후퇴 등이 나타났다.

19. 다음 중 영국의 인보사업과 관계가 없는 것은?

① 대표적인 인보관으로는 영국 런던의 토인비 홀과 미국 시카고의 헐하우스이다.
② 인도주의, 박애주의 정신을 바탕으로 하였다.
③ 대표위원에 베버리지가 있다.
④ 빈민지구를 실지로 조사하여 그 지역에 대한 생활상을 자세히 파악하고 구제의 필요가 있는 사람에게 조력해 준다.
⑤ 사회교육, 보건위생, 기술교육 및 레크리에이션을 통해 빈민을 교화하고 지역환경을 개량하는 사업에 힘썼다.

정답 ③

Check

③ 베버리지는 사회보험 및 관련서비스에 관한 정부부처 간 조사위원회의 위원장이었다.

20. 다음 중 최초로 유급 구빈사무원을 채용하게 된 빈민법은 무엇인가?

① 정주법　② 길버트법　③ 튜터왕조의 구빈법
④ 작업장법　⑤ 신빈민법

정답 ②

21. 다음 중 서로 연결이 잘못된 것은?

① 엘리자베스 빈민법-빈곤자에 대한 국가책임 인정
② 정주법-빈곤자의 자유이동을 보장
③ 스핀햄랜드법-일명 버크셔빵법
④ 길버트법-빈민구제위원회법, 원외구제를 인정
⑤ 신빈민법-열등처우의 원칙

정답 ②

22. 다음 중 베버리지가 제시한 사회보험의 원칙이 아닌 것은?

① 급여의 수준은 인간다운 최소의 생활을 영위하는 데 적절해야 한다.
② 보험료는 소득의 수준에 따라 징수한다.
③ 모든 국민에게 평등하게 최저한도의 소득을 보장한다.
④ 부분별 행정운영을 일원화·통합화한다.
⑤ 사회보장의 모든 분야에서 급여가 고르게 이루어져야 한다는 원칙이다.

정답 ②

Check

사회보험의 주요 원칙
① 균일급여의 원칙: 보편성의 원칙에 따라 모든 국민에게 평등하게 최저한도의 소득을 보장한다는 원칙이다.
② 균일갹출의 원칙: 보험료는 소득의 수준에 상관없이 일률적으로 갹출한다는 원칙이다.
③ 관리 · 운영통합의 원칙: 사회보장의 모든 부문별 행정 · 운영을 일원화하여 통합한다는 원칙이다.
④ 급여의 적절성 보장의 원칙: 급여의 종류와 수준이 인간다운 최소의 생활영위에 적절해야 한다는 원칙이다.
⑤ 적용범위 포괄성의 원칙: 사회보장의 모든 분야에서 급여가 고르게 이루어져야 한다는 원칙이다.
⑥ 대상의 분류화의 원칙: 피용자, 자영업자, 가정주부, 노동연령 미달자, 정년 퇴직자 등으로 나뉜 계층별 대책을 수립해야 한다는 원칙이다.

23. 자선조직협회(COS)는 19세기 후반 영국에서 창설된 민간단체로 사회복지의 발전에 크게 기여했다. 이 협회에 대한 내용으로 옳은 것은?

① 자선조직협회는 빈곤세대에 대한 개별방문지도를 행하였다.
② 사회교육, 보건위생, 기술교육 등을 통하여 빈민의 교화를 목적으로 하였다.
③ 집단사회사업, 지역사회복지의 시초가 되었다.
④ 빈곤문제를 해결하려는 일종의 사회운동이었다.
⑤ 빈곤을 사회구조적 문제로 보았으며, 이에 따라 국가의 개입을 주장하였다.

정답 ①

Check

① 우애방문원이 직접 각 세대를 방문하여 서비스를 제공하였다.

24. 다음 중 개별사회사업업의 효시로 볼 수 있는 것은?

① 자선조직협회　② 인보관운동　③ 사회개량운동
④ 신빈민법　⑤ 베버리지 보고서

정답 ①

Check

① 서비스의 효과적 제공을 촉진하기 위해서 자선조직협회는 방문자를 통해 개별적 조사를 행했으며, 이를 통해서 적절한 도움을 주게 되었다.

25. 우리나라의 복지재편 방향과 관련하여 거리가 먼 것은?

① 공공부조제도는 자립과 자활을 강조하고 있다.
② 생산적 복지국가와 근로연계복지를 강조하는 흐름이 있다.
③ 현금급여의 확대가 아닌 서비스 영역의 확대에 초점을 둔다.
④ 이용자의 선택권 강화를 위한 바우처제도를 확대하고 있다.
⑤ 복지제도의 전국적 통일성을 기하기 위해 중앙집권화를 강조하고 있다.

정답 ⑤

26. 다음 중 '복지국가의 위기' 이후에 대한 설명으로 잘못된 것은?

① 1970년대 오일쇼크를 전후하여 경제의 후퇴, 완전고용이 붕괴되었다.
② 위기 이후 일련의 복지삭감과 재조정이 일어났지만, 축소된 부분은 미약하다고 주장하는 사람도 있다.
③ 복지공급주체에 있어서 공공부문과 민간부문의 역할을 재조정하는 복지혼합이 강조되었다.
④ 신자유주의자들은 복지국가 위기의 해결책으로 자유시장 경제로의 회귀를 주장한다.
⑤ 복지국가 위기 이후 다원주의의 약화, 노동조합을 중심으로 계급정치가 강화되었다.

정답 ③

Check

복지국가의 위기 이후 다양한 이익집단과 단체들의 주장이 분화되는 다원주의 정치가 강화되고, 노동조합을 중심으로 한 사회민주주의적 조합주의, 계급정치는 약화되었다.

27. 복지국가주의의 이념과 성격이 다른 하나는?

① 혼합복지 ② 보편주의 ③ 국가책임확대
④ 혼합경제 ⑤ 페이비언 사회주의

정답 ①

28. 다음 사회복지모형 중 ( )안에 알맞은 순서로 옳은 것은?

	모형	이념
1	전통적 모형	( )
2	심리적 모형	( )
3	사회적 모형	( )
4	급진적 모형	( )

① 자유방임주의-자유주의-민주주의-마르크스주의
② 자유주의-자유방임주의-민주주의-마르크스주의
③ 자유방임주의-민주주의-자유주의-마르크스주의
④ 자유방임주의-자유주의-마르크스주의-민주주의
⑤ 마르크스주의-민주주의-자유주의-자유방임주의

정답 ①

29. 각국의 사회보장제도의 발달에 대한 설명 중 옳지 않은 것은?

① 영국은 런던 시민의 빈곤조사를 통해 노령연금법이 제정되었다.
② 독일은 비스마르크의 정치적 이유를 배경으로 사회보험제도가 발전하였다.
③ 미국은 사회주의적 집단주의 성향이 깊었으나, 경제공황 이후로 국가 개입이 강조되었다.
④ 미국의 사회보장법에서 광의적 사회보장이라는 용어와 범위가 최초로 제시되었다.
⑤ 독일은 사회주의자들의 규제와 사회보험의 실시하는 이중적인 국가정책을 실현하였다.

정답 ③

30. 복지국가 유형별 비교에 대한 설명 중 옳지 않은 것은?

① 영국형 복지국가의 가치이념은 자유와 경제적 평등을 강조한다.
② 스웨덴형 복지국가는 자유의 이념을 가장 강조한다.
③ 미국형 복지국가는 자유경쟁과 경제성장을 통하여 1차 소득분배를 확대하려는 유형이다.
④ 영국형 복지국가는 사회구성원 전체에 대하여 국민최저생활수준의 확보를 추진한다.
⑤ 스웨덴형 복지국가는 기회의 평등뿐 아니라 결과의 평등, 사회적 평등을 강조한다.

정답 ②

31. 복지국가의 필연성에 대한 설명 중 옳지 않은 것은?

① 시장체제에 의한 자원배분이 반드시 효율적인 것은 아니다.
② 자유주의 경제체제하에서는 국방, 교육, 도로, 공원 등의 공공재의 공급이 충분하지 않다.
③ 다양한 경제활동에서 발생하는 사회적 비용을 시장에서는 적절히 처리할 수 없다.
④ 부의 편재와 소득분배가 반드시 공정하게 일어나지는 않는다.
⑤ 자본주의모형에서는 완전한 시장정보를 공유하게 된다.

정답 ⑤

Chapter 04

사회복지정책의 형성과정

01 사회복지정책의 형성과정

사회복지정책의 형성과정은 사회구성원의 욕구가 생성되고, 이로 인해 사회문제가 발생하게 되어 사회의 여론형성을 통해 해결하고자 하는 문제에 따른 제도가 형성되는 과정이다(Heffernan, 1992).

문제의 형성 → 아젠다의 형성 → 사회복지 정책대안 형성 → 사회복지 정책결정

그림 4-1 사회복지정책의 형성과정

1) 문제의 형성

인간으로서의 기본적인 생활을 누리지 못하여 고통을 받고 있는 사람들이 그러한 상황이나 조건을 해결해야 할 문제로 인식할 때 사회복지문제로 성립하게 된다. 사회복지문제로 성립된 문제가 사회복지정책의 문제로 이슈화되기 위해서는 공공의 관심을 끌어야 하고, 공공정책상의 논점으로 제시되어야 한다.

이 문제를 이슈화하기 위해서는 첫째, 이슈를 어떻게 정의할 것인가? 둘째, 언제 제기할 것인가? 셋째, 누가 이슈를 제기할 것인가? 넷째, 어떠한 방법을 통해 제기할 것인가? 마지막으로 사회복지 이슈를 정책의제로 등장시키는 것을 막기 위한 견제전략은 무엇인가를 고려해야 한다.

2) 아젠다의 형성

아젠다(agenda)란 공공정책으로 전환되기 위하여 정책결정자들의 관심을 불러일으키고 논의될 수 있는 상태에 있는 문제나 이슈, 즉 의제들의 목록을 말한다. 아젠다 설정 시 고려되어야 할 일반적인 요인으로는 ① 의제설정의 성격과 관련하여 다루고자 하는 이슈를 어떻게 규정하며, 이슈를 규정하는 데 있어서 영향을 미치는 요인들은 어떠한 것들이 있는지와 그 요인을 어떻게 다루어야 할 것인지 고려되어야 한다. ② 의제설정의 절차와 관련하여 의제를 설정하기 위하여 어떠한 과정을 거치며, 누구를 참여시킬 것이며, 그 범위는 어느 정도로 잡을 것

인지에 대해서도 분명히 해야 한다. ③ 의제설정의 결과와 관련하여 의제설정에 따라 생기는 이익은 무엇이며, 어느 집단에게 그 이익이 돌아갈 것인지, 이익이 배분되는 과정에서 나타날 비효율적인 문제는 어떤 것들이 있는지에 대해서도 분석해야 한다. 또한 아젠다 설정 시 고려되어야 할 정책적인 요인으로는 정책적용의 단위와 규모, 정책적용 상층의 특성과 해결범위 등으로, 정책적용 상층의 사회·경제·정치적 특성은 무엇이며, 이들이 직면하고 있는 문제의 규모는 어느 정도인지 그리고 정책실행으로 인해 상층이 직면하고 있는 문제를 어느 정도 해결할 것인지에 대한 목표를 정할 필요가 있다.

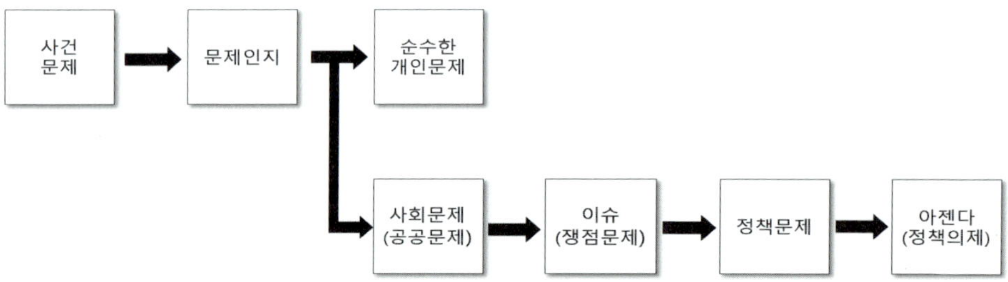

그림 4-2 아젠다의 형성과정

정책아젠다의 형성과정에 관해 다이(Dye)와 디니토(Dinitto)는 정책문제 확인 → 정책대안 형성 → 공공정책 입법화 → 공공정책 집행 → 정책평가의 과정을 거친다고 하였으며, 송근원·김태성(1995)은 사회복지정책문제 형성 → 사회복지정책아젠다 형성 → 대안 마련 → 사회복지정책결정 → 집행 → 평가 및 환류(feedback) 과정 등 여섯 개의 과정으로 제시했다.

3) 사회복지정책대안 형성과정

정책대안의 형성과정이란 정책문제가 무엇인지를 파악하고 문제를 둘러싼 상황을 파악하여 정책목표를 세우고, 그 목표를 달성할 수 있는 정책수단으로서의 정책대안을 개발하며 어떠한 정책대안이 가장 바람직한 것인가를 분석하는 과정을 말한다.

① 사회복지문제와 상황의 파악

사회복지문제는 그 문제가 나타날 수밖에 없는 객관적인 상황 또는 조건이 존재하고, 그것이 문제라고 생각하며 해결되어야 한다고 믿는 사람들이 있으며, 문제를 해결하는 데 필요한 비용이나 자원을 제공해주는 사람들이 존재한다. 따라서 사회복지문제를 파악하기 위해서는 먼저 문제를 일으키는 조건이 무엇이며, 그것을 문제라고 인식하는 사람들이 생각하는 욕구가 무엇인가를 정확하게 파악해야 한다.

② 미래의 예측 및 목표의 설정

문제와 상황을 파악한 다음에 해야 할 일은 미래에 관한 예측을 통한 정책목표의 설정이다. 이는 문제와 상황의 파악이 현재 상태에 관한 파악이라고 한다면, 앞으로 다가올 상황의 변화에 관한 예측 속에서 바람직한 미래의 상태인 목표를 설정하는 일은 미래지향적인 활동이다.

미래를 예측하는 과정에는 여러 가지 방법들이 사용된다.

첫째, 유추로써 비슷한 구조의 사례를 통해 미래 상황이나 문제를 추정하는 방법이다. 기존에 존재하는 선례를 적용해보는 것이다. 둘째, 경향성 분석으로 과거의 경향이나 추세를 미래에 연장시켜 추측하는 방법이다. 예를 들어 과거 10년 간의 출산율 변화나 노령 인구의 증가추세를 가지고 앞으로의 출산율 변화와 노령화 경향을 예측하는 방법이다. 셋째, 마르코프 모형으로 어떤 상황이 시간의 흐름에 따라 일정한 확률에 따라 변해가는 경우에 최종적 상태를 예측하여 도움을 줄 수 있는 확률적 정 보를 제공해주는 방법이다. 넷째, 회귀분석으로 변수들 간의 인과관계를 활용하여 만들어낸 회귀방정식을 통해서 미래를 예측하는 방법이다. 독립변수와 종속변수 간의 관계 형태와 크기를 추정하는 방식이다. 다섯째, 델파이 기법은 어떤 분야의 전문가 한 사람이 아니라 전문가 집단의 의견을 모으고 교환해서 발전시킴으로써 대안이나 미래 예측을 묻는 방법이다. 예측하려는 현상에 대한 선례나 자료가 없는 경우 활용될 수 있다. 전문가를 선정한 다음 전문가들에게 익명으로 의견을 조사하여, 수집된 의견을 되풀이해서 공유하면서 반복하는 과정을 거친다. 미래에 대한 광범위한 지식을 얻을 수 있고 연구자의 주관과 편견을 일정하게 배제할 수 있지만, 한편으로 전문가의 이해관계나 전문가들의 고집에 따라 비합리적으로 의견이 모아질 수 있는 한계도 있다.

③ 정책대안의 설정

대안의 탐색 및 개발 목표가 설정되면 그 정책수단으로서의 해결방법들, 즉 정책안을 만들어내야 한다. 정책안을 만들기 위해서는 문제, 상황, 미래에 한 정보를 수집하여 종합적으로 검토 및 분석해야 한다. 정책안을 개발하는 방법으로는 그 문제와 관련된 과거의 정책이나 현존하는 정책 및 다른 나라나 다른 지역의 정책 등을 검토하는 방법과 사회과학적 지식이나 이론모형으로부터 대안을 추론해 내는 방법이 있다.

④ 대안의 비교 분석

정책안들이 형성되면 여러 가지 기준에서 분석되고 대안의 시행 시 나타날 결과를 예측하며 다른 대안들과 비교 평가된다. 실현가능성은 기술적[20]·정치적 실현가능성[21], 사회적 효과성[22], 효율성[23], 사회적 형평성[24] 등의 검토를 통해 분석하게 된다.

⑤ 정책대안의 비교분석의 방법론

정책대안의 비교분석의 방법에는 비용편익 분석과 비용효과 분석으로 살펴볼 수 있다.

첫째, 비용편익 분석(cost-benefit analysis)은 경제학자들에 의해 개발된 것으로 사회정책 및 프로그램의 직·간접적인 비용과 그러한 정책의 직·간접적 편익을 매개하려는 시도이다. 비용편익 분석의 가장 두드러진 특징은 정책의 비용과 편익(이익 또는 효용이라고도 함)을 모두 현재 가치의 화폐량의 형태로 계산한다는 점이다. 즉, 모든 비용과 편익을 화폐 가치로 환산하여 기간별로 추정하고 할인율을 적용하여 전 기간에 걸친 비용과 편익의 현재 가치를 계산하는 방법이다. 그러나 이 방법은 종종 실행사의 난점에 따르는데, 그 이유는 사회복지정책에서 얻

20) 정책대안의 기술적 문제뿐만 아니라 집행 가능성을 포함한다. 예를 들어, 집행기관의 전문화 수준, 재정능력, 행정능력에 비추어 정책대안이 제대로 시행될 수 있을 것인가를 비교하는 것이다.

21) 정책대안의 정치적 수용 가능성과 관련이 있다. 정치세력들의 반대와 반발을 받지 않고 지지와 지원을 받을 가능성을 말한다. 예를 들면, 국회 통과 가능성, 주민들의 수용 가능성 등이 고려되어야 한다.

22) 정책대안의 시행으로 나타나는 사회적 유대감의 확대 등 사회적 통합의 기능과 관련된다.

23) 투입과 산출의 비율을 의미한다. 예를 들어, 동원할 수 있는 자원이 한정되어 있다면 그 자원을 가지고 문제해결을 위한 복지서비스를 최대한으로 창출해내는 것이 효율적인 것이다. 또한 현재 제공되는 복지서비스수준이 만족스럽다면 복지서비스를 창출해내는 데 소요되는 자원을 최소화하면서 동일한 수준의 복지서비스를 유지하는 것이 효율적인 것이다.

24) 정책대안의 시행으로 사회계층 간 불평등이 어느 정도 수정될 수 있는가와 관련된다. 사회적 약자인 클라이언트에게 좀 더 많은 복지서비스가 제공되는 것이 사회적 형평성을 달성하는 방법이 될 수 있다.

어지는 편익들을 화폐 가치로 환산하는 것이 불가능하기 때문이다. 예를 들어, 인명 구조, 가족지원, 우울감에 빠진 어린아이를 위로하는 것 등의 가치는 돈으로 따질 수 없는 가치를 담고 있다. 즉, 사회복지정책에서는 서비스를 화폐 가치로 계량화할 수 없고, 경제적인 합리성에만 치중되므로 사회적 형평성 등의 기준을 적용할 수 없고, 화폐적 가치로 표현하기 힘든 클라이언트 반응성 등의 기준을 적용하기 어렵다. 비용편익 분석은 정책이 집행된 후에 실시될 수도 있다.

둘째, 비용효과 분석(cost-effective analysis)은 원하는 정책결과를 얻고자 할 때 상이한 정책들 간의 비용을 비교 검토한다. 즉, 정책 목표를 달성하기 위한 대안의 선택 과정에서 총비용과 총효과를 비교하여 여러 대안 중에서 하나를 선택할 수 있게 하는 방법이다. 비용편익 분석과는 다르게 이러한 방법론은 각 정책의 급여를 화폐로 환산할 필요가 없다. 비용과 편익을 모두 고려하지만, 편익을 화폐 가치로 측정하는 문제를 피하므로 이윤 극대화의 논리를 따르지 않는다. 비록 정책분석가들이 특정급여의 화폐 가치를 알 수 없다고 할지라도 예상되는 급여의 화폐적 가치와는 무관하게 어떠한 정책 혹은 프로그램이 동일한 결과를 얻기 위해 더욱 적은 비용이 드는지 비교할 수 있게 된다.

4) 사회복지정책의 결정과 집행

(1) 사회복지정책의 결정

정책결정이란 권위 있는 정책결정자가 문제해결을 위해 제시된 여러 가지 안들 가운데 하나를 선택하는 행위 또는 과정을 의미한다. 이 과정은 정책결정자가 하나의 안을 정책으로 채택하는 행위나 과정 자체가 될 수 있지만, 각 대안 간의 비교분석 행위 및 과정이 포함되는 것이 보통이다. 따라서 정책결정과정은 ① 문제의 인지와 목표설정, ② 정보의 수집 및 분석, ③ 대안의 탐색 및 평가, ④ 최선의 정책안 선택 등으로 이루어진다. 사회복지정책결정에 영향을 미치는 요인을 살펴보면 다음과 같다.

① 인적 요인(정책과정에의 참여자)

이는 정책꾼(policy actor)들이 정책결정에 많은 영향을 미치는데, 이들 가운데 정책결정자의 의지가 가장 큰 영향을 미친다고 할 수 있다.

② 정책결정 구조

정책결정이 이루어지는 조직의 구조로서 조직이 가지는 구조적 특성이 정책결정을 제약한다.

③ 정책대안의 존재

사회복지에 관한 정책대안은 사회복지실무를 담당하는 관료나 사회복지전문가 또는 사회복지정책을 연구하는 학자들의 활동에 의하여 제시되는 것이 보통이다.

④ 다른 정책과의 관계

사회복지정책의 형성과 밀접한 관계에 있는 정책분야는 경제정책과 국방정책이라고 볼 수 있는데, 경제적으로 호황인 경우에는 복지재원이 충분한 까닭에 사회복지정책이 촉진되고, 경제적으로 불황이면 사회복지정책은 뒷전으로 밀리고 마는 것이다. 국방정책과 사회복지정책의 관계는 서로 경쟁적인 관계에 있다고 볼 수 있는데, 예를 들면 사회복지정책의 예산이 증가하면 국방예산이 감소하게 되고, 국방예산이 증가하면 사회복지예산이 감소하는 경향이 있다.

(2) 사회복지정책의 집행

사회복지정책집행의 의미는 정책의 내용을 실현시키는 과정이며, 정책을 구체화하고 실체화하는 과정이다.

이러한 정책집행의 중요성은 다음과 같다. 첫째, 정책의도를 구현하는 활동으로서 집행은 중요한 의미가 있다. 둘째, 결정의 수정과 보완 과정으로서 활용된다. 셋째, 정치적 갈등과 타협이 현실화되는 과정으로서 집행이 중요하다. 넷째, 비용집단과 편익집단에게 직접적 영향이 발생하여 국민생활과 직결되는 정부활동으로서 집행은 중요하다.

정책집행의 특징으로는 첫째, 정책집행에서 가장 중요한 역할을 담당하는 요소는 정부 관료이다. 둘째, 정책의 모호성, 정치 체제의 복잡성, 상황의 가변성 때문에 다양한 참여자의 기대에 부응할 수 없다. 즉, 정책이 성공했다는 가치명제에 대한 분분한 해석이 존재한다. 셋째, 집행되는 정책의 사회적 목표에 따라 집행 유형은 달라지며, 효과적인 집행은 상황에 따라 비용이 드는지 비교할 수 있게 된다.

정책집행에 영향을 미치는 요인으로는 크게 정책 내재적 요인과 정책수단 및 절차의 확보와 관련된 변수를 들 수 있다.

① 정책 내재적 요인

정책의 성공 및 실패는 정책목표의 타당성과 정책목표의 구체성이 영향을 미친다.

- 정책목표의 타당성: 사회복지의 문제를 정확히 파악하여 정책목표를 세웠는가에 관한 것이다.
- 정책목표의 구체성: 정책의 목표가 측정할 수 있을 정도로 뚜렷하고 구체적으로 표명되어 있는가에 관한 것이다.

② 정책수단 및 절차의 확보와 관련된 변수

- 재원의 확보가 분명한가?
- 서비스 전달체계가 명확하고 활성화되어 있는가?
- 서비스 전달방법이 명확하게 규정되어 있는가?

③ 정책 행태적 요인

정책 자체의 규정과는 관련이 없는 변수로서 실제로 정책의 형성이나 집행에 관여하는 정책 참여자들의 정치 행태와 관련된 변수들을 말한다.

- 정치기관의 지지: 대통령, 국회, 법원 등 정치를 담당하는 기관의 의지이다.
- 정책집행자와 집행 기관의 가치와 이해관계, 능력 등이 정책의 성공 여부에 영향을 미친다.
- 상급 관청 및 경쟁 부서의 관여 정도이다.
- 문제 해결을 바라는 클라이언트 욕구의 강도, 가치 및 태도, 조직화 등이 영향을 미친다.
- 이익 집단, 지역사회 주민 및 일반 국민의 적극지지, 저항, 무관심, 압력 등이 있는지 등을 들 수 있다.

5) 사회복지정책결정이론

정책결정이론은 1940년과 1950년을 기점으로 형성되기 시작하였다. 정책결정에 관한 이론모형을 살펴보면, ① 참여자 중심(과정지향적) 정책결정이론모형, ② 의사결정론적(산출지향적) 정책결정이론모형 등이 있다.

(1) 참여자중심(과정지향적) 정책결정 이론모형

참여자중심(과정지향적) 정책결정 이론모형으로 엘리트모형, 이익집단모형, 제도모형, 공공선택모형 등이 있다.

① 엘리트모형

엘리트모형의 가정에 의하면 일반 국민들은 정책에 대해서 무관심하고 올바른 정보를 갖고 있지 못하기 때문에 통치엘리트의 가치나 이해관계에 의해 정책이 결정된다고 보는 이론모형이다. 즉, 엘리트모형에서 정책은 엘리트에 의해 결정되어 대중으로 내려가며, 정책은 대중의 욕구를 반영하는 것이 아니라 엘리트의 지배적 가치관을 반영, 소수의 권력을 가진 자만이 정책을 분배할 수 있고, 대중이 엘리트로부터 영향을 받는다고 주장하는 이론이다.

② 이익집단모형

정책결정은 집단 간의 상호작용이나 균형관계에 의해 이루어지며 일정한 시점에서 결정되는 정책은 이들 집단들 간의 투쟁, 경쟁, 상호작용에 의해 이루어진 최종 산물이며, 집단 간의 균형으로 파악한다. 이러한 균형은 각 집단의 자원, 규모, 응집력 등에 의해 이익집단들이 갖게 되는 상대적인 영향력에 따라 조정되고 결정되는 것이라고 본다.

③ 제도모형

정책결정을 수행하는 유일한 합법적인 제도는 정부이며, 정책(결정)이란 이들 정부기관의 활동이라고 파악한다. 그러므로 정부 각 기관의 조직, 법적 권한, 절차규정, 구조와 기능 등 주로 공식적·법적 측면에 관심을 집중시킨다. 이 모형은 정부제도의 구조와 특징이 정책결정에 어떠한 영향을 미치는지 파악하지 못하는 약점이 있다.

④ 공공선택모형

1986년도 노벨경제학상을 받은 부캐넌[25](Buchanan) 교수가 주장한 이론이다.

25) James McGill Buchanan Jr.(1919~): 미국의 경제학자·교육가로서, 경제적·정치적 의사결정을 분석하는 독특한 방법인 '공공부문의 선택이론'을 발전시켜 1986년 노벨경제학상을 받았다. 1940년 미들테네시주립대학의 이학부를 졸업하고 1941년 테네시대학에서 문학석사학위를 받았다. 이후 5년간 해군에서 복무한 다음, 다시 시카고대학에 진학해 1948년 박사학위를 받고, 1950년~69년 많은 대학에서 강의를 했다. 이후 1969년~83년 버지니아 종합과학기술연구소의 경제학교수로 활약하다가, 1983년에는 버지니아 주 페어팩스 시에 있는 조지메

정부 재정 부분의 정책결정에서 바람직한 민주적 의사결정이 어떻게 이루어져야 하는가를 주요 내용으로 하는 공공선택모형은 첫째, 분석의 단위로서 전통적인 경제적 인간이 아니라 정책결정자로서의 개인을 가정하고 있다. 즉, 개인들은 각자 상이한 개인적 선호를 가지고 있고, 모든 정책대안들의 우선순위를 측정할 수 있는 능력을 가지고, 자기의 선호에 비추어 가장 큰 이익을 가져다 줄 수 있는 전략을 선택할 수 있다는 것이다. 둘째, 각종의 정부기관들이 제공하는 공공재화와 서비스를 중시하는 이 모형에서 공공재화와 서비스는 사적 부문의 서비스와는 성격을 달리한다. 어떤 개인이 공공재화와 서비스가 필요하여 돈을 지불했다고 하여 사적 부문에서의 재화와 서비스의 경우처럼 자기만이 서비스를 독점으로 사용할 수 없는 특성을 갖는다. 셋째, 정책의 파급효과를 강조하는 것으로, 하나의 정책이 나오면 그것의 영향은 단순히 정치·행정체제 내부에만 머무는 것이 아니라 사회의 모든 부문에 영향을 미친다는 것이다. 이런 파급효과는 긍정적 효과와 부정적 효과로 나눌 수 있다.

공공선택모형의 기본 전제는 다음과 같이 살펴볼 수 있다. 첫째, 개인은 민간부문에서와 같이 공공부문에서도 자기 이익을 극대화시키려고 한다. 둘째, 이기적인 개개인이 공동 참여하여 정책을 결정하는 것이 정치과정이며, 이 경우에도 개개인은 자기의 이익을 극대화시키고자 노력한다. 셋째, 가장 바람직한 것은 집합적 정책결정이라는 것이다. 넷째, 정치인들은 공익보다는 자신의 사익을 증대시키려고 하는 까닭에 정부재정은 적자를 면치 못한다. 다섯째, 공공정책의 결정은 이에 참여하는 국민의 수가 많을수록 효율적이고 민주적이어야 한다.

공공선택모형은 국민의 대표적 참여와 상황 적응적인 행정 구조를 강조한다. 동시에 공공선택모형은 합리모형이 갖는 정책의 경직성과 비인간성의 난점을 극복할 수 있는 가능성을 제시하고 있다.

이슨대학의 경제학교수가 되었다. 그는 공동으로 혹은 혼자서 수많은 중요저서들을 저술했는데, 그 가운데 가장 잘 알려진 저서로는 고든 털럭과 공동집필한 『동의의 산술: 입헌 민주주의의 논리적 기초(The Calculus of Consent: Logical Foundations of Constitutional Democracy)』(1962)를 꼽을 수 있다. 그는 이 책에서 정부의 경제정책에 영향을 미치는 정치가의 자기 이익과 다른 사회적 힘 등의 비경제적 강제에 대해 논했다. 그 밖의 저서로는 『공공재의 수요와 공급(The Demand and Supply of Public Goods)』(1968)과 로버트 D. 톨리슨과 함께 편집한 『공공부문의 선택이론: 경제학의 정치적 적용(Theory of Public Choice: Political Applications of Economics)』(1972), 리처드 E. 와그너와 함께 쓴 『적자 속의 민주주의: 케인스의 정치적 유산(Democracy in Deficit: The Political Legacy of Lord Keynes)』(1977), 제프리 브레넌과 함께 쓴 『조세권(The Power to Tax)』(1980) 등이 있다. 또한 뷰캐넌은 1969년 공공선택연구소를 공동으로 설립해 소장으로 일했다.

(2) 의사결정론적(산출지향적) 정책결정이론모형

의사결정론적(산출지향적) 정책결정 이론모형으로는 ㉠ 합리모형, ㉡ 만족모형, ㉢ 점증모형, ㉣ 혼합모형, ㉤ 쓰레기통모형 등이 있다.

① 합리모형

합리모형은 인간이 이성과 고도의 합리성에 따라 행동하고 결정한다는 것으로 정책결정자나 정책분석가가 고도의 합리성을 가지고 주어진 목적의 달성을 극대화하기 위해서 최선의 정책대안을 찾는다는 것을 전제로 한다.

반면 이러한 합리모형은 다음과 같은 문제점이 있다. 첫째, 의사결정을 할 때 가능한 모든 정보를 수집할 수 있고 또한 모든 대안을 분석할 수 있지만, 현실적으로 이러한 작업들이 쉽지 않다는 것과 더 나아가 의사결정이 그 당시에는 합리적으로 이루어졌을지라도 이후 상황의 변화로 인하여 효과적인 결정이 아닐 수 있다는 것이다. 둘째, 어떤 대안이 최선의 것으로 판명되었더라도 이미 많은 자원이 투입되어 있는 경우에 합리적인 새 대안을 채택하기가 어렵다는 것이다.

이 모형은 비판도 많지만 합리적인 현실적·객관적 평가가 가능하고, 소수 엘리트의 정치영향을 배제하여 정책대안선택에 합리성을 높일 수 있다는 긍정적인 측면도 있는 모형으로 평가되고 있다.

② 만족모형

합리모형과 달리 보다 현실적인 의사결정의 측면을 강조하고 있는 이 모형의 특징은 첫째, 합리모형이 주장한 완전무결한 합리성이 아닌 '제한된 합리성'을 기반으로 하고 있다. 모든 대안이 초래할 결과를 완전히 예측하기에는 인간의 인식능력이 한계를 지니고 있다고 본다. 둘째, 의사결정과 관련하여 목표의 설정도 비교적 세분화된 내용으로 구체화하는데, 수단과 목표의 분석을 통해 목표를 상위목표와 하위목표로 나눈다. 셋째, 현실적으로 가능한 모든 대안이 고려되는 것이 아니라 주위에서 쉽게 찾을 수 있는 대안이 우선적으로 검토된 후에, 그 대안이 어느 정도 만족할 만한 수준이면 최종적으로 선택하게 된다.

하지만 만족모형이 갖는 문제점은 다음과 같다. 첫째, 지나치게 주관적이라는 것이다. 둘째, 만족모형의 대안선택이 현실에 만족하는 수준에서 다소 일률적으로 이루어진다. 셋째, 이 모형은 어디까지나 개인의 의사결정 문제를 설명하려는 의도에서 나온 것이기 때문에 이것을 그대로 조직의 의사결정문제에 적용시키기에는 무리가 있다. 조직차원에서의 의사결정 문제를 설명하기에는 미흡하다는 것이다.

③ 점증모형

밴필드(Banfield), 린드블롬(Lindblom), 윌다프스키(Wildavsky) 등이 주장한 모형이다. 기존의 정책과 크게 다르지 않은 대안들을 뽑아, 이들 중에서 서로 다른 부분을 검토하여 최종 대안을 선택하는 것으로, 대안을 분석·평가할 경우 정보가 충분한 몇 개의 대안에 국한시킨다. 각 대안에 대하여 예상되는 결과도 몇 가지에 국한시켜 분석한다. 목표설정에서부터 최종 선택에 이르는 분석·평가 작업은 반복해서 연속적으로 행해진다는 것이다. 이 모형을 '지속적이고 제한적인 비교에 입각한 모형'이라고 부른다.

점증모형의 대표적인 예로는 국가예산을 들 수 있다. 전년도의 예산에 준하여 작성되며, 금년도의 예산은 그 전년도 예산에 비해 큰 차이는 없지만 조금씩 증가시킨다.

점증모형의 특징은 첫째, 만족모형과 같이 제한된 합리성을 기본적으로 인정한다. 둘째, 정치적 요인을 중시한다. 셋째, 기존의 정책을 기초로 하여 정책결정이 이루어지는 만큼 기존의 정책에는 이미 상당한 정도의 투자가 이루어져 있으므로, 특별한 경우가 아니면 이미 적지 않은 투자가 된 과거의 정책을 계속 유지시키거나 아니면 약간의 수정만을 한다.

점증모형이 실제적으로 정책결정에 잘 적용되기 위해서는 첫째, 기존의 정책을 기초로 하는 만큼, 토대로 사용되는 기존의 정책이 바람직한 것이어야 한다. 둘째, 과거의 정책이 해결하려 했던 문제와 새로이 제기되는 문제 간에 상당한 정도의 유사성과 일관성이 있어야 한다. 셋째, 문제를 취급하는 방법에 있어서도 과거의 것과 현재의 것 사이에 상당한 정도의 유사성과 일관성이 있어야 한다. 이러한 전제조건이 충족되지 않으면 점증모형의 실효성은 상당히 훼손된다.

④ 혼합모형

혼합모형은 합리모형과 점증모형을 혼합시킨 모형으로, 에치오니(Etzioni)가 주장한 모델이다. 이 모형은 중요한 문제이거나 위기적 상황인 경우 포괄적 관찰을 통해 대안을 탐색하여 기본적 결정을 하고, 이를 수정·보완하면서 세부적(점증적) 결정을 한다는 논리이다. 기본적 결정이 중대한 영향을 미치고 후속적인 세부 결정의 범주와 방향을 제시하는 것이다.

⑤ 쓰레기통모형

코헨(Cohen), 마치(March), 올슨(Olsen) 등의 학자들에 의해 제시된 이 모형은 갖가지의 쓰레기가 우연히 한 쓰레기통에 모여지듯이 4가지 흐름의 요인이 우연히 동시에 통(can) 안에 흘러들어올 때 의사결정이 이루어진다는 것이다. 즉, 문제의 흐름, 해결책의 흐름, 선택기회의 흐름, 참여자의 흐름이 우연히 만나게 되면 그 때 정책결정이 이루어진다고 본다. 첫째, 문제의 흐름은 일상생활에서 발견되며 우리의 관심을 끄는 무수한 모든 사건들이 이 모형에서 문제가 된다. 둘째, 해결책의 흐름은 해결책은 누군가가 이미 찾아낸 것인데 문제가 발생한 경우에 그 해결을 위한 해답을 필요로 하게 되지만, 현실사회에서는 해답이 먼저 발견되고 이것이 오히려 해결해야 할 문제를 찾으려고 하는 경우도 있다. 셋째, 선택기회의 흐름은 선택기회라는 것은 개인이나 집단이 정책결정을 하기 위하여 모이는 것을 의미한다. 참여자들이 우연히 특정한 시간에 같은 모임 속에 모여 서로 만나는 상태이다. 넷째, 참여자의 흐름은 참여자는 문제와 해결책을 알든지, 모르든지 상관없이 결정에 관여하는 모든 사람들을 가리킨다. 이들 참여자들은 정책결정의 과정을 통해 계속 바뀌게 된다.

쓰레기통 모형의 기본적인 전제는 다음과 같다. 첫째, 문제의 선호로서, 의사결정에 참여하는 사람들은 서로 다른 관심과 선호를 가지고 있으며, 어떤 경우에는 자기의 선호가 무엇인지조차 모르고 있다가 결정과정이 어느 정도 진행되면서 차츰 자기의 선호가 구체적으로 어떤 것인가를 깨닫게 된다는 것이다. 둘째, 불투명한 기술로서, 기술은 고안된 대안과 그 대안이 초래하는 결과 간의 인과관계를 의미하며, 조직은 그러한 기술을 분명하게 알고 있다기보다는 시행착오를 통해서 조직에 관련된 문제를 해결하는 방법을 학습하게 된다는 것이다. 셋째, 일시적 참여자로서, 사람들은 자신의 시간적 제약 때문에 아주 짧은 시간 동안에만 결정과정에 참여하며, 내용에서도 의사결정의 일부분에만 관여한다는 것이다.

이 모형은 보다 "복잡하고 혼란한 상황"속에서 조직이 어떠한 의사결정 형태를 나타내는가에 연구의 초점을 두는데, 이 모형은 복합적이고 급변하는 상황 속에서 일어나는 의사결정을 설명하는 데 적합하다.

쓰레기모형이론을 발전시킨 킹돈(Kingdon)은 정치의 흐름, 문제의 흐름, 정책(대안)의 흐름이 따로 존재하다가 이들이 우연히 만날 때 정책의 창문(policy window)이 열리며, 이때 정책결정을 하지 않으면 정책의 창문은 닫히게 되고, 세 개의 흐름은 제각기 흘러가게 된다고 주장하고 있다. 예를 들어, 어느 순간 번뜩하고 떠오르는 순간적인 생각이나 아이디어를 메모해 두거나 붙잡으면 매우 좋은 일이지만 그냥 흘려보내버리면 다시 생각나지 않는다는 것이다.

02 사회복지정책결정의 실제과정

1) 행정부의 정책결정과정

(1) 보건복지부의 정책결정과정

기안의 담당부서 발의 → 관련부서 합의 등을 거쳐 보건복지부장관의 승인을 통해 보건복지부의 정책으로 결정되게 된다.

(2) 둘 이상의 부, 처가 관련되는 정책결정과정

기안의 부처 발의 → 관련부처 합의 → 경제차관회의, 경제장관회의 → 관계부처협의 → 당정협의 → 고위 당·정 정책조정회의 → 행정부 → 차관회의 → 국무회의[26] 순으로 정책결정단계를 거치게 된다.

2) 입법부의 정책결정과정

(1) 입법부 발의, 입법부 정책결정과정

입법부가 사회복지정책을 발의하여 입법부가 결정함으로써 입법부가 사회복지정책 의제 형성과 정책결정과정을 주도하는 경우이다.

(2) 행정부 발의, 입법부 정책결정과정

보건복지부가 기안하고 국무회의에서 의결됨으로써 행정부 안으로 발의되고 당정회의 등을 거쳐 국회로 넘겨진 후 국회가 심의·의결하여 입법함으로써 정

26) 국무회의는 대통령이 의장이 되고, 국무총리가 부의장이 되며, 각 부처의 장관이 위원이 되는 명실상부한 행정부의 최고정책심의 결정기관이다. 즉, 국무회의의 의결은 곧 행정부의 정책결정으로 간주된다.

책을 결정하는 과정이다.

03 사회복지정책의 평가

정책평가란 정책활동에 관한 정보를 수집하고 분석하며 해석함으로서 그 가치를 판단하는 것을 말한다. 정책평가의 의미를 협의와 광의의 개념으로 살펴볼 수가 있다.

먼저 협의의 정책평가를 살펴보면, 정책집행의 결과에 대한 평가로 정책이 원래 의도한 문제의 해결에 얼마만큼의 영향을 미쳤는가에 대한 평가활동을 말한다. 광의의 정책평가를 살펴보면, 정책과정 전반에 걸친 평가활동으로 정책결정 이전부터 정책 집행 이후까지의 모든 정책과정 속에서 이루어지는 정책활동에 대한 평가활동이다. 즉, 정책은 정책이 형성되면서 집행이 이루어진 결과까지 평가되고 평가된 내용은 다시 정책과정에 환류되는 것이다.

평가의 목표설정 → 평가범위 설정 → 프로그램 내용의 평가 → 평가(조사) 설계 → 자료수집 → 분석 및 해석 → 보고서 작성 및 제출

그림 4-3 정책평가 절차

1) 정책평가의 필요성

정책평가의 필요성은 다음과 같다. 첫째, 문제해결을 위한 정책결정에 필요한 정보를 얻기 위해서 필요하다. 둘째, 기존 프로그램을 개선하기 위해서 필요하다. 셋째, 사회복지정책의 시행이나 관리의 효용성 때문이다. 넷째, 정책 프로그램에 대한 감독·통제를 위한 정보제공을 위해 필요하다. 다섯째, 학문적·이론적 측면에서 정책현상의 이론화를 위해 필요하다. 여섯째, 정책 활동에 대한 책임성 확보를 위해 필요하다.

2) 정책평가의 기준

위에서 논의한 것처럼 정책에 대한 평가는 매우 중요하다. 왜냐하면 정책은 단절적인 것이 아닌 발전적 지속을 위하여 과거를 반성하고 개선하는 작업이기 때문이다. 정책평가의 기준은 정책평가의 목적에 따라 달라질 수 있다. 정책의 평가는 정책의 전 과정, 즉 정책문제평가, 정책의제평가, 정책설계평가, 정책결정평가, 정책집행평가, 정책영향평가 등 각 단계마다 이루어질 수 있으며, 이때 다음과 같은 기본적인 평가기준을 만족시켜야 한다.

① 합법성

시행된 정책이 관련된 법률과 기관의 운영규칙의 범위 내에서 법률 목적에 얼마나 적합하게 운영되었느냐에 따라 평가한다.

② 노력성

정책과 관련된 사람들이 정책집행을 위해 얼마나 열심히 일하고 있는지에 의해 평가한다.

③ 효과성

효과성은 정책의 목적달성도를 평가한다. 즉, 의도했던 정책효과가 과연 그 정책 때문에 발생했는가를 살피는 것으로, 자원의 '투입에 상관없이 최대의 목표를 달성했는가'를 판단한다.

④ 효율성(능률성)

정책의 효율성은 투입과 산출의 비율로 측정되는 것으로 적은 투입에 많은 산출이 바람직한 평가가 나오게 된다. 투입이 일정하면 산출을 최대한으로 만들고, 산출이 일정하다면 투입을 최소화하는 것 등을 들 수 있다.

⑤ 적절성

정책의 실현가능성을 의미하며 문제의 해결정도를 평가한다. 즉, 문제의 해결정도, 문제를 일으킨 욕구, 가치 기회를 만족시키는 효과성의 수준 정도 등을 들 수 있다.

⑥ 접근가능성

서비스를 필요로 하는 모든 사람들이 시간적·장소적·비용적·심리적으로 손쉽게 접근할 수 있는 정도에 의해 평가된다.

⑦ 만족성

정책 시행결과에 대한 만족도이다.

⑧ 지속성

정책 수혜자들이 서비스가 중단되거나 분열되지 않고 지속적으로 제공받을 수 있는지를 평가한다.

⑨ 형평성

정책이 수혜자들에게 얼마나 공정하게 배분되는지를 평가한다.

3) 정책평가의 유형

정책평가를 진행함에 있어서 세 가지 단계로 구분할 수 있다. 첫째, 평가시기에 따른 구분으로 사전평가, 과정평가, 사후평가가 있다. 둘째, 평가주체에 따른 구분으로 내부평가와 외부평가가 있다. 셋째, 평가목적에 따른 구분으로 형성평가와 효과평가가 있다.

(1) 평가시기에 따른 구분

① 사전평가

사전평가는 정책이나 프로그램을 실행하기 전에 수행하는 평가로, 평가결과를 가지고 새로운 대안적 정책 · 프로그램 실시, 기존의 정책을 변경할 것인가의 여부를 판단하는 평가이다.

② 과정평가(형성평가)

과정평가는 사회복지정책을 집행하는 과정에서 이루어지는 평가이다. 정책목표가 제대로 달성될 수 있도록 프로그램이 실행되고 있는지, 단계별·과정별 전략과 하위목표가 적절하게 진행되고 있는지 등을 판단하는 것이다.

③ 사후평가

사후평가는 정책의 실시 후에 당초 목표로 하였던 결과나 영향을 평가하는 것이다. 평가결과에 따라 정책을 변경하거나 지속 혹은 종결여부를 결정하기도 한다.

(2) 평가주체에 따른 구분

① 내부평가

내부평가는 내부 구성원들이 하는 평가로 흔히 자체평가라 한다.

② 외부평가

외부평가는 외부 구성원들이 하는 평가이다.

(3) 평가목적에 따른 구분

① 형성평가(과정평가)

형성평가는 공공정책이나 계획이 제시된 지침에 따라 얼마나 구체적으로 집행되었는가를 평가하는 것이다. 평가 목적은 정보를 얻기 위해서 진행되며, 정책발전을 위한 용도로 사용된다. 평가자는 집행자와 직원에 의해 이루어지며, 주로 내부평가자에 의해 평가되며, 자료수집의 목적은 진단을 하기 위해서이다.

② 효과평가(영향평가, 총괄평가)

효과평가는 정책이 처음에 의도했던 방향에 따라 어느 정도의 변화를 가져왔는가에 대한 평가로 정책집행의 사후에 총괄적으로 이루어진다.

평가의 목적은 목적의 달성을 확인하기 위해서 진행되며, 정책의 장래 또는 채택에 대한 결정을 하기 위한 용도로 사용된다. 평가자는 주로 외부평가자에 의해 평가되며 자료수집의 목적은 결정을 하기 위해서이다.

4) 정책평가에 영향을 미치는 요인

정책평가의 영향을 미치는 요인으로는 인적 요인, 시간적 요인, 기술적 요인, 제도적 요인, 정책자체의 요인으로 구분할 수 있다.

① 인적 요인

정책평가자의 이념이나 신념, 가치, 지식, 전문성 등에 영향을 받는다. 정책집행자는 평가의 결과에 상관없이 자신이 운영하는 프로그램의 정당성을 인정받고 싶어 하는 경향이 있어서 종종 정책담당자들이 긍정적인 결과가 나오도록 압력을 행사하기도 한다. 또 클라이언트는 정책 프로그램이 확대되는 방향으로 평가되길 원하기 때문에 이들이 영향력을 행사하기도 하고, 지역주민이나 이해집단 등이 평가에 영향을 미칠 수 있다.

② 시간적 요인

평가에 있어 시간적 요인이 영향을 미친다. 예를 들면, 충분한 시간적 여유가 없이 이루어지는 정책평가의 경우는 내용이 부정확하고 실패할 가능성이 많고 시간적 여유가 많을 때는 피드백의 시점을 놓치는 경우가 있다.

③ 기술적 요인

적절한 분석기법 및 조사수집과 설계 등의 기술적 요인 등에 영향을 받는다.

④ 제도적 요인

행정적인 지지와 평가결과, 피드백(feedback)되어 실제 사용될 수 있는 법적제도에 의해 영향을 받는다.

⑤ 정책 자체의 요인

정책 자체의 목표가 분명하고 수단에 대해 명확히 제시되어야 한다. 또한 그 내용이 측정 가능해야 한다. 정책 자체에 이런 요소들이 갖추어져 있지 않다면 평가가 어렵다.

03 단원요약 및 문제풀이

1) 단원요약

(1) 사회복지정책 형성 단계

단 계	Kahn	DiNtto & Dye	Freeman & Sherwood
사회복지 정책 단계	계획의 시작 ⇩ 계획의 탐색 ⇩ 구체적인 과업의 정의 ⇩ 정책의 형성 ⇩ 프로그램 작성 ⇩ 평가 및 환류	정책문제의 입증 ⇩ 정책 대안의 형성 ⇩ 공공정책의 합법화 ⇩ 공공정책의 시행 ⇩ 정책평가	계획 ⇩ 프로그램의 개발과 집행 ⇩ 평가

(2) 사회복지정책 의제 확인과 형성 단계

① 사회복지정책 형성의 원인(原因)은 사회복지문제에 있다. 이는 가장 단적으로 사회복지정책이 추구하는 것이 바로 이 사회복지문제의 해결이기 때문이다.

② 사회복지문제 해결을 정부에 요청하는 형태로 나타난다.

③ 정책활동가(policy actor)들의 관심을 받으면서 그 해결방법들이 논의되기 시작한다.

④ 정책활동가들에 의해 논의되는 문제나 요구를 의제라고 한다.

⑤ 의제들의 모음을 아젠다(agenda)[27]라고 한다.

⑥ 정치적 논점으로 부각된 문제나 요구를 이슈(issue)라 한다.

(3) 사회복지정책 아젠다의 형성과정 단계

아젠다 형성이란 정부가 정책적 해결을 위하여 사회문제를 정책문제로 채택하

27) 아젠다(agenda): 일련의 정치적 논쟁거리로서 특정한 시기에 대중의 관심을 끌만하다고 인시되는 문제 또는 기존 정부기구의 합법적 관할권에 속하는 문제이며, 정치체계의 구성원들에 의해 간주되는 문제들을 말한다.

는 과정 또는 행위, 즉 사회문제가 정책문제로 전환되는 과정이나 행위를 말한다. 간략하게 표시하면 다음과 같다.

> 문제의 발생(개인, 사회) ⇨ 문제의 인식(개인의 인식에서 사회로의) ⇨ 사회문제 ⇨ 사회적 이슈 ⇨ 공공으로 인정된 아젠다 ⇨ 정부의 아젠다

(4) 사회복지정책 대안(정당화) 형성 단계

① 정책문제가 무엇인지를 파악하고 문제를 둘러싼 상황을 파악하여 정책목표를 세우고, 그 목표를 달성할 수 있는 정책수단으로서의 정책대안을 개발하여 어떠한 정책대안이 가장 바람직한 것인가를 분석하는 과정을 말한다.

② 정책결정을 통하여 공공기관(정부)이 문제해결을 위하여 여러 개의 대안 중에서 하나를 의식적으로 선택하게 된다.

③ 정책대안의 형성과정은 문제의 해결방안에 관한 모색과정이자 정책결정자를 위하여 정보를 제공하는 과정이다. 또한 문제를 해결하는 가장 효과적인 정책대안들을 개발하여 비교, 검토하는 과정이므로, 비교적 비정치적 성격을 띠며 합리적이고 기술적인 성격을 가진다.

(5) 사회복지정책의 결정 단계

① 권위 있는 정책결정자가 문제해결을 위해 제시된 여러 가지 대안들 중 하나를 선택하는 행위 또는 과정을 말한다.

② 이론 모형들로는 합리모형, 만족모형, 점증모형, 혼합모형, 최적모형, 쓰레기통모형 등을 들 수 있다.

③ 정책결정과정으로는 첫째, 문제의 인지와 목표설정, 둘째, 정보의 수집 및 분석, 셋째, 대안의 탐색 및 평가, 넷째, 최선의 정책대안의 선택 등을 들 수 있다.

④ 정책결정과정에 영향을 미치는 요인으로는 정책과정에의 참여자, 정책결정 구조, 정책대안의 존재 여부, 다른 정책과의 관계, 정책결정 당시의 정치·경제·사회적 상황 등을 들 수 있다.

(6) 사회복지정책의 집행 단계

① 정책의 집행이란 의도된 정책목표를 달성하기 위하여 결정된 사항 등을 실행하는 활동이다.

② 과업은 프로그램 운영에 있어 결점을 찾아내고 그러한 결점의 요인이 무엇인가를 찾아내는 것이다.

(7) 사회복지정책의 평가

① 정책활동에 관한 평가로 정책실행 결과에 대한 정보를 수집하고 분석하며 해석함으로써 그 가치를 판단하는 것이다.

② 특별한 개입(평가)이 비용과 급여 그리고 목표달성이라는 의미에 있어 갖는 성공의 의의와 정도를 결정하는 체계적인 과정이다.

③ 평가는 행정활동의 하나하나와 밀접하게 관련되어 있어 사회복지정책 형성과정에 있어서의 마지막 단계로 간주될 수 있으나, 평가는 그 첫 번째 단계도 될 수 있다.

2) 문제풀이

1. 정책평가에 관한 설명으로 옳지 않은 것은? (15회 기출문제)

① 정책평가는 정책효과성 제고에 기여할 수 있다.
② 평가지표 선택에서 정책 목표보다 측정 용이성을 우선한다.
③ 정책평가는 정책활동의 책임성을 높인다.
④ 산출과 영향에 대한 평가방법으로 양적 · 질적 평가를 병행할 수 있다.
⑤ 평가결과의 활용도를 높이는 기제를 마련하는 것이 바람직하다.

정답 ②

2. 정책결정 이론모형과 설명의 연결이 옳은 것을 모두 고른 것은? (14회 기출문제)

ㄱ. 합리모형: 정책결정자는 주어진 상황 속에서 주어진 목표를 해결하기 위해 최선의 정책대안을 찾을 수 있다고 가정한다.
ㄴ. 만족모형: 합리모형보다 혁신적이고 진보적인 정책결정이 이루어진다.
ㄷ. 최적모형: 체계론적 시각에서 정책성과를 최적화하려는 정책결정모형이다.
ㄹ. 점증모형: 경제적 합리성과 초합리성을 바탕으로 하는 질적 모형이다.

① ㄱ, ㄴ, ㄷ ② ㄱ, ㄷ ③ ㄴ, ㄹ
④ ㄹ ⑤ ㄱ, ㄴ, ㄷ, ㄹ

정답 ②

3. 정책결정 이론모형에 관한 설명으로 옳은 것은? (12회 기출문제)

① 합리모형: 인간의 제한적 합리성을 전제로 하여 정책대안을 선택한다.
② 만족모형: 주어진 상황에서 목표 달성을 극대화하는 최선의 정책대안을 찾아낼 수 있다.
③ 점증모형: 과거의 정책을 약간 수정한 정책결정이 이루어지고, 여론의 반응에 따라 정책수정을 반복한다.
④ 최적모형: '조직화된 무정부상태' 속에서 정책이 우연히 결정된다.
⑤ 쓰레기통모형: 합리적 요소와 초합리적 요소를 바탕으로 한 질적 모형이다.

정답 ③

Check

① 만족모형, ② 합리모형, ④ 쓰레기통모형, ⑤ 최적모형

4. 정책대안의 미래예측 방법에 대한 설명으로 옳지 않은 것은?

① 유추: 비슷한 구조의 사례를 통해 미래 상황이나 문제를 추정하는 방법이다.
② 경향성분석: 과거의 경향이나 추세를 미래에 연장시켜 추측하는 방법이다.
③ 마르코프모형: 독립변수와 종속변수 간의 관계 형태와 크기를 추정하는 방식이다.
④ 회귀분석: 변수들 간의 인과관계를 활용하여 만들어낸 회귀방정식을 통해서 미래를 예측하는 방법이다.
⑤ 델파이 기법: 어떤 분야의 전문가 한 사람이 아니라 전문가 집단의 의견을 모으고 교환해서 발전시킴으로써 대안이나 미래 예측을 묻는 방법이다.

정답 ③

Check

마르코프모형은 어떤 상황이 시간의 흐름에 따라 일정한 확률에 따라 변해가는 경우에 최종적 상태를 예측하여 도움을 줄 수 있는 확률적 정보를 제공하는 방법이다.

5. 정책의제(아젠다) 설정 모형에 대한 설명으로 옳지 않은 것은?

① 외부주도형은 정부 밖의 개인이나 집단들의 주도에 의하여 정책의제의 채택이

이루어지는 것이다.
② 내부접근모형은 정부 내부에서 제기되어 일반 공중에게 확산되지 않는 형태를 가진다.
③ 동원모형은 정치적 민주화가 제대로 이루어지지 않은 국가를 설명할 때 많이 활용된다.
④ 외부주도형은 민주화된 사회일수록 설명력이 크다.
⑤ 동원모형은 정부 내부에서 설정한 의제를 공중의제로 확산시켜 대중의 지지를 얻기 위한 노력을 기울이지 않는다.

정답 ⑤

6. 사회복지정책의 평가유형에 관한 설명으로 옳지 않은 것은?

① 효율성평가에서 활용하는 비용편익분석은 정책성과를 화폐단위로 환산하기 쉬운 경우에 적절하다.
② 효과성평가는 정책 목표의 달성 여부를 비용 측면에서 평가하는 것이다.
③ 형성평가는 과정중심적이다.
④ 총괄평가는 정책 집행 후 그 정책이 당초 의도했던 목적을 달성했는지 여부를 판단하는 것이며, 정책의 지속 여부를 결정하는 데 활용한다.
⑤ 과정평가는 정책이나 사업이 정해진 지침에 따라서 집행되었는지를 평가하는 것이다.

정답 ②

Check

효과성평가는 의도했던 정책목표를 얼마나 달성했는지를 비용과 상관없이 평가한다.

7. 사회복지정책에 대한 분석적 접근방법에 대한 설명으로 옳지 않은 것은?

① 성과 분석은 정책실행의 결과와 영향에 초점을 두고 양적 조사를 실시해야 한다.
② 정책의 운영과 관련된 문제는 산출분석을 통해 다룬다.
③ 고용보험 수급자의 재취업률 분석은 성과분석에 해당한다.
④ 국민기초생활보장법의 입법배경을 살펴보는 것은 과정분석에 해당한다.
⑤ 기초연금제도와 대상자기준을 분석하는 것은 산물분석에 해당한다.

정답 ①

Check

성과 분석은 정책실행의 결과와 영향을 평가하는 것이지만, 반드시 양적 조사를 실시해야 하는 것은 아니다.

8. 정책형성과정과 전문적 역할에 대한 설명 중 잘못 연결된 것은?

① 문제의 발견–직접적 서비스
② 정책목표의 개발–행정과 직접적 서비스
③ 프로그램 계획–계획
④ 정보의 수집 및 분석–사회복지조사
⑤ 평가와 사정–조사와 직접적 서비스

정답 ②

Check

정책형성과정과 전문적 역할
① 문제의 발견 - 직접적 서비스
② 정보의 수집 및 분석 - 사회조사
③ 일반대중에 대한 홍보 - 지역사회 조직화
④ 정책목표의 개발 - 계획
⑤ 대중의 지지와 정당화 - 지역사회 조직화
⑥ 프로그램 설계 - 계획
⑦ 실천화 - 행정과 직접적 서비스
⑧ 평가와 사정 - 조사와 직접적 서비스

9. 다음 중 사회복지정책의 평가유형에 따른 평가기준이 잘못 연결된 것은?

① 정책문제평가–문제의 내용, 대상 집단의 특성, 문제의 인지도, 문제의 심각성 등
② 정책의제평가–반응성, 사회적 형평, 공정성 등
③ 정책설계평가–정책의 능률성, 효과성, 사회적 형평, 공정성, 반응성, 실현가능성 등
④ 정책결정평가–효과성, 클라이언트의 만족도, 사회적 형평 등
⑤ 정책집행평가–정책집행의 일관성, 공정성, 반응성, 능률성, 효과성, 사회적 형평 등

정답 ④

10. 사회복지정책 형성과정의 특징 중 연결이 바르지 못한 것은?

① 아젠다형성 과정의 참여자–이해관계자
② 대안구체화 과정의 참여자–정책결정자
③ 아젠다형성 과정의 특성–미시적 관점, 정치적 성격
④ 대안구체화 과정의 특성–규범적 특성, 합리적 성격
⑤ 대안선택 과정의 특성–거시적 관점, 공익적 성격

정답 ②

11. 정책평가방법의 장단점에 대한 설명이다. 옳지 않은 것은?

① 자체평가의 장점은 정책 프로그램에 대한 정보를 많이 갖고 있는 것이다.
② 평가방법 중 외부평가가 평가비용이 가장 적게 든다.
③ 자체평가는 장기적으로 일관성 있게 계속 평가할 수 있는 장점이 있다.
④ 내부평가는 공정성 확보가 어렵다는 단점을 가질 수 있다.
⑤ 외부평가는 내부평가에 비해 공정성 확보가 가능하다.

정답 ②

12. 다음의 설명 중 옳은 설명은?

① 정책의 평가는 정책과정의 마지막 단계로서 종결 단계를 의미한다.
② 정책분석틀과 평가기준은 반드시 일치한다.
③ 평가기준은 평가목표와 밀접한 관계를 갖는다.
④ 모든 사회복지정책은 비용효과분석을 통해 효율성을 평가할 수 있다.
⑤ 사회복지정책평가에서는 가능한 한 2차적 자료를 배제해야 한다.

정답 ③

13. 정책결정과정의 특성에 대한 설명이다. 옳지 않은 것은?

① 정책결정과정은 권위있는 결정자에 의한 과정이다.
② 사회세력들의 다툼 속에서 권위있는 정책결정자에 의하여 이루어지는 해결대안의 채택이다.
③ 정책대안 가운데 하나를 선택할 때 정책결정자는 사회전체적인 공익을 기준으로 한다.
④ 사회복지정책의 결정과정을 사회전체를 위한 공익적 성격을 갖기 때문에 정치적 성격은 배제된다.
⑤ 정책결정은 정책대안들의 우선순위를 매길 때 거시적 시각을 필요로 한다.

정답 ④

14. 다음의 설명 중 옳지 않은 것은?

① 사회복지정책의 집행과정이란 사회복지문제를 해결하기 위하여 일선기관을 통해 구체화시키는 과정이다.
② 정책결정의 쓰레기통모형은 합리성, 협상타협을 통해서 정책결정이 이루어지는 것을 전제로 한다.
③ 정책대안 형성과정은 제시된 문제를 해결할 수 있는 방안들에 대해 논의하고 비교, 검토하는 과정이다.
④ 아젠다형성과정은 이슈화된 문제에 대해 일반 국민의 관심을 불러일으키고 정책형성자들에 의해 논의되는 단계이다.
⑤ 사회복지정책 형성의 가장 중요한 근거는 사회복지문제이다.

정답 ②

15. 복지정책이 목표하는 대상자들에게 자원이 집중적으로 할당되는 정도를 무엇이라 하는가?

① 운영효율성 ② 대상효율성 ③ 효과성
④ 파레토효율성 ⑤ 배분적 효율성

정답 ②

Check

효율의 여러 가지 개념
① 운영효율성: 얼마나 적은 비용을 사용하는가
② 대상효율성: 자원이 대상자들에게 얼마나 집중적으로 할당되는가
③ 파레토효율성: 자원이 사회적으로 얼마나 바람직하게 배분되어 있는가

16. 충족되지 못한 욕구가 외부로 표출된 상태를 무엇이라 하는가?

① 문제 ② 의제 ③ 정책
④ 요구 ⑤ 대안

정답 ④

Check

문제, 욕구, 의제, 정책
① 문제: 고통을 받고 있는 사람들이 상황과 조건을 해결해야 할 문제로 인식한 경우
② 요구: 정부에 대하여 그 해결을 요청하는 구체적인 행동으로 표출된 문제
③ 의제: 정치체계에 성공적으로 투입되어 정책결정자들의 논의의 대상이 된 요구. 의제가 모인 것을 아젠다라고 함
④ 정책: 여러 가지 해결 방안 중 선택된 대안

17. 수년 전 한 장애인노점상이 리어카를 강제로 압수해간 구청의 처사에 항의해서 분신자살을 함으로써 국민들이 장애인의 삶에 대해 크게 관심을 갖게 하는 계기가 되었다. 이러한 사건을 무엇이라 하는가?

① pseudo-issue
② issue-triggering mechanism
③ non-issue
④ institutional agenda
⑤ non-decision making

정답 ②

Check

이슈촉발장치: 문제가 이슈로 전환되는 과정에 도움을 주는 사건. 방치되어 있는 문제를 정치적으로 인식시켜 공공정책 형성에 대한 압력을 촉진

18. 서비스 대기시간과 적절한 시설 수준에 관한 정보를 제공해 주는 대안비교분석 기법은?

① 비용편익분석
② 비용효과분석
③ 줄서기 분석기법
④ 시뮬레이션
⑤ 결정나무분석

정답 ③

Check

사회복지정책대안의 비교분석 기법

① 비용편익분석: 정책대안을 집행할 때 사용될 비용과 화폐화된 예상편익을 비교하는 방법
② 비용효과분석: 정책대안을 집행할 때 사용될 비용과 화폐화되지 않은 예상효과를 비교하는 방법
③ 줄서기 분석기법: 대기시간 등의 사회적 비용과 이를 줄이기 위한 적절한 시설수준을 찾아내기 위한 방법
④ 모의실험: 정책대안을 비슷한 상황 속에서 모의실험을 시도함으로써 예측하는 방법
⑤ 결정분석: 나타날 수 있는 확률적 사건을 나뭇가지처럼 그려놓고 분석하는 방법
⑥ 선형계획: 일정한 제약 내에서 편익의 극대화 또는 비용의 극소화를 달성할 수 있는 자원의 배분방법에 대한 정보를 제공

19. 사회복지정책 대안을 형성함에 있어 나타나는 문제점으로 보기 어려운 것은?

① 예측능력의 한계
② 계량화의 문제
③ 공동비교척도의 부재
④ 한정된 비용과 시간
⑤ 관료들의 집행능력

정답 ⑤

Check

사회복지정책 대안형성의 문제점

① 예측능력의 한계-정보의 부족, 정책분석가의 판단의 한계
② 계량화의 문제-사회복지 분야는 계량화가 어려운 부분이 많음
③ 공동비교척도의 부재-사회적 가치가 다양하여 비교가 어려움
④ 한정된 비용과 시간-한정된 비용과 시간의 범위 내에서 정책 대안을 개발해야 함
⑤ 다른 국가목표와의 관계-다른 분야의 정책 목표들을 고려할 필요가 있음

20. 다음 내용은 사회복지정책형성과정의 어느 단계에 해당하는가?

국민연금의 경우, 인구고령화 추세와 핵가족화 현상은 사적 부양체제의 붕괴를 가져와 노령세대들이 경제적 비보장에 처하게 되어 노령세대의 삶에 대한 사회적 우려가 심화되었다.

① 이슈형성 ② 정책아젠다 설정 ③ 정책대안 형성
④ 문제의 인식 ⑤ 정부의제 설정

정답 ④

21. 다음 내용은 사회복지정책형성과정의 어느 단계에 해당하는가?

국민연금의 재정위기를 타파하기 위하여 보건복지부장관 자문기구에서 국민연금 재정안정화를 위해 보험료와 연금액수를 결정하는 소득대체율을 조정하는 방안으로 3가지 방안을 마련하여 정부에 제출하였다.

① 이슈형성 ② 정책아젠다 설정 ③ 정책대안 형성
④ 문제의 인식 ⑤ 정부의제 설정

정답 ③

22. 다음 내용은 사회복지정책형성과정의 어느 단계에 해당하는가?

산재보험에 관한 업무를 총괄하는 노동부의 보험정책과의 관료나 국회 노동위원회 의원 같은 권위있는 정책결정자들이 산재보험에 대한 요구에 진지한 관심을 보여 안건으로 발전되었다.

① 이슈형성 ② 정책아젠다 설정 ③ 정책대안 형성
④ 문제의 인식 ⑤ 정부의제 설정

정답 ②

23. 정책 프로그램이 의도한 대로 운영되었는가에 대해 확인하고 점검하는 것을 무엇이라 하는가?

① 모니터링　② 조정　③ 공평성평가
④ 효율성평가　⑤ 효과성평가

정답 ①

Check

평가의 종류
① 모니터링이란 정책 프로그램의 운영상의 오류가 없는지 밝히는 것을 목적으로 한다.
② 공평성평가란 정책을 통해 급여가 인구 집단에 공평하게 배분되었는지를 평가하는 것이다.
③ 효율성평가란 주어진 자원들을 경제적인 방법으로 적절하게 활용했는지에 대한 평가로 투입에 대한 산출 또는 투입에 대한 성과에 대한 평가이다.
④ 효과성평가란 제공된 서비스와 성취된 결과 사이에 관례를 밝히는 평가이다.

24. '사회복지정책 프로그램이 의도한 대상집단이 얼마나 프로그램에 실제로 참여했는가'는 무엇과 관련이 있는가?

① 커버리지　② 바이어스　③ 무작위표집
④ 무작위 할당　⑤ 생태적 오류

정답 ①

Check

사회복지정책의 평가분석 중 과정평가의 한 방법인 모니터링은 정책의 대상집단에 대한 프로그램의 커버리지와 바이어스를 살펴야 한다. 커버리지는 어떤 정책 프로그램에 대한 대상집단의 참여가 실제로 얼마나 이루어지고 있는가 하는 정도, 즉 만족도를 말한다. 정책 대상집단의 구성원 가운데 어느 정도가 실제로 정책프로그램에 참가하고 있는가 하는 문제는 효과적인 정책 프로그램의 집행을 위해서 중요한 의미를 지닌다.
바이어스는 지정된 대상집단의 각 하위집단들의 참여가 다를 수 있다는, 즉 다른 참여의 정도를 나타내는 것이다. 낮은 커버리지는 어떤 정책 프로그램에 대한 욕구가 있으나 아직 커버되지 않고 남아 있는 대상의 비율을 말하고, 초과 커버리지는 부적절한 수급자가 많음을 의미하는 것으로 정책의 설계가 잘못되었음을 나타낸다.

25. 사회복지정책의 평가절차로 옳은 것은?

① 목표설정 > 정책내용 파악 > 평가설계서 작성 > 자료수집 및 측정 > 분석
② 평가설계서 작성 > 목표설정 > 정책내용 파악 > 자료수집 및 측정 > 분석
③ 정책내용 파악 > 목표설정 > 평가설계서 작성 > 자료수집 및 측정 > 분석
④ 목표설정 > 정책내용 파악 > 자료수집 및 측정 > 평가설계서 작성 > 분석

⑤ 목표설정 > 정책내용 파악 > 분석 > 자료수집 및 측정 > 평가설계서 작성

정답 ①

26. 사회복지정책평가에 영향을 미치는 요인으로 적합하지 않은 것은?

① 인적요인 ② 시간적 요인 ③ 기술적 요인
④ 제도적 요인 ⑤ 재정적 요인

정답 ⑤

Check

사회복지정책평가에 영향을 미치는 요인

① 인적 요인: 정책평가자, 정책담당자, 클라이언트, 주민 및 일반국민
② 시간적 요인: 충분한 시간이 없으면 부정확성 초래, 있으면 환류가 어려움
③ 기술적 요인: 적절한 분석기법의 사용
④ 제도적 요인: 평가에 필요한 활동을 지지할 수 있는 행정적인 뒷받침
⑤ 정책 자체 요인: 정책의 목표와 수단 및 내용이 명확하고 뚜렷한 정도에 따라 영향을 미침

Chapter 05

사회복지정책의 분석틀과 대상

사회복지에서 정책을 분석하는 기술이 필요한 이유는, 기존의 사회복지정책 프로그램을 분석하거나 새로운 사회복지정책을 계획하는 데 유용하기 때문이다.

사회복지의 주체와 현장은 역사적 시기에 따라서 강조점에서 차이가 있었다. 미국의 경우 19세기 말 사회복지가 '자원봉사활동'의 하나로 확산될 때에는 자선조직협회나 인보관과 같은 현장이 강조되었다. 그러나 20세기 초 대학에서 사회복지사를 배출시키면서 전문성을 갖춘 사회복지사에 의한 활동이 강조되었다.

한국에서도 조선시대와 일제하에도 사회복지사업은 존재하였다. 당시에는 고아, 독거노인, 과부, 홀아비 등 이른바 '환과고독'을 보호하는 일이 구제나 구호 차원에서 이루어졌기 때문에 사회복지의 주체는 중요하지 않았다. 그러나 광복 후 대학에서 사회복지학을 가르치기 시작하고, 1960년대 이후 사회복지사가 본격적으로 배출되면서, 사회복지사에 의한 전문적 활동이 강조되었다. 현재 한국 사회에서 사회복지의 주체는 사회복지사란 점을 부정하는 사람은 별로 없다. 그러나 현실적으로 사회복지사만이 사회복지를 실천하는 것은 아니고, 모든 사회복지사가 사회복지를 실천하지도 않는다.

01 사회복지정책의 분석틀

길버트와 스펙트(Gilbert & Specht)는 사회복지정책틀로 1974년 출간한 『사회복지정책의 차원』에서 ① 사회적 할당, ② 사회적 급여, ③ 전달의 전략, ④ 재원조달 방법의 4가지를 제시하였다. 길버트와 테럴(Gilbert & Terrell, 2002)은 사회복지정책을 분석하는 틀로 ① 대상체계: 누구에게 급여가 제공되어야 하는가, ② 급여체계: 무엇을 주어야 하는가, ③ 급여체계: 어떻게 전달되어야 하는가, ④ 재원체계: 어떻게 재원을 마련할 것인가의 4가지를 제시하였다.

1) 대상체계(할당)

누구에게 사회복지급여를 줄 것인가? 복지의 혜택을 얼마만큼 줄 것인가의 문제로서 할당의 원칙은 누가 혜택을 받을 자격이 있는가에 있다. 이는 보편주의와 선별주의로 구분하여 볼 수 있다(Gilbert and Terrell, 1998).

사회복지급여 할당의 보편주의란 하나의 사회적 권리로서 전 국민에게 사회복지서비스가 사용될 수 있어야 한다는 것이다. 최저소득을 보장함으로써 궁핍을 미연에 방지해 주며, 인권에 대한 침해를 받지 않고, 행정 및 시행절차가 간단하고 복지서비스의 균일성을 보장할 수 있고, 시민들의 구매력을 일정한 수준에서 유지시켜 줌으로써 경제적 안정과 성장에 이바지할 수 있다는 장점이 있다. 즉, 보편주의를 주장하는 사람들은 불필요한 사람에게까지 사회복지서비스를 제공하는 낭비와 함께 복지대상자들의 자활 의지를 저하시킬 수 있다는 문제점을 가지기도 한다. 이는 기본권적인 입장으로 모든 사회구성원들을 사회복지급여의 대상자로 간주한다.

사회복지급여 할당의 선별주의란 사회복지서비스가 개인적 욕구에 근거를 두고 제공되며 자산 조사에 의하여 결정된다는 원리이다. 즉, 도움을 가장 필요로 하는 사람에게 집중적으로 사회복지서비스를 제공해 줌으로서, 자금 및 자원의 낭비가 적으며, 따라서 경비가 적게 들고 불필요한 의존심을 키워주지 않는다는 장점이 있다. 하지만 자산조사를 통한 개개인의 욕구에 기초하여 사회복지급여가 제공되므로 이에 대한 여러 가지 비용이 발생한다.

2) 급여체계

사회복지급여는 어떤 형태로 제공되는가의 문제로서 급여의 기본적인 형태에 따라 현물급여와 현금급여로 볼 수 있으며, 거의 모든 사회복지 재화나 서비스를 차지한다. 하지만 사회복지정책의 대상자에게 무엇을 제공할 것인가를 결정하는 데는 가치적인 부분까지 포함하고 있어 쉬운 문제는 아니다.

사회복지정책을 통하여 제공되는 재화나 서비스의 형태들은 다양한데, 이들을 현금, 현물(물질적 재화, 서비스), 증서, 기회, 권력 등으로 나눠볼 수 있다. 이 가운데 현금, 현물의 세 가지 형태가 실질적으로 거의 모든 사회복지 재화나 서비스를 차지한다.

(1) 현금급여

오늘날 복지국가에서 제공되는 사회복지재화나 서비스 가운데 가장 큰 서비스 형태로 수급자의 욕구의 충족을 금전에 의해 행하는 것이다. 현금급여의 종류에는 국민연금(노령연금, 장애연금, 유족연금), 질병보험의 질병수당, 산재보험의 장애수당, 실업급여, 공적부조, 아동수당, 주택수당 등을 들 수 있다.

현금급여의 장점으로는 첫째, 수급자의 효용을 극대화할 수 있어, 현금으로 급여할 때 사회적 자원의 효율적 배분이 이루어질 수 있다. 둘째, 수급자의 선택의 자유와 소비자 주권의 측면이다. 셋째, 현금급여는 인간의 존엄성을 유지시키는데 현물급여보다 우월하다. 넷째, 현금급여는 현물급여에 비하여 프로그램의 운영비용이 적게 든다.

현금급여의 단점으로는 첫째, '개인'이 효용의 극대화의 경우 '사회 전체'의 효용에 의하여 제한받을 수도 있다. 둘째, 소비자 선택의 자유가 생산자들에 의하여 광고 등의 방법으로 왜곡될 수도 있다. 셋째, 지급된 금전이 실제 필요 충족에 효과적으로 사용되었는지 아닌지를 확인하기 어려운 약점이 있다.

현금급여의 형태로는 첫째, 금전의 지급(수당, 연금 이외의 부가수당)으로 수당, 연금, 급여금 등의 여러 가지 명칭으로 불리고 있다. 이것은 대상자의 소득에 얼마간의 소득을 새롭게 첨가시켜 그 가처분 범위를 증대시키는 것이므로 플러스수당(부가수당)이라고 할 수 있다. 둘째, 감면 또는 대불의 방법으로 욕구의 충족에 필요한 비용(경비)을 소득 등의 조건이나 사정에 따라서 감액 또는 감면하거나, 제3자가 그 비용을 대불해 주는 방법이다. 이 형태는 어떤 일정량의 소득 중에서 필요한 지출을 하는 것이 아니라 그 필요한 지출을 감면 또는 대불하는 것으로서 화폐적 욕구의 충족이라는 점에서 같은 효과를 가진다. 셋째, 융자·대여의 형태로써 필요로 하는 자금 수요에 대해서 자금을 제공하고 나중에 그 자금을 반환받는 것이다. 그런 의미에서 엄밀히 구분할 때에는 급전급여라고 할 수 없으나, 자금을 제공받아 필요한 재화 및 서비스를 구입한다는 점에서 금전급여와 같은 효과를 가진다. 예를 들면, 일본의 공익전당포를 들 수 있는데, 고금리로부터 빈민을 보호하기 위하여 필요한 생활자금의 융자를 저금리로 간편하게 이용할 수 있도록 설치하고 있다. 또한 일본의 세대자활자금, 모자복지자금은 비교적 저소득세대이기 때문에 필요한 생활자금을 다른 곳에서 얻을 수 없는 사람들의 자립을 도모하기 위하여 저금리의 자금을 공공적으로 제공하고 있다.

(2) 현물급여(물질적 재화와 서비스)

현물급여는 현금 대신 수급자에게 필요한 물품이나 서비스 등이 직접적으로 지급되는 것으로 급여를 대량으로 저렴하게 제공할 수 있다. 공공부조의 경우 쌀이나 의복 등이 현물로 제공되는 경우가 있으며, 비화폐적인 서비스형태이다. 이는 또한 대상자에게 정확하게 사용될 수 있는 장점이 있다. 현물급여가 필요한 경우는 첫째, 수급자의 욕구 충족에 필요한 서비스나 재화를 자유롭게 구입할 수 없을 때, 다시 말해 시장경제를 매개로 해서는 필요한 서비스나 재화의 조달이 곤란한 경우이다. 둘째, 현금을 받아도 수급자가 아동이거나 노인으로서 현금을 자유롭게 사용할 수 있는 능력을 가지고 있지 못한 경우이다.

현물급여의 종류에는 의료서비스, 교육서비스, 음식, 주택, 에너지, 각종 직업훈련, 상담 등이 있다.

현물급여의 장점으로는 첫째, 정책의 목표효율성(target efficiency)을 높일 수 있다. 둘째, 현금급여에 비하여 정치적인 측면에서 선호된다. 셋째, 현금급여보다 대량생산과 대량소비로 인한 규모의 경제효과가 커 프로그램 비용을 줄일 수 있다.

현물급여의 단점으로는 첫째, 일반적으로 급여 소비단계에서 수급자에게 낙인감을 주는 경향이 있다. 둘째, 받는 사람에게는 사생활의 간섭이 될 가능성이 높다. 셋째, 사회복지 재화나 서비스들 가운데 많은 것들은 서비스의 속성상 규모의 경제효과가 나타나기 어려울 수 있다(서비스가 질의 변화가 없는 획일적인 제공일 경우).

(3) 증서

현금과 현물의 장단점을 보완한 제3의 급여형태로서, 특정 재화나 서비스의 권장 혹은 억제하고자 하는 경우 또는 대상자들을 통제할 때 사용하는 것으로 상품권, 교환권, 교육증서 등이 포함된다. 중간속성에 의해 정치적 지지세력의 미약으로 인해 소규모운영, 시행과정에서의 많은 오용과 남용의 문제가 발생하여 현물보다 목표효율성이 낮다.

(4) 기회

사회의 불합리한 집단들에게 진학, 진급, 취업 등에서 유리한 기회를 주어 시장의 경쟁에서 평등한 기회를 주는 형태를 의미한다. 국가유공자에 대한 인센티브, 장애인·노인 의무고용 등이 해당한다. 이러한 간접급여는 직접급여에 비해 평등의 목표달성이 어렵고, 사회기득권자의 자기이득 합리화의 수단으로 전용될 가능성이 많다.

(5) 권력

영향력의 재분배에 관한 것으로 수급자로 하여금 정책결정과정이나 의사결정사항에 대한 권력을 주어 정책의 내용이 그들에게 유리하게 결정되도록 하는 것을 의미한다. 기관이나 단체의 회원이나 임원으로 참여하는 활동 등이 포함된다. 현실적인 한계로 참여율이 낮고 참여자들이 수급자의 이익을 대변하기보다 기존 정책결정자들에 의하여 선택된 사람들이고, 정책내용의 이해가 적기 때문에 실질적인 정책변화에 영향을 줄 수 없으며, 기득권자들의 합리화 도구가 될 가능성이 크다.

3) 전달체계

전달체계는 사회복지정책을 통하여 제공되는 다양한 재화나 서비스를 수급자에게 전달하는 방법을 의미한다. 복지정책이 추구하는 가치나 목표의 성취가 전달체계에 의해 제공되므로 적절하고 바람직한 체계의 설립, 유지가 필요하다.

이러한 전달체계를 평가하는 기준으로는 첫째, 재화서비스 속성에 따른 기술로써, 공공재적 성격의 정도와 외부효과의 크기, 소비자들의 합리적인 선택 가능성, 대규모로 제공하는 것이 기술적인 측면에서 바람직한 경우, 여러 전달체계에서 보완적 제공이 바람직한 경우 등이 있다. 둘째, 전달체계의 측면으로 평등(소득재분배) 혹은 사회적 적절성 달성 정도, 통합성(서비스 조정과 체계화 정도), 지속성, 효율성, 경쟁성, 접근성, 수급자의 욕구에 따른 대응성, 책임성, 수급자의 선택의 자유, 수급자들의 서비스에 대한 오용, 남용 방지 등이 있다.

전달체계의 유형으로는 중앙정부, 지방정부, 민간전달체계로 구분할 수 있다.

(1) 중앙정부

중앙정부 전달체계의 장점으로 공공재적 성격이 강한 것, 대규모의 경제성을 갖는 서비스, 평등과 적정성의 달성, 다양한 복지에 대한 욕구를 체계화하고 프로그램을 통합, 조정하거나 지속적·안정적 유지하는 사업에 있다. 문제점은 자원의 비효율 배분문제, 독점성으로 인한 가격과 질에 있어 수급자들에게 불리하고, 관료성으로 이한 욕구대응에 민감하지 못하며, 지역특수성에 융통적이지 못하고, 민간에 비해 수급자가 접근하기 어려운 경향이 있다.

(2) 지방정부

지방정부전달체계의 장점으로 지역욕구에 효율적 대처, 지방정부 간의 경쟁논리에 의해 재화의 가격과 개발 용이, 창의적 실험적 서비스 개발 용이, 수급자들의 정책결정에 참여 등이 있다. 단점으로는 지역 간의 불평등 초래, 대규모의 경제효과가 적어 사회보험의 경우 기술적 측면에서 불리, 지방정부의 단편화된 프로그램의 가능성, 프로그램의 안정성과 지속성에서도 불리하다.

(3) 민간전달체계

민간전달체계는 정부제공 서비스 비해당자에 대한 서비스 제공, 정부가 제공할 수 없는 서비스 제공, 동일 종류의 서비스에 대한 선택의 기회 제공, 사회복지서비스의 선도적 개발 및 보급, 민간의 사회복지활동에 대한 참여욕구 수렴, 정부의 사회복지활동에 대한 압력단체 역할, 국가의 사회복지비용 절약 등의 장점이 있을 수 있다.

4) 재원체계

재원체계는 어떻게 재원을 마련할 것인가 하는 것이다. 복지정책의 재원은 다양하며 정책별로도 재원을 달리한다. 재원의 중요성은 재원의 성격에 따라 정책의 내용이나 목표가 달라지기 때문이다. 공공재원, 민간재원 또는 각기 다른 형태에 따라 자격조건, 급여액, 급여방법 등의 내용이나 목표(소득재분배, 효율)가 달라지기 때문이다.

공공재원으로는 첫째, 정부의 일반예산으로 평등(소득재분배), 사회적 적절성, 복지대상자의 일반성, 급여의 보편성, 재원의 안정성, 지속성에 장점이 있다. 둘째, 사회보장성 조세(목적세)로 5가지 사회보험(국민연금, 산재보험, 의료보험, 고용보험, 노인장기요양보험)을 위한 보험료를 사용자나 피용자에게 강제로 부과하여 일종의 세금의 기능을 한다. 셋째, 조세비용으로 조세를 거둬들여 직접적인 사회복지급여를 하는 대신 사람들이 내야 할 조세를 감면시켜 사회복지의 목표를 이루는 데 드는 비용을 의미한다.

민간부문 재원으로는 사용자 부담, 자발적 기여, 기업복지의 재원, 비공식적 부문 재원(가족, 이웃, 친척 등), 공동모금 등이 있다.

| 표 5-1 | 사회복지정책의 분석틀

선택	의미	선택의 대안
할당 (allocation)	대상체계 (누구에게 줄 것인가?)	귀속적 욕구 사회적 공헌, 보상 전문가 판단(진단적 차별) 자산조사
급여 (benefits)	급여체계 (무엇을 줄 것인가?)	현금 현물 기회 사회 서비스 증서 등
전달 (delivery)	전달체계 (어떠한 방법으로 줄 것인가?)	공공부문(중앙정부와 지방정부) 민간부문 협력형태 등
재정 (finance)	재정체계 (어떻게 마련할 것인?)	공공재원(사회보험, 과세) 민간재원(사용자부담, 민간모금 등) 공공과 민간의 혼합 등

출처: Gilbert & Terrell(2002) 재구성.

02 사회복지정책의 대상

1) 사회복지정책의 주체

(1) 사회복지정책의 주체의 개념과 유형

① 사회복지정책의 주체의 개념

사회복지정책의 주체란 사회복지를 실천하는 주된 체계를 의미한다. 모든 국가의 사회복지정책의 주체는 동일한 형태로 형성되어 온 것이 아니다. 사회복지정책의 주체는 개인의 자발적 활동으로부터 국가의 강제적 활동까지 여러 형태로 형성되고 발전되어 왔다. 과거 전통적인 사회의 경우 개인의 복지책임이 개인이나 가족, 친지 등에 있었으나 시민권의 발달로 인한 복지권의 형성으로 사회복지의 책임이 국가에 있다는 인식이 높아지고 있다(한국복지행정학회, 2014: 184). 더 나아가 1970년대 중반 복지국가의 위기와 1980년대 이후 복지국가체제에 대한 새로운 모색으로 사회복지정책의 공급주체에 대한 관심이 증대되고 있고 최근에는 사회복지정책에 대한 시장원리의 도입과 자조집단의 강화, 비공식부문에 대한 새로운 인식 등으로 사회복지공급주체에 대해 매우 다양한 논의가 이어지고 있다(현외성, 2002: 93).

사회복지정책의 주체를 이해하는 것은 곧 사회복지서비스 제공과정에서 서비스의 제공자와 받는 자 간의 상호작용 맥락을 파악하는 일이기 때문에 매우 중요하다. 김영모는 사회복지의 구성을 주체(기관), 객체(대상), 기능(방법)으로 구성되어 있고, 이러한 구성요인은 서로 밀접한 관계를 맺고 있다고 보았다(김영모, 1999: 3). 사회복지는 주체와 객체 간의 원조관계이기 때문에 자연히 원조의 기능도 그것에 따라 결정된다는 것이다. 최옥채는 사회복지실천의 주체의 범주에 사회복지서비스를 관장하는 정부, 사회복지서비스를 실행하는 기관, 최종적으로 사회복지서비스를 클라이언트에게 전달하는 사회복지사를 포함하였다. 또한 그는 한국적 상황의 특성을 고려할 때, '주체의 관련인'으로 성직자와 자원봉사자도 포함해야 한다고 보았다(최옥채, 1999: 33-35).

② 사회복지정책 공급주체의 유형

사회복지정책 공급주체의 유형은 기준에 따라 매우 다양하다. 여러 학자들의 견해는 다음과 같다.

길버트와 테럴(1988: 3)은 모든 사회에 존재하는 제반 제도의 기능적 측면과 사회복지가 공급기능을 수행한다는 입장에서 사회복지 공급주체, 전달체계의 주체로 구분하여 '가족을 포함하는 친족', '종교', '기업', '시장', '상호부조', '정부'로 구분하였다.

존슨(1987)은 복지의 공급주체를 '국가', '자원부문', '비공식부문', '상업부문'으로 제시하였다.

에버스(1990)는 사회복지 공급주체를 '가계', '국가', '시장경제'의 3가지로 구분하였고, 이 3가지 축의 배합이 변화하면서 다양한 형태의 공급주체가 생겨난다고 주장하였다. 가계와 국가 사이에 존재하면서 가계에 상대적으로 가까운 형태의 공급주체로서 '자조집단', '국가부분'에 가까운 형태의 공급주체로서 자원조직, '가계와 시장경제 사이에 존재하는 공급주체로서 소규모의 직업조성 집단', '가계, 국가 및 시장경제의 중앙에 존재하는 공급 주체로서 협동조직'을 제시하였다.

글레네스트(1985)는 사회복지재원과 공급측면에서 사회복지유형을 6가지로 구분하여 '공적공급–공적재원', '공적공급–사적재원', '공적공급–혼합재원', '사적

공급–공적재원', '사적공급–사적재원', '사적공급–혼합재원'으로 제시하였다(한국복지행정학회, 2014: 184-185).

김영모(1999)는 주체별 사회복지의 형태를 '개인', '가족', '부락', '교회', '직장', '지역사회', '국가', '세계'로 제시하였다(나직균 외, 2011: 126).

이와 같은 사회복지의 공급체계를 종합하여 보면 사회복지정책 주체를 국가, 민간, 공·사 혼합체계로 구분하여 볼 수 있다.

(2) 주체의 분류

① 정책주체, 운영주체 및 실천 주체

근대적 사회복지가 발달하면서 사회복지에 대한 일차적 책임은 국가에 있지만 사회복지 구체적인 실시관점에서 보면 정책주체, 운영주체, 실천주체로 구분할 수 있다.

첫째, 정책주체는 국가(정부)와 지방자치단체이다. 국가는 사회복지의 정책을 계획하고 책정하여 실행하는 주체로서, 사회 전체에 산재해 있는 보편적인 문제를 파악하고, 그 문제를 사회적 맥락 속에서 해결하는 방책을 고려하여 그 실시를 가능하게 하는 구체적인 방법을 입안하는 기능을 한다. 지방자치단체는 국가의 정책을 위탁받아 시행, 독자적으로 지역주민의 복지 욕구에 대응하는 정책수립 및 프로그램을 실시한다. 최근에는 지방화 정책의 추세에 따라 이러한 경향이 더욱 확대되고 있다.

둘째, 운영주체로 분류하면 사회복지사업을 운영하고 경영하는 주체이며, 사회복지사업을 실행하는 시설, 단체, 기관들로서 공영기관과 민영기관으로 구분할 수 있으며, 다음의 세 가지 유형으로 구분된다. ① 국가나 지방자치단체가 직접 사회복지시설을 설치하여 운영하는 경우. ② 사회복지법인, 재단법인, 종교단체, 의료단체 등이 시설을 설치하여 운영하는 경우. ③ 국가나 지방자치단체의 위탁을 받아 민간단체들이 운영하는 경우이다.

셋째, 실천주체는 사회복지서비스를 직접 대상자에게 실시하는 주체로 사회복지사나 사회복지시설종사자 등으로 구분할 수 있다. 최근에는 자원봉사자들에게 사회복지실천주체로서의 역할이 확대되고 있다.

② 비공식부문, 공적부문, 민간비영리부문 및 민간영리부문

국가, 지방공공단체나 사회복지법인 등에서 공적 책임 하에 실시한 한정된 복지서비스 제공의 형태가 많았으나 사회복지서비스의 보편화와 일반화 그리고 재가복지사업의 확대에 따라 다양한 형태의 공급조직에 의한 다양한 서비스가 제공되고 있다. 즉, 사회복지의 공급시스템에 대한 관심이 증가하고 있으며 오늘날 사회복지서비스의 공급주체는 혼합된 형태로 나타나고 있다.

첫째, 비공식부문(informal sector)은 제1차적 집단으로 가족, 친족, 우인 및 근린에 의한 보호를 의미한다(양정하, 1992: 96). 전통사회에서 인간의 대부분의 욕구는 가족, 친척과 같은 일차적 집단 안에서 충족이 가능하였으나, 산업화 과정에서 가족의 기능이 분화되면서 가족의 많은 기능이 사회화되었다. 즉, 비공식적 주체에 의한 복지영역이 축소되고 있다. 또한 공적부문, 즉 국가책임 부문의 축소를 지향하는 개혁에 있어서는 비공식부문이 부당하게 이용되기도 한다.

둘째, 공적부문(public sector)은 중앙정부와 지방자치단체이며 현대 산업사회에 있어 사회복지서비스 제공의 가장 중요한 주체이다. 비공식적 부문으로는 충분히 대응할 수 없게 된 복지욕구를 공적부문에서 대처할 수 있다. 국가는 국민의 최저생활보장과 생활향상에 대한 책임을 가지며, 지방자치단체는 국가정책에 협력하면서 국가의 시책이 미치지 않는 지역사회의 독특한 복지욕구에 반응한다. 공적부문을 통해 이른바 '요람에서 무덤에 이르기까지'의 광범위한 서비스가 제공된다.

셋째, 민간비영리부문(voluntary sector)은 민간이 운영하는 점에서는 공적 단체와 다르고 이윤을 추구하지 않는다는 점에서 민간기업과 다르다. 민간기업과의 차이점은 민간비영리부문은 사람들의 자발성(voluntarism)에 기초하여 공급된다는 점이다. 복지국가체제의 성립 이전에 이 부분은 사회적 서비스의 가장 큰 공급주체였으나, 사회복지의 국가책임성을 강조하는 복지국가체제의 출범 이후 축소되었다. 시설보호와 같은 기본적 서비스를 제공하며, 국가서비스의 발달지체로 인한 갭을 메워줄 수 있다. 민간비영리 특성을 가진 민간기관의 주요한 기능으로는 ① 아직 공공정책으로 대처하지 못하는 서비스는 민간사회복지기관만이 제공한다. ② 민간사회복지만이 종파적인 서비스 혹은 특정 종족이나 이익집단을 위한 서비스를 적절하게 제공한다. ③ 사적인 익명의 알코올중독자 모임과 같은 자조집단(self-help group)의 중요성에 대한 인식 증대이다. ④ 민간기관만이 요보호자나 복지대상자를 위해 때로는 정부와 대립되는 입장에서 대변자의 기능이나 공무원에 대한 민원조사관의 기능을 담당할 수 있는 가장 적절한 최선의 방편이다. ⑤ 위의 네 가지 기능과는 별개로 민간사회복지가 비용의 적은 부문일지라도 사회복지의 주된 기능을 계속 행사한다(남세진, 1992: 135-136). 공적부문이 재정적 한계에 부딪힌 점과 민간비영리부문과 비공식부문이 활약하는 다원적인 복지사회가 성립되면 복지국가는 기능하지 못한다는 점을 들어 최근 복지국가의 위기 이후 민간비영리부문에 대한 관심이 다시금 고조되고 있다. 민간비영리부문은 비공식부문이나 공적부문을 어느 정도까지는 보완해 주지만 민간영리부문의 진출에 따른 경쟁적 관계라는 한계가 있다(양정하, 1992: 100).

넷째, 민간영리부문(business sector, commercial sector)으로 복지국가에서는 이 부문이 역할을 수행할 수 있는 부분이 별로 없었다. 최근 민간영리부문의 역할에 대한 새로운 인식이 대두되고 있다. ① 복지국가의 재정적 위기 속에서 공적부문에 의한 사회서비스의 공급이 한계에 달했다는 인식으로 비공식부문을 포함, 이 부문에 대한 정책당국의 관심이 고조되고 있다. ② 각국에서 국영기업의 민영화가 진행되어 이러한 조류가 사회복지계에도 확산되고 있다. ③ 생활수준의 향상으로 구매능력이 생긴 계층이 많아졌다. ④ 인구의 고령화가 진행되면서 요구되는 자원의 양이 많아져 이러한 규모의 이점을 살릴 수 있는 부문이 추가되었다(양정하, 1992: 101-102). 수익자부담원칙의 다양한 서비스의 공급은 특히 실버산업의 확대와 함께 점차 증가할 전망이나, 이 부문의 확대는 엄격히 규제되고 신중히 검토되어야 할 필요성이 제기된다.

2) 공공부조와 사회복지서비스의 대상

사회복지의 대상이란 사회복지가 일차적으로 관심을 가지고 있는 것, 즉 문제에 봉착한 사람들이나 문제 자체 혹은 문제를 야기하는 조건 등을 말한다. 사회복지의 대상 역시 사회복지가 역사적·사회적 형성체이니만큼 사회복지의 변화와 함께 여러 가지로 변화되어 왔다. 사회복지서비스 대상자의 선정기준은 선별주의와 보편주의로 구분할 수 있다. 최근에는 선별주의에서 보편주의로 변화되고 있다.

사회복지 대상자 중심은 사회복지를 필요로 하는 사람들이 누구이냐 하는 것인데, 초기단계에 있어서는 소수의 사회적 약자들을 한정해서 사회복지서비스가 제공되어 왔으나, 현대사회로 접어들면서 국민 전체로 사회복지가 확대되는 현상을 볼 수 있다. 초기에는 사회복지가 일반적으로 불행한 자나 낙오자를 도와주는 것으로 생각하였다. 그래서 사회사업, 사회복지라고 하면 고아, 미망인, 장애인, 빈민 등이 사회복지의 주요 대상인 것으로 생각하였다. 그러나 현대사회에 있어서 사회복지는 그러한 대상에게 일차적 관심을 보여주지만, 그보다도 국민의 사회적 욕구와 사회적 문제에 관심이 많다.

일반적으로 욕구에 대한 서비스를 사회복지로 보는 경우는 주로 개인주의와 기능주의적 이론에 기초하여 있고, 사회문제를 해결하는 것을 사회복지로 보는 경우는 주로 집단주의적 이념과 갈등 주의적 이론에 기초하고 있다. 다시 말해 욕구결핍이나 그것으로 인한 반사회적 행위(탈선, 일탈)는 대개 개인의 성격상 결함(동기부족, 게으름, 의타심 등)이나 기능상 장애(노령, 질병, 장애 등)로 생기는 것으로 생각하고, 사회 불평등이나 빈곤과 같은 사회문제는 자본주의제도의 결함이나 소유관계 및 독점상태(재산, 권력, 자원, 기회 등)에서 비롯되는 것으로 생각하는 경향이 있기 때문이다.

사회복지의 주요 대상인 사회적 욕구와 사회문제가 어떠한 것이 있는가를 보면 다음과 같다. 사회적 욕구는 물질적 욕구와 정서적 욕구로 나눌 수 있다. 물질적 욕구는 1차적 욕구로서 소득, 보건, 교육, 주택 등이 있고, 2차적 욕구는 스포츠, 예술 등 문화적 욕구, 사회참여 등의 사회적 욕구가 있다. 그리고 정신적 욕구는 애정결핍, 정서장애, 성격파탄을 정상화시키는 것이다. 한편 사회문제는 일탈(탈선)과 같은 반사회적 행위 이외에 사회 불평등과 사회해체와 같은 것으로 크게 나눌 수 있다. 탈선은 범죄, 자살, 알코올중독, 마약중독 등을 말하고, 불평등은 빈곤, 소외, 지역격차, 계층격차 등을 말하며, 사회해체는 결손가정, 빈곤가정 등 가족해체와 윤락가, 환락가, 빈민촌 등 지역사회해체를 지적할 수 있다.

앞서 언급한 바와 같이 사회 불평등을 사회문제로 보는 경우는 갈등주의자의 견해이며, 사회해체를 사회문제로 보는 경우는 기능주의(주로 개인의 성격 결함에서 초래)와 갈등주의(주로 사회의 제도적 결함에 의하여 초래)의 통합적(개인 또는 사회의 생태학적 결함에서 초래) 견해이다. 즉, 사회복지의 대상은 시대에 따라 변화하여 왔다. 일반적으로 경제적으로 곤란을 겪고 있는 사람, 신체적으로 장애를 갖고 있는 사람, 가족에게 보호나 혜택을 받지 못하는 사람을 대상으로 했던 시대에서 현대사회에서의 사회복지 대상은 위의 사항에 대하여 1차적 관심을 갖고 있지만, 그보다도 사회적 욕구와 사회문제를 대상으로 법정 요보호자 외 일반 국민 모두를 대상으로 한다(나직균 외, 2011: 131-132).

3) 사회복지의 실천현장

사회복지의 현장은 사회복지의 주체와 매우 밀접한 관계를 맺고 있다. 일선에서 사회복지서비스를 제공하는 사회복지사는 정부, 사회복지법인, 기타 관련 단체에서 일하는 경우가 많기 때문이다. 사회복지의 현장을 주체와 나누어서 살펴보려 하는 것은 현행법으로 사회복지서비스를 제공하는 곳은 어디이고, 그곳에서 사회복지사는 얼마나 주도적인 역할을 수행하고 있느냐를 점검하기 위해서이다.

사회복지의 현장은 우선 '사회복지사업법'과 관련 법령에 의해서 규정된 곳에서 찾을 수 있다. 사회복지서비스는 국민의 생존권을 보장하기 위한 국가의 복지서비스, 사회적으로 불우한 환경에 놓여 있는 빈민, 아동, 노인, 장애인, 모자, 영유아, 여성 등에 대한 현금/현물급여, 상담과 같은 정서적 원조 등을 포괄한다.

사회복지의 현장은 초기에는 요보호 아동, 노인, 장애인 등을 위한 생활시설(수용보호시설)에서 가정에서 도움을 필요로 하는 시민을 위한 이용시설로, 무료시설에서 실비와 유료시설로 확장되어 왔다.

사회복지사업법에 의한 모든 사회복지시설은 사회복지를 구현하는 곳이지만, 사회복지사가 전문적으로 사회복지서비스를 얼마나 제공하는지는 복지시설별로 상당한 차이가 있다. 사회복지사가 운영책임자나 핵심적인 직원으로 주도적인 역할을 하느냐의 여부에 따라서 사회복지사가 주도하는 기관, 기관의 특정 업무를 사회복지사가 전문적으로 수행하는 기관, 사회복지사가 부분적으로 개입하는 기관으로 나누어 볼 수 있다(나직균 외, 2011: 132-133).

03 단원요약 및 문제풀이

1) 단원요약

(1) 사회복지정책의 분석틀

① 할당

ⓐ 급여를 받을 수 있는 자격의 문제이다. 복지급여는 국가에 의한 일방적

이전으로 보통 공급이 부족하여 수요를 제한할 필요가 있고 그것의 기준이 무엇인가가 쟁점이 된다.

ⓑ 자격조건의 형태: 거주여부, 거주기간, 인구학적 조건, 기여, 근로능력, 소득/자산조사, 전문적 혹은 행정적 판단, 할당원칙에 의한 수혜자격 요건(귀속적 욕구, 보상, 진단적 구분, 자산조사에 의한 욕구) 등이 있다.

ⓒ 자격조건들의 평가기준: 근로동기약화 여부, 소득재분배 정도, 인간의 존엄성과 사회통합, 가족구조의 변화, 사회적 적절성, 대상 효율성, 총비용, 운영 효율성 등이 평가기준이 된다.

ⓓ 소득보장의 3층 체계

- 1층 보장체계: 국가에 의한 사회보장(공공부조, 공적연금, 사회수당 등)
- 2층 보장체계: 기업에 의한 보장과 책임(기업연금, 퇴직금, 단체보험 등)
- 3층 보장체계: 개인에 의한 보장과 개인책임(저축, 개인연금, 생명보험 등)

ⓔ 할당원칙

- 귀속적 욕구: 급여자격 요건은 경제시장의 제도적 장치의 의해 충족되지 않는 공통적 욕구를 가진 사람들의 범주나 집단에 속하느냐의 여부에 따라 결정되고 욕구의 규범적 준거에 기반을 둔 범주적 할당에 기초한다(전체 국민, 직업을 가진 어머니, 아동, 빈민촌 거주자와 같이 한정된 집단).
- 보상: 특정한 범주나 집단에 속하느냐에 따라 결정된다. 형평성을 회복하기 위한 규범적 준거에 기반을 둔 범주적 할당에 기초한다.
- 진단적 구분: 신체적 장애나 정서적 혼란과 같이 특정재화 혹은 서비스가 필요한 개인에 대해 전문가의 판단에 의존하여 결정된다. 욕구의 기술적 진단기준에 기반을 둔 개인적 할당에 기초를 둔다.
- 자산조사에 의한 욕구: 재화나 서비스를 개인이 구매할 수 없다는 증거에 의해 결정된다. 욕구의 경제적 기준에 근거를 둔 개인적 할당에 기초한다.

② 재정

ⓐ 복지정책의 재원은 다양하며 정책별로도 재원을 달리한다. 재원의 중요성은 재원의 성격에 따라 정책의 내용이나 목표가 달라지기 때문이다. 공공재원, 민간재원 또는 각기 다른 형태에 따라 자격조건, 급여액, 급여방법 등의 내용이나 목표(소득재분배, 효율)가 달라지기 때문이다.

ⓑ 공공재원

- 정부의 일반예산: 평등(소득재분배), 사회적 적절성, 복지대상자의 일반성, 급여의 보편성, 재원의 안정성, 지속성에 장점이 있다.
- 사회보장성 조세(목적세): 5가지 사회보험(국민연금, 산재보험, 의료보험, 고용보험, 노인장기요양보험)을 위한 보험료를 사용자나 피용자에게 강제로 부과하여 일종의 세금의 기능을 한다.
- 조세비용: 조세를 거둬들여 직접적인 사회복지급여를 하는 대신 사람들이 내야 할 조세를 감면시켜 사회복지의 목표를 이루는 데 드는 비용을 의미한다.

ⓒ 민간부문 재원: 사용자 부담, 자발적 기여, 기업복지의 재원, 비공식적 부문 재원(가족, 이웃, 친척 등), 공동모금 등이 있다.

③ 전달체계

ⓐ 사회복지정책을 통하여 제공되는 다양한 재화나 서비스를 수급자에게 전달하는 방법을 의미한다. 복지정책이 추구하는 가치나 목표의 성취가 전달체계에 의해 제공되므로 적절하고 바람직한 체계의 설립, 유지가 필요하다.

ⓑ 평가기준

- 재화서비스 속성에 따른 기술: 공공재적 성격의 정도와 외부효과의 크기, 소비자들의 합리적인 선택 가능성, 대규모로 제공하는 것이 기술적인 측면에서 바람직한 경우, 여러 전달체계에서 보완적 제공이 바람직한 경우 등이 있다.
- 전달체계의 측면: 평등(소득재분배) 혹은 사회적 적절성 달성 정도, 통합성(서비스 조정과 체계화 정도), 지속성, 효율성, 경쟁성, 접근성, 수급자의 욕구에 따른 대응성, 책임성, 수급자의 선택의 자유, 수급자들의 서비스에 대한 오용, 남용 방지 등이 있다.

ⓒ 유형

- 중앙정부: 장점으로 공공재적 성격이 강한 것, 대규모의 경제성을 갖는 서비스, 평등과 적정성의 달성, 다양한 복지에 대한 욕구를 체계화하고 프로그램을 통합, 조정하거나 지속적·안정적 유지하는 사업이 있다. 문제점은 자원의 비효율 배분문제, 독점성으로 인한 가격과 질에 있어 수급자들에게 불리, 관료성으로 이한 욕구대응에 민감하지

못하며, 지역특수성에 융통적이지 못하고, 민간에 비해 수급자가 접근하기 어려운 경향이 있다.

- 지방정부: 장점으로 지역욕구에 효율적 대처, 지방정부 간의 경쟁논리에 의해 재화의 가격과 개발 용이, 창의적 실험적 서비스 개발이 용이, 수급자들의 정책결정에 참여 등이 있다. 단점으로는 지역 간의 불평등 초래, 대규모의 경제효과가 적어 사회보험의 경우 기술적 측면에서 불리, 지방정부의 단편화된 프로그램의 가능성, 프로그램의 안정성과 지속성에서도 불리한 점이 있다.
- 민간전달체계: 정부제공 서비스 비해당자에 대한 서비스 제공, 정부가 제공할 수 없는 서비스 제공, 동일 종류의 서비스에 대한 선택의 기회 제공, 사회복지서비스의 선도적 개발 및 보급, 민간의 사회복지활동에 대한 참여욕구 수렴, 정부의 사회복지활동에 대한 압력단체 역할, 국가의 사회복지비용 절약 등의 장점이 있을 수 있다.

④ 급여

ⓐ 현금

- 수급자의 효용을 극대화할 수 있어 사회적 자원의 효율적 자원배분 가능(완전 경쟁시장과 합리적 소비자 가정)
- 수급자 선택의 자유와 소비자주권의 측면(자기결정)
- 인간의 존엄성 측면에서 우월하고 현물은 신청·급여·소비 시에 스티그마 발생 가능
- 프로그램의 운용비용이 적음

ⓑ 현물

- 욕구를 가진 자의 선별성과 집중급여 제공으로 정책의 목표달성 효율성 달성. 소비자의 합리적 선택의 한계와 사회전체 효용성 강조
- 효과가 명백하여 정치적 측면에서 선호, 관료차원, 물품평등주의
- 대량생산과 대량소비로 규모의 경제로 인한 프로그램비용의 감소
- 의료, 교육서비스, 음식, 주택, 에너지, 상담, 훈련 등

ⓒ 증서

- 현금과 현물의 장단점을 보완한 제3의 급여형태
- 중간속성에 의해 정치적 지지세력의 미약으로 인해 소규모운영, 시행과정에서의 많은 오용과 남용의 문제발생으로 인해 현물보다 목표효

율성이 낮다.

- 교육증서 등

ⓓ 기회

- 사회의 불합리한 집단들에게 진학, 진급, 취업 등에서 유리한 기회를 주어 시장의 경쟁에서 평등한 기회를 주는 형태를 의미
- 간접급여는 직접급여에 비해 평등의 목표달성이 어렵고, 사회기득권자의 자기이득 합리화의 수단으로 전용될 가능성이 많음

ⓔ 권력

- 수급자로 하여금 정책결정에 대한 권력을 주어 정책의 내용이 그들에게 유리하도록 결정되도록 하는 것을 의미한다.
- 현실적인 한계로 참여율이 낮고 참여자들이 수급자의 이익을 대변하기보다 기존 정책결정자들에 의하여 선택된 사람들이고, 정책내용의 이해가 적기 때문에 실질적인 정책변화에 영향을 줄 수 없으며 기득권자들의 합리화도구 가능성이 크다.

| 표 5-2 | 현물, 현금급여의 장점

현금급여의 장점	현물급여의 장점
① 수급자 실제적 필요의 효용성을 극대화할 수 있다. ② 사회복지의 가치인 자유나 자기결정의 권리를 보호할 수 있다. ③ 인간의 존엄성을 유지시키는 데 유리하다. 특히 현물급여의 수치심을 줄일 수 있다. ④ 유통비용이 없기 때문에 프로그램의 운영비가 적게 든다.	① 정책의 목표를 효율적으로 달성할 수 있다. 현금급여로 인해 용도전용이 있다면 정책목표의 효율적 달성이 어렵다. ② 현물생산 집단, 현물관리 관료들에 의해서도 선호되어 정치적 채택가능성이 높다. ③ 대량생산과 대량소비로 인한 경제효과가 있기 때문에 필요하다.

(2) 사회복지의 주체

① 개념

ⓐ 사회복지의 주체란 사회복지서비스를 제공하는 사람 또는 기관을 의미한다.

ⓑ 가족으로부터 국가에 이르기까지 여러 형태가 있을 수 있다.

② 종류

ⓐ 비공식부문: 가족과 친족 등의 1차적인 집단을 의미한다. 전통사회에서는 1차적 집단에 의한 욕구충족이 가능하였으나, 현대사회에서는 가족해체, 기능의 분화, 사회변동, 사회문제 등으로 인하여 많은 부분이 사회화되었다.

ⓑ 공적부문: 국민의 최저생활의 보장을 목적으로 하여 일반조세로 운영한다. 현대사회에서는 보편적이고 안정적·지속적인 서비스를 제공하는 공적부문의 역할이 크게 확대되었다.

ⓒ 민간비영리부문: 비공식부문과 함께 사회복지서비스의 가장 큰 공급자였으나 복지국가가 성립되면서 그 역할이 축소되고 있다.

ⓓ 민간영리부문: 공적부문의 복지비용의 증가 등의 원인으로 공적부문의 사회복지서비스가 한계에 달하게 되고, 생활수준의 향상으로 질 높은 서비스를 요구하게 되면서 이 부문의 수요가 증대되고 있다.

참고> 공적부문: 사회복지기관 중 가장 중요한 부문이다. 정부기관, 행정부(국가기관의 핵심), 입법부, 사법부, 지방자치단체(특별시·광역시·도 및 시·군·구), 공공기관(국민연금관리공단, 국민건강보험공단, 한국사회복지협의회, 사회복지공동모금회 등) 등을 들 수 있다.

③ 형태

ⓐ 전통적인 사회일수록 사회복지의 책임이 개인, 가족, 부락, 교회 등에 있었기 때문에 상호부조와 자조사업이 사회복지의 기본적인 형태였으나, 현대사회에서는 복지의 책임이 국가와 사회에 있다는 인식이 지배적이다.

ⓑ 사회주의 사회에서는 각자의 욕구에 따른 복지서비스와 무료의 원칙을 강조하지만, 자본주의 사회에서는 각자의 능력에 따른 복지서비스와 유료의 원칙을 강조한다.

(3) 사회복지대상

① **개념**: 사회복지대상으로 과거에는 사회적 약자나 요보호자가 사회복지의 대상이었으나, 오늘날에는 국민전체가 그 대상이 된다.

② 대상의 분류

3D	빈곤(Destitution), 질병(Disease), 비행(Delinquency)
4D	빈곤(Destitution), 질병(Disease), 비행(Delinquency), 의존(Dependence)
4고	빈곤, 질병, 무위, 고독
5악	빈곤, 질병, 불결, 나태, 무지

2) 문제풀이

1. 사회복지정책의 할당원칙에 관한 설명으로 옳지 않은 것은? (14회 기출문제)

① 귀속적 욕구는 시장을 통해 충족되지 않는 어떤 욕구를 공통적으로 가진 집단에 속하는지 여부에 근거하는 원칙이다.
② 보상이란 사회·경제적으로 특별한 공헌을 했는지 또는 사회로부터 부당한 피해를 입었는지 여부에 근거하는 원칙이다.
③ 진단적 구분이란 개별사례에 대해 전문가가 어떤 재화 또는 서비스를 특별히 필요로 하는지를 판단하는 것이다.
④ 역량은 보유하고 있거나 동원 가능한 자원의 종류와 양에 근거하여 대상 여부를 판단하는 것이다.
⑤ 자산조사 욕구는 필요한 재화나 서비스를 구입할 능력이 없음을 나타내는 증거에 기초한다.

정답 ④

2. 선별주의 정책과 보편주의 정책의 특징을 옳게 연결한 것은? (13회 기출문제)

① 선별주의–전체 국민 ② 선별주의–간편한 행정 업무
③ 보편주의–빈곤의 덫 유발 ④ 보편주의–사회적 통합효과
⑤ 보편주의–사회적 낙인 유발

정답 ④

3. 사회복지 공급주체 중 민간영리부문과 관계가 없는 것은?

① 수익자 부담의 원칙 ② 시장경제 ③ 이윤추구의 극대화
④ 현행 사회복지사업법과 무관 ⑤ 서비스 판매

정답 ④

Check

④ 현행 사회복지사업법에서는 사회복지서비스 민영화를 추구하는 방향으로 법제화되어 있다.

4. 사회복지 민영화에 관한 설명으로 옳지 않은 것은?

① 바우처제도는 민영화 경향이 반영된 지원 방식이다.
② 복지혼합의 주요 수단으로 여겨지고 있다.
③ 자유시장과 규제완화, 재산권을 중시하는 신자유주의적 이데올로기의 영향을 받았다.
④ 민간부문의 책임과 함께 국가의 책임이 한층 더 강화된다는 점에서 호응을 얻고 있다.
⑤ 국가의 자금투여에도 사회문제가 해결되지 않자, 공공부문의 서비스 효율성 및 효과성에 대한 비판이 일기 시작하면서 등장한 개념이다.

정답 ④

5. 다음 중 사회복지의 대상(객체)에 대한 설명으로 옳지 않은 것은?

① 사회복지는 복지서비스를 제공하는 사람이나 기관을 말한다.
② 사회복지의 대상은 사회적 욕구와 사회문제를 가진 요보호자이다.
③ 문제에 대한 해결로서 집단주의적 이념과 갈등주의적 이론에 근거하였다.
④ 오늘날에는 국민 전체로 확대되었다.
⑤ 사회복지의 서비스 대상자의 선정기준은 선별주의와 보편주의로 구분할 수 있다.

정답 ①

Check

① 사회복지의 주체(기관)에 대한 설명이다.

6. 사회복지의 대상으로서 3D에 속하지 않은 것은?

① 비행 ② 질병 ③ 빈곤
④ 나태 ⑤ 무위

정답 ④

Check

디바인(T. Divine) 3D: 빈곤(Destination), 질병(Disease), 비행(Delinquency)을 말한다.

7. 길버트와(Gilbert)와 스펙트(Specht)의 사회복지 분석틀이 아닌 것은?

① 제공하는 급여　② 급여 수급자격요건　③ 급여평가과정
④ 재정충당방법　⑤ 급여의 전달체계

정답 ③

Check

사회복지정책의 분석틀
① 할당(대상)체계: 보험대상 및 수급대상(누구에게 급여할 것인가?)
② 급여체계: 급부의 형태 및 수준(무엇을 급여할 것인가?)
③ 전달체계: 급부의 전달경로(어떻게 급여할 것인가?)
④ 재원체계: 기여금의 충당방법 및 배분방법(어떻게 재원을 조달할 것인가?)

8. 사회복지정책의 재원체계에 관한 설명으로 옳은 것은?

① 사회보장성 조세는 보험료를 사용자나 피용자에게 강제로 부과하여 일종의 세금의 기능을 한다.
② 조세는 재정의 지속가능성이 낮다.
③ 조세지출은 공공재원에 포함되지 않는다.
④ 소득세는 간접세에 해당하며, 소비세는 직접세에 해당한다.
⑤ 직접세 인상은 물가상승의 원인이 될 수 있다.

정답 ①

9. 다음 중 길버트와 스펙트가 주장하는 내용 중 관련이 없는 것은?

① 공급을 위한 재원조달은 가능한지를 파악한다.
② 다양한 재화나 서비스를 어떤 전달체계로 실시할 것인지를 정한다.
③ 누구에게 급여를 제공할 것인지를 정한다.
④ 무엇을 줄 것인지의 사회적 급여의 형태를 정한다.
⑤ 대상자 주변의 장애를 극복해 주는 것이다.

정답 ⑤

10. 3D, 노인의 4고, 베버리지 5대 사회악의 사회복지적 공통점은?

① 나태와 무지　② 빈곤과 질병　③ 질병과 비행
④ 범죄와 빈곤　⑤ 무지와 질병

정답 ②

Check

사회복지의 대상

3D	빈곤(Destitution), 질병(Disease), 비행(Delinquency)
4D	빈곤(Destitution), 질병(Disease), 비행(Delinquency), 의존(Dependence)
4고	빈곤, 질병, 무위, 고독
5악	빈곤, 질병, 불결, 나태, 무지

11. 다음은 사회적 할당의 기준들을 제도적 사회복지에서 보충적 사회복지로 순서대로 정리한 것으로 옳은 것은?

① 보상 > 귀속적 욕구 > 진단적 차별 > 자산조사에 의한 욕구
② 귀속적 욕구 > 진단적 차별 > 보상 > 자산조사에 의한 욕구
③ 귀속적 욕구 > 보상 > 진단적 차별 > 자산조사에 의한 욕구
④ 진단적 차별 > 보상 > 자산조사에 의한 욕구 > 귀속적 욕구
⑤ 자산조사에 의한 욕구 > 귀속적 욕구 > 보상 > 진단적 차별

정답 ③

12. 길버트와 스펙트가 사회복지정책의 수행을 위해 제시한 재원 조달방법에 해당하지 않는 것은?

① 이용자 부담 ② 특별세 ③ 일반세
④ 자발적 기부금 ⑤ 수익사업

정답 ⑤

13. 일반예산이 사회복지정책의 재원으로 사용되는 주요 이유에 해당하지 않는 것은?

① 평등 ② 소득재분배 ③ 안정성
④ 지속성 ⑤ 유동성

정답 ⑤

Check

사회복지정책 일반예산 재원의 장점

① 소득재분배성, 누진성: 소득이 낮은 사람에게 급여 시 제한이 적고, 소득이 높은 사람일수록 납부를 많이 함
② 평등: 급여의 대상이 넓고 급여내용이 보편적
③ 재원의 안정성, 지속성: 국가의 공권력에 의해 조세를 부과함

Chapter 06

정책의 급여

사회복지급여는 어떤 형태로 제공되는가의 문제로서 급여의 기본적인 형태에 따라 현물급여와 현금급여로 볼 수 있으며, 거의 모든 사회복지 재화나 서비스를 차지한다. 하지만 사회복지정책의 대상자에게 무엇을 제공할 것인가를 결정하는 데는 사회복지정책의 가치적인 부분까지 포함해야 한다.

01 사회복지급여의 목표

사회복지급여는 사회적 문제로부터 국민을 보호하기 위하여 다양한 종류와 유형으로 제공되고 있으며, 다양한 견해가 있지만 보통 보상, 예방, 재활의 목적을 갖는다.

1) 보상

사회복지제도들은 사회적 애로요인이나 위험으로 인해 국민들이 입게 되는 경제적, 육체적 또는 정신적 피해를 보상(compensation)해 주기 위하여 다양한 종류의 급여 프로그램을 운영해 오고 있다.

보상으로서의 급여는 첫째, 소득대체형의 급여로 개인이 노령, 실업, 질병 등의 사유로 인해 소득활동의 중단이 나타날 때, 상실된 근로소득을 별도로 보상해 주기 위하여 제공하는 프로그램이다. 둘째, 소득보충형의 급여로서 질병의 치료, 주거의 마련, 아동의 양육 등이 사유로 개별가구의 경제적 부담이 가중될 경우 이를 완화해 주기 위한 목적으로 제공되는 프로그램이다. 셋째, 소득보상형의 급여로서 군, 경, 기타 국가유공자와 같이 국가와 민족을 지키기 위하여 활동한 사람이 상해를 입거나, 사망 혹은 근로능력을 상실하여 본인이나 가족 그리고 유족의 생활이 빈곤하게 될 때 국가의 재정을 재원으로 국가가 그들 본인과 가족 또는 유족의 생활을 보장해 주는 급여제도가 있다.

2) 예방

사회적 애로요인이나 위험의 발생을 사전에 예방(prevention)하게 될 경우 복지의 측면에서 상당한 긍정적 효과가 나타난다. 예방은 일반적으로 문제사태의 발생예방, 그 조기발견과 조기해결을 위한 원조활동을 의미하며, 대표적으로 예방사업은 첫째, 피해의 발생으로 인해 개인이 입게 되는 복지수혜 감소의 문제를 방지할 수 있고, 둘째, 동시에 피해보상의 일환으로 사회복지정책에서 제공되는 급여의 비용을 절감하는 효과도 가져다 줄 수 있다는 점에서 예방사업은 복지의 측면뿐만 아니라 경제적 측면에서도 보상사업에 비해 효과적임을 알 수 있다.

사회복지정책은 피해의 사전적 예방을 목표로 다양한 형태의 급여 프로그램을 운영하고 있다. 예를 들면, 국민건강보험제도에서 시행되고 있는 건강증진과 예방을 목적으로 하는 건강검진 프로그램, 산업재해보상보험제도에서 산업재해의 사전방지를 위해 이루어지는 근로감독, 고용보험에서 실업의 예방을 목표로 운영되는 직업능력향상교육 프로그램 등이 여기에 해당된다고 할 수 있다(한국복지행정학회, 2014: 206~207).

3) 재활

재활(rehabilitation)은 개인이 사회적 애로요인으로 인해 입게 되는 각종의 피해현상을 극복하여 정신적, 사회적, 경제적, 직업적으로 가능한 한 건전한 사회의 일원으로 자립 정착을 할 수 있도록 지원하는 프로그램이다. 피해의 사안에 따라 크게 의료재활, 직업재활, 사회재활, 교육적 재활로 구분할 수 있다.

첫째, 의료재활은 육체적·정신적 병리 현상을 치유하기 위해 실시되는 프로그램을 의미한다. 의료재활은 신체장애의 치료, 제거에 노력하지만 만약 이것이 영속적 장애가 되었을 경우에는 신체에 남아 있는 다른 건전한 기능, 즉 잔존기능을 재개발해서 잃어버린 기능을 대시하여 의지, 보장구, 휠체어, 지팡이 등을 사용함으로써 장애인 개인으로서의 기능저하를 개선시키는 것을 목적으로 한다. 의료재활이 목표에 도달하면 직업재활 또는 사회재활을 유도하게 된다.

둘째, 직업재활은 신체적 기능의 저하로 인해 상실된 근로능력을 재차 회복할 수 있도록 지원하는 직접적 방법 그리고 보장구와 같은 각종 보조기구의 활용방법에 대한 교육을 통하여 손상된 작업능력을 보완해 주는 간접적 방법도 있다.

셋째, 사회재활은 일상생활의 영위와 사회적 교류를 지원하기 위하여 이루어지는 각종의 프로그램을 의미한다.

넷째, 교육재활은 특수교육 등을 포함한다. 교육재활은 의료재활과 병행해서 대상자에게 행해진다. 따라서 교육재활은 '인간답게 알맞은 권리, 자격, 존엄이 어떤 원인으로 상처받은 사람에 대하여 그 권리, 자격, 존엄 등을 회복하는 것'이라 할 수 있다(홍봉수 외, 2011: 179, 한국복지행정학회, 2014: 207).

일반적으로 특정한 피해현상이 발생하게 될 경우 당사자는 육체적 또는 정신적 병리 현상으로 인한 고통뿐만 아니라 직업활동 및 사회활동에 필요한 능력의 장애를 동시에 겪게 되는 문제에 직면할 수 있다. 그러므로 재활사업은 의료재활, 직업재활 그리고 사회재활의 프로그램들이 상호 유기적으로 연계될 수 있도록 하는 정책적 노력이 필요하다(이정우, 2004: 264-265)

02 사회복지급여의 유형

사회복지급여란 사회복지정책의 선택의 결과 무엇을 사회복지대상자에게 전달할 것인가 하는 문제에 관한 것이다. 사회복지급여란 사회복지정책을 통하여 결정된 결과물(product)이며, 정책의 목표에 따라 제공되는 급여의 내용이나 재화, 서비스의 형태, 수준 등은 달라진다. 급여(benefit)란 사회복지정책을 통해 제공되는 물질적·비물질적 자원을 의미하며, 전통적으로 현금, 현물의 두 가지 형태가 실질적으로 거의 모든 사회복지 재화나 서비스를 차지하였다. 그러나 오늘날에는 급여의 형태가 확장되어 길버트(Gilbert)와 스펙트(Specht)는 급여의 형태를 현금, 현물, 증서, 기회, 권력, 서비스 등으로 나누어 제시하였다(박경일, 2014: 167).

1) 현금급여

현금(cash)급여는 오늘날 복지국가에서 제공되는 사회복지재화나 서비스 가운데 가장 큰 서비스 형태로 수급자의 욕구의 충족을 금전에 의해 행하는 것이다. 현금급여의 종류에는 국민연금에서 노령연금, 장애연금, 유족연금 등과, 건강보험에서의 질병수당, 산재보험의 장애수당, 실업급여, 공적부조, 아동수당, 주택수당 등이 현금급여에 해당한다(나직균 외, 2011, 247: 249).

(1) 현금급여의 장점

현금급여의 장점으로는 첫째, 완전 경쟁시장과 합리적 소비자를 가정할 때, 수급자의 효용을 극대화할 수 있어서 사회적 자원의 효율적 배분이 이루어질 수 있다. 둘째, 수급자의 선택의 자유와 소비자 주권의 보장으로 스스로가 복지수준을 증가시키는 효과와 더불어 자기결정권을 최대한 보장할 수 있다. 셋째, 현금급여는 급여의 수급과 소비 시 스티그마를 줄여주어 인간의 존엄성을 유지시키는 데 현물급여보다 우월하다. 넷째, 현금급여는 또한 현물급여에 비하여 프로그램의 운영비용과 행정적 수월성이 보장되어 노력과 비용이 적게 든다.

(2) 현금급여의 단점

현금급여의 단점으로는 첫째, '개인'이 효용의 극대화의 경우 '사회 전체'의 효용에 의하여 제한받을 수도 있다. 둘째, 소비자 선택의 자유가 생산자들에 의하여 광고 등의 방법으로 왜곡될 수도 있다. 개인이 현금급여를 통해 확보하게 되는 상품이 실제 상품의 가치와 괴리되는 현상이 발생할 수 있다. 셋째, 지급된 금전이 실제 필요 충족에 효과적으로 사용되었는지 아닌지를 확인하기 어려운 약점이 있다. 예를 들면, 현금급여는 복지목적을 일탈한 복지수급자의 부당한 소비행위를 통제할 수 있는 수단이 결여되어 있다. 또한 불필요한 부분에 사용하는 것을 막을 수 없어 목표효율성이 떨어진다. 넷째, 현금급여는 모든 수급자가 합리적인 선택을 하지 못한다는 점이다.

(3) 현금급여의 형태

① 금전의 지급(수당, 연금 이외의 부가수당)

현금급여는 수당, 연금, 급여금 등 여러 가지 명칭으로 불리고 있다. 이것은 대상자의 소득에 얼마간의 소득을 새롭게 첨가시켜 그 가처분 범위를 증대시키는 것이므로, 플러스수당(부가수당)이라고 할 수 있다.

현금급여는 일시적 지급과 정기적 지급으로 구분된다. 일시적 지급은 일시금과 같은 형태로 일반적으로 금액이 많고 가처분의 재량 폭이 크며, 계획적으로 사용하지 않는 경우 남용하게 될 우려가 있고, 정기적인 지급은(월별, 분기별, 연별 등 기간 차이는 있으나) 그 금액이 어느 정도 한정되어 있기 때문에 남용의 폐해는 방지할 수 있다.

② 감면 또는 대불

감면 또는 대불은 욕구의 충족에 필요한 비용(경비)을 소득 등의 조건이나 사정에 따라서 감액 또는 감면하거나, 제 3자가 그 비용을 대불해 주는 방법이다. 이 형태는 어떤 일정량의 소득 중에서 필요한 지출을 하는 것이 아니라 그 필요한 지출을 감면 또는 대불하는 것으로서 화폐적 욕구의 충족이라는 점에서 같은 효과를 가진다.

현금급여의 경우 각종 수당, 연금 이외의 급여를 수급자가 자유롭게 소비할 수 있는 대신에 필요한 욕구충족에 유효하게 기능한다고 볼 수 없는 결함이 있다. 이에 대해서 감면 또는 대불의 경우 사용방법이 특정화되어 있기 때문에 금전의 지급의 비효율성을 통제하는 것이 가능하다. 활용 면에서는 현물급여와 비슷한 형태이며 이러한 장점으로 인해 대불방식이 현행 사회복지제도에서 널리 사용되고 있다.

③ 융자 · 대여의 형태

융자·대여의 형태는 필요로 하는 자금 수요에 대해서 자금을 제공하고 나중에 그 자금을 반환받는 것이다. 그런 의미에서 엄밀히 구분할 때에는 급전급여라고 할 수 없으나, 자금을 제공받아 필요한 재화 및 서비스를 구입한다는 점에서 금전급여와 같은 효과를 가진다. 예를 들면, 일본의 공익전당포를 들 수 있는데, 고금리로부터 빈민을 보호하기 위하여 필요한 생활자금의 융자를 저금리로 간편하게 이용할 수 있도록 설치하고 있다. 또 일본의 세대자활자금, 모자복지자금은 비교적 저소득세대이기 때문에 필요한 생활자금을 다른 곳에서 얻을 수 없는 사람들에서 자립을 도모하기 위하여 저금리의 자금을 공공적으로 제공하고 있다(나직균 외, 2011: 247~249).

2) 현물급여(물질적 재화와 서비스)

현물급여는 현금 대신 수급자에게 필요한 물품이나 서비스 등이 직접적으로 지급되는 것으로 급여를 대량으로 저렴하게 제공할 수 있다. 공공부조의 경우 쌀이나 의복 등이 현물로 제공되는 경우가 있으며, 비화폐적인 서비스 형태이다. 이는 또한 대상자에게 정확하게 사용될 수 있는 장점이 있다.

현물급여가 필요한 경우는 첫째, 수급자의 욕구 충족에 필요한 서비스나 재화를 자유롭게 구입할 수 없을 때, 즉 시장경제를 매개로 해서는 필요한 서비스나 재화의 조달이 곤란한 경우이다. 둘째, 현금을 받아도 수급자가 아동이거나 노인으로서 현금을 자유롭게 사용할 수 있는 능력을 가지고 있지 못한 경우이다.

현물급여의 종류에는 의료서비스, 교육서비스, 음식, 주택, 에너지, 각종 직업훈련, 상담 등을 볼 수 있다.

(1) 현물급여의 장점

현물급여가 갖는 장점은 다음과 같다.

첫째, 정책의 목표효율성(target efficiency)을 높일 수 있다. 예를 들면, 정책의 목표가 빈곤자에 대해 인간다운 생활을 영위할 수 있도록 주택정책을 펼친다면, 국가가 직접 주택을 지어 빈곤자에게 공급하는 것이 효율적일 것이다. 만일 주택수당을 지급한다고 가정한다면 수급자가 이 비용을 다른 용도로 사용할 경우 정책목표와 맞지 않는 비효율이 발생한다. 따라서 급여를 받는 사람들이 용도 이외의 부분에 사용할 수 없기 때문에 정책목표와 맞는 소비가 이루어질 수 있다.

둘째, 현금급여에 비하여 효과가 명백하여 정치적인 측면에서 선호된다. 즉, 정치적인 측면에서 세금이 반드시 필요한 곳에 쓰인다는 것을 보여 줄 수 있기 때문에 정치적으로 선호되며, 정부관료들에 의해서도 권력을 행사될 수 있어 선호된다.

셋째, 현금급여보다 대량생산과 대량소비로 인한 규모의 경제효과가 커 프로그램 비용을 줄일 수 있다.

넷째, 다수의 사람들은 '소득의 평등'보다는 특정한 필수품의 평등에 더 관심을 가지는 물품평등주의를 더 선호한다. 따라서 국민을 대상으로 이러한 물품평등주의를 주장하는 것이 더 용이할 수 있다(한국복지행정학회, 2014: 213).

(2) 현물급여의 단점

현물급여가 가지는 단점은 다음과 같다.

첫째, 현물급여는 국가 사회복지기관이 급여의 종류나 수준을 결정하므로 복지수급자의 실제적 복지욕구를 무시할 수 있다.

둘째, 현물급여는 국가나 사회복지기관 주도의 생산방식으로 복지상품을 표준화, 규격화, 획일화시키므로 대상자의 다양한 욕구에 적절히 대처하기 어렵다(한국복지행정학회, 2014: 214).

셋째, 일반적으로 급여 소비단계에서 수급자에게 낙인감이나 치욕을 주는 경향이 있다.[28] 현금급여의 경우 수급여부가 노출되지 않는 반면, 현물급여는 수급여부가 노출되어 개인의 존엄성을 해칠 수 있다.

넷째, 현물급여는 현물의 보관, 유통과정에 추가적인 비용이 들어 운영효율성이 낮다.

다섯째, 서비스가 질의 변화가 없는 획일적인 제공일 경우, 사회복지 재화나 서비스들 가운데 많은 것들은 서비스의 속성상 규모의 경제효과가 나타나기 어려울 수 있다.

여섯째, 현물급여는 국가나 사회복지기관이 복지상품의 직접적인 생산자가 될 경우 시장원리의 부재에 따른 각종의 비효율성 문제와 관료화의 문제가 나타날 수 있다.

| 표 6-1 | 현금급여와 현물급여의 비교

구분	현금급여의 장점	현물급여의 장점
장점	① 수급자 필요의 효용성을 극대화 ② 자유와 자기결정의 권리를 보호 ③ 인간의 존엄성을 유지하고 수치심을 줄일 수 있다 ④ 프로그램의 운영비가 적게 든다	① 정책 목표를 효율적으로 달성 ② 생산집단, 관료들에게 선호되어 정치적 채택가능성이 높다 ③ 대량생산과 대량소비로 인한 경제효과
단점	① 용도 외 사용이 가능하다 ② 급여수준과 복지상품가격 간의 괴리가 있다	① 선택의 자유 제한 ② 시장기능의 제약 ③ 복지상품의 표준화의 어려움 ④ 관리비용의 증가

3) 증서

증서(voucher)는 현금과 현물의 장단점을 보완한 제3의 급여의 형태로, 정해진 용도 내에서 원하는 재화나 서비스를 자유롭게 선택할 수 있는 일종의 이용권이다. 대표적인 증서의 종류로는 미국의 푸드스탬프(food stamp), 교육증서, 주택증

28) 미국에서 1960년대 이후 저소득층을 위한 대규모의 공공주택을 건설하여 살게 하였으나 오늘날엔 대부분 슬럼가로 변해 실패한 것으로 평가받는다. 가장 큰 이유로 공공주택에서 사는 것이 치욕을 불러일으키기 때문이다. 따라서 공공주택과 같은 현물급여보다는 주택부조(housing assistance)와 같은 현금급여의 방법이 치욕의 문제를 해결할 수 있다(박정호, 2004: 148).

서 등이 이에 해당한다.

증서의 장점으로는 첫째, 현금급여의 장점인 소비자선택의 자유를 제한적이지만 살릴 수 있고, 둘째, 복지수급자에 대한 사회적 통제를 통하여 현금급여의 무제한적인 선택의 자유에서 발생하는 목표효율성의 저하를 일정 부분 막을 수 있다. 셋째, 현물급여의 장점인 목표효율성을 살릴 수 있고 넷째, 증서는 정치적으로도 현물급여와 유사하게 인식되어 납세자들의 정치적 지지를 획득하는 데 용이하며, 다섯째, 현물급여보다 수급자의 효용성을 증가시키며 운영효율성을 증가시킨다. 여섯째, 증서는 공급자들 간의 경쟁을 통하여 재화나 서비스의 질을 높일 수 있다.

증서의 단점으로는 첫째, 급여에 통제량이 있고, 둘째, 현금급여의 단점인 오남용문제를 줄일 수는 있지만 근본적으로 막을 수는 없으며, 셋째, 서비스공급자가 특정 소비자를 선호 또는 회피할 수 있는 현상이 나타날 수 있다.

이론적으로는 현금급여와 현물급여의 이상적인 속성을 가지고 있음에도 불구하고 대부분의 복지국가에서는 주요급여 형태로 발전하지 못하였는데, 이는 중간속성에 의해 정치적 지지세력의 미약 때문이었다. 하지만 최근 우리나라는 다양한 형태의 증서를 도입하고 있다. 이들은 재화를 제공하는 증서인 미국의 푸드스탬프와는 달리 서비스에 대한 증서라는 점에서 다르다. 예를 들면, 우리나라는 ‘사회서비스’ 확대를 위한 방법으로 기존의 현물급여를 확대하는 대신 새로운 형태의 증서인 증서(바우처)제도를 노인, 장애인, 산모 및 신생아, 아동 등을 대상으로 확대·실시하고 있다. 기존 공급기관의 지원방식과 비교할 때 서비스이용자가 기관을 선택할 수 있게 함으로써 공급자 간에 서비스 질을 높이기 위한 경쟁을 유도하고, 이를 통해 서비스의 질을 개선하는 것을 목표로 하고 있다.

4) 기회

기회(opportunity)는 무형의 급여 형태로 어떤 집단이 접근하지 못했던 급여에 있어 접근을 가능하게 만드는 것이다. 기회의 사회복지정책 목표는 사회의 불합리한 집단들에게 진학, 진급, 취업 등에서 유리한 기회를 주어 시장의 경쟁에서 평등한 기회를 주는 형태를 의미한다. 주요한 대상으로는 여성, 장애인, 노인, 외국인노동자 등 사회적으로 차별받고 있다는 사회적 인식이 형성되어 있는 집단이 될 수 있다. 이러한 집단에 대하여 교육과 고용 혹은 예외적인 기회 등 유리한 조건을 부여한다. 예를 들면, 농어촌지역의 학생이나 장애인에게 특례입학을 허가하는 것과 기업의 장애인 의무고용 등을 들 수 있다.

기회의 급여는 일반적으로 즉각적인 이전가치(transfer value)나 교환가치(exchange value)의 효과가 나타나는 것이 아닐지라도 사회복지대상자들에게 중요한 급여가 된다. 뿐만 아니라 사회복지정책의 목표상 사회복지대상자의 의존성을 없애고 자립을 배양한다는 점에서 기회의 급여는 매우 효용가치가 높은 급여로 평가된다. 그러나 기회의 급여와 같은 간접급여는 직접급여에 비해 평등이라는 목표달성의 어려움, 사회기득권자의 자기이득 합리화의 수단으로 전용될 가능성이 많다는 한계점을 가진다.

5) 권력

권력(power)은 수급자로 하여금 정책결정에 대한 권력을 주어 정책의 내용이 그들에게 유리하도록 결정되도록 하는 것을 의미한다. 권력은 현금이나 증서처럼 쓰일 수 없지만 현물이나 기회보다는 훨씬 더 선택의 여지를 제공하는 장점이 있다. 예를 들면, 미국의 지역사회운동기관(Community Agencies)이나 시범시조직((Model Cities Organizations) 등과 같은 기관에서 빈민, 클라이언트 및 다른 약자집단의 대표자들을 이사로 선임하여 영향력의 재분배를 택한 것을 들 수 있다. 이 경우 사회적 급여는 전달체계의 구조에 대한 정책결정 속에 스며들어 있다(현외성, 2014: 116~117).

그러나 현실적인 한계로 참여율이 낮고 참여자들이 수급자의 이익을 대변하기보다 기존 정책결정자들에 의하여 선택된 사람들이고, 정책 내용의 이해가 적기 때문에 실질적인 정책변화에 영향을 줄 수 없고 기득권자들의 합리화도구 가능성이 크다는 문제점을 가지고 있다(임정문, 2006: 105).

6) 서비스

서비스란 클라이언트에게 교육, 상담, 사례관리, 직업훈련 등을 제공하는 것을 말한다. 서비스는 구체적 형상을 지닌 것이 아니라 무형이기 때문에 시장가치를 가늠하기 힘든 경향이 있어 수혜자에게 시장가치를 부여하지는 않지만, 클라이언트의 자립과 자활을 돕는 중요한 급여가 될 수 있다.

03 급여의 수준

1) 사회복지정책의 급여수준 결정기준

사회복지정책의 급여가 어느 정도의 수준으로 제공되는지에 따라 국민의 복지수준과 삶의 질에 영향을 미치기 때문에 일반적으로 국민은 사회복지정책급여의 수준에 많은 관심을 갖는다.

사회복지정책의 급여수준은 일반적으로 적정선을 최저기준(하한선)으로 하고 균등선을 중간축으로 하며 형평성에 입각하여 일정한 상한선의 범위 내에서 상하로 신축성 있게 하는 것이 이상적이라고 할 수 있으나, 구체적으로 사회복지정책의 급여사유에 따라 급여수준은 달라져야 한다. 즉, 클라이언트의 욕구에 따라 보다 균등선에 가깝도록 사회복지정책의 급여수준이 결정되어야 하고, 보상인 경우는 사회적 공헌도나 사회적 편견에 의한 희생을 보상받을 수 있을 정도로 충분해야 하며 적어도 균등선은 유지되어야 한다. 진단의 경우는 전문가의 진단에 기초하여 재활이 가능한 최소한의 급여수준이 유지되어야 한다. 그리고 자산조사에 의한 수요인 경우 최저한의 경제적 욕구를 충족시킬 수 있는 하한선, 즉 최저생계비인 빈곤선이 유지되어야 한다(신상준, 1989: 216~217, 한국복지행정학회, 2014: 223).

또한 사회복지정책의 급여수준을 결정함에 있어 우선 사회적 효과와 비용효과가 고려되어야 한다. 사회적 효과는 복지정책이 근로동기유발이나 기타 요인(부양가족급여와 같은 경우의 산출증가영향, 자산조사 시의 낙인방지, 명예보장 등)이 미치는 사회적 영향을 의미하며, 비용효과는 복지예산과 복지정책 산출성과 사이의 비교분석을 의미한다(신상준, 1989: 160).

오자와(Martha N. Ozawa, 1978: 41-48, 신상준, 1996: 217-219 재인용)는 사회복지정책의 구현방법을 기본적으로 소득보장정책(income maintenance policy)에 두고 이 소득보장 정책을 평가하는 관념적 기준으로 적정선, 형평성, 경제적 능률성, 근로동기유인, 낙인과 자기 이미지 유지성, 반빈곤효과, 저축의욕의 영향, 행정능률을 제시하고 있고 이를 살펴보면 다음과 같다.

첫째, 적정선(adequacy)은 소득보장은 한 가정에 적정 최저소득을 보장받도록 하는 것이다. 여기서 적정선은 경제성장이나 생활수준의 변화를 고려한 상대수준의 개념에 입각하여 설정한다는 것이다.

둘째, 형평성(equity)은 동일한 규모의 가족에게는 동일한 사회복지정책의 급여가 전달되어야 한다는 수평적 형평성과 가족은 동일한 규모일지라도 많은 소득을 필요로 하는 수직적 형평성 양자 모두를 의미한다.

셋째, 경제적 능률성(economic efficiency)은 사회복지급여가 그를 필요로 하는 빈곤한 대상목표주민에게만 집중적으로 투자되어야 한다는 것이다.

넷째, 근로동기유인(work incentives)은 소득보장은 근로동기유인이 확보되는 범위 내에서 이루어져야 한다는 것이다.

다섯째, 낙인과 자기 이미지 유지성(stigma and self-image of beneficiary)은 소득보장이 복지수급자에게 낙인이나 명예를 침해하지 않도록 해야 한다는 것이며, 자산조사의 과정에서 복지수급자라는 낙인이 찍히거나 자기 이미지를 침해받지 않도록 해야 한다는 것이다.

여섯째, 반빈곤효과(anti-poverty effectiveness)이다. 빈곤예방의 정도를 측정하는 지표는 ㉠ 소득보장급여에 의해 빈곤자가 비빈곤자로 전환되기 전후의 전체 가정에 대한 빈곤가정의 비중, ㉡ 빈곤과 비빈곤의 전환기에 빈곤자를 위해 급여한 소득보장비로 보충되는 빈곤자의 총소득결손과 빈곤과 비빈곤 전환기의 총소득결손과 비중 모두를 의미한다.

일곱째, 저축의욕에의 영향(effects of incentive to save)은 소득보장급여가 저축의욕을 저해해서는 안 된다는 것이다.

여덟째, 행정능률(administrative efficiency)은 최소의 비율, 시간, 인력으로 최대의 행정효과를 올린다는 것이다.

일반적으로 합의되고 있는 복지정책의 급여수준은 그 나라 국민에게 생활의 모든 면에서 사회적으로 인정되고 있는 '최저생활의 보장'으로 우리나라도 「헌법」 제 34조에 "모든 국민은 인간다운 생활을 추구 할 권리를 가진다"고 규정한다. 모든 국민이 건강하고 안정된 문화적 생활을 영위하도록 최저한의 생활을 보장하는 수준은 각종 복지급여의 기준이 되고 있다.

2) 공공부조의 급여수준

공공부조는 복지수급자의 본인의 개별적 욕구와 일반 국민의 평균적 욕구에 의해 급여수준이 결정된다. 공공부조의 급여수준은 빈곤선이라는 개념도구가 사용된다. 빈곤수준은 첫째, 생존에 필요한 최저한 소득을 말하는 최저생존수준과 기본욕구를 충족시킬 수 있는 생활의 유지상태를 의미하는 최저생계수준으로의 개념으로 나눌 수 있다.

빈곤에 대한 개념은 절대적 빈곤, 상대적 빈곤 및 주관적 빈곤으로 구분된다. 사회복지정책에서는 공공부조정책은 절대적 빈곤 개념에 입각하고 있는 빈곤전략이며, 일반 사회복지정책은 상대적 빈곤개념에 입각한 빈곤정책으로 볼 수 있다. 공공부조정책은 빈곤의 기준을 '소득'과 '최저수준'에 두고 있는 반면, 일반 사회복지정책은 '생활'과 '적정수준에 두고 있다. 공공부조의 급여수준인 빈곤선은 소득이 최저생계수준에 미달되는 상태에 의해서 결정된다(김정현, 2002: 465, 한국복지행정학회, 2014: 225~226)

3) 사회보험의 급여수준

사회복지정책 수혜자의 갹출액과 과거 소득에 의해서 사회복지정책의 급여수준이 결정된다. 이것은 사회보험정책이 주로 중산계층의 과거 소득인 임금과 연관되는 갹출금을 재정기금으로 하여 급여로 하고 있기 때문이다. ILO가 제시하고 있는 급여수준의 적정성의 원칙이란 급여수준과 급여방법에 관한 원칙을 말한다(박석돈, 2006: 52~53, 한국복지행정학회, 2014: 226~227).

첫째, 균일급여의 원칙은 보험급여는 어느 수혜자에게도 동액의 급여를 행한다는 원칙이다. 이것은 최저기준선까지는 누구라도 동일하게 확보시켜 준다는 뜻이다. 최저의 욕구를 필요로 하는 국민이 비교적 많은 국가에서는 이 제도가 환영받고 있다. 이 원칙은 보장급여가 기본급여와 부가급여로 이원화되어 있는 경우 기본급여에 적용되는 것이다. 우리나라의 경우 국민기초생활보장제도에 이 원칙이 적용되어야 할 것이다.

둘째, 비례급여의 원칙은 급여수준은 각 개인이 사회적으로 영위하는 생활의 정도가 모두 다르기 때문에 그것에 상응하는 정도의 급여수준이 되어야 한다는 것이다. 따라서 이것은 각 개인의 임금, 보수 등에 비례하는 급여를 제공하는 것으로서 일명 '개인별 급여제'라고도 한다. 이러한 급여방법의 채택은 자본주의 사회가 지니는 자유의 양을 최대한으로 보장하는 하나의 방법이 된다. 이것은 베버리지(Beveridge)의 동일급여의 원칙과는 차이가 있다.

셋째, 부양수준의 원칙으로 생활보장의 총액과 수혜자의 자력을 포함한 것이 최저생활이 되도록 한다는 원칙이다. 따라서 이 원칙은 자산조사를 요건으로 하는 공공부조의 급여라고 볼 수 있다. 이러한 원칙이 실효를 거두기 위해서는 생계비의 변동에 따른 급여조정이 필요하고, 특히 장기급여에 있어서는 '급여의 등시성'으로서의 현금급여라 할 수 있는 물가연동제(sliding system)가 적용되어야 한다. 연동제에는 임금연동방식과 물가연동방식이 있다.

4) 현금급여와 현물급여의 수준

(1) 현금급여의 수준

일반적으로 현금급여의 수준은 개인의 경제적·사회적 상황은 물론 복지정책에 따라 다르게 나타난다. 이러한 급여산정의 기준으로는 개인의 욕구수준, 국가에 의해 일률적으로 책정된 금액, 개인의 종전소득 등으로 구분할 수 있다.

첫째, 개인의 욕구수준은 소득수준에 상관없이 단순히 국민 개개인의 욕구수준을 기준으로 하여 현금급여가 제공되도록 하는 방법을 말한다. 둘째, 국가에 의해 일률적으로 책정된 금액은 특정한 사회적 애로요인에 대하여 국가가 일정한 보상금액을 책정하고, 피해의 당사자들에게 동일한 수준의 급여를 일괄적으로 제공하는 방법이다. 셋째, 소득의 단절 문제가 발생하게 될 경우 개인의 종전소득을 기준으로 하여 현금급여를 제공하는 방법이 있을 수 있다. 이러한 급여수준의 결정방법은 주로 사회보험제도에서 활용되고 있다(이정우, 2004: 274-276).

개인이 특정한 시점에서 어떠한 사유로 인해 소득이 단절된 경우, 사회복지정책은 복지대상자에게 어느 정도의 수준으로 급여할 것인지를 결정해야 한다. 여기서 급여수준의 결정에 대한 의사결정의 기준은 사회복지정책목표에 따라 완전생활수준보장, 부분생활수준보장, 기초생활보장 및 최저생활보장으로 나누어진다(이정우, 2004: 283).

첫째, 완전생활수준보장은 사회적 문제의 발생으로 인한 소득의 단절현상에도 불구하고 개인이 종전과 동일한 생활수준을 영위할 수 있도록 하는 것을 목표로 한다. 따라서 완전생활수준보장은 근로동기의 저하와 함께 국민의 복지의존심리를 조장하게 될 우려가 있다.

둘째, 부분생활수준보장은 사회적 문제로 인하여 소득의 단절현상이 발생하게 될 경우 피해의 당사자인 개인은 빈곤문제는 물론 생활수준의 하락으로 인하여 고통을 받게 된다. 따라서 사회복지정책은 국민이 소득의 단절에도 불구하고 종전과 같은 생활수준을 영위할 수 있도록 급여를 제공하게 된다. 따라서 부분생활수준보장은 개인이 사회적 문제로 상실된 소득의 일정 부분을 보상해 주는 것을 의미한다. 우리나라의 경우 주로 사회보험제도의 현금급여가 이러한 목표를 구현하고 있다.

셋째, 기초생활보장은 최저생활보장과는 달리 피해의 당사자인 개인에게 사회문화적 최저수준의 소득을 보장해 주는 것을 의미한다. 따라서 개인은 인간의 존엄성을 유지하고 건강하고 문화적인 생활을 영위하기 위해 필요로 하는 기초적 수준의 소득을 보장받을 수 있는 권리를 의미한다.

넷째, 최저생활보장은 소득의 단절문제를 겪고 있는 개인에게 육체적 최저생존을 위해 반드시 필요로 하는 수준의 소득을 보장해 주도록 하는 것을 의미한다. 따라서 이 경우 사회복지정책이 수행하게 되는 사회적 공존의 기능은 극도의 잔여적(residual) 개념으로 해석한다.

(2) 현물급여의 수준

현물급여란 물질적 재화나 상품의 형태로 제공되는 급여로, 현물급여를 대상계층에게 완전히 무상으로 제공하는 방법과 그 비용의 일정부분을 개인이 부담하도록 하는 방법이 있다.

첫째, 현물급여를 무상으로 제공하는 경우 종종 급여의 과잉수급 등 낭비의 문제가 발생할 우려가 있다. 이러한 문제를 해결하기 위하여 대다수의 사회복지정책들은 현물급여가격의 일정 부분을 개인이 부담하도록 하고 있다. 따라서 본인부담의 방법은 경제적 차원에서 낭비적 요인을 억제하고, 분배적 차원에서 현물급여의 사용이 모든 사회계층에게 골고루 배분되도록 하는 관점에서 고려되어야 한다.

둘째, 개별의 물질적 재화나 상품의 가격에 비례하여 본인부담금을 부과하는 방법으로 가격의 기능을 부분적으로 활성화하여 개인의 합리적 소비행위를 유도할 수 있는 장점이 있다. 그러나 저소득계층의 경우 이러한 본인부담금 방법은 고가의 현물급여에 대한 소비의 기회가 과도한 본인부담금으로 인하여 제약을 받는 분배적 불평등 문제가 발생할 수 있다(한국복지행정학회, 2014: 229).

04 단원요약 및 문제풀이

1) 단원요약

(1) 현금급여

① 수급자의 효용을 극대화할 수 있어 사회적 자원의 효율적 자원배분 가능(완전 경쟁시장과 합리적 소비자 가정)
② 수급자 선택의 자유와 소비자주권의 측면(자기결정)
③ 인간의 존엄성 측면에서 우월하고 현물은 신청·급여·소비 시에 스티그마 발생 가능
④ 프로그램의 운용비용이 적음

(2) 현물급여

① 욕구를 가진 자의 선별성과 집중급여 제공으로 정책의 목표달성 효율성 달성. 소비자의 합리적 선택의 한계와 사회 전체 효용성 강조
② 효과가 명백하여 정치적 측면에서 선호, 관료차원, 물품평등주의
③ 대량생산과 대량소비로 규모의 경제로 인한 프로그램비용의 감소
④ 의료, 교육서비스, 음식, 주택, 에너지, 상담, 훈련 등

(3) 증서

① 현금과 현물의 장단점을 보완한 제3의 급여형태
② 중간속성에 의해 정치적 지지세력의 미약으로 인해 소규모운영, 시행과정에서의 많은 오용과 남용의 문제발생으로 인해 현물보다 목표효율성이 낮음
③ 교육증서 등

(4) 기회

① 사회의 불합리한 집단들에게 진학, 진급, 취업 등에서 유리한 기회를 주어 시장의 경쟁에서 평등한 기회를 주는 형태를 의미

② 간접급여는 직접급여에 비해 평등의 목표달성이 어려움. 사회기득권자의 자기이득 합리화의 수단으로 전용될 가능성이 많음

(5) 권력

① 수급자로 하여금 정책결정에 대한 권력을 주어 정책의 내용이 그들에게 유리하도록 결정되도록 하는 것을 의미한다,

② 현실적인 한계로 참여율이 낮고 참여자들이 수급자의 이익을 대변하기보다 기존 정책결정자들에 의하여 선택된 사람들이고 또한 정책 내용의 이해가 적기 때문에 실질적인 정책변화에 영향을 줄 수 없고 기득권자들의 합리화 도구 가능성이 크다.

| 표 6-2 | 현물, 현금급여의 장점

현금급여의 장점	현물급여의 장점
① 수급자 실제적 필요의 효용성을 극대화할 수 있다. ② 사회복지의 가치인 자유나 자기결정의 권리를 보호할 수 있다. ③ 인간의 존엄성을 유지시키는 데 유리하다. 특히 현물급여의 수치심을 줄일 수 있다. ④ 유통비용이 없기 때문에 프로그램의 운영비가 적게 든다.	① 정책의 목표를 효율적으로 달성할 수 있다. 현금급여로 인해 용도전용이 있다면 정책목표의 효율적 달성이 어렵다. ② 현물생산 집단, 현물관리 관료들에 의해서도 선호되어 정치적 채택가능성이 높다. ③ 대량생산과 대량소비로 인한 경제효과가 있기 때문에 필요하다.

2) 문제풀이

1. 현금급여와 현물급여의 설명으로 옳지 않은 것은? (15회 기출문제)

① 현금급여는 대상자의 선택권을 보장할 수 있다.
② 현금급여는 관리운영비의 절감과 행정적 편의를 가져다 줄 수 있다.
③ 현물급여는 현금급여에 비해 오남용의 위험이 크다.
④ 현물급여는 정책의 목표효율성을 높일 수 있다.
⑤ 현물급여는 운영효율성을 높일 수 있다.

정답 ③

2. 사회복지급여 형태에 관한 설명으로 옳은 것은? (12회 기출문제)

① 현금급여는 클라이언트의 선택권을 제한한다.
② 현물급여는 대상효율성이 높다.
③ 현금급여는 인간의 존엄성을 유지하는 데 취약하다.
④ 현물급여는 '규모의 경제' 효과에 취약하다.
⑤ 증서(voucher)는 현금급여에 비해 소비자 선택권이 높은 반면 현물급여에 비해서는 낮다.

정답 ②

3. 사회복지급여의 형태에 관한 설명으로 옳은 것은?

① 현금급여는 현물급여에 비해 관리 운영비가 많이 든다.
② 현금급여는 현물급여보다 개인의 존엄성을 보장해줄 수 있다.
③ 현물급여는 공급자 간 서비스 질 경쟁을 유도하는 데 유리하다.
④ 증서(voucher)는 현물급여보다 소비자의 선택권이 제한된다.
⑤ 현금급여는 소비를 사회적으로 통제할 수 있다.

정답 ②

4. 한국의 사회복지제도의 대상선정기준에 대한 설명으로 옳은 것은?

① 국민기초생활보장제도는 소득인정액기준만으로 수급자를 선정한다.
② 기초연금제도는 인구학적 기준만으로 수급자를 선정한다.
③ 사회수당과 같은 제도는 보편주의적인 성격을 가지고 있다.
④ 장애인연금은 장애인이면 누구나 급여를 받을 수 있다.
⑤ 건강보험제도는 자산조사를 실시한다.

정답 ③

5. 사회복지정책의 대상선정기준에 관한 설명으로 옳지 않은 것은?

① 자산조사는 가장 보편주의적인 자격조건으로 주로 공공부조 프로그램에서 사용한다.
② 보상은 사회에 특별한 기여를 한 사람들에 대해 급여자격이 주어진다.
③ 진단적 차등의 대표적인 예는 장애연금에서의 등급분류라 할 수 있다.
④ 귀속적 욕구는 규범적 기준에 의해 정해진다.
⑤ 귀속적 욕구의 원리는 시장에 존재하는 기존의 제도에 의해서 충족되지 않는 욕구를 공통적으로 가진 집단에 속한 경우 급여를 제공하는 것이다.

정답 ④

6. 우리나라 사회복지제도의 급여자격기준에 관한 설명으로 옳은 것은?

① 국민기초생활보장제도는 인구학적 기준과 부양의무자기준을 모두 고려한다.
② 장애인연금은 자산조사를 하지 않고 진단적 구분을 기준으로 한다.
③ 노인장기요양보험은 인구학적 조건과 자산조사를 기준으로 한다.
④ 기초연금은 인구학적 기준과 자산조사를 모두 고려한다.
⑤ 국민연금은 인구학적 기준과 자산조사를 모두 고려한다.

정답 ④

7. 급여에 대한 자격조건의 형태와 우리나라의 사회복지제도로 옳지 않은 것은?

① 기여-4대 사회보험의 수급자격
② 전문적 혹은 행정적 판단-사회복지기관의 개별적 서비스의 수급자격
③ 소득 및 자산조사-국민기초생활보장제도의 급여 수급자격
④ 근로능력-산재보험의 유족급여 수급자격
⑤ 인구학적 조건-국민연금의 노령연금 수급자격

정답 ④

8. 급여자격과 관련된 논쟁으로 옳지 않은 것은?

① 어떤 종류의 평등을 어느 정도까지 추구할 것인가
② 얼마나 수급자의 욕구에 대응적이고 책임적인가
③ 사회복지정책으로 야기되는 비효율의 문제를 어느 정도까지 받아들일 것인가
④ 사회구성원들의 자유를 어느 정도까지 제한할 것인가
⑤ 욕구를 어디까지 인정할 것인가

정답 ②

9. 현금급여와 현물급여의 장단점에 대한 설명으로 옳지 않은 것은?

① 현금급여의 장점-수급자의 선택의 자유
② 현물급여의 단점-소비자의 선택이 생산자에 의존 가능
③ 현물급여의 장점-정치적 지지세력의 권력행사의 범위 증가
④ 현물급여의 단점-관료제도로 인한 비용 증대
⑤ 현물급여의 장점-수급자의 효용을 극대화

정답 ⑤

Chapter 07

사회복지전달체계

전달체계란 급여 또는 서비스를 효율적으로 클라이언트에게 전달하기 위하여 어떠한 조직을 통해서 실천할 것인가의 전략을 선택하는 것이다. 공급자는 전달체계를 통하여 수요자에게 사회복지급여와 서비스를 제공하고, 수요자는 전달체계를 통하여 원하는 급여나 서비스를 제공받는다. 따라서 사회복지서비스의 전달체계란 사회복지서비스의 공급자와 클라이언트 간을 연결시키기 위한 조직적 장치(organization arrangements)라고 할 수 있다(Gilbert & Specht, 1988: 119).

01 전달체계의 중요성

사회복지가 효과적으로 행해지려면 전달의 과정이 효율적으로 이루어지게 하는 체계가 필요하다. 복지정책이 추구하는 가치나 목표의 성취가 바로 이 전달체계에 따라 달라질 수 있기 때문이다. 즉, 사회복지서비스를 제공하는 중앙정부, 지방정부와 일선 사회복지기관 및 단체가 서비스의 중복이나 누락이 없도록 서비스 전달체계를 조직적으로 정비할 필요가 있다. 예를 들어, 정책의 주요 목표가 소득재분배에 있다면 민간부문의 소득보장정책의 전달체계로서는 그 목표를 달성하기 어렵기 때문이다. 서비스 제공자의 측면에서 전달체계의 중요성은 대상자에게 서비스를 제공하는 전문가들이 지켜야 할 원칙을 최대로 실천할 수 있는 여건을 만들도록 하는 것이다.

펄만(Perlman)은 모든 사회복지기관은 복지대상자를 돕기 위한 일련의 과업을 수행하야 하는데, 이에 다른 이상적인 기능으로 다음의 네 가지를 제시한다.

첫째, 초입기능(entry functions)으로 복지대상자에게 이용 가능한 서비스, 기구의 홍보와 교육활동을 하며 대상자의 문제해결을 위해 지역사회의 다른 기관들과 협력해야 한다. 둘째, 책임기능(accountability functions)으로 복지대상자의 문제를 사정하고 이용 가능한 자원을 물색하고, 필요하다면 타 기관에 위탁(refer)하며 복지대상자가 활용할 수 있도록 조직하는 책임을 수행한다. 셋째, 서비스 제공기능(provision of services)으로 개별사회사업, 재활서비스, 법률구조사업, 재정부조 등의 기능이다. 넷째, 계획 및 통제기능(planning and control functions)으로 복지대상자의 욕구를 파악하여 충족되지 않은 욕구충족을 위해 지역사회의 타 기관과 협력하고, 조정의 책임을 져야 한다는 것이다(나직균 외, 2011: 136).

02 전달체계의 원칙

1) 행정구조적 측면

행정구조적 측면이란 대상자들에게 적절한 서비스를 제공하기 위해 모든 사회복지기관이 수행하는 다양한 기능들의 효과성과 효율성을 극대화시키는 데 필요한 원칙들을 의미한다(나직균 외, 2011: 137-139).

(1) 체계적인 기능분담

행정의 효율성을 고려한다면 개별 사회복지기관의 행정상의 위치에 따라 각각의 기능에 차이가 있다. 예를 들면, 전달체계를 상부와 하부체계로 나누고 전문성에 따른 업무분담이 필요하다. 첫째, 상부체계는 중앙부처인 보건복지부 등에서 사회복지에 관한 정책결정과 관련된 제반계획이나 통제기능을 주로 하는 정책·행정체계를 의미한다. 둘째, 중간체계는 광역자치단체로서 사회복지서비스관리와 클라이언트 선별에 대한 책임기능을 담당한다. 셋째, 하부체계는 기초자치단체와 일선기관인 읍·면·동에서 지역주민들에게 서비스에 대한 홍보와 교육활동을 전개하고, 전문적서비스를 필요로 하는 클라이언트에게 서비스의 소재를 알려주고 지역사회내의 다른 복지기관들과 알선체제 및 협력 체제를 유지하는 등이다.

(2) 전문성에 따른 업무분담

사회복지서비스 제공업무는 전문성의 정도에 따라 전문가, 준전문가, 비전문가가 담당하게 된다. 전문가란 국가 또는 전문 직업단체의 시험 또는 기타 자격심사에 의해 자격증을 부여받아 자격이 객관적으로 인정된 사람을 말한다. 이들은 자신의 전문적 업무에 대한 권위와 자율적 결정권 및 책임성을 지닌다. 사회복지분야에 있어서는 사회복지사, 의사, 간호사, 보육사, 물리치료사, 작업치료사, 영양사 등의 여러 전문가가 참여하고 있지만, 사회복지사가 가장 보편적인 전문가이다.

그 외에 업무의 성질상 전문성을 덜 요하는 것은 준전문가가 담당하고, 비숙련 업무 및 일반 행정업무는 비전문가 또는 자원봉사자가 담당하도록 하는 것이 바람직하다.

(3) 책임성

사회복지 조직은 국가(사회)가 시민의 권리로 인정한 사회복지서비스를 전달하도록 위임받은 조직이므로 사회복지서비스의 전달에 대하여 책임을 져야 한다. 책임을 져야 할 주요내용은 서비스가 수혜자의 욕구에 적절히 대응하는 것인가, 서비스의 전달체계가 적합한가, 서비스가 효과적이고 효율적인가에 관한 것이다. 사회복지 조직이 구체적으로 책임을 지는 대상자는 사회나 국가를 대표하는 실체인 중앙정부 및 지방정부와 서비스의 수혜자가 되어야 한다.

(4) 접근용이성

사회복지서비스는 그것을 필요로 하는 사람이면 누구나 쉽게 받을 수 있도록 접근이 용이해야 한다. 클라이언트가 서비스에 접근하는 데에는 서비스에 관한 정보부족이나 교통수단의 부재(지리적 장애), 자신의 문제노출에 대한 불안함(심리적 장애), 자원부족 등의 여러 가지 장애요인이 있을 수 있다. 따라서 사회복지 조직의 서비스 전달은 이러한 장애요인들을 가능하면 제거하여 클라이언트가 서비스의 제공 장소에 쉽게 접근하여 서비스를 받을 수 있도록 설계되어야 한다.

(5) 통합조정

클라이언트의 문제는 많은 경우 복합적이고 상호 연관되어 있기 때문에 이러한 문제의 해결을 위한 서비스들도 서로 연관되어야 한다. 예를 들어, 탁아 프로그램에는 양호, 교육, 급식 등이 통합되는 것이 바람직하다. 서비스가 통합적으로 제공되기 위해서는 한 행정책임자 아래 서비스들이 제공되고 서비스 제공 장소(조직)들이 지리적으로 가깝고, 서비스 프로그램 간 또는 서비스 조직 간에 상호 유기적인 연계와 협조체제가 갖추어져 있어야 한다.

(6) 지역사회의 참여

수많은 복지대상자의 개별성이 고려되어야 하는 사회복지서비스의 제공에는 지역의 특수성이 필수적으로 요청되기 때문에, 지역참여의 원칙은 보다 적절한 사회복지계획의 수립이나 보다 정확한 주민의 욕구파악을 가능하게 해주며, 나아가서 서비스의 효과성을 증대시키는 데에도 기여하게 된다.

(7) 조사와 연구

사회복지기관의 주요 기능 중의 하나인 표출된 욕구를 해결하기 위한 적절한 프로그램의 개발, 잠재된 욕구를 발견하려는 노력 그리고 서비스의 효과성과 효율성을 평가하는 기술의 개발, 사회적 보호의 질을 개선시킬 수 있는 전문적 임상기술의 개발, 서비스의 관리 및 운영기법의 개발 등 조사와 연구를 필요로 하는 활동영역은 광범위하다. 즉, 사회복지서비스의 전문화는 바로 조사활동 및 연구활동의 성패에서 비롯한다.

2) 서비스 제공자 측면

(1) 평등성의 원칙

특별히 소득수준이나 연령 등에 따라 서비스를 제한하는 경우를 제외하고 기본적으로 성별, 연령, 소득, 지역, 종교, 지위에 관계없이 모든 국민에게 서비스를 제공해야 한다.

(2) 재활 및 자활 목적의 원칙

사회복지서비스의 궁극적인 목표는 대상자로 하여금 사회복지서비스의 필요성을 절감하거나 해소하게 함으로써 자립 또는 정상적인 사회복귀를 시켜주는 것이다. 따라서 일부 자립능력을 완전히 상실한 상태에 있는 대상자를 제외한다면 대부분의 복지대상자들은 일시적인 보호대상자에서 서비스가 종료될 수 있도록 하는 서비스 전달체계가 마련되어야 한다.

(3) 적절성의 원칙

사회복지서비스는 그 양과 질, 제공하는 기간이 클라이언트의 욕구충족(혹은 문제해결)과 서비스의 목표달성에 충분해야 한다. 예를 들어, 소득보장을 위한 급여가 최저생계비 수준에 못 미치거나 서비스제공 기간이 너무 짧다든가 하면 클라이언트의 욕구충족뿐 아니라 서비스의 목표달성도 어려울 것이다. 하지만 적절성의 원칙은 재정형편상 제대로 지키기 어려운 경우가 많아 적절성의 수준에 대해서는 논란이 있을 수 있다.

(4) 포괄성의 원칙

클라이언트의 욕구는 다양할 뿐만 아니라 한 가지 문제는 다른 여러 가지 문제와도 연관되어 있는 것이 일반적이기 때문에 다양한 욕구와 문제를 해결하기 위해서는 다양한 서비스를 필요로 한다. 예를 들어, 소득보장의 문제는 경제적 원조뿐 아니라 직업훈련 혹은 직업알선문제, 가족문제, 자녀교육문제 등의 다양한 문제와 결부될 수 있으므로 이러한 문제들을 포괄할 수 있는 다양한 서비스가 제공되어야 한다.

(5) 지속성의 원칙

한 개인의 문제나 욕구를 해결하는 과정에서 필요한 서비스의 종류와 질이 달라져야 하는 경우가 발생하게 되는데, 한 개인이 필요로 하는 다른 서비스를 지역사회 내에서 계속적으로 제공받을 수 있도록 상호 연계되어야 한다. 예를 들어, 직업훈련 프로그램은 직업알선 프로그램과 연계되어 있어야 소득증대라는 서비스의 목표를 달성할 수 있다. 지속성의 원칙이 잘 적용되기 위해서는 같은 조직 내의 서비스 프로그램 간의 상호협력이 잘 이루어져야 할 뿐만 아니라 지역사회 내의 사회복지서비스 조직 간에도 유기적인 연계가 잘 이루어져야 한다.

(6) 가족 중심의 원칙

문제의 해결을 호소하는 단위가 개인일지라도 문제해결을 위한 서비스 제공의 기본단위는 가족 또는 가정이 되어야 한다는 것이다(나직균 외, 2011: 139-140).

03 전달체계의 평가기준

전달체계의 평가기준은 크게 재화서비스 속성에 따른 기술에 따른 기준과 둘째, 전달체계 자체의 기준에 따라 평가될 수 있다.

첫째, 재화서비스 속성에 따른 기술에 따른 평가기준은 공공재적 성격의 정도와 외부효과의 크기, 소비자들의 합리적인 선택 가능성, 대규모로 제공하는 것이 기술적인 측면에서 바람직한 경우, 여러 전달체계에서 보완적 제공이 바람직한 경우 등이 있다.

둘째, 전달체계의 측면에서 평가의 기준으로는 평등(소득재분배) 혹은 사회적 적절성 달성 정도, 통합성(서비스 조정과 체계화 정도), 지속성, 효율성, 경쟁성, 접근성, 수급자의 욕구에 따른 대응성, 책임성, 수급자의 선택의 자유, 수급자들의 서비스에 대한 오용·남용 방지 등이 있다.

04 전달체계의 유형

서비스 전달체계는 관점에 따라 다양하게 구분될 수 있는데, 구조적·기능적 분석과 운영 주체적 분석으로 구분할 수 있다.

1) 구조·기능적 성격

사회복지서비스를 공급하는 자들(정부, 기관, 시설, 단체, 개인 등) 상호 간에 구조와 기능이 어떻게 나누어져 있는가를 보는 것이다. 서비스 공급자들의 구조와 기능의 분화에 의해 전달체계를 크게 두 가지로 나누면 행정체계(계획, 지원, 관리)와 집행체계(서비스 직접전달)가 있다(성규탁, 1993: 407). 대부분의 일선 사회복지조직들은 서비스 전달체계의 집행체계에 속하는 것들이다.

| 표 7-1 | 서비스 전달체계의 구조기능적 분석

서비스전달체계	기 능	적용의 예
행정체계	서비스 전달을 기획, 지휘, 지원, 관리하는 기능(간접 지원기능)	국민기초생활보장의 경우 보건복지부, 특별시·광역시·도, 시·군·구
집행체계	전달자가 서비스를 소비자에게 직접전달(직접제공 체계)	국민기초생활보장의 경우 읍·면·동과 생활보장대상자 관계이며, 대부분의 일선 사회복지조직

2) 운영주체별 분석

서비스 전달체계를 누가 운영하는가에 의해 민간(사적)전달체계(개인, 민간단체)와 공공전달체계(중앙정부, 지방자치단체, 각 공단 등)로 구분될 수 있다.

(1) 공공전달체계

① 공공전달체계의 주체

공공전달체계는 중앙정부가 전달주체가 되며 사회복지의 급여나 서비스가 공공재적인 성격을 가지고 있거나, 대상 집단이 많은 경우에 적합하다. 또한 소득재분배효과를 극대화하여 불평등을 해소하고, 다양한 프로그램을 통합하여 지속적으로 공급할 수 있다는 장점을 가지고 있다. 그러나 관료주의적 경직성, 접근의 어려움, 가격과 질의 저하 등이 단점으로 지적된다. 공적 전달체계 주체는 중앙정부와 지방정부로 구분할 수 있다.

첫째, 중앙정부전달체계의 장점으로 공공재적 성격이 강한 것, 대규모의 경제성을 갖는 서비스, 평등과 적정성의 달성, 다양한 복지에 대한 욕구를 체계화하고 프로그램을 통합, 조정하거나 지속적·안정적으로 유지하는 사업에 있다. 문제점은 자원의 비효율 배분문제, 독점성으로 인한 가격과 질에 있어 수급자들에게 불리, 관료성으로 이한 욕구대응에 민감하지 못하며, 지역특수성에 융통적이지 못하고, 민간에 비해 수급자가 접근하기 어려운 경향이 있다.

둘째, 지방정부전달체계의 장점으로 지역욕구에 효율적 대처, 지방정부 간의 경쟁논리에 의해 재화의 가격과 개발 용이, 창의적 실험적 서비스 개발 용이, 수급자들의 정책결정에 참여 등이 있다. 단점으로는 지역 간의 불평등 초래, 대규모의 경제효과가 적어 사회보험의 경우 기술적 측면에서 불리, 지방정부의 단편화된 프로그램의 가능성, 프로그램의 안정성과 지속성에서도 불리하다.

우리나라의 경우 지방정부가 전달주체가 되면 지역주민의 욕구 변화에 융통성 있게 효율적으로 대응하고 지방정부 간 경쟁을 통해 서비스의 질적 향상을 도모하며, 창의적이고 실험적인 서비스 제공이 가능하고 수급자의 참여 기회를 확대할 수 있다는 장점이 있으나, 지방정부마다 예산 문제로 인하여 사업이 중단될 수도 있다는 위험성도 가지고 있다.

② 공공전달체계에 관한 이론

공적 전달체계의 대표적인 주체는 국가기관이며, 중앙정부와 지방자치단체로 크게 분류된다. 중앙집권 국가에서 지방은 지방행정기관에 불과하지만 지방자치를 실시하는 국가에서 지방은 자치권을 가지며, 지방이 자치권을 가지면서 중앙과 새로운 관계설정이 필요하고, 관계설정의 방향에 따라 공공분야의 사회복지서비스 전달체계도 달라질 수밖에 없다. 이러한 중앙과 지방의 관계는 정부관계(intergovernmental relation: IGR)이론으로 정리된다(Wright, Deil, 1988: 3-21).

정부 간 관계유형은 종속형, 대립형, 파트너 모형으로 볼 수 있다.

첫째, 종속형은 중앙에서 결정된 사회복지급여나 서비스가 광역자치단체를 경유하여 기초자치단체에 내려가고, 기초자치단체에서는 사회복지대상자에게 전달하는 경로를 가진다. 광역자치단체나 기초자치단체는 자치권이 최소화되어 있는 것이 특징이다.

둘째, 대립형은 중앙정부와 광역자치단체가 독자적으로 시민에게 사회복지급여나 서비스를 제공하는 것으로, 중앙정부는 직접 사회복지대상자에게 급여나 서비스를 제공하고, 광역자치단체는 중앙정부와 무관한 상태에서 사회복지정책을 결정하며, 제공하기로 결정한 급여나 서비스를 사회복지대상자에게 제공한다.

셋째, 파트너형은 중앙정부, 광역자치단체, 기초자치단체가 독자적으로 사회복지대상자에게 서비스를 제공하는 것으로, 독자적으로 급여나 서비스를 제공하지만 파트너로서 협의 체제를 유지한다. 협의체제가 유지되면 제공되어야 할 서비스의 공백이 최소화될 뿐만 아니라, 중복급여가 최소화된다. 파트너형에 의하면 중앙정부는 일관성 있게 시민에게 사회복지급여나 서비스를 제공할 수 있고, 자치단체는 지역경제 여건을 고려하여 지역특성에 맞추어 사회복지급여와 서비스를 제공할 수 있다. 파트너형은 경쟁과 협조를 동시에 이끌어 낼 수 있는 모형이다(강용규 외, 2007: 235-236).

③ 공적 전달체계의 구조

현대사회에서 사회복지는 공식적으로 조직된 활동으로 법률에 의해서 제도화된 것으로 조직체계를 통하여 전달된다. 여기서는 사회복지 업무와 직접적으로 관련된 보건복지부를 중심으로 살펴본다(강용규 외, 2007: 236-237).

보건복지부의 변천은 1948년 정부수립과 더불어 사회부가 발족되고, 그 이듬해 사회부의 기능 중 보건에 관한 업무를 분리하여 보건부가 신설되었다. 그러나 1955년 정부의 조직 통·폐합 작업에 따라 보건부와 사회부가 합쳐져 보건사회부로 개편되었고, 1994년에는 보건사회부를 보건복지부로 개칭, 이명박 정부가 출범하면서 보건복지가족부, 이후에 다시 보건복지부로 환원되었다.

행정부의 지방 하위조직인 시·군·구 단위에는 사회복지과 혹은 가정복지과 산하에 사회복지계, 가정복지계, 부녀복지계, 청소년복지계 등이 설치되어 있으며, 이들의 업무는 다시 일선조직인 읍·면·동 단위의 사회복지계나 소속 사회복지전담공무원으로 이어진다. 사회복지행정 부서의 업무를 보조하며, 중요사항을 자문하거나 심의하기 위하여 전달체계의 각 단계(중앙, 시·도, 시·군·구)마다 위원회를 두고 있다.

중앙정부의 국무총리 산하에는 사회보장심의위원회, 노인복지대책위원회와 보건복지부 산하에 국민기초생활보장위원회, 아동복지위원회, 장애인복지위원회 등이 있다. 지방자치단체(시·도, 시·군·구)는 보건복지부 산하의 위원회와 유사하며, 읍·면·동에는 자원봉사직의 정부 위촉위원으로 복지위원과 아동위원이 있다.

한편 정부에서는 1995년 7월부터 전국 5개 지역을 대상으로 2000년 7월까지 '보건복지사무소'를 설치하여 시범사업을 실시하였는데, 복지사무 집중화를 통한 업무효율 향상과 조직 통합으로 인한 방문보건서비스 제공 및 활성화를 위한 긍정적 효과의 파급이라는 성과에도 불구하고 여러 가지의 문제점 도출과 정치적 이해관계로 말미암아 전국적으로 확대되지 못하였다.

2003년 7월 30일 사회복지사업법 개정안이 공포되어 2004년 7월 31일부터 새로운 사회복지사업법이 효력을 발생했는데, 사회복지서비스의 지방화에 대한 대비의 성격으로 개정이 이루어진 것으로 지방정부 수준(시·군·구 및 시·도)에서 사회복지서비스 공급이 이루어지는 제도적인 환경에 변화를 시도하는 것이다. 개정 사회복지사업법에서는 지역사회복지협의체를 구축하기 위해 지방정부로 하여금 지역복지계획수립, 지역사회 보호서비스의 강화, 지역사회복지협의체의 설치 등을 강제하고 있다. 이들 장치는 사회복지서비스 제공에서 지방정부와 민간 그리고 민간 간의 공동협력을 위해 의도된 것이다.

④ 공적 사회복지서비스 전달체계의 문제점

공공부조와 복지서비스의 업무로 정책결정은 보건복지부에서, 집행은 행정부 소관인 지방자치단체에서 담당함으로써 이원화된 형태로 전달체계 조직구조상의 문제와 서비스 제공의 책임성, 전문성, 효율성, 효과성 등의 문제가 제기되고 있는데, 이런 공적 전달체계의 문제점을 정리해 보면 다음과 같다.

첫째, 상의하달식 수직 전달체계의 문제이다. 보건복지부로부터 중간 및 하부기관에게 지침하달로 이루어지는 이러한 형태의 수직적 전달체계 내에서 중간 및 하부기관은 클라이언트의 욕구에 능동적, 자율적인 대처가 어렵고 적절성, 통합성, 포괄성문제 등이 나타날 수 있다.

둘째, 사회복지행정을 지방 일반행정체계에 편입한 것이다. 서비스전달을 위한 행정체계가 행정부의 지방행정 체계에 편입되어 사회복지전문성을 살리지 못하고 있으며 일선 전문요원의 경우 일반 행정업무를 겸함으로써 전문성을 발휘하기 어려워지고 따라서 서비스 전달 업무의 효과성, 책임성, 업무만족도 저하되고 쉽게 소진될 수 있으며 결국 서비스의 효율성도 저하된다.

셋째, 전문인력 관리의 미흡과 전문인력의 부족이다. 사회복지전담공무원은 승진의 기회가 적어서 사기가 저하되고 일반공무원이 사회복지 전문직으로 전환되고 있는 실정이라 서비스의 효과성을 악화시킬 수 있으며, 국민기초생활보장법의 실시 이후 사회복지전담공무원의 업무는 더욱 과중되었으나, 인원의 보충은 부족한 상태이므로 결국 서비스의 질을 저하시키고 효과성을 악화시킨다.

넷째, 서비스 통합성의 결여와 각종 위원회의 활동부진이다. 공적 사회복지전달체계의 관련 부서들은 분리되어 설치되어 있으며 통합성이 낮고 결국 서비스의 단편성을 초래하여 서비스효과성을 악화시킨다. 또한 전달체계 내에 자문위원회, 심의위원회 등 다양한 위원회들이 존재하지만 형식적으로만 운영되고 있어 서비스의 효과성, 효율성 향상에 도움이 되지 못하고 있다.

⑤ 공적 사회복지서비스전달체계의 개선

공적 사회복지전달체계의 문제점에 대한 해결방안은 다음과 같이 제시될 수 있다(김형식 외, 2001: 84).

첫째, 전달체계 계층의 단순화이다. 전달체계의 과다한 계층적 접근방법에 따른 보고, 지시, 감독, 통보 등을 완화하여 계층의 수를 줄이는 방법이다.

둘째, 사회복지서비스 업무를 하급기관으로 이양한다. 상급기관에서 업무를 기획, 조정, 통합하고 고도의 전문성과 기술을 요하거나 꼭 필요한 것 외에는 가능하면 많은 업무를 하급기관으로 이전하도록 하고, 중앙정부에 의한 획일적이고 수직적인 행정체계보다 지역의 특성에 맞도록 운영될 수 있도록 사회복지서비스 업무는 지방정부에 위임하는 것이 바람직하다.

셋째, 사회복지서비스전달체계를 수직적이고 지시적·감독적·후견적인 관계에서 보완·수평적·협동의 관계로 전환한다. 사회복지행정체계의 필요성은 지역주민들이 사회복지욕구를 효율적이고 효과적으로 충족시키는 데에 있다.

넷째, 정부담당 업무 중 민간부문에서 담당해야 할 업무는 민간조직의 활성화를 위하여 이양하고, 민간 사회복지시설이나 기관의 활성화 방안을 적극적으로 추진해야 한다.

다섯째, 사회복지서비스의 효과성과 효율성을 위해 사회복지 관련 위원회를 그 조직과 운영 면에서 활성화시켜야 한다.

여섯째, 전문 인력을 충원하여 클라이언트에 대해 서비스 제공이 효율적으로 될 수 있도록 사회복지전담공무원을 전달체계 내에 확대 배치하여야 한다.

일곱째, 이와 같은 개선점 등을 종합적으로 실현하기 위해서는 사회복지서비스를 통합적으로 제공할 수 있는 전담기구의 설치가 조속히 이루어져야 한다.

(2) 민간전달체계

① 민간전달체계의 주체

민간전달체계는 사회복지법인, 비영리사회단체, 기업, 개인과 같은 민간부문이 주체가 되어 행하는 비정부 전달체계로, 박애사업, 자선사업, 민간사회복지기관과 시설, 기업복지가 이에 속한다. 민간전달체계는 정부제공 서비스 비해당자에 대한 서비스 제공, 정부가 제공할 수 없는 서비스 제공, 동일 종류의 서비스에 대한 선택의 기회 제공, 접근의 용이성, 사회복지서비스의 선도적 개발 및 보급, 민간의 사회복지활동에 대한 참여욕구 수렴, 정부의 사회복지활동에 대한 압력단체 역할, 국가의 사회복지비용 절약 등의 장점이 있을 수 있지만, 서비스의 통합성과 지속성, 안정성이 취약하다는 단점이 있다.

② 민간전달체계 이론

민간전달체계에서는 순수한 시장원리에 따라 사회복지재화를 구매할 수도 있지만 공공재로서의 성격을 감안하여 정부에서 시장에 개입할 수 있는 여지를 남겨두고 있다(허만영, 2004: 246-248).

첫째, 순수 시장원리에 의한 사적 전달체계는 시장원리에 사회복지 재화의 공급을 맡기는 것을 의미하는데, 수요자의 자유선택에 의하여 수요자의 비용으로 서비스를 전달받도록 하는 시스템을 말한다. 공급자로서의 사회복지사가 시장요금을 적용하여 사회복지서비스를 원하는 고객에게 제공하는 경우로, 우리나라에서 자신의 비용으로 실버타운에 입주하거나 상담클리닉에서 임상사회복지사로부터 상담서비스를 받는 경우가 해당된다.

둘째, 정부의 시장개입에 대한 사적 전달체계는 자격 있는 자만이 재화나 서비스의 공급하도록 하는 시장진입 규제가 사적 전달체계에 대한 정부의 개입 유형으로, 미국처럼 임상사회복지사 자격이 있는 경우에 한하여 상담클리닉을 열어 상담서비스를 제공하도록 하는 경우가 해당된다. 우리나라의 경우 사회복지법인만이 사회복지기관이나 사회복지시설을 운영할 수 있도록 하는 경우가 해당된다.

③ 민간전달체계의 기능

민간전달체계는 공적 사회복지전달체계를 보완하는 역할을 하며, 다음과 같은 기능을 담당한다(최성재·남기민, 1993: 95-86).

첫째, 정부 제공 서비스 비해당자에게 서비스를 제공한다. 정부에서 제공하는 서비스의 대부분은 클라이언트의 자격기준을 심사하여 선별하기 때문에 서비스가 필요함에도 불구하고 누락되는 경우가 있는데 이들을 위한 서비스를 제공하기 위하여 존재한다.

둘째, 정부가 제공할 수 없는 서비스를 제공한다. 클라이언트의 욕구가 날로 다양해지는 현실에서 정부는 서비스의 1차적인 욕구충족에 목표를 두고 있는 만큼 민간사회복지전달체계에서 보다 다양하고 질 높은 서비스를 제공할 수 있다.

셋째, 동종 서비스에 대한 선택의 기회를 제공한다. 정부에서 제공하는 서비스와 동일할 경우 지리적으로 기호적으로 시간상 편리한 여건을 선택할 수 있게 하여 공사기관의 경쟁을 유발함으로써 서비스의 질을 높일 수 있다.

넷째, 사회복지서비스의 선도적 개발과 보급의 기능을 한다. 민간전달체계는 행정적으로 융통성이 있고 의사결정 라인이 신속하므로 환경의 변화와 클라이언트의 새로운 욕구를 민감하게 파악하고 새로운 프로그램을 개발, 보급하는 데 유리하다.

다섯째, 민간의 사회복지 참여욕구를 수렴하는 기능을 한다. 지역사회 내 인적, 물적 자원을 쉽게 동원할 수 있고 자원봉사자, 후원자의 형태로 민간의 사회복지 참여를 유도할 수 있다.

여섯째, 정부의 사회복지활동에 대한 압력단체의 역할을 한다. 민간기관의 경우 연합체를 형성하여 정부의 서비스를 감시하거나 건의할 수 있고 새로운 서비스를 위한 영향력을 행사할 수 있다.

일곱째, 국가의 사회복지비용을 줄일 수 있다. 국민의 복지욕구는 나날이 높아가지만 서비스의 공급은 한정되어 있는 실정에서 민간 사회복지전달체계가 대신

하므로 비용의 절약을 가져올 수 있다.

④ 민간전달체계의 구조

민간사회복지조직은 "영리를 목적으로 하지 않는 주민조직과 그리고 사회복지법인, 재단법인 및 사단법인, 종교단체, 법정단체 및 기타 특수법인, 등록단체나 그 법인 또는 단체가 사회복지사업을 목적으로 운영하는 시설과 기관"을 총칭하는 것으로 본다(이정호, 1987: 49). 지역사회조직사업 분야에 있어 협의회는 세 가지 유형이 있다(신복기 외, 2002: 168).

첫째, 전통적인 사회복지기관협의회(Council of Social Agencies)이다. 이는 사회복지기관들이나 사회복지를 담당하는 위원회 및 부서를 가진 여타의 단체들로 구성되는데, 일반적으로 대도시에 존재하는 복지협의회의 대부분은 이러한 형태이다. 우리나라의 한국사회복지사협의회의 전신(前身)인 한국사회사업연합회나 한국사회복지관협회도 이러한 유형에 속한다고 볼 수 있다.

둘째, 지역사회복지협의회(Council of Social Welfare)이다. 이는 전문 혹은 비전문 개인회원과 사회복지기관의 단체 회원으로 구성되며 포괄적인 의미의 사회복지 증진에 관심을 갖고 사회행동(social action) 등에도 참여하며, 우리나라의 한국사회복지협의회와 각 시·도의 사회복지협의회가 이러한 유형에 속한다.

셋째, 전문분야협회(specialized councils)이다. 이 협의회는 앞서 논의한 두 협의회 유형 중의 하나가 기능적인 형태로 소협의회 또는 독립기구로서 존재할 수 있고, 예를 들면, 한국사회복지사협회, 가정 및 아동복지협의회, 레크리에이션과 집단 지도협의회, 보건문제, 정신위생, 재활, 청소년비행예방, 청소년 서비스 분야 등의 기관협의회를 들 수 있다. 우리나라의 사회복지 분야의 직능단체협의회, 예를 들면 사단법인 한국아동복지시설협회, 한국노인복지시설협회, 한국장애인복지시설협회, 한국정신요양복지시설협회, 한국여성단체협의회 등이 여기에 속한다.

⑤ 민간전달체계의 문제점

민간전달체계의 문제점을 조직구조적 측면, 관리운영적 측면, 전달인력적인 측면으로 살펴보면 다음과 같다(신복기 외, 2002: 171-173).

ⓐ 조직구조상의 문제점

첫째, 대부분의 민간 사회복지기관들이나 시설들이 그 운영에 필요한 재정의 상당부분을 정부의 보조에 크게 의존하고 그 운영에 있어서도 지도·감독을 받아야 하기 때문에 클라이언트의 요구보다는 정부의 '지시'에 따르는 경향이 두드러진다. 이 때문에 민간부분의 장점인 자율성과 창의성의 제약이 뒤따르게 되는 결과를 가져온다.

둘째, 민간 사회복지시설 중 생활시설에 대한 정부의 지원수준이 낮고 시설의 종별·지역별 분포가 불균형하며, 재정상태 및 전문인력 확보가 미비한 실정이다. 이용시설인 사회복지관의 경우도 도시지역에 편중·분포되어 있으며 전문인력의 부족과 재정의 취약성으로 시범적이고 포괄적인 프로그램을 지속적으로 제공하지 못하고 있으며, 몇몇 독창적인 프로그램을 제외하고는 기관별 유사한 프로그램만을 제공하고 있는 실정이다.

셋째, 민간 사회복지시설 중 생활시설은 지역사회에 바탕을 두고 지역주민의 참여와 함께 시설의 개방화와 사회화가 이루어져야 함에도 불구하고 그렇지 못한 실정이다. 또한 시설의 서비스와 지역사회의 서비스가 제대로 연계되지 않아 수용자가 통합적인 서비스를 받지 못하고 있다.

ⓑ 관리운영상의 문제점

첫째, 사회복지조직 협의기구들의 조정자로서 역할과 기능이 미약하다. 생활시설협의회의 경우 재정적으로 정부보조금에 의존하고 있기 때문에 사회복지시설의 이슈나 문제에 대해서 정부나 국민에게 사실을 홍보하고 정책건의를 하는 데에는 많은 한계가 있으며, 이용시설의 경우, 기관들 간의 협의조정체계가 구축되어 있지만 실질적인 운영에 어려움이 있고, 서비스 간의 연계가 부족하여 프로그램의 중복과 누락의 현상이 발생하고 있다.

둘째, 생활시설의 경우 재원이 빈약하여 대부분 만성적인 재정난에 봉착되어 있으며, 특히 단순 수용보호사업만으로는 클라이언트의 건전한 인격형성, 사회생활 적응능력의 배양, 자립, 자활과 같은 클라이언트의 복지목표를 기대하기 어렵다.

ⓒ 전달인력의 문제점

첫째, 생활시설의 경우 대부분의 시설이 빈약한 운영비 때문에 적합한 전문인력을 고용할 수 없거나, 취업공고를 내도 근무여건의 열악함으로 인해 전문사회복지사들이 취업을 기피하고 있어 전문적인 프로그램 제공에 어려움이 있고, 이용시설의 경우에도 전문사회복지인력이 많은 복지관일수록 프로그램의 전문성이 나타나고 있으므로 전문사회복지사의 충원과 이를 위해 정부의 인건비 부담의 증액이 요구된다.

둘째, 민간사회복지조직의 경우 근무하고 있는 직원들의 처우가 일반기업이나 전문종사자 직원들에 비해 낮을 뿐만 아니라 장시간의 근무 등 열악한 근무환경으로 말미암아 그들에게 전달체계의 원칙인 전문성과 책임성을 추구하는 데 한계가 있으며, 이러한 상황에서 사회복지시설에 종사할 전문인력을 유지하고 확보하기란 매우 어려운 실정이다.

⑥ 민간전달체계의 개선 방향

첫째, 사회복지협의회의 효율적인 사업수행을 위해 조직기능을 강화시킨다. 그 방안으로 중앙사회복지협의회의 사무처와 각 부서의 기능을 강화하고 전국의 시·군·구 지역에 지방기초단체협의회를 구성한다.

둘째, 사회복지기관, 시설운영조직의 강화가 필요하다. 민간 사회복지사업의 공정성 확보, 자주성 존중, 경영조직의 확립, 재정적 기반의 강화 및 공사 사회복지사업의 협동기능을 강화시키고 이를 위해서는 법인의 이사회의 기능을 강화할 필요가 있다.

셋째, 전문성을 강화해야 한다. 사회복지협의회, 생활시설 및 이용시설 모두 전문적인 수준을 높이기 위해서는 많은 전문사회복지사들이 생애직으로 받아들일 뿐만 아니라 책임을 가지고 근무할 수 있도록 종사자에 대한 처우와 근무환경이 크게 개선되어야 한다.

넷째, 민간 사회복지의 자립을 위해 주민참여를 통한 복지자원을 동원해야 한다. 정부나 지방자치단체의 보조금만으로는 한계가 있는 실정에서 지역사회 주민들을 참여시켜 복지자원을 동원하기 위한 방법을 모색해야 한다. 예를 들면, 지역사회의 공동모금회를 활성화하거나 기업과 종교단체의 참여를 유도하면서 자원봉사자들을 효율적으로 관리하는 것 등이다.

| 표 7-2 | 서비스 전달체계의 운영주체적 분석

체계	구성
공적 전달체계	• 보건복지부를 중심으로 한 정부조직 관련부서들의 위계적인 체계망 • 보건복지부 → 특별시 · 광역시 · 도, → 시 · 군 · 구 → 읍 · 면 · 동 → 국민 기초생활보장 대상자 • 특별시 · 광역시는 자치구, 도는 시 · 군 · 구
민간 전달체계	개인, 민간단체(복지재단, 자원봉사단체, 사회복지협의회, 이용 및 수용시설들) 등의 수평적인 체계망

05 전달체계의 극복전략

1) 정책결정의 권위와 통제전략

'의사결정의 권한과 통제의 소재를 어디에 둘 것인가?'에 관한 전략으로 조정과 시민참여의 전략을 사용한다.

첫째, 조정은 복지서비스의 통합성과 포괄성을 발전시키기 위한 전략으로 집중화, 연합, 사례수준의 협력으로 전략을 세울 수 있다. ① 집중화는 강력한 조정절차 중의 하나로서, 1970년대 영국의 지방정부는 사회서비스법에 의해 지방정부의 아동복지, 지역사회개발 서비스, 가정지원서비스 및 기타 복지업무의 부서와 직원을 하나로 통합하여 새로이 지방정부의 사회복지서비스과를 창설한 것을 예로 들 수 있다. ② 연합은 서로 다른 기관의 자원을 지리적으로 집중화하되 기관을 행정적으로 통합하지는 않는 것을 말한다. 이때의 연합은 공식적인 직원구조간의 협력관계를 구축하여 일부 의사결정 권한에 협력을 맺은 기관의 비준(승인)의 대상으로 삼는데 반하여, 제휴는 보다 임기응변적 성격을 갖고 있어 협력관계를 맺은 기관의 의사결정 권한을 공유하거나 변경시키지 않는 것을 의미한다. ③ 사례수준의 협력은 사회복지기관과 기관의 직원간의 상호작용을 분산시키는 것으로, 조정체계가 잘 구축되지 않을 때 각 기관의 최일선 사회복지사간에 원조 네트워크를 만들 필요가 생길 때의 조정을 사례수준의 협력이라고 말한다.

둘째, 시민참여는 의사결정의 권한을 기관과 클라이언트에게 재분배하는 데 목적이 있다. 시민참여의 전제는 클라이언트가 영향력을 행사해야 보다 책임 있고, 효과적인 서비스가 보장된다는 것으로, 급여전달에 관한 의사결정에 시민을 참여시킴으로써 급여의 책임성, 적절성, 접근용이성이 보장되도록 하는 것이다. 여기에서 시민참여의 형태로는 비분배적 참여, 정상적 참여, 재분배적 참여로 구분 할 수 있다. ① 비분배적 참여는 시민들이 교육이나 치료의 형태로 참여하거나 명목적으로 참여하는 것이다. 기존의 의사결정 권한에 실질적 변화가 없는 경우가 해당된다. ② 정상적 참여는 의사결정과정에 시민이 실질적으로 참여하는 것을 말한다. 하지만, 시민의 참여로 의사결정에 결정적인 변화가 일어나지 않는다. ③ 재분배적 참여는 시민의 의사결정과 서비스전달체계에 실질적인 영향을 미치는 경우이다.

2) 과업배분정책

과업배분정책은 업무배치의 재조직화 전략으로, 역할 부과와 전문가 분리가 있다.

첫째, 역할부과는 사회복지사와 사회복지 수급자를 연결시키는 역할을 만드는 것이다. 이는 인간연계 역할을 수행하는 사람으로 그 지역주민의 가치와 문화에 대해 잘 아는 토착의 비전문직이 적합할 것이다.

둘째, 전문가 분리는 사회복지사들 중에는 행정조직의 요구와 클라이언트의 요구 사이에서 도덕적 딜레마에 빠지는 경우가 종종 발생하는데, 이 경우 사회복지서비스 전달을 확대하기 위하여 사회복지사가 기관의 관료조직을 개혁하기 보다는 그로부터 철수하는 것이다.

3) 전달체계의 구성전략

이는 전달체계 조직의 단위 및 수를 어떻게 할 것인가? 이를 통해 사회복지 대상자로 하여금 서비스에 쉽게 접근할 수 있도록 하는 전략이다. 전달체계의 구성전략으로는 크게 전문적 접근 구조와 의도적 중복의 전략을 사용한다.

첫째, 전문적 접근구조는 기관의 전문성을 유지하면서, 사회복지 대상자의 접근성을 높이기 위해서는 전달체계에 새로운 구조를 첨가할 필요가 있는데, 즉 대상자의 권익보호, 충고, 정보, 후송서비스 등을 전문적으로 제공하는 것이다.

둘째, 의도적 중복은 기존의 서비스의 일부 혹은 전부를 재창조하는 것이다. 경쟁과 분리의 방법을 사용하는데, ① 경쟁은 기존의 전달체계 안에서 기관들이 서로 경쟁하도록 기관을 중복시키는 방법이다. ② 분리는 기존의 전달체계 외부에 새로운 기관을 조직하는 것이다. 예를 들면, 인종, 성, 사회경제적 지위 등의 이유로 차별 받는 특정집단을 위해 기존의 서비스 네트워크 밖에 하나의 대안적 서비스를 제공하는 것이다.

06 사회복지영역 전달체계

1) 공공부조의 전달체계

공공부조는 빈곤층에 제공되는 현금(cash) 혹은 현물(in-kind)급여를 의미하며, 국가의 일반회계 예산에 의해 예산규모가 결정되기 때문에 국가사업이라고 할 수 있다. 공공부조의 전달체계는 국가에서 사회복지대상자에게 전달된다는 특징을 가진다.

국민기초생활보장은 대표적인 공공부조 프로그램으로 최저생계수준 이하의 삶을 살아가는 빈곤층에게 생활보장과 자활지원을 목적으로 하는데, 국민기초생활보장사업을 담당하는 주무부처는 보건복지부이며 정책을 결정하고, 예산을 편성하고, 사업을 감독하는 역할을 한다. 집행은 행정부가 담당하고 있다. 집행기능은 행정부의 하부조직인 광역자치단체 → 기초자치단체 → 읍·면·동을 거쳐 빈곤층에게 전달된다. 현행 전달체계는 정책기능과 집행기능의 이원화뿐만 아니라 전달단체가 많아 제때에 필요한 서비스를 원하는 고객에게 전달하지 못하는 적시성(timeliness)의 문제가 제기되고 있다(임정문 외, 2009: 232).

2) 사회보험의 전달체계

사회보험의 전달체계는 사회보험의 보험자와 피보험자의 관계를 통하여 사회보험급여가 전달되고, 사회보험의 보험자는 정부기관일 수도 있고, 사회보험을 관리하기 위하여 설립한 법인체일 수도 있다. 민간 기업이 사회보험의 주체인 경우 민간 기업이 보험자 역할을 한다.

우리나라의 대표적인 사회보험은 국민연금, 국민건강보험, 산업재해보상보험, 고용보험, 노인장기요양보험으로 이에 대한 전달체계를 설명하면 다음과 같다(남기민, 2004: 218~250).

첫째, 국민연금은 공무원, 군인, 사립학교 교직원 등과 같이 특수직역에 종사하는 자를 제외한 모든 국민은 단일한 연금체계에 편입하여 관리하고 있는데, 국민연금제도의 운영과 관련하여 정책결정에 책임을 지고 있는 부서는 보건복지부 사회복지정책실 연금보험국이다. 국민연금관리공단은 보건복지부장관의 위탁을 받아 국민연금사업을 운영하는 집행기관으로서 국민연금 가입자에 대한 이력관리, 연금보험료의 징수, 연금급여 지급, 기금운용, 가입자 및 수급자를 위한 복지시설의 설치·운영 등과 같은 복지증진사업 등 보건복지부장관이 위탁한 사업들을 수행함으로써 직접적으로 국민연금을 관리·운영하는 기관이다.

둘째, 국민건강보험제도는 1998년 10월 227개의 지역의료보험조합과 공무원 및 사립학교 교직원 의료보험 관리공단과 통합하여 국민의료보험관리공단이 발족되었으며, 2000년 7월에는 사업장의 근로자를 대상으로 하고 있는 139개 직장조합과 국민의료보험관리공단을 통합하여 국민건강관리공단을 발족시켜 중앙집궁관리 방식으로 전환하였다. 2003년 7월에는 재정까지 완전히 통합하여 4대 사회보험 중 유일하게 분산관리 운영체계를 유지해 왔던 국민건강보험은 완전한 중앙 집중관리 운영체계를 갖추게 되었다.

셋째, 산업재해보상보험제도는 산재보험 업무를 노동부 산재보험과에서 직접 관리·운영하다 1995년 7월 1일부터 근로복지공단으로 이관하여 현재는 근로복지공단에서 위탁관리 운영하고 있다. 근로복지공단은 노동부장관의 위탁을 받아 보험가입자 및 수급권자에 대한 기록의 관리·유지, 보험료 기타 이 법에 의한 징수금의 징수, 보험급여의 결정 및 지급, 산재보험시설의 설치운영, 근로자의 복지증진을 위한 사업 등을 수행하고 있다.

넷째, 고용보험제도는 고용보험제도 및 운영에 관한 주요 사항의 결정이나 기획에 관한 업무는 노동부 본부에서 이루어지고 있으며, 집행업무는 지방노동관서 및 근로복지공단에 의해 이루어지고 있고, 노동부에서 고용보험과 밀접한 관련이 있는 부서는 고용정책실이다(남기민, 2004: 218-250).

다섯째, 장기요양보호사업은 보건복지부장관이 관장하며, 국민건강보험공단이 보험자이다. 가입자는 국민건강보험 가입자로서, 건강보험료와 통합하여 장기요양보험료를 징수하되, 각각 구분하여 고지해야 하고, 통합 징수한 각 보험료를 독립회계로 관리하여야 한다.

3) 사회복지서비스 전달체계

사회복지서비스 전달주체는 지방자치단체와 같은 정부기관과 민간단체로 구분할 수 있는데, 지방자치단체가 주체가 되어 사회복지서비스를 전달하는 경우 지방자치단체가 직접 주민에게 다양한 서비스를 제공하는 경우와 지방자치단체가 경로당이나 사회복지기관을 지원하고 그 지원금으로 지역주민에게 사회복지서비스를 제공하는 두 가지 형태가 있다.

사회복지서비스는 사회복지를 목적으로 형성된 민간 네트워크가 주체가 되어 서비스를 제공하는 경우가 많다. 노인복지 분야에서 실버넷, 빈곤아동을 위한 국가단체로 "Free the Children" 등이 있다(허만영, 2003: 255-256).

(1) 주민생활지원서비스

최근 정부는 수요자 중심의 공공복지 전달체계를 효율적으로 구축하고자 지방자치단체의 복지역량을 강화하여 지역주민이 체감할 수 있는 복지서비스 제공과 지역복지 공동체의 활성화에 주력하고 있다. 그리하여 보건복지부와 행정자치부는 수요자 중심의 통합적 서비스 제공을 위해 주민생활지원서비스 전달체계로 조직을 전면 개편하였다(2007년 7월). 주민생활지원서비스란 취약계층에게 제공되는 복지·보건서비스 이외에 주민생활의 질 향상을 위해 제공되는 고용·주거·평생교육·생활체육·문화·관광서비스를 포괄하는 개념이다. 보건복지부는 업무수행의 효율성 및 효과성 제고를 위해 전문 인력에 대한 인력진단, 단계적 확충, 주민서비스혁신 통합시스템 구축, 국가복지 정보포털의 통합구축을 추진하였다(박경일, 2014: 191).

(2) 희망의 전화 129

2007년 주민생활지원서비스 개편과 함께 2005년에는 보건복지콜센터를 개통하였다. 희망의 전화 129는 국민이 도움이 필요할 때 언제든지 도움을 요청할 수 있는 체계를 만든다는 사회복지전달체계 개선대책 중 하나이다. 희망의 전화 129는 꾸준히 상담량이 증가하여 2007년 1월 1일부터 보건복지 관련 상담전화인 노인학대(1389), 아동학대(1391), 푸드뱅크(1377), 위기가정(1688-1004), 노인치매(1588-0678), 상담전화가 129로 통합·운영되었다. 따라서 희망의 전화 129는 민생안정 39개 복지서비스 분야와 복지서비스, 건강생활, 소득보장, 긴급지원 등 5개 분야의 사업에 대한 자세한 상담·안내뿐 아니라 필요할 경우 관할 시군구까지 실시간 연계 상담·안내, 긴급지원 등을 위한 현장방문, 서비스 연계, 모니터링과 처리결과의 전화통보 등 복지수요자 중심의 찾아가는 복지서비스를 제공하는 보건복지부의 통합형 원스톱서비스의 대표 번호라고 할 수 있다.

(3) 사회보장정보시스템(행복e음)

사회보장정보시스템(행복e음)은 국가복지정보시스템으로 사회복지사업법에 의해 2010년 구축된 1단계 사회복지통합관리망이다. 사회보장정보시스템(행복e음) 사회복지시설 업무에 필요한 각종 자료 또는 정보의 효율적인 처리와 기록·관리의 전자화를 위하여 구축·운영되며, 복지급여통합관리시스템, 사회복지시설정보시스템, 상담사례관리시스템으로 구성되어 있다.

사회보장정보시스템(행복e음)은 ① 일관신청 및 맞춤형 서비스 제공, ② 제출서류 간소화로 인한 민원편의 증대, ③ 복지급여, 서비스 신청에 따른 결정 처리기간 단축 및 결정 통보방식의 다양화, ④ 추가지원이 가능한 서비스 안내, ⑤ 보건복지콜센터와 시·군·구 콜센터의 연계를 통한 서비스 제공, ⑥ 복지대상자 선정의 정확성 제고 및 적정급여 지급, ⑦ 효율적이고 일관성 있는 일처리로 행정업무를 줄여 찾아가는 서비스 제공을 내용으로 하고 있다.

(4) 사회보장정보시스템(범정부)

사회보장정보시스템(범정부)는 사회보장정보시스템(행복e음)의 2단계 도약을 위해 보건복지부를 중심으로 16개 부처 293개 복지사업 정보를 연계하고 개인별·가구별 복지서비스 이력관리, 중복·부정수급 장지, 중앙부처 복지사업 정보제공, 복지사업 업무처리지원 등을 위해 구축되었으며, 복지사업의 대상자와 수급이력 정보를 연계하여 정확한 복지대상자 선정을 토대로 수요자 중심의 서비스를 제공하기 위한 서비스이다. 그리하여 사회보장정보시스템(범정부)은 모든 부처의 복지급여와 복지서비스의 원스톱 신청시스템을 단계적으로 구축하고 인터넷을 통해 복지급여 및 서비스를 신청할 수 있는 온라인 서비스 제공, 누락과 중복서비스를 방지할 수 있는 시스템을 구축하였다.

07 전달체계의 통합

서비스전달체계가 처한 다양한 문제들 중에서 가장 두드러지는 것은 서비스의 비연속성과 파편성의 문제들로, 전달체계 내에 위치한 기관이나 프로그램 간에 다양한 형태의 교류를 위한 연결이 느슨하게 이루어져 있을 때 이러한 문제들이 발생하게 된다. 이에 대한 해결책으로 '서비스 통합(service integration)'이 요구되는데, 이는 클라이언트들의 욕구를 보다 종합적으로 다루기 위해서 둘 이상의 서비스 공급자들을 함께 묶는 것을 말한다.

서비스 통합의 방법은 크게 두 가지로 나눌 수 있는데, 완전 통합과 단순 조정의 방법이다(임정문 외, 2009: 234-235).

첫째, 완전 통합(integration)의 방법으로, 각각의 조직들에 의해 제공되던 서비스들을 통합하기 위해 이들 조직들을 묶어서 완전하게 새로운 단일 서비스 구조를 만들어내는 것이다.

둘째, 단순 조정(coordination)의 방법으로, 각 조직들이 자신들의 인적·물적 자원과 구조 등은 계속해서 독립적으로 유지하면서, 서로간의 관계를 보다 밀접하게 개선하고자 하는 것이다.

대부분의 경우 서비스 통합을 말할 때는 완전 통합의 방법보다는 단순조정의 방법을 의미하는데, 이미 분리되어 발달해오던 조직들을 하나의 구조로 묶는다는 것이 쉬운 일이 아니기 때문이다. 또한 획일적인 구조가 보다 더 효과적인 서비스 전달을 보장한다는 것도 지나치게 단순한 논리이다. 획일적인 구조의 적용은 다양성과 창의성이 강조되는 휴먼서비스들의 발전에 오히려 역효과를 초래할 수 있다는 주장도 만만치 않다. 획일적인 구조를 적용하면 불연속성과 파편성의 문제를 효과적으로 개선할 수 있다. 그러나 획일적 구조는 대개 접근용이성을 약화시키고, 장기적으로는 자유로운 서비스 발전을 저해해서 충분성과 책임성에 대한 궁극적인 문제를 야기할 수 있다.

1) 전달체계의 통합 방법들

첫째, 종합서비스센터 운영으로 하나의 서비스 분야를 두고서 그와 관련된 복수의 서비스들을 모두 한 곳에 모아 제공할 수 있게 하는 것이다. 한 지역의 장애인 이용서비스들을 종합적으로 제공하는 장애인종합복지관이나 지역사회 관련 제반 욕구들에 대한 서비스를 모아 놓은 지역사회종합복지관이 이러한 예이다.

둘째, 단일화된 인테이크(intake)의 공동창구 개발로서 전달체계 내의 조직들이 인테이크를 전담하는 공동 창구를 개발하는 방법이다. 이 창구는 클라이언트의 다양한 욕구들에 대해 종합적으로 평가하며, 그에 따른 적절한 서비스 계획을 개발하는 역할을 수행한다. 전달체계 내의 모든 서비스 실천 기관들은 이러한 공동 인테이크 창구를 통해 클라이언트를 공급받고, 비록 부분적이지만 이것 역시 조직들 간에 일정한 정도의 구조적인 통합을 요구하므로, 이것은 종합서비스센터 다음으로 집중화의 강도가 높은 서비스 통합 전략이다.

셋째, 종합적인 정보와 의뢰 시스템 구축으로 조직들 간의 구조적인 통합을 시도하지는 않으며, 조직들은 각자의 독립성을 유지한 상태에서 단지 클라이언트의 교환이나 서비스들 간의 연결을 목적으로 정보와 의뢰 시스템을 강화하는 방법이다.

넷째, 사례관리(case management)로 조직들 간에는 느슨한 네트워크를 구성하면서도 개별 사례들을 중심으로 서비스들 간의 조정효과를 나타낼 수 있는 단순조정의 한 방법이다. 이것들은 조직들 간의 구조적인 연계를 시도하는 것이 아니라, 사례관리자가 중심이 되어 개별 조직들에 분산되어 있는 서비스들을 클라이언트의 욕구에 맞추어서 연결하고 관리해 주는 것으로, 조직들 간의 구조적인 통합이나 조정이 현실적으로 어렵다는 점을 감안한다면, 전달체계의 통합이나 조정을 위해 현실적으로 가장 유력한 대안이 될 수 있다.

다섯째, 기타 방법들(트래킹시스템과 크리밍 현상) 중 트래킹시스템(traching system)은 클라이언트의 행적제공 시스템으로, 동일한 수혜자에 대한 서로 다른 기관의 정보를 공유하는 시스템이다. 크리밍(creaming) 현상은 조직이 순종적이고 성공 가능성이 높은 클라이언트만을 선발하고, 비협조적이고 성공가능성이 낮은 클라이언트를 배척하는 것이다.

08 단원요약 및 문제풀이

1) 단원요약

(1) 전달체계

사회복지정책을 통하여 제공되는 다양한 재화나 서비스를 수급자에게 전달하는 방법을 의미한다. 복지정책이 추구하는 가치나 목표의 성취가 전달체계에 의해 제공되므로 적절하고 바람직한 체계의 설립, 유지가 필요하다.

(2) 평가기준

① 재화서비스 속성에 따른 기술

공공재적 성격의 정도와 외부효과의 크기, 소비자들의 합리적인 선택 가능성, 대규모로 제공하는 것이 기술적인 측면에서 바람직한 경우, 여러 전달체계에서 보완적 제공이 바람직한 경우 등이 있다.

② 전달체계의 측면

평등(소득재분배) 혹은 사회적 적절성 달성 정도, 통합성(서비스 조정과 체계화 정도), 지속성, 효율성, 경쟁성, 접근성, 수급자의 욕구에 따른 대응성, 책임성, 수급자의 선택의 자유, 수급자들의 서비스에 대한 오용 및 남용 방지 등이 있다.

(3) 전달체계의 유형

① 중앙정부

장점으로 공공재적 성격이 강한 것, 대규모의 경제성을 갖는 서비스, 평등과 적정성의 달성, 다양한 복지에 대한 욕구를 체계화하고 프로그램을 통합, 조정하거나 지속적·안정적으로 유지하는 사업에 있다. 문제점은 자원의 비효율 배분문제, 독점성으로 인한 가격과 질에 있어 수급자들에게 불리, 관료성으로 이한 욕구대응에 민감하지 못하며, 지역특수성에 융통적이지 못하고, 민간에 비해 수급자가 접근하기 어려운 경향이 있다.

② 지방정부

장점으로 지역욕구에 효율적 대처, 지방정부 간의 경쟁논리에 의해 재화의 가격과 개발 용이, 창의적 실험적 서비스 개발 용이, 수급자들의 정책결정 참여 등이 있다. 단점으로는 지역 간의 불평등 초래, 대규모의 경제효과가 적어 사회보험의 경우 기술적 측면에서 불리, 지방정부의 단편화된 프로그램의 가능성, 프로그램의 안정성과 지속성에서도 불리하다.

③ 민간전달체계

정부제공 서비스 비해당자에 대한 서비스 제공, 정부가 제공할 수 없는 서비스 제공, 동일 종류의 서비스에 대한 선택의 기회 제공, 사회복지서비스의 선도적 개발 및 보급, 민간의 사회복지활동에 대한 참여욕구 수렴, 정부의 사회복지활동에 대한 압력단체 역할, 국가의 사회복지비용 절약 등의 장점이 있을 수 있다.

(4) 사회복지서비스 전달체계의 원리

① 전문성의 원칙

사회복지서비스 제공에서 핵심 업무는 반드시 전문가가 담당해야 한다는 원칙이다. 전문가란 객관적으로 그 자격이 인정된 사람으로 자신의 전문적 업무에 대한 권위와 자율적 결정권 및 책임성을 지닌 사람을 말한다.

② 적절성의 원칙

사회복지서비스는 그 양이나 질, 제공하는 기간 등이 적절하게 제공되어야 한다.

③ 포괄성의 원칙

대상자의 다양한 욕구나 문제를 동시에 또는 순차적으로 해결하기 위해서 다양한 서비스가 제공되어야 한다.

④ 지속성의 원칙

한 개인이 필요로 하는 여러 다른 종류의 서비스를 지역사회 내에서 계속적으로 제공받을 수 있도록 서비스들의 상호연계가 필요하다.

⑤ 평등성의 원칙

기본적으로 성별·연령·소득·지역·종교·지위 등에 모든 국민들에게 사회복지서비스를 제공해야 한다.

⑥ 통합성의 원칙

클라이언트의 문제는 복합적이고 상호연관되어 있기 때문에 이러한 문제해결을 위한 서비스들도 서로 연관되어야 한다.

⑦ 책임성의 원칙

사회복지조직은 국가가 사회복지서비스를 전달하도록 위임한 조직이므로 사회복지서비스의 전달에 대해 책임을 져야 한다.

⑧ 접근용이성의 원칙

사회복지서비스를 필요로 하는 사람이면 누구나 손쉽게 이용할 수 있어야 하므로 대상자가 접근하기 용이해야 한다.

2) 문제풀이

1. 사회복지서비스 공급 주체에 대한 설명으로 옳지 않은 것은?

① 일반적으로 정부가 공급하는 법정서비스는 민간서비스에 비하여 융통성이 적다고 할 수 있다.
② 민간영리기관에 의한 서비스 공급 확대는 국민 계층 간에 서비스 격차를 가져오기 쉽다.
③ 정부가 공급하는 서비스는 민간이 제공하는 서비스에 비해서 공급의 형평성과 책임성을 확보하기가 쉽다.
④ 비영리민간을 통한 서비스 공급은 충분한 재정을 확보하기가 어렵지만 지역 간 형평성을 확보하기는 쉽다.
⑤ 아직 공공정책으로 대처하지 못하는 서비스는 민간사회복지기관만이 제공한다.

정답 ④

2. 사회복지서비스 전달체계의 특징을 모두 고르시오.

ㄱ. 전문성	ㄴ. 포괄성	ㄷ. 적절성	ㄹ. 일회성

① ㄱ, ㄷ　② ㄴ, ㄹ　③ ㄷ
④ ㄱ, ㄴ, ㄷ　⑤ ㄹ

정답 ④

3. 다음 중 사회복지서비스 전달체계의 원칙에 대한 내용 중 옳지 않은 것은?

① 접근용이성의 원리–대상자들이 지리적·사회적·심리적 장애물이 없이 접근할 수 있어야 한다는 원칙이다.
② 포괄성의 원리–사회복지서비스는 여러 대상을 모두 포함해야 한다.
③ 책임성의 원리–사회복지조직은 사회로부터 서비스제공에 대한 인정을 받았기 때문에 서비스 제공에 대한 책임이 있다는 원칙이다.
④ 적절성의 원리–사회복지서비스의 양과 질, 제공기간이 클라이언트의 문제해

결과 서비스 목표달성에 충분해야 한다.

⑤ 평등의 원리–연령, 성별, 지역, 종교 등에 관계없이 대상자에게 평등하게 적용해야 한다는 원칙이다.

정답 ②

4. 공적 사회복지관 및 시설에 관한 사항으로 옳지 않은 것은?

① 불필요한 사업에도 불구하고 지속하는 경우가 많다.
② 재원조달이 안정적이다.
③ 사회적 요구에 민감하다.
④ 광범위한 대상과 지역에 실시할 수 있다.
⑤ 항상 법적 근거를 가지고 시행하게 된다.

정답 ③

5. 다음 중 공공부문의 사회복지서비스의 장점이 아닌 것은?

① 대규모의 경제효과로 기술적 측면에서 유리하다.
② 지속적이고 장기적인 서비스가 가능하다.
③ 국민의 권리에 있어서 불평등의 문제가 발생하지 않는다.
④ 신축적이고 역동적 서비스 제공에 유리하다.
⑤ 대상의 보편성이 가능하다.

정답 ④

6. 현재 우리나라 복지전달체계에 대한 설명으로 옳지 않은 것은?

① 1990년대 도입된 지방분권화와 함께 지역을 중심으로 한 복지서비스가 강조되고 있다.
② 사회보장정보시스템은 보건복지부 외에 타 부처의 사회보장사업을 포함하고 있다.
③ 중앙정부는 공공재의 성격인 강한 서비스를 제공하는 데 적합하다.
④ 사회보험의 관리·감독은 중앙집권적으로 이루어지고 있다.
⑤ 공공부조, 사회보험 외의 사회서비스급여 제공은 민간부문의 책임이다.

정답 ⑤

7. 사회복지서비스전달체계에 대한 설명 중 옳지 않은 것은?

① 평등성, 사회적 적절성을 위한 서비스는 공공전달체계가 유리하다.
② 질 높은 수준의 서비스는 민간전달체계가 유리하다.
③ 경쟁성, 접근성, 대응성, 통합성을 위한 서비스는 달성은 민간전달체계가 유리하다.
④ 공공재적 성격은 공공전달체계가 유리하다.
⑤ 지방정부의 전달체계는 민간전달체계에 비해 재정적 유용성을 확보하여 창의적, 실험적인 서비스개발이 용이하다.

정답 ⑤

8. 사회복지서비스 제공의 측면에서 적합한 행정이념이 아닌 것은?

① 평등성의 원칙　② 연계성의 원칙　③ 통합성의 원칙
④ 개인중심의 원칙　⑤ 적절성의 원칙

정답 ④

9. 다음 중 국가(정부)가 주체가 되어 실시할 경우 가장 적합한 사회복지 프로그램은?

① 사회개혁　② 공동모금　③ 사회보장
④ 박애사업　⑤ 자선사업

정답 ③

Check

국가가 사회복지의 주체인 경우에는 사회정책과 사회보장이 적합하다.

10. 공공부문의 사회복지서비스의 장점은?

ㄱ. 능동적인 관료성
ㄴ. 대상이 보편성을 이룰 수 있다.
ㄷ. 신축적이고 역동적인 서비스 제공에 유리하다.
ㄹ. 지속적이고 장기적인 서비스 가능

① ㄱ, ㄴ, ㄷ　② ㄱ, ㄷ　③ ㄴ, ㄹ
④ ㄹ　⑤ ㄱ, ㄴ, ㄷ, ㄹ

정답 ③

Check

공공부문의 사회복지서비스 단점으로는 자원의 비효율적인 배분, 관료성으로 인한 경직성, 비용통성, 접근성의 어려움 등을 들 수 있다. 신축적이고 역동적인 서비스 제공은 민간부문의 장점이다.

11. 사회복지 재화나 서비스를 국가가 제공하는 것이 바람직한 경우는?

ㄱ. 서비스가 공공재적 성격이 강한 경우　　ㄴ. 외부효과가 큰 경우
ㄷ. 규모의 경제가 있을 경우　　ㄹ. 소득분배의 불공평

① ㄱ, ㄴ, ㄷ　② ㄱ, ㄷ　③ ㄴ, ㄹ
④ ㄹ　⑤ ㄱ, ㄴ, ㄷ, ㄹ

정답 ⑤

Check

구매력을 가진 수요에 반응하는 경우에 시장의 가격기구에 의한 배분이 효율적이다.

12. 사회복지서비스 전달체계의 평가기준으로 적합한 것은?

ㄱ. 통합성　ㄴ. 접근성　ㄷ. 평등성　ㄹ. 독점성

① ㄱ, ㄴ, ㄷ　② ㄱ, ㄷ　③ ㄴ, ㄹ
④ ㄹ　⑤ ㄱ, ㄴ, ㄷ, ㄹ

정답 ① **재화나 서비스가 독점적으로 이루어지는 것보다 여러 주체가 경쟁적으로 이루어질 때 서비스 질이 향상된다.**

Check

사회복지서비스 전달체계의 주요 원칙
① 적절성: 평등, 소득재분배, 사회적 적절성을 이룰 수 있어야 함
② 통합성: 복합적 문제에 대해 연관된 서비스의 제공
③ 지속성: 한 서비스가 다른 서비스와 연계되어 지속적으로 받을 수 있게 함
④ 효율성: 충분한 정보를 바탕으로 한 합리적인 선택 촉진
⑤ 경쟁성: 가격과 질에 있어 소비자에게 유리
⑥ 접근성: 공간적, 시간적으로 필요로 하는 모든 사람이 접근하기 쉽도록 함
⑦ 대응성, 책임성: 욕구의 변화에 민감하게 대응
⑧ 수급자의 선택의 자유
⑨ 남용과 오용의 방지

13. 사회복지서비스 전달체계 가운데 중앙정부의 역할이 중요한 이유로 옳지 않은 것은?

① 사회복지서비스가 가치재적인 성격을 갖고 있기 때문에
② 대상집단이 전 국민이기 때문에
③ 평등의 가치를 구현하기 위해서
④ 수급자의 선택을 반영하기 위해서
⑤ 프로그램의 통합이나 조정을 위해서

정답 ④

Check

중앙정부의 필요성
① 사회복지의 가치재, 공공재적 성격
② 대상집단이 많을수록 유리
③ 소득재분배효과 극대화로 평등의 가치 구현
④ 다양한 프로그램을 통합, 조절: 지속적이고 안정적인 서비스 제공

14. 사회복지서비스 전달체계 가운데 지방정부의 역할이 중요한 이유로 적합하지 않은 것은?

① 수급자의 욕구에 융통성있게 대응
② 지방정부 간 경쟁을 유발시켜 서비스의 질 향상
③ 수급자에게 친숙하고 덜 복잡한 서비스 제공
④ 사회복지정책의 가치인 평등을 추구
⑤ 수급자의 욕구수렴 가능성 제고

정답 ④

Check

지방정부의 필요성
① 지역주민의 욕구를 효율적으로 해결한다. 욕구변화에 융통성 있게 대응하고 친숙하고 덜 복잡한 서비스를 제공한다.
② 지방정부 간 경쟁을 유발시켜 서비스의 질과 가격을 유리하게 한다.
③ 창의적, 실험적인 서비스 제공이 가능하다.
④ 수급자 정책참여기회 확대로 욕구수렴 가능성을 제고한다.

Chapter 08

재원 조달

사회복지사업의 공공부문과 민간부문 모두 정책집행에는 재원이 필요하다. 그리고 누구에게, 무엇을, 얼마나, 어떻게 지급할 것이냐 하는 정책의 방향과 내용은 재원조달에 의해 크게 영향을 받는다. 서구복지국가들과 같이 국가정책의 재원 가운데 사회복지정책에 필요한 재원이 절반 이상을 차지하는 나라들은 사회복지정책을 위한 재원을 어떻게 마련하느냐의 문제는 더욱 중요할 것이다. 복지 선진국들이 지난 20여 년 동안 경제성장의 둔화로 사회복지정책을 위한 재원마련에 어려움을 겪는 상황에서 사회복지정책에서의 재원 문제는 더욱 중요한 이슈가 되고 있다. 따라서 먼저 재원을 어떻게 해야 늘릴 수 있는가가 중요하고, 한편으로는 제한된 재원을 어떻게 사용할 것인가의 방법도 매우 중요하다. 즉, 사회복지정책의 중요 목표인 평등과 효용을 이루는 데 어떤 재원이 어떤 정책에 얼마나 필요한가를 알아내는 작업이 중요하다고 할 것이다.

01 사회복지재원의 개념

재원이란 사회복지정책을 실현하는 데 있어서 사용되는 제반비용과 관련된 것을 의미한다. 사회복지정책에 있어서 사회복지 재정에 대한 관심은 사회복지정책의 목표를 달성하기 위해 필요한 재원을 어떻게 얼마만큼 조달하느냐는 문제와 함께 재원을 어떻게 배분하느냐 라는 문제로 구별될 수 있다. 그것은 재정이 사회복지 실행을 뒷받침할 뿐만 아니라 그 결과를 좌우하기 때문이다. 20세기 이후 복지국가의 성장과 발전은 복지비용의 증가로 나타나게 되었고, 그로 인하여 국가와 개인에게 중요한 관심이 되었다. 중요한 사실은 사회복지 재정운영 자체가 사회복지정책적 효과와 함께 한다는 것이다. 즉, 사회복지 욕구의 증가와 이로 인한 재정적 악화가 나타나고 있는 오늘날의 시기에 얼마만큼 재원조달을 할 것이며, 중앙정부와 지방정부의 배분과 분담은 어떻게 할 것인지의 선택 자체가 국가가 감당할 수 있는 '지속가능한 복지 수준'에 영향을 미치게 되는 것이다.

문제를 안고 있는 대상자에게 도움을 주고 사회적 욕구를 해결하기 위해 사회복지의 재원은 필수불가결한 요소이다. 이러한 이유로 한 사회의 사회복지 재정규모는 그 사회의 복지 수준을 측정할 수 있는 중요한 잣대가 된다. 국가 간의 사회복지의 발달 정도 또한 사회복지 재정규모로 가늠할 수 있다. 사회복지재원은 크게 공공재원과 민간재원으로 나눌 수 있다.

02 사회복지재원의 유형

1) 공공재원[29]

공공부문의 재원은 일반적으로 사회복지가 발달할수록 사회복지정책에 사용되는 재원 가운데 그 비중이 커진다. 20세기에 들어서는 점차 공공부문의 비중이 높아져 오늘날 복지선진국들의 사회복지정책재원은 거의 대부분 공공부문에서 나오고 있다. 하지만, 조세부담률이 높으면 일반적으로 사회복지정책에 사용될 재원이 증가하지만, 조세부담률이 계속 높아진다고 해서 반드시 조세수입이 커져 사회복지재원에 쓰일 재원이 증가되는 것은 아니다.

공공재원에는 조세로 이루어지는 정부의 일반예산, 5대 사회보험을 위한 보험료 그리고 조세지출이 포함된다. 복지서비스의 제공에 필요한 조직·인재·물질 등의 운용에 드는 제반 경비 중 법률의 근거 또는 예산조치에 기초하여 국가와 지방 공공단체에 의해 지출되는 재원이다. 여기에 대응하는 용어로 '민간복지재원', '민간자기(自己)자금'이 있다.

(1) 조세

조세는 국가에 의해 강제적으로 부과되는 것으로 국가가 사용할 수 있는 가장 중요한 재원중의 하나이다. 사회복지정책에 사용되는 조세는 일반조세와 사회보장성조세(사회보험료)가 있으며, 조세제도를 활용한 사회복지정책에는 조세지출, 부의 소득세, 근로장려세제(EITC) 등이 있다. 공공부조정책 등 많은 사회복지정책들은 정부의 일반예산이 조세에 의존하고 있으며, 조세방식을 통하여 사회복지재정을 충당하는 것은 모든 국민의 생존권을 국가가 책임지고 수행한다는 것을 의미한다.

29) 공공부문을 통해 조달할 수 있는 재원으로는 일반예산, 목적세인 사회보장성 조세, 조세지출(조세비용) 등을 들 수 있다.

조세는 국가에 의해 개인과 법인에게 강제적으로 부여되는 부담금(levy)이다. 이러한 조세를 분류하는 방법은 다양하다. 목적에 따른 분류로서 일반세(보통세)와 목적세, 납부방법에 따라 직접세와 간접세, 부과대상에 따라 개인소득세, 법인세, 소비세, 재산세 등으로 분류할 수 있다(박병현, 2011: 185).

| 표 8-1 | 목적과 납부방법에 따른 분류

목적에 따른 분류	① 일반세는 소득세(누진세[30]), 소비세[31](일반, 특별 소비세), 재산세[32](상속세, 증여세)로 구분한다. 이 중에서 소비세는 역진세적인 성격을 갖고 있어 일정세율을 부과하는 특성이 있다. ② 목적세는 특정 목적에 사용하기 위해 거둬들이는 세금이다. 우리나라의 경우 교육세이며, 미국의 경우 사회보장세(social security tax)로 부과되는데, 중간계층의 부담이 크다는 특징을 갖고 있다.
납부방법에 따른 분류	① 직접세는 경제활동을 통해 얻은 소득에 부과하는 세금으로 소득세와 법인세로 대별된다. 이외에도 재산에 따라 부과하는 재산세와 증여 및 유산 등에 부과하는 증여세가 있다. 직접세는 경제적 능력이 클수록 또는 소득이 많을수록 조세부담률을 높게 하는 누진세율을 적용한다. ② 간접세는 소비활동을 하는 과정에서 이득에 대해 부과하는 세금을 말하는데, 소비세[33]와 부가가치세[34]로 나눌 수 있다. 직접세에 비해 간접세는 국민들로부터 별다른 저항 없이 재원을 용이하게 조달할 수 있으나 고소득층에 비해 저소득층의 조세부담이 높아 소득재분배의 기능은 약하다고 볼 수 있다.

사회복지정책의 주요 재원으로 활용되는 일반조세는 종류에 따라 소득재분배에 미치는 정도가 다르다. 일반적으로 일반조세 가운데 누진성이 강한 것은 근로소득세이다. 근로소득에 대한 과세의 근거는 경제적 능력이 많은 자는 그렇지

30) 일반적으로 어떤 조세가 누진적이라 함은 소득이 올라갈수록 소득에 부과하는 세율(tax rate)이 높아지는 것을 말하고, 반면에 역진적(regressive)이라 함은 소득이 올라갈수록 세율이 낮아지는 것을 말한다.

31) 소비에 대한 조세는 개인소득세와 달리 부담능력을 고려하지 않고 상품을 소비할 때 부과하기 때문에 개인소득세에 비해 고소득층의 조세부담률이 저소득층보다 상대적으로 적고, 이러한 소비에 대한 조세는 다양한 형태를 취하고 있기 때문에 소비세의 소득재분배효과는 서로 다르다.

32) 정부의 일반예산 가운데 가장 적은 비중을 차지하는 것은 부에 관한 조세이며, 부에 관한 조세도 여러 형태가 있는데 이 가운데 가장 중요한 조세는 재산세(property tax)이며, 이것은 선진국에서는 주로 지방정부의 일반예산의 주 세원이고, 재산세는 대개 단일세율을 부과하고, 세금부과대상이 되는 재산의 가치평가액이 시장가격의 변화에 따라 빨리 변화하지 못하며, 또 많은 재산들을 포괄적으로 세금부과대상에 포함시키는 것이 어렵기 때문에, 일반적으로 재산이 많은 사람들이 없는 사람들에 비하여 재산세에 대한 실질 조세부담률이 적다고 볼 수 있다.

33) 소비세는 어떤 재화나 서비스 생산에서 최종 소비자가 부담하는 형태

34) 부가가치세는 어떤 재화나 서비스의 생산에서 최종소비에 이르기까지 각 단계에서 부과하는 세이다.

못한 자보다 높은 조세부담을 져야 하는 원칙이다. 따라서 근로소득세는 개인의 부담능력에 따라 세율이 차등부과되기 때문에 고소득층에 대한 세율이 저소득층보다 높다. 또한 근로소득세는 저소득층에 대해 조세감면이나 면세제도가 있기 때문에 다른 조세의 종류보다 누진성이 높아 소득재분배의 효과가 크다. 그러나 한국에서는 복지 선진국에 비하면 근로소득세의 비중이 매우 낮은 편이어서 소득재분배의 효과가 적다(박병현, 2011: 186).

일반조세 가운데 규모가 둘째로 큰 것은 소비세이다. 소비세는 개인소득세와는 달리 상품을 소비할 때 동일세율로 부과하기 때문에 저소득층이 고소득층보다 많은 부담을 가진다. 그러므로 일반소득세를 사회복지정책에 주요 재원으로 활용한다면 매우 역진적일 수밖에 없다. 반면에 고소득층이 많이 사용하는 고급품에 대해서는 높은 세율을 적용하고 저소득층이 상대적으로 많이 사용하는 상품에 대해서는 낮은 세율을 적용한다면 이러한 특별소득세의 소득재분배의 효과는 높게 나타날 수 있다(박병현, 2011: 186).

부가가치세는 생산에서 소비에 이른 단계별로 세금을 부과하기 때문에 단계별 세율의 조정에 의해 일반소비세에 비하여 소득재분배효과를 높일 수 있다. 즉, 생산과 소비단계에서 발생한 소득에 따라 세율을 달리하면 소득이 높은 계층의 조세부담률을 저소득계층보다 높일 수 있다(송근원·김태성, 1995: 331; 한국복지행정학회, 2014: 186). 주로 지방재정에 사용하는 부(富)에 대해 부과하는 재산세는 대체로 단일세율을 적용하고 재산의 가치평가액이 시장가격의 변화에 따라 빨리 변화하지 못하기 때문에 저소득층의 조세부담이 고소득층보다 많다고 할 수 있다. 부(富)에 대해 부과하는 다른 형태의 조세인 상속세나 증여세는 누진적 세율을 적용한다(한국복지행정학회, 2014: 187).

| 표 8-2 | 조세 중 공공부문 사회복지급여의 재원

일반세[35]	소득세[36]	누진세
	소비세(일정세율부과)	일반소비세[37] 특별소비세[38]
	재산세	상속세, 증여세
목적세	교육세	

| 표 8-3 | 일반조세 재원의 장점과 단점

구분	내용
장점	① 조세를 통한 재원이 다른 재원에 비하여 사회복지정책이 추구하는 중요한 목표인 평등이나 소득재분배를 이루기 쉽기 때문이다[39]. ② 일반조세는 다른 재원에 비하여 사회복지정책의 대상을 넓힘으로써 급여의 보편성을 증가시켜 사회적 불평등의 해소와 사회정의를 구현할 수 있다. ③ 일반조세는 국가에 의해 강제적으로 부과되기 때문에 다른 재원에 비해 안정성과 지속성을 가진다. 그러므로 조세를 재원으로 하는 사회복지정책은 일반적으로 안정적이고 지속적인 집행이 가능하다.
단점	① 세금부과로 인한 소득 발생 및 소득 사용 형태의 변화로 역진성이 나타나거나, 사용자가 피고용자에게 조세를 전가하고, 가격에 조세를 부과하여 조세 부담의 실질적인 주체가 불명확해질 수 있다. ② 절세나 탈세 등을 통해 명목세율보다 실질세율이 낮게 나타나서 일반예산의 소득재분배효과에 일정한 한계가 나타날 수도 있다.

(2) 사회보험료[40]

사회복지정책의 핵심인 사회보험의 재원은 주로 보험료로 충당되며, 경우에 따라 목적세와 본인부담금으로 보충된다. 보험료는 소득비례보험료와 정액보험료 두 가지 형태가 있는데, 소득비례 보험료는 소득(표준보수액)의 일정률을 갹출하는 것이고, 정액보험료는 소득이나 재산에 관계없이 모든 사람이 동일한 액수의 보험료를 부담하는 것이다. 목적세는 프랑스의 사회보험에서 보듯이 담배나

35) 일반세는 조세의 지출용도를 정하지 않고 징수하는 세금으로, 소득세, 소비세, 재산세가 있다.

36) 일반예산을 구성하는 조세들 가운데 일반예산의 누진성을 높이는 데 가장 크게 기여하는 것은 소득세로, 특히 개인소득세이다. 개인소득세의 소득분배효과가 높은 이유는 개인소득세는 기본적으로 부담능력의 원칙(ability to pay)에 따라 세율이 부과되므로 고소득층의 세율이 저소득층보다 높고, 사회복지가 발달한 국가에서는 고소득층에 대한 개인소득세율이 매우 높아 스웨덴이나 영국의 세율은 70%에 이르고 있다. 또한 개인소득세는 다른 조세에 비하여 각종의 조세감면으로 저소득층의 조세부담을 면제, 감면시키거나, 근로소득과 자산소득을 구분하여 전자의 경우는 감세의 혜택을 주나 후자의 경우는 주지 않음으로써 소득재분배효과를 높인다.

37) 일반소비세는 모든 상품에 단일세율을 부과하여, 소득역진성이 강하다.

38) 특별소비세는 주로 사치품에 부과되며, 주된 소비자가 중상위계층이기 때문에 소득역진성이 일반소비세보다 작다.

39) 즉, 일반조세는 평등의 가치를 실현하는 가장 바람직한 형태의 재원이다. 일반예산을 구성하는 조세들은 전체적으로 볼 때 사회보장성 조세나 조세지출 보다 누진적이어서 재원조달방법 자체에서부터 소득재분배효과를 높일 수 있다. 또한 급여의 측면에서도, 사회보장성 조세의 경우 보험수리의 원칙에 따라 소득재분배를 고려한 급여가 어려운 반면, 일반예산은 소득재분배적인 급여를 통해 빈곤층의 소득을 직접적으로 증가시킬 수 있다.

40) 사회복지에서 중요한 공공부문 재원 중 하나가 5대 사회보험인 국민연금, 국민건강보험, 고용보험, 산재보험, 노인장기요양보험에서 사용자와 근로자, 지역가입자가 부담하는 보험료이며, 사회보장성 조세라고 부른다.

술에 사회보험세를 물려 그 수입을 사회보험 재정으로 확보하는 것을 말한다. 본인부담금은 주로 건강보험에서 적용되는데, 진료비의 일정 부분을 환자, 즉 이용자에게 부담시키는 것이다(원석조, 2006: 70).

| 표 8-4 | 사회보험료 부담주체

사회보험	부담주체
국민연금	사업장(직장) 가입자: 사용자, 근로자 지역 가입자: 자영업자
국민건강보험	사업장(직장) 가입자: 사용자, 근로자 지역 가입자: 자영업자
노인장기요양보험	사업장(직장) 가입자: 사용자, 근로자 지역 가입자: 자영업자
고용보험	사업장(직장) 가입자: 사용자, 근로자
산재보험	사업장(직장) 가입자: 사용자

우리나라의 경우 사회보험료는 국민연금, 산재보험, 고용보험, 건강보험, 장기노인요양보험을 위한 재원으로 사용한다. 사회보험은 사용자가 부담한다는 것으로 완전한 정부예산이라고 할 수 없음에도 불구하고 공공재원으로 분류되는 이유는 보험료가 국가에 의해 강제적으로 부과되고, 관리 및 운영에 있어서도 공공기관에서 시행하기 때문이다. 이러한 이유로 사회보험은 노령, 질병, 실업, 장애 등과 같은 사회적 위험에 처한 국민을 보호하고 과거의 소득수준을 유지하기 위해 국가가 강제적으로 운영한다는 점에서 사회보장성 조세의 성격을 가지고 있다(한국복지행정학회, 2014: 249).

사회보험이 사회복지정책에서 중요한 위치를 차지하는 이유는 첫째, 사회보험료는 시장임금과 연동하여 결정되기 때문에 형평의 가치를 추구한다. 즉, 사회보험료를 많이 낸 고소득층은 적게 낸 저소득자에 비해 많은 급여가 제공된다. 둘째, 사회보험급여에 대한 보험가입자의 권리를 보장한다는 점에서 시혜적 성격이 강한 공공부조에 비해 심리적 거부감이 적고 미래에 받을 권리라는 생각을 갖게 한다. 그럼에도 불구하고 모든 근로자에게 사회보험료를 동률로 부과한다는 점에서 역진적이며 소득재분배의 효과가 적다는 한계점이 있다. 그래서 이러한 역진성을 줄이기 위해 국가에 따라서는 소득계층에 따라 차등률을 적용하기도 하고, 소득이 낮은 계층에 대해서는 조세부담을 면제해주기도 하나, 이러한 노력에도 불구하고 그 효과는 크지 않아 사회보장성 조세는 여전히 역진적이다.

예를 들면, 첫째, 사회보장성 조세는 부과대상이 되는 소득의 상한액을 두고 있기 때문에 실질적으로 고소득층에 비해 저소득층이 더 많이 부담하게 된다. 둘째, 사회보장성 조세는 대부분의 경우 사용자와 피고용자가 함께 부담하게 되는데, 이로 인해 피고용자의 임금이 줄어든다면 역진성이 커질 수 있다. 셋째, 사용자는 사회보장성 조세의 부담을 생산물의 가격에 전가시켜 결국 소비자가 부담을 떠안아야 한다면 저소득 계층의 소비자들은 그만큼 부담이 가중되는 것이다. 넷째, 사회보장성 조세는 모든 근로소득에 대해 부과되기 때문에 저소득층의 부담은 그 만큼 클 수밖에 없다.

(3) 조세지출

조세지출(tax expenditure)은 정부가 납세자에게 받아야 할 조세를 감면, 공제, 면제함으로써 정부의 입장에서는 조세와 관련한 정부의 지출이 증가한 것이다. 이를 통해 가정의 조세부담을 감소시키고 가정의 실질소득의 증가를 통해 구매력의 증가를 가져오기 위한 정책으로 사용된다. 조세지출의 유형으로는 첫째, 소득재분배와 관련된 경제적 욕구를 고려한 조세지출로 각종 소득공제,[41] 세액공제, 비과세항목 등이 있다. 둘째, 불가피한 비용처리를 위한 조세지출에는 인적공제[42]와 특별공제[43]가 있다. 셋째, 사회복지정책과 관련된 조세지출이 있다.

사회복지정책과 관련된 조세지출은 조세를 거둬들여 직접적인 사회복지급여를 제공하지 않는 대신 사람들이 내야 할 조세를 감면시켜 사회복지정책의 목표를 달성하려는 것이다. 예를 들어, 세금을 거두어 아동이 있는 가족에게 아동수당을 주는 대신, 소득공제라는 형태로 아동이 있는 가족의 조세를 감면시켜 궁극적으로 가계소득의 일부를 아동양육에 사용하도록 유도하는 것 등이다.

이러한 조세지출의 장점은 첫째, 노인, 장애인, 아동에 대한 공제나 의료비, 교육비 및 주거비용 등에 대한 소득공제를 통해서 사회적 공평을 증진시킬 수 있

41) 소득공제는 크게 필요경비공제 성격을 지닌 것과 필요지출에 대한 공제 성격을 지닌 것으로 나눌 수 있다. 필요경비에 관한 대표적인 공제는 근로소득공제이다. 필요경비는 자신의 만족을 위한 소비가 아니고 소득의 획득을 위해 사용된 것이므로 소득능력의 계산에서 공제된다.

42) 인적공제는 불가피하게 지출되어야 하는 항목들이 가족의 생계유지를 위해 소요되는 비용이라는 점에서 납세자 및 그 가족을 대상으로 1인당 일정 금액을 공제해 주는 제도이다. 여기에는 배우자, 부양가족, 장애인, 경로우대제도 등이 포함된다.

43) 특별공제는 보험료, 의료비, 교육비, 주택비 항목으로 지출된 것 가운데 특별한 조건을 갖춘 일부를 소득에서 공제해 주는 제도이다.

으며, 둘째, 조세를 거두어들이고, 지출하는 데에 드는 거래비용을 절감할 수 있어 그 운영 면에서 효율적이다. 셋째, 각종 경제활동에 대한 투자 등을 과세대상에서 면제시킴으로써 경제적 효율성을 증진시키며, 넷째, 정부가 비대해지는 것을 방지하고 민간 부문의 효율성을 극대화할 수도 있다는 점이다.

그럼에도 불구하고 조세지출은 역진적이어서 조세나 사회보장성 조세보다 소득재분배의 효과가 매우 낮은 것으로 보고 있다. 첫째, 경제활동 활성화를 위한 조세감면의 경우 보통 기업(자본가)에게 주어지기 때문에 상대적으로 고소득층에게 유리할 수밖에 없다. 예를 들어, 저소득층의 경우 소득이 낮아 원천적으로 과세 대상에서 제외돼 있기 때문에 복지성 조세감면 혜택을 누릴 수가 없으며, 납세자들 가운데서도 소득이 높을수록 누진적 세율로 인해 그만큼의 큰 조세감면 혜택을 누릴 수가 있다. 차라리 이러한 조세감면을 줄이고 직접 조세를 거둬 적극적으로 복지정책을 펼친다면 소득재분배효과는 더욱 커질 수가 있다. 둘째, 조세지출은 소득재분배의 효과가 가장 큰 재원인 소득세를 감소시킴으로써 소득세를 주요 재원으로 하는 공공부조 프로그램의 재원을 침식하게 된다. 셋째, 세금이 공제되는 민간기부자들의 목적성 기부는 사회복지의 위축을 가져올 수 있다. 이러한 조세지출의 증가는 정부에게 사회복지에 사용되는 재원을 줄일 수 있는 명분을 제공해 줄 수 있으며, 민간기부자들이 사회복지를 위한 목적성 기부를 줄이고 문화활동을 위한 목적성 기부를 늘릴 경우 전체 사회복지재원 규모를 잠식하는 결과를 가져올 수 있다(박병현, 2011: 189-190).

(4) 부의 소득세

부의 소득세(Negative Income Tax: NIT)는 조세제도를 활용하여 빈곤계층 중 취업하고 있거나 취업가능성이 있는 근로능력자를 대상으로 공공부조가 아닌 제3의 방법으로 소득을 보장해 주고자 고안된 것이다. 부의 소득세는 특정 가구의 소득이 가구규모별로 설정된 최소소득보장수준(최저생계비)에 미달할 때 그 차액의 일정 비율만큼 조세환급의 형태로 정부가 지급해주는 제도이다.

부의 소득세는 기존의 소득보장정책에 비하여 다음과 같은 장점이 있다. 첫째, 소득이 일정 수준 이하이면 누구나 급여를 받기 때문에 수평적 공평이라는 차원에서 장점이 있다. 둘째, 부의 소득세는 일정 소득 이하의 모든 가족에게 급여를 제공하기 때문에 공공부조처럼 가족구조를 불안정하게 할 동기를 줄일 수 있다. 셋째, 기존의 조세제도를 통하여 기계적으로 운영할 수 있기 때문에 공공부조의 까다로운 자격심사를 피할 수 있어 수혜자의 수치심을 줄일 수 있다(김태성·손병돈, 2002: 109; 박병현, 2011: 190-191).

우리나라의 「국민기초생활보장법」에 의한 급여체계는 부의 소득세와 매우 유사하다. 국민기초생활보장제도는 최저생계비를 기준으로 가구소득이 이에 미달하면 그 차액만큼 전액을 급여로 지급하는 보충급여방식으로 운영되고 있다. 이러한 보충급여방식은 부의 소득세율이 100%인 부의 소득세라고 해석할 수 있다. 그러나 우리나라의 국민기초생활보장제도는 언제나 최소소득만을 보장하는 급여체계를 가지고 있으므로 부의 소득세의 근본 목표와는 달리 수급자의 근로동기문제가 제기될 수 있다(박병현, 2011: 191-191).

(5) 근로장려세제

근로장려세제(Earned Income Tax Credit: EITC)란 일정 수준 이하의 근로소득을 가진 자에 대해 정부가 정해진 기준에 의거하여 조세제도를 통해 현금을 지급하는 소득보장제도이다. 근로장려세제에서 말하는 근로소득은 피용자의 임금뿐만 아니라 자영자의 사업소득도 포함된다. 따라서 저소득 임금근로자, 영세자영자가 주된 수급대상자가 된다.

| 표 8-5 | 근로장려세제 특징

근로장려세제 특징
① 근로소득이 있는 경우에만 급여가 지급된다. 적극적인 측면에서 보면 일하지 않고 공공부조급여에 의존하고 생활하려는 복지의존성을 줄일 수 있다. 그러나 장애인, 노인 등 본인의 근로의지와 무관하게 취업할 수 없는 계층은 근로장려세제의 혜택을 받을 수 없기 때문에 별도의 소득보장제도가 필요하게 된다. ② 소득이 증가할수록 급여가 증가하게 되어 수급자의 근로동기를 강화시킬 수 있다. 공공부조제도가 초래하는 근로동기약화를 예방할 수 있지만 소득이 낮을수록 급여도 적어지므로 최소생활이 달성되지 않는 사각지대가 발생하기도 한다. 고소득자가 저소득자보다 급여가 많아지는 이 구조는 근로의 정도에 따라 차별하려는 신자유주의와 맥락을 같이 한다. ③ 조세제도를 활용한 소득보장방안이다. 과세권을 가진 조세기관이 근로장려세제의 급여주체가 되므로 소득을 파악하는 데 추가적 비용이 최소화될 수 있으며, 일반 행정기관이 주체가 되는 복지급여에 비해 예산배정과정에서 정치적 마찰이 적다. 한국에서는 과세권을 가진 국세청이 근로장려세제를 관리한다. ④ 반드시 빈곤선 이하의 근로빈곤계층을 대상으로 삼는 것이 아니라 설계 여하에 따라 상당히 넓은 범위의 근로계층을 대상으로 소득보전을 할 수 있다. 공공부조제도가 빈곤계층대상으로 하고, 사회수당은 전 소득계층을 대상으로 삼는다면 근로장려세제는 빈곤선을 상회하지만 결코 고소득층이 아닌 중하위계층의 근로자를 대상으로 삼는 특성을 가진다. 따라서 근로장려세제는 서민층의 소득향상을 기하는 유효한 수단이 될 수 있다.

2) 민간재원

복지서비스의 제공에 필요한 제반 경비 중 세금 등에 의한 공적 재원 이외의 민간에서 조달되는 재원을 말한다. 민간재원은 매년 정기적으로 실시되는 국민운동으로서의 공동모금, 기부금에 의한 배분, 기업 등의 사업자로부터의 직접적인 기부, 기업 등이 설치하는 조달단체로부터의 조성금, 개인의 기부, 경륜, 경정 등의 공영경기의 수익금으로부터의 조성 등을 들 수가 있다. 이 민간 복지재원은 복지의 가치관에 기초한 자발적 자금제공의 가치를 강조함과 동시에 손금불산입(損金不算入) 등의 세제상 우대조치의 제도화가 민간재원조달에 있어서의 조건이 된다. 민간재원은 최근 서구의 공공재원이 한계에 도달하면서 그 중요성이 부각되고 있다. 민간재원을 자발적 기여, 기업복지의 재원, 사용자 부담, 가족 간 소득이전의 4가지로 나누어 살펴볼 수 있다[44].

(1) 자발적 기여

사회복지정책에 사용되는 민간부문의 재원으로 자발적 기여(voluntary contribution)는 사회복지정책의 영역들 가운데 개별적 사회서비스에서 상대적으로 중요한데, 이러한 서비스를 제공하는 비영리기관 재원의 30% 정도는 자발적 기여에 의한 것이다. 자발적 기여의 형태는 크게 개인, 재단(foundation), 기업, 유산으로 이루어지는데, 이 가운데 개인에 의한 기여금이 제일 크고, 다음으로 재단, 기업, 유산의 순서로 이루어지고 있다. 하지만 이러한 기여가 조세감면을 받기 위해 사용된다.

| 표 8-6 | 자발성 기여의 필요성과 문제점

필요성	① 사회복지의 재화나 서비스가 국가에 의하여 강제적으로 부과하는 조세를 재원으로 하여 제공되어야 하는 이유는, 이러한 재화나 서비스는 공공재적인 성격을 갖거나 긍정적인 외부효과가 커서 이러한 재화나 시장에서 제공되면 '무임승차 현상' 때문에 사회적으로 적정한(optimal) 수준만큼 재화가 공급되기 어렵기 때문이다. ② 자발적 기여를 통한 사회복지정책은 다원화한 사회 속에서 특정한 지역이나 집단의 특수한 욕구(needs)를 해결할 수 있고, 조세를 통한 국가의 사회복지정책은 이러한 욕구를 해결하

44) 첫째, 자발적 기여로 개인이나 기업, 재단 등이 사회복지를 위해 강제적이 아닌 자발적으로 기여한 재원을 말한다. 둘째, 기업복지의 재원으로 대기업을 중심으로 기업의 피고용자를 위하여 다양한 복지급여를 마련하고 있다. 셋째, 사용자 부담으로 사회복지서비스를 받는 사람이 서비스 비용의 일부를 본인이 부담하는 것을 말한다. 넷째, 가족 간 소득이전으로 비공식적 지원체계에서 제공되는 재원 등이 있다.

	기가 어려워서 다양한 집단 간의 갈등을 해결할 수 있다. ③ 자발적 기여를 통한 사회복지정책은 새롭고 창의적인 서비스의 개발이 용이하다.
문제점	① 소득재분배의 역진성 문제이다. 우선 기여를 어떤 사람이 하는가라는 측면에서 보면 고소득층과 저소득층의 차이가 없다는 것이고, 문제는 이러한 기여는 대개 세제감면의 혜택을 받는데, 이때 고소득층의 한계세율이 높기 때문에 세금감면을 통한 실질적인 이득은 고소득층이 크다는 점으로, 즉 기여를 하는 측면에서 소득분배의 역진성이 나타난다. ② 자발적 기여에 의한 집단적 혹은 지역적인 특수한 욕구를 해결하려는 정책이 발전하다 보면, 국가 전체적인 포괄적이고 통합적인 정책발전에 장애가 될 수 있다. ③ 자발적 기여에 의한 재원은 불안정하여 지속적이고 체계적인 정책의 수립과 집행이 어렵다는 것으로 경제상황에 따라 변동 가능성이 높다.

(2) 기업복지의 재원

기업복지의 재원은 기업의 사용자들이 기업의 피고용자들의 복지 향상을 위해 지출하는 것을 의미한다. 기업복지에 속할 수 있는 프로그램은 다양하며, 국가복지정책에서 시행하는 주요 사회복지정책 영역에 속하는 프로그램들을 모두 갖고 있다. 예를 들어, 기업연금, 기업의료보험, 자녀학비보조, 사원주택, 탁아 프로그램 등이 있다. 국가적인 복지가 높아지면 기업복지는 낮아지게 된다.

| 표 8-7 | 기업복지재원의 필요성과 문제점

필요성	① 사용자의 입장에서 보면, 피고용자들에게 직접적인 임금 대신 기업복지형태의 지급이 우선 조세상 유리하다. ② 사용자에게는 양질의 근로자들을 고용, 유지하고 동기강화와 기업 이미지를 위해서 필요하다. ③ 국민들의 사회복지를 책임지고 있는 국가의 입장에서는 기업복지의 확대로 국가복지에 사용될 재원을 줄일 수 있다. ④ 피고용자의 입장에서 임금 대신 기업복지의 형태로 보상받는 것이 유리하다는 것이다.
문제점	기업복지의 대부분이 고소득층에게 집중된다는 점과 대기업이나 화이트칼라 계층이 주를 이루기 때문에 기업복지를 통하여 소득재분배가 악화될 수 있다. 이는 자본주의 사회에서, 기업복지는 본질적으로 국가복지에서 상대적으로 손해를 본 고소득층에 대한 보상적인 성격을 갖고 있다. 따라서 이것은 사회복지의 본질적인 목표인 평등의 추구와는 다소 거리가 있다.

(3) 사용자 부담

사용자 부담(user fee)은 사회복지급여를 받은 대가로 금전을 지불하는 것이다. 오늘날 사회복지가 발달한 국가들에서도 어떤 사회복지정책이 제공하는 재화나 서비스를 받을 때는 수급자의 일정한 비용의 본인 부담을 필요로 하고 있다.

| 표 8-8 | 사용자 부담의 필요성과 문제점

필요성	① 사용자 부담을 통하여 사회복지서비스의 남용을 막고자 하는 데 있다. ② 사용자 부담은 단순히 과대한 정부부담의 한계를 극복하는 방법으로도 필요하지만, 예를 들면 의료서비스를 완전 무료로 제공하기 위해서는 엄청난 비용이 드는데, 이 문제를 해결하기 위해서는 사용자 부담이 필요하게 되는 것이다. ③ 사회복지서비스의 질을 높일 수 있게 된다. ④ 서비스를 이용할 때 본인이 일부라도 비용을 부담하게 되면 치욕을 줄이고 자기존중(self-respect)을 높일 수 있다는 점이다.
문제점	① 사용자 부담은 기본적으로 역진적이어서 저소득층의 부담이 고소득층에 비하여 상대적으로 커 소득재분배를 악화시킬 수 있다. ② 사용자 부담액수가 크지 않더라도 저소득층에게 부담이 되어 필요한 서비스의 이용이 억제될 수 있다. ③ 사용자 부담의 장점은 수급자의 선택의 폭을 넓히는데 있는데, 사회복지서비스 수급자 가운데 많은 사람들은 선택할 능력이 없는데 이 경우의 사용자 부담은 불필요하다는 것이다.

(4) 가족 간 이전(비공식적 재원 이전)

사회복지가 발달함에 있어 비공식 부문의 중요성이 덜해졌다 하더라도 아직은 국가의 복지정책이 많은 부분 미흡하기 때문에 중요한 요소이다. 주로 노인복지는 가족의 자식들에 의해 대부분 해결된다.

| 표 8-9 | 가족 간 이전의 필요성과 문제점

필요성	① 어떤 국가들에서는 국가복지가 발전해도 그 사회의 사회적 문화적인 관습과 규범에 의해 비공식 부문이 계속 중요한 역할을 할 수 있다(예, 유교 문화권). ② 비공식부문을 통해서, 복지욕구를 해결하는 것은 국가복지에 비해 수급자나 기여자의 자유로운 선택의 폭을 넓힐 수 있고, 국가복지에서 발생하는 많은 절차상의 비용을 줄이거나, 관료제도에서 오는 여러 가지 문제를 피할 수 있다. ③ 비공식부문은 시간적, 공간적인 측면에서 복지욕구를 빨리 해결하는 데 장점이 있다. ④ 비공식부문에서의 복지해결은 국가복지보다 비물질적인 측면에서 더 질이 높은 서비스가 이루어질 수 있다는 점이다.
문제점	① 많은 사람들의 복지욕구가 비공식부문에서만으로 해결되지 않는다는 것이다. ② 비공식복지가 국가복지로 전환되면 누구나 조세를 부담하기 때문에, 2차적 수혜자(비공식복지에서의 기여자)는 다른 사람들(비공식복지에서 부담하지 않는 사람들)의 희생(조세부담)의 대가로 이득을 볼 수 있다는 점이다.

03 사회복지예산의 편성

1) 사회복지예산편성의 기능과 필요성

사회복지예산편성이란 사회복지정책을 집행하기 위해 사용되는 세입과 세출을 법률에 근거하여 정리한 통계자료를 말한다. 사회복지예산편성은 크게 세 가지 기능으로 구분할 수 있다.

첫째, 중·장기적으로 미래지향적 정보를 제공하는 기능으로 국가정책과 관련된 내용을 계정으로 정리함으로써 ① 사회복지정책이 국민경제에 미치는 파급효과를 분석할 수 있도록 하고, ② 사회복지정책의 부족한 영역을 파악할 수 있도록 하는 기초자료로 활용된다. ③ 중장기적 정책을 수립하는 기반을 제공하며, ④ 경기변동, 경제구조변동, 유효수요, 경제성장, 경기의 활성화 등에 미치는 사회복지정책의 영향을 파악할 수 있게 한다. ⑤ 사회복지정책의 재분배효과와 사회급여의 비용부담문제를 분석할 수 있게 한다.

둘째, 합리적 정책결정을 위한 지원기능으로 볼 수 있다. 사회복지정책결정을 위해서는 각 하부영역에서의 사회복지비지출과 수입을 예상하고 그들 간의 상호관련성을 고려해야 한다. 그리고 사회적 위험을 담당하는 기관별 사회복지예산의 편성을 통해서 기능별 사회복지예산의 장기적 수요를 파악해야 한다. 이러한 현황 파악과 미래수요예측은 정책결정권자에게 의사결정을 돕는 기능을 한다.

셋째, 사회복지예산 편성은 사회복지급여의 흐름이 공공기관뿐만 아니라 민간부문으로 이전되는 상황을 파악할 수 있도록 한다. 즉, 사회복지정책의 세입과 세출을 각 제도와 기능에 따라 분리함으로써 사회복지정책의 투명성과 경제적 효과, 소득재분배효과 등을 분석하는 기초를 제공할 수 있다.

따라서 사회복지예산편성의 사회복지정책을 제도 및 기능에 따라 분리한 세입과 세출에 관한 통계자료는 사회복지정책의 발전과정에서 비용의 변화를 예측할 수 있고, 사회복지정책의 우선순위를 결정하도록 한다는 점에서 매우 필요성이 증대된다(안홍순, 2006: 141; 한국복지행정학회, 2014: 257-258).

2) 우리나라 사회복지예산의 편성

우리나라 사회복지 재원조달의 주체는 정부, 사회보험기관, 기업으로 구성된다. 정부재원은 저소득층에 대한 공공부조제도와 전 국민에 대한 사회복지서비스에 지출된다.

예산의 편성의 범위는 첫째, 중앙정부의 지출과 중앙정부가 지방자치단체에게 지원하는 국고보조금, 지방비를 포함한다. 일반적으로 국가수준에서 말하는 공적 복지재원의 전형은 이른바 '보조금'이다. 조치비와 같이 법률에 의거하여 부담비율을 특별히 정한 보조금을 국고부담금이라 하고, 정책적으로 장려해서 신규사업을 일으키거나 지방·민간사업을 재정적으로 지원하는 보조금을 교부금이라고 한다. 전자는 사회보장제도에서의 급여의 성격을 가지며 후자는 일반적으로 말하는 보조금행정의 재원에 해당한다. 이것들은 용도를 특별히 정한 재원이며, 이외에 지방교부세 교부금과 지방양도세가 지방공공단체의 일반재원이 되고 지방세 수입과 합쳐서 지방별로 정책재원이 되어 예산 분배된다.

둘째, 사회보험기관은 5대 사회보험인 국민연금보험, 건강보험, 고용보험, 산업재해보상보험, 노인장기요양보험 등이다.

셋째, 기업의 경우는 법률에 의해 기업주가 부담하는 법정퇴직금과 산전후 휴가급여, 휴업보상 등을 포함한다(한국복지행정학회, 2014: 258).

3) 사회복지예산이 사회에 미치는 영향

사회복지정책의 재원조달과 급여의 제공이 정치·경제·사회에 미치는 영향에 관하여는 긍정적인 측면과 부정적인 측면의 논쟁이 있다. 만일 저소득계층 등 소외계층에 대한 사회보장제도 수립 및 개선을 위해서 조세와 사회보험료를 높일 경우에는 기업활동과 근로동기를 위축할 수 있으며, 반면에 경제성장을 목적으로 세금을 낮추거나 사회복지급여수준을 낮출 경우에는 사회적 불평등이 증가될 수 있다는 것 등이다.

사회복지예산이 사회에 미치는 부정적인 영향은 다음과 같다. 첫째, 사회복지 지출의 증가에 따른 재정확보를 위한 조세율의 증가는 근로자의 근로동기를 약화시킬 수 있다. 즉, 소득증가로 인한 한계효용이 세율의 증가로 인한 한계비용보다 낮아지면 일을 하지 않으려는 경향으로 나타날 수 있다. 둘째, 사회복지정책의 확대는 재정확대를 필요로 하게 되며, 사회복지재정은 개인에게 부과됨으로써 개인소득을 하락시켜 결국은 개인의 저축률을 낮추게 된다. 셋째, 사회복지예산의 증가는 생산가격의 상승을 초래하여 국가경쟁력을 하락시킨다. 넷째, 직접세는 소득이나 재산에 대하여 직접적으로 부과되는데, 이에 대한 조세저항으로 자영업자 등은 소득을 실제보다 낮게 신고함으로써 지하경제가 확대될 수 있다. 다섯째, 공공부조제도 등 사회복지서비스의 확대는 사회복지급여자 증가의 결과를 가져올 수 있다.

사회복지예산이 사회에 미치는 긍정적인 영향은 다음과 같다. 첫째, 사회보장제도는 개인의 질병 및 실업 등으로 인한 소득상실을 보전해 줌으로써 질병 시에 노동공급에 대한 강요가 줄어들어 건강을 회복하게 하고, 실업 시에 재교육을 통하여 근로자의 재취업이 이루어짐으로써 궁극적으로 노동생산성이 향상될 수 있다. 둘째, 미래 노후생활의 안정을 위한 국민연금제도의 가입은 강제저축의 증가를 가져와 개인의 미래를 대비할 수 있으며, 이때 확보된 사회보험료는 공공부문의 재원으로 국가 발전을 위한 공공부문의 투자에 사용될 수 있다. 셋째, 사회보장제도는 근로자의 안정된 삶에 영향을 미치게 됨으로써 노동생산성을 강화하여 생산품의 질이 향상되는 결과를 가져오게 된다. 즉, 사회보장제도는 오히려 국가경쟁력의 강화로 이어질 수 있다. 넷째, 사회보장제도로 가족부양기능을 강화할 수 있으며, 가족의 부양부담을 경감시킬 수 있어 궁극적으로 가족해체 등의 사회문제를 예방할 수 있다. 다섯째, 빈곤과 질병 등 개인의 어려움을 대비한 생존권을 보장함으로써 개인의 사람의 선택권을 보다 확대할 수 있으며, 이는 개인의 창의적 결과를 가져올 수 있다.

이처럼 사회복지정책의 급여제공은 부정적인 영향에도 불구하고 긍정적인 부분에 대한 국가적·국민적 합의가 증가되고 있어 사회복지급여에 대한 욕구는 여전히 높은 현실에 있다.

04 기출 및 예상 문제

1. 우리나라 사회복지재원에 관한 설명으로 옳은 것은? (14회 기출문제)

① 사회보장의 주된 재원은 사회보장세이다.

② 국민연금기금은 특별회계에 해당하는 예산이다.

③ 공공부조 시행에 필요한 모든 비용은 중앙정부가 부담한다.
④ 국고보조금은 중앙정부 각 부처가 지방자치단체에 지원하는 재원이다.
⑤ 일반회계예산은 기금에 비해 운용의 신축성은 높으나 재원의 범위는 좁다.

정답 ④

Check

① 사회보장의 주된 재원은 일반조세이다.
② 국가의 재정지출은 일반회계, 특별회계, 기금으로 구분된다. 국민연금기금은 기금에 해당한다.
③ 공공부조 시행에 필요한 비용은 중앙정부뿐만 아니라 지방정부도 부담한다.
⑤ 기금은 운영의 신축성, 자율성, 안정성을 높이기 위해 도입된 것이다. 일반회계예산은 조세수입 등을 주요 세입으로 하기 때문에 재원의 범위가 넓다.

2. 다음 중 사회복지정책의 재원에 관한 설명으로 옳은 것은?

① 사회보험료는 사회보장성 조세로 목적세의 성격을 갖는다.
② 우리나라의 국민연금 보험료는 일반조세에 포함된다.
③ 사용자 부담제도는 도덕적 해이를 낳는다.
④ 소득세의 누진성이 낮을수록 재분배효과가 크다.
⑤ 직접세는 간접세보다 누진세율을 적용하기 어렵다.

정답 ①

Check

② 사회보험료는 사회보장성 조세에 해당된다.
③ 사용자 부담제도는 도덕적 해이를 방지하는 기능을 한다.
④ 소득세의 누진성이 높을수록 재분배효과가 크다.
⑤ 간접세는 누진세율을 적용하기 어렵다.

3. 사회복지제도의 재원에 관한 설명으로 옳은 것은? (11회 기출문제)

① 간접세 인상은 물가상승의 요인이 된다.
② 직접세는 크게 소득세, 법인세와 소비세로 대별된다.
③ 간접세는 비례적이기 때문에 일반적으로 소득재분배에 중립적이다.
④ 조세감면은 일부 소득항목에 대한 소득공제로 인해 재분배효과가 대체로 누진적이다.
⑤ 조세는 모두가 부담하기 때문에 도덕적 해이가 적게 발생한다.

정답 ①

Check

② 직접세에 해당하는 소득세는 크게 개인에게 부과하는 개인소득세와 기업과 같은 법인에 부과하는 법인소득세로 구분된다. 반면 소비세는 간접세로 분류할 수 있다.
③ 간접세는 일반적으로 역진적 재분배효과를 갖는다고 평가된다.
④ 조세지출은 일반적으로 소득재분배에 역진적 효과를 갖는다고 평가된다.
⑤ 조세의 경우 고액체납 및 각종 탈세 등 도덕적 해이가 발생할 소지도 크다.

4. 사회복지정책의 재원에 관한 설명으로 옳은 것은?

① 조세를 통해 추가로 재원을 조달하는 경우 세율 인사, 새로운 세목의 신설 등의 방법을 적용할 수 있다.
② 조세는 재정의 지속가능성이 낮다.
③ 조세지출은 공공재원에 포함되지 않는다.
④ 소득세는 간접세에 해당하며, 소비세는 직접세에 해당한다.
⑤ 직접세 인상은 물가상승의 원인이 될 수 있다.

정답 ①

Check

② 조세는 다른 재원들에 비해 재정의 지속가능성이 높은 편이다.
③ 조세지출은 공공재원에 포함된다.
④ 소득세는 직접세에 해당하며, 소비세는 간접세에 해당한다.
⑤ 물가상승과 관련이 있는 것은 간접세이다. 대표적인 간접세인 부가가치세는 모든 재화와 용역에 대하여 일률적으로 부과하는 조세이며, 간접세를 인상하면 거의 모든 상품에 간접세가 포함되어 있기 때문에 물가상승의 원인이 될 수 있다.

Chapter 09

사회보장

사회보장이란 국가가 국민의 생존권을 실현하기 위해 소득의 중단이나 영구적 상실 및 질병 혹은 부상 등 생활의 곤란에 대해 소득재분배를 통해 최저생활의 확보를 전제로 소득을 보장하는 총체적 국가정책으로 볼 수 있다. 사회보장제도는 일반적으로 사회보험과 공공부조, 사회서비스를 포함한다.

01 사회보장의 개념

사회보장은 사회정책의 핵심이 되는 제도이다. 사회보장은 사회보험, 공공부조, 사회서비스로 구성되어 있으며, 빈곤의 예방, 사회통합, 사회적 불평등 완화, 소득재분배를 목표로 한다. 사회보장은 1880년 독일에서 출발한 사회정책에서 기원을 들 수 있고, 사회보장이라는 용어는 1935년 미국의 사회보장법(Social Security Act)을 통해 공식적으로 사용되었다. 이 법은 1929년 대공황에 대처하기 위해 루스벨트 대통령이 실시한 뉴딜정책의 일환으로 도입되었으며, 연방정부와 주정부가 다양한 보장제도를 실시할 것을 의무화한 법이다. 그 외에도 사회보장의 공적제도에 들어가지는 않지만 민간보험, 공적공제기금,[45] 고용주책임제도[46] 등 또한 사회보장의 기능을 하고 있다.

| 표 9-1 | 사회보장의 개념

베버리지[47] (1942년)	"실업, 질병 및 재해로 인한 소득의 중단 또는 노령, 은퇴, 부양자의 사망, 출산, 결혼 및 사망 등의 예외적 지출에 대비할 수 있는 일정 소득의 보장[48]"을 의미한다. 사회보험을 강조하였으며, 사회보험의 성공을 위한 전제로서 완전고용, 포괄적 보건서비스, 가족(아동)수당의 필요성을 제시하였다.
국제노동기구(ILO)	"사람들이 여러 가지 위험들로 인해 소득이 일시적으로 중단되었거나, 소득이 영원히 중단되거나, 지출이 크게 증가하여 이전의 생활을 하지 못할 경우, 이전의 생활을 유지할 수 있도록 지원하는 국가의 모든 프로그램"을 의미한다.
미국 사회보장법[49]	"일반복지의 증진을 위하여 연방정부가 관장하는 노령급여제도의 실시와 주정부가 관장하는 노인, 맹인, 요보호아동, 장애아동을 위한 복지, 모자복지, 공중보건, 실업보장의 관리운영을 지원하며 사회보장청의 신설과 재정 조달 및 기타 목적을 추진하기 위한 법"이라고 규정하고 있다.

45) 고용주와 피용자가 공동부담하는 보험료로 재정을 충당하는 강제 저축

46) 고용주가 지급하는 퇴직금, 산재보상금 등

47) 베버리지는 사회보장을 첫째, 사회보험, 둘째, 공공부조, 셋째, 보편주의 수당, 넷째, 공적 개

우리나라 사회보장기본법	"출산, 양육, 실업, 노령, 장애, 질병, 빈곤 및 사망 등의 사회적 위험으로부터 모든 국민을 보호하고 국민 삶의 질을 향상시키는 데 필요한 소득·서비스를 보장하는 사회보험, 공공부조, 사회서비스"를 말한다.

02 사회보장제도의 분류와 형태

1) 분류

우리나라 사회보장기본법은 사회보장제도를 ① 사회보험[50], ② 공공부조[51], ③ 사회서비스[52]로 분류하고 있다.

2) 형태

(1) 비기여·비자산조사 형태

이 유형은 국적이나 인구학적 조건만 충족시키면 별도의 보험료 등의 기여나 소득·재산조사 등의 자산조사 없이도 급여를 지급하는 형태이다. 사회수당 또는 데모그란트(demogrant)라고 한다. 보편주의 원칙에 가장 가까운 형태로 사회적 권

인저축 계정으로 분류하였고 사회보장의 기본원칙으로 최저수준의 정액급여, 정액보험료, 국가책임, 급여의 충분성, 포괄성, 분류화를 제시하였다.

48) 최저소득보장정책은 실업, 질병 및 재해로 인한 소득의 중단 또는 노령, 은퇴, 부양자의 사망, 출산, 결혼 및 사망 등의 예외적인 지출에 대비할 수 있는 조치를 의미한다.

49) 미국의 사회보장청은 사회보장의 급여를 현금급여와 현물급여로 나누고 현금급여를 소득유지 프로그램이라고 하였다. 소득유지 프로그램은 첫째, 고용 관련제도로 건강보험, 실업보험, 산재보험 등과 둘째, 보편주의 프로그램, 셋째, 자산조사 프로그램으로 분류 하였다. 사회보장의 기본원칙으로 베버리지가 제시한 최저수준의 정액급여, 정액보험료, 국가책임, 급여의 충분성, 포괄성, 분류화 이외에 형평성을 중시하였다.

50) 국민에게 발생하는 사회적 위험을 보험의 방식으로 대처함으로써 국민의 건강과 소득을 보장하는 제도를 말한다.

51) 국가와 지방자치단체의 책임 하에 생활 유지능력이 없거나 생활이 어려운 국민의 최저생활을 보장하고 자립을 지원하는 제도를 말한다.

52) 국가·지방자치단체 및 민간부문의 도움이 필요한 모든 국민에게 복지, 보건의료, 교육, 고용, 주거, 문화, 환경 등의 분야에서 인간다운 생활을 보장하고 상담, 재활, 돌봄, 정보의 제공, 관련 시설의 이용, 역량 개발, 사회참여지원 등을 통하여 국민의 삶의 질이 향상되도록 지원하는 제도를 말한다.

리를 가장 강하게 보장하는 장점이 있다. 그러나 재원이 많이 들고 제한된 자원에서는 급여수준이 높지 못하다는 한계점이 있다. 아동수당, 장애수당, 노인수당 등을 들 수 있다.

(2) 비기여·자산조사 형태

소득과 재산이 기준 이하인 가구 혹은 개인에게 별도의 기여없이 급여를 지급하며 최저한의 생활을 보장하는 형태로 사회보장제도 중 가장 오래된 유형이다. 주로 공공부조 프로그램을 들 수 있다.

(3) 기여·비소득/자산조사 형태

위험에 대한 예방의 차원에서 소득이 있을 때 보험료를 납부하고 위험이 발생했을 때 급여를 제공받는 형태로 사회보험이 이에 해당된다. 현재 우리나라의 경우 국민연금, 건강보험, 고용보험, 산업재해보상보험, 노인장기요양보험 등 '5대 사회보험'이 실시되고 있다.

03 사회보장의 목적[53]과 기본이념

1) 사회보장의 목적

(1) 기본생활보장

사회보장의 목적은 국가의 존재 근거 중의 하나인 국민의 생존권보호와 국민의 기본적 욕구를 보장하기 위한 것이다.

(2) 소득재분배

정부의 재정지출 중 소득재분배의 효과가 가장 두드러진 것이 사회보장에 관

53) 「사회보장기본법」 제1조에 의하면, 사회보장에 관한 국민의 권리와 국가 및 지방자치단체의 책임을 정하고, 사회보장정책의 수립·추진과 관련 제도에 관한 기본적인 사항을 규정함으로써 국민의 복지증진에 이바지하는 것을 목적으로 한다.

한 지출이다. 정부의 사회보장 지출은 고소득층에서 저소득층으로의 수직적 재분배의 효과가 크지만 보험료를 분담하는 동일계층 간의 수평적 재분배의 기능도 담당한다. 연금의 재정 운영방식 중 적립방식은 연금을 적립하였다가 장래에 지급하는 방식으로 장기적재분배의 효과를 가지며, 부과방식은 현재 노인세대에게 지급할 연금을 미래세대인 근로계층이 부담하는 방식으로 세대 간 재분배 효과가 발생한다. 공공부조는 누진적 조세를 재원으로 저소득층에게 제공하기 때문에 수직적재분배의 효과를 갖는다.

(3) 사회적 연대감 증대

소득상실의 위험에 노출된 사람들에게 사회적 연대감을 통하여 사회통합을 도모하는 제도적 장치이다.

2) 사회보장의 기본이념

「사회보장기본법」 제2조에 의하면, 사회보장은 모든 국민이 다양한 사회적 위험으로부터 벗어나 행복하고 인간다운 생활을 향유할 수 있도록 자립을 지원하며, 사회참여·자아실현에 필요한 제도와 여건을 조성하여 사회통합과 행복한 복지사회를 실현하는 것을 기본 이념으로 한다.

04 사회보장제도의 기본방향과 비용부담

1) 기본방향

(1) 평생사회안전망의 구축운영

「사회보장기본법」 제22조에 의하면 국가와 지방자치단체는 모든 국민이 생애 동안 삶의 질을 유지·증진할 수 있도록 평생사회안전망[54]을 구축해야 하며, 평

---

54) 생애주기에 걸쳐 보편적으로 충족되어야 하는 기본욕구와 특정한 사회위험에 의하여 발생하는 특수욕구를 동시에 고려하여 소득·서비스를 보장하는 맞춤형 사회보장제도를 말한다.

생사회안전망을 구축·운영함에 있어 사회적 취약계층을 위한 공공부조를 마련하여 최저생활을 보장하여야 한다.

(2) 사회서비스보장

「사회보장기본법」 제23조에 의하면, 국가와 지방자치단체는 모든 국민의 인간다운 생활과 자립, 사회참여, 자아실현 등을 지원하여 삶의 질이 향상될 수 있도록 사회서비스에 관한 시책을 마련해야 하며, 사회서비스보장과 제24조에 따른 소득보장이 효과적이고 균형적으로 연계되도록 해야 한다.

(3) 소득보장

「사회보장기본법」 제24조에 의하면, 국가와 지방자치단체는 다양한 사회적 위험 하에서도 모든 국민들이 인간다운 생활을 할 수 있도록 소득을 보장하는 제도를 마련해야 하며, 공공부문과 민간부문의 소득보장제도가 효과적으로 연계되도록 해야 한다.

2) 비용부담

「사회보장기본법」 제28조에는 다음과 같이 사회보장 비용의 부담을 명시하고 있다.

① 사회보장 비용의 부담은 각각의 사회보장제도의 목적에 따라 국가, 지방자치단체 및 민간부문 간에 합리적으로 조정되어야 한다. ② 사회보험에 드는 비용은 사용자, 피용자(被傭者) 및 자영업자가 부담하는 것을 원칙으로 하되, 관계 법령에서 정하는 바에 따라 국가가 그 비용의 일부를 부담할 수 있다. ③ 공공부조 및 관계 법령에서 정하는 일정 소득 수준 이하의 국민에 대한 사회서비스에 드는 비용의 전부 또는 일부는 국가와 지방자치단체가 부담한다. ④ 부담능력이 있는 국민에 대한 사회서비스에 드는 비용은 그 수익자가 부담함을 원칙으로 하되, 관계 법령에서 정하는 바에 따라 국가와 지방자치단체가 그 비용의 일부를 부담할 수 있다.

05 사회보장제도의 운영원칙과 기본계획

1) 운영원칙

「사회보장기본법」 제25조에 의하면, 국가와 지방자치단체가 사회보장제도를 운영할 때에는 이 제도를 필요로 하는 모든 국민에게 적용해야 하며, 사회보장제도의 급여 수준과 비용 부담 등에서 형평성을 유지해야 한다. 사회보장제도의 정책결정 및 시행 과정에 공익의 대표자 및 이해관계인 등을 참여시켜 이를 민주적으로 결정하고 시행해야 하며, 사회보장제도를 운영할 때에는 국민의 다양한 복지 욕구를 효율적으로 충족시키기 위하여 연계성과 전문성을 높여야 한다. 사회보험은 국가의 책임으로 시행하고, 공공부조와 사회서비스는 국가와 지방자치단체의 책임으로 시행하는 것을 원칙으로 한다. 다만 국가와 지방자치단체의 재정 형편 등을 고려하여 이를 협의·조정할 수 있다.

2) 기본계획

「사회보장기본법」 제16조에 의하면 보건복지부장관은 관계 중앙행정기관의 장과 협의하여 사회보장 증진을 위하여 사회보장에 관한 기본계획[55]을 5년마다 수립해야 한다. 기본계획은 다른 법령에 따라 수립되는 사회보장에 관한 계획에 우선하며 그 계획의 기본이 된다. 보건복지부장관 및 관계 중앙행정기관의 장은 기본계획에 따라 사회보장과 관련된 소관 주요 시책의 시행계획을 매년 수립·시행하여야 한다.

---

55) 기본계획에는 다음 각 호의 사항이 포함되어야 한다.
1. 국내외 사회보장환경의 변화와 전망
2. 사회보장의 기본목표 및 중장기 추진방향
3. 주요 추진과제 및 추진방법
4. 필요한 재원의 규모와 조달방안
5. 사회보장 관련 기금 운용방안
6. 사회보장 전달체계
7. 그 밖에 사회보장정책의 추진에 필요한 사항

기본계획은 제20조에 따른 사회보장위원회와 국무회의의 심의를 거쳐 확정한다. 기본계획 중 대통령령으로 정하는 중요한 사항을 변경하려는 경우에도 같다.

06 사회보장의 주체와 대상

1) 사회보장책임의 주체

「사회보장기본법」에서는 사회보장의 책임을 국가와 지방자치단체, 가정, 지역공동체, 국민 모두가 있다고 규정하고 있다. 이는 가정이 건전하게 유지될 수 있도록 국가와 지방자치단체가 지원하고, 가정과 지역공동체의 자발적 지원활동이 사회보장정책의 실시에 있어 상호보완적인 기능을 담당해야 할 것을 규정하고 있는 것이다. 또한 전체 국민의 책임을 규정하고 있는데, 이는 사회보장을 실시함에 있어 국가와 지방자체단체의 보장은 개인의 성실한 책임을 바탕으로 이루어진다는 것을 의미한다.

2) 사회보장의 대상

사회보장의 대상은 역사적으로 소수의 국민으로부터 점차 국민 전체를 포함하는 것으로 확대되었다. 우리나라도 포괄적으로 모든 국민을 대상으로 한다. 그리고 국내에 거주하는 외국인들도 국제법상의 상호주의 원칙에 따라 사회보장의 대상으로 포함시키고 있다. 오늘날에는 국가 간의 교류와 왕래가 빈번해지면서 사회보장 협정을 체결하여 관계국 상호 간의 국민에게 사회보장혜택을 주는 사례가 일반화되고 있다. 우리나라도 상호주의에 입각하여 국가 간 협정을 맺거나 국제기구에 가입함으로써 상호간 외국인에게 사회보장급여를 제공하는 사례가 확대되고 있다. 우리나라와 캐나다 간의 사회보장협정(1998년)이 대표적인 예이다(강희갑 외, 2016: 224). 「사회보장기본법」 제8조에서는 전체 국민뿐만 아니라 외국인에 대한 보장도 제시하였는데, 국내에 거주하는 외국인에게 사회보장제도를 적용할 때에는 상호주의의 원칙에 따르되, 관계 법령에서 정하는 바에 따른다고 규정하였다.

07 기출 및 예상 문제

1. 우리나라 사회보장제도 운영주체의 책임에 관한 원칙으로 옳은 것은? (17회 기출문제)

① 사회보험은 국가의 책임으로 시행한다.
② 공공부조는 지방자치단체가 전적으로 책임지고 시행한다.
③ 사회서비스는 지방자치단체만의 책임으로 시행한다.
④ 국가는 사회보장에 관하여 민간단체의 참여를 제한한다.
⑤ 사회보험에 드는 비용은 국가가 전담한다.

정답 ①

Check

사회보험은 국가의 책임으로, 공공부조와 사회서비스는 국가와 지방자치단체의 책임으로 시행하는 것을 원칙으로 한다. 다만 국가와 지방자치단체의 재정 형편 등을 고려하여 이를 협의 조정할 수 있다.

2. 우리나라의 사회보장에 관한 설명으로 옳지 않은 것은?

① 비기여·자산조사의 형태는 사회보장제도 중 공공부조제도가 이에 해당한다.
② 사회보장비용의 부담은 각각 제도의 목적에 따라 국가, 지방자치단체 및 민간부문 간에 합리적으로 조정되어야 한다.
③ 공공부조는 사회보험에 비해 수직적 재분배효과가 크다.
④ 우리나라 최초의 사회보험법은 산업재해보상보험이고, 가장 최근에 도입된 사회보험법은 노인장기요양보험이다.
⑤ 사회보장기본법에서는 사회보장의 영역을 사회보험, 사회서비스로 분류한다.

정답 ⑤

Check

「사회보장기본법」 제3조에서는 사회보장을 사회보험, 공공부조, 사회서비스로 분류한다.

3. 다음 중 소득재분배의 유형과 사회복지제도의 연결이 옳은 것은?

㉠ 수직적 재분배 - 공공부조제도
㉡ 수평적 재분배 - 아동수당
㉢ 세대 내 재분배 - 건강보험제도
㉣ 세대 간 재분배 - 부과방식 연금제도

① ㉠, ㉡　② ㉢, ㉣　③ ㉡, ㉢
④ ㉠, ㉣　⑤ ㉠, ㉡, ㉢, ㉣

정답 ⑤

Check

공공부조는 고소득층에서 저소득층으로 수직적 재분배가 이루어지며, 아동수당은 아동이 없는 가정에서 있는 가정으로 수평적 재분배가 이루어진다. 건강보험의 경우 주로 수평적 재분배효과가 발생하는데, 이는 세대 내 재분배에 포함되며, 부과방식의 연금제도는 세대 간 재분배효과가 나타난다.

4. 사회보험과 민간보험을 비교한 내용으로 옳지 않은 것을 모두 고른 것은?

㉠ 사회보험은 자산조사를 실시하지 않지만 민간보험은 자산조사를 실시한다.
㉡ 사회보험은 임의적이고 선택적으로 가입하지만 민간보험은 강제적으로 가입된다.
㉢ 사회보험은 계약적 성격이 강하지만 민간보험은 제도적 · 법적 성격이 강하다.
㉣ 사회보험은 개인적 형평성이 강조되지만 민간보험은 사회적 적절성을 중요시한다.

① ㉠, ㉡　　② ㉢, ㉣　　③ ㉡, ㉢
④ ㉠, ㉣　　⑤ ㉠, ㉡, ㉢, ㉣

정답 ⑤

Check

사회보험과 민간보험 모두 자산조사를 실시하지 않으며, 사회보험은 강제적으로 가입, 민간보험은 임의적이고 선택적으로 가입한다. 사회보험은 보험자와 피보험자의 관계가 제도적·법적 관계이므로 권리적 성격이 강한 반면, 민간보험은 사적 계약에 의한 관계로서 계약적 성격이 강하다. 사회보험은 모든 가입자에게 일정한 수준 이상의 급여를 제공하여 사회적 적절성을 실현하는 반면, 민간보험은 자신이 낸 보험료에 따라 급여를 제공하여 개인적 형평성을 강조한다.

Chapter 10

사회보험정책

사람이 살아가다 보면 필연적으로 질병에 걸리거나 늙게 된다. 또한 산업재해를 당하거나 일자리를 잃어서 소득을 상실할 수도 있는데, 사회보험은 이러한 상황에 대비하여 질병, 산업재해, 실업, 노령 등을 대비하기 위한 사회복지제도이다. 비 오는 날을 대비해서 우산을 준비하듯이, 일찍 산업화된 국가에서는 이미 100년 전(1883년)[56]부터 사회보험을 도입하였다. 우리나라도 1963년에 제정된 산업재해보상보험을 비롯하여 건강보험, 국민연금, 고용보험, 노인장기요양보험을 시행하고 있다.

01 사회보험제도

1) 공적연금

(1) 연금의 개념과 필요성

연금이란 일반적으로 장애, 노령, 퇴직 및 부양자의 사망에 의하여 소득이 상실되는 경우를 대비하여 미리 갹출한 보험료를 기초로 하여 제공되는 현금급여로써 장기적 소득보장제도이다. 연금의 필요성은 첫째, 소득의 상실로 인하여 발생할 수 있는 노후빈곤의 예방과 둘째, 소득재분배를 통한 불평등의 완화와 사회통합을 증진시킬 수 있으며, 셋째, 미래의 불화실성에 대한 대비, 넷째, 위험분산 다섯째, 경제사회의 안정 등을 들 수 있다.

(2) 연금의 기능

① 노후 소득보장

노인들의 은퇴 후 소득의 중단 내지 소득의 감소로 인한 생활수준의 저하로부터 보호하고 빈곤에 처하는 상태를 예방·방지하는 기능을 한다. 하지만 연금제도의 급여수준은 낮아 실제로 연금급여만으로 생활을 유지하기 어렵다는 한계가

56) 사회보험의 시행초기에는 육체적인 노동자가 주된 대상이었으며, 자본주의 사회에서 발생되는 문제인 사회적 위험(실업, 산업재해, 질병, 퇴직 등)에 대한 대응책이었다. 노동자와 자본가가 공동부담한 재정으로 운영되었으며, 세계 최초의 사회보험은 독일의 비스마르크 사회입법(1883년 건강보험, 1884년 산재보험법, 1889년 노령폐질보험)이었다. 이어 1911년 영국의 국민보험, 1935년 미국의 사회보장법이 시행되었다.

존재하고 있다.

② 소득의 재분배기능

소득의 재분배는 한 개인 또는 한 집단으로부터 다른 개인이나 집단으로 이전되는 소득 또는 소득으로 간주되는 급여를 의미한다. 소득재분배의 형태는 첫째, 공·사기준, 둘째, 시간기준, 셋째, 세대기준으로 구분할 수 있다.

첫째, 공·사를 기준으로 분류하면 사적 재분배와 공적 재분배의 형태로 구분할 수 있다.

둘째, 시간을 기준으로 소득재분배를 분류하면 장기적 재분배와 단기적 재분배의 형태로 구분할 수 있다.

셋째, 세대 간 재분배와 세대 내 재분배로 분류하면 수평적 재분배와 수직적 재분배로 구분할 수 있다. 연금제도의 경우 세대 간 재분배의 효과와 세대 내 재분배의 효과를 일정 부분 가지고 있다. 그러나 어떻게 제도가 설계되느냐에 따라서 재분배의 효과는 달라질 수 있다.

| 표 10-1 | 소득재분배의 유형

구분	유형		내용
공·사 기준	사적 재분배		• 민간부문 안에서 자발적인 동기에 의해 이루어지는 현금의 이전 • 가족구성원 간의 소득이전, 친인척이나 친지 간의 소득이전 • 각종 민간보험이나 기업복지
	공적 재분재		• 정부의 소득이전 메커니즘 • 사회보험, 사회복지서비스, 조세
시간 기준	장기적 재분배		• 생애에 걸쳐 발생하는 재분배 • 적립방식의 연금
	단기적 재분배		• 현재 드러난 사회적 욕구의 충족을 위해 현재의 자원을 사용하여 소득재분배를 기하는 것 • 공적부조
세대 기준	세대 내 재분배	수직적 재분배	• 소득이 높은 계층으로부터 소득이 낮은 계층으로 재분배
		수평적 재분배	• 동일 계층에서 취업자로부터 실업자로, 건강한 자에서 질병자로, 사고를 당하지 않은 사람으로부터 사고를 당한 사람에게로 재분배
	세대 간 재분배[57]		• 청년세대에서 노령세대로의 소득이전(현세대 대 미래세대) • 부과방식연금

출처: 임정문(2006). p.110.

---

57) 미래세대와 현재 세대 간의 소득을 재분배하는 형태를 말한다. 국민연금의 경우 제도도입 초기 가입자가 연금제도가 성숙한 이후의 자식세대에 비해 수익비가 높게 설계되어 있으므로 현재의 가입세대는 미래세대로부터 일정한 소득지원을 받는 세대 간 소득재분배의 기능을 가지고 있다.

(3) 연금의 유형

각국의 공적연금제도가 다양한 형태를 띠고 있어 유형화하기는 쉽지 않다. 그러나 공적연금제도 유형은 공적연금재원의 원천(기여금 대 일반조세), 연금수급조건(기여 여부, 소득·자산조사 여부 등), 관리주체(정부 대 민간금융기관) 등에 따라 크게 다섯 가지로 분류할 수 있다.

① 사회보험식 공적연금

사회보험식 공적연금은 노후에 대비하여 기여금을 지불한 후 퇴직, 일정 기간 이상 기여금 지불 등 일정한 법적 조건에 해당되면 소득조사나 자산조사 없이 연금급여를 받는 제도이다. 이 유형의 연금제도에서 수급권은 과거의 기여기간과 기여금에 의해 발생한다. 수급요건은 법에 의해 일정기간 이상 또는 일정 금액 이상 기여금을 지불한 사람에 한정하도록 규정하고 있다. 급여액은 수급자의 과거 소득과 기여기간에 따라 차등을 두는 것이 일반적이나, 급여액의 구체적인 결정방법은 법에 규정되어 있다. 재원은 사용자와 노동자 또는 자영업자로부터 징수되는 기여금에 의해 전적으로 또는 부분적으로 충당된다. 기여금에 의해 마련된 기금은 정부의 일반재정과 분리된 별도의 특별기금으로 관리·운영된다. 사회보험식 연금제도[58]는 세계 대부분의 국가에서 채택되고 있는 공적연금 형태이다.

② 사회부조식 공적연금

사회부조식 공적연금은 기여금을 지불하지 않았으나 소득조사나 자산조사를 거쳐 일정 소득 또는 일정 자산 이하인 사람에게 연금급여를 제공하는 제도이다. 이 유형의 연금제도에서 수급권은 과거의 소득활동 여부 또는 기여 여부와 상관없이 법에 정한 기준소득 또는 기준자산 이상인 사람에게 주어진다. 연금급여의 수준은 일반적으로 수급자의 경제상황이나 요구수준에 의해 결정되나 구체적인

58) 사회보험식 연금제도는 다음과 같은 몇 가지 장점이 있다. 첫째, 연금급여에 의해 이전의 생활수준을 최대한 유지해 줄 수 있다. 기여금 및 급여가 대체로 과거의 소득에 비례하여 결정되기 때문에 이전의 생활수준 유지를 가능하게 해 준다. 둘째, 재정확보가 용이하다. 사용자 및 노동자의 기여금에 의해 급여를 제공하기 때문에 재정확보가 용이하며, 국가의 사회보장비를 줄일 수 있다. 셋째, 공공부조에 비해 근로자의 근로의욕을 약화시키는 정도가 적다. 이 연금의 단점은 첫째, 저소득층에 대한 소득보장이 미흡하다. 즉, 기여능력이 낮고 기여기간이 짧은 저소득층의 경우 연금수급권을 보장받을 수 없거나 저액의 연금급여액만 받을 수 있다. 둘째, 본인의 기여금에 근거하여 급여를 제공하기 때문에 소득재분배의 효과가 낮다(채구묵, 2009: 115-116).

내용은 법에 규정되어 있다. 급여액은 대체로 일정액의 급여를 제공하는 정액급여 형태를 띠고 있다. 연금급여에 필요한 재원은 일반조세에 의해 충당된다(채구묵, 2009: 116). 이러한 연금유형만을 채택하고 있는 국가로는 남아프리카공화국, 방글라데시 등이 있으며, 호주, 뉴질랜드, 아이슬란드, 홍콩 등 많은 국가들은 이 유형과 다른 유형의 연금을 같이 채택하고 있다. 우리나라의 경우 2008년 실시된 기초노령연금이 대표적인 사회부조식 공적연금[59]이다. 기초노령연금은 2014년 폐지되어 기초연금으로 시행되었다.

③ 사회수당식 공적연금

사회수당식 공적연금은 일정한 인구학적 조건만 갖추면(해당 국적을 가진 사람, 해당 국가에 일정기간 거주한 사람 등) 기여금을 지불하지 않았어도 소득조사나 자산조사 없이 연금급여를 제공하는 제도이다. 연금급여액은 과거의 경제활동 및 소득에 관계없이 동일한 금액이 지불되나 구체적인 내용은 법에 규정되어 있다. 연금급여에 필요한 재원은 일반조세에 의해 충당된다. 사회수당식 연금제도는 기여금을 지불하지 않는다는 점에서 사회부조식 공적연금과 같으나, 자산조사나 소득조사를 받지 않고 연금급여를 제공한다는 점에서 사회부조식 공적연금과 다르다. 즉, 연금수급권을 일정소득 이하의 저소득층에 한정하지 않고 소득에 관계없이 모든 국민에게 제공한다는 점에서 차이가 있다. 또 사회보험식 공적연금과는 기여금을 지불하지 않고 연금을 받을 수 있다는 점에서 다르다. 사회보험식 공적연금에서는 기여금을 수급요건으로 하고 있기 때문에 과거에 소득활동을 하지 않았거나 소득활동 기간이 짧은 자들에게 연금수급권이 없거나 제한된 반면, 사회수당식 연금에서는 모든 시민에게 기여금의 지불이 없이 급여가 제공된다는 점에서 차이가 있다. 사회수당식 연금제도[60]를 채택하고 있는 국가는 캐나다,

59) 사회부조식 연금제도는 다음과 같은 몇 가지 장점이 있다. 첫째, 주어진 재원으로 가난한 노인에게 집중적으로 급여를 제공할 수 있어 대상효율성이 높다. 둘째, 기여금을 받지 않고 가난한 사람들에게 연금급여를 제공하기 때문에 소득재분배의 효과가 크다. 사회부조식 연금제도의 단점으로는 첫째, 수급자들을 낙인화(stigma)시켜 수치심을 갖도록 함으로써 인간의 존엄성을 훼손할 수 있다. 둘째, 일정한 소득, 자산 이하인 사람들에게 급여를 제공하기 때문에 근로의욕이나 저축동기를 약화시킬 수 있다. 셋째, 수급자와 납세자 사이의 대립을 유발시켜 국민연대의식을 약화시킬 수 있다. 넷째, 기여금 없이 급여를 받기 때문에 급여를 받는 권리가 아니라 시혜로 생각하기 쉽다(채구묵, 2009: 116-117).

60) 사회수당식 연금제도는 다음과 같은 몇 가지 장점이 있다. 첫째, 연금급여를 사회권으로 받을 수 있어 인간다운 삶을 누릴 수 있다. 둘째, 누구나 연금급여를 받을 수 있어 국민 간에 연대의식을 향상시키고 사회통합의 목적을 달성할 수 있다. 셋째, 인구사회학적 요건만 갖추면 급여를 제공하기 때문에 관리가 용이하다. 사회수당식 연금제도의 단점은 첫째, 가난한 사람들에게 연금급여를 집중적으로 제공하지 못하기 때문에 대상효율성이 낮고, 둘째, 부자나 가난

뉴질랜드, 덴마크, 스웨덴, 러시아 등을 들 수 있다. 그러나 이 연금유형을 채택하고 있는 국가들의 경우 이 유형만을 채택하는 국가들은 거의 없으며, 대부분이 유형과 다른 유형을 병행하여 채택하고 있다.

④ 퇴직준비금제도

퇴직준비금제도는 근로소득의 일정비율을 강제로 저축하게 한 후 퇴직 시 일시금으로 지불하는 제도이다. 이 유형의 제도는 강제가입과 국가관리라는 특성을 제외하면 공적연금으로서의 특성을 거의 갖고 있지 않아 강제가입식 저축제도라고 할 수 있다. 이 제도에서 수급권은 기여금을 지불한 사람에게 주어진다. 급여액은 전적으로 개인이 지불한 기여금에 국가에서 정한 일정한 이자를 합한 금액으로 결정되며, 급여는 일시금으로 지급된다. 재정은 노동자가 지불한 기여금과 기여금에 대한 법정 이자에 의해 충당되며 기금은 국가에서 관리한다.

퇴직준비금제도는 공적연금의 주요 특징인 ① 급여를 연금으로 지불하지 않고 일시불로 지급하며, ② 소득재분배 기재를 포함하지 않고, ③ 물가상승률, 경제성장률, 기대수명 연장 등 미래의 불확실한 위험들을 개인에게 전가시키며, ④ 기본적으로 급여액이 기여와 이자에 의해 결정되는 시장원리에 기반하고 있다는 점에서 공적연금 범주에 포함하는 것이 적절하지 않다는 주장이 제기된다. 그러나 ① 가입이 강제적으로 이루어지고, ② 기여율이 국가에 의해 결정되며, ③ 관리가 국가에 의해서 이루어진다는 점에서 사적연금으로 분류하는 것 또한 적정하지 않다고 볼 수 있다. 따라서 이 제도를 준공적연금이라고도 한다. 이러한 유형을 채택하고 있는 국가로 인도, 인도네시아, 말레이시아, 싱가포르, 케냐, 우간다 등을 들 수 있다. 우리나라도 퇴직금제도가 있으며, 현재는 이를 퇴직연금[61] 제도로 변경하도록 권장하고 있다.

⑤ 강제가입식 개인연금제도

강제가입식 개인연금제도는 근로소득의 일정비율을 본인이 선택한 민간금융

한 사람 모두에게 연금급여를 제공하므로 소득재분배의 효과가 낮으며, 셋째, 모든 사람들에게 연금급여가 제공되므로 재정이 많이 소요되고 재정확보가 어렵다는 점이다(채구묵, 2009: 117-118).

61) 퇴직연금제도의 장점은 첫째, 본인이 지불한 기여금과 이자에 의해 재정이 충당되기 때문에 재정확보가 용이하고, 둘째, 본인이 지불한 기여금과 이자에 의해 급여가 지급되기 때문에 재정불균형이 없다는 점이다. 단점은 첫째, 급여가 일시금으로 지급되어 소득을 지속적으로 보장할 수 없기 때문에 노후소득보장이 약하고, 둘째, 본인이 지불한 기여금과 이자에 의해 본인의 급여가 결정되기 때문에 소득재분배의 효과가 없다는 점이다(채구묵, 2009: 118-119).

기관에 저축하도록 한 후, 퇴직 후 연금형태로 급여를 받도록 하는 제도이다. 이 제도는 강제저축의 성격을 갖는다는 점에서 순수한 민영연금과는 다르다. 한편 강제저축의 성격을 갖는다는 점에서 퇴직준비금제도와 유사하지만 급여가 일시금이 아닌 연금형태로 주어지며, 국가에 의해 관리되는 것이 아니라 다수의 민간기관에서 운영된다는 점에서 차이가 있다. 이 제도에서 수급권은 민간금융기관에 기여금을 지불한 사람들에게 주어진다. 급여액은 개인이 지불한 기여금과 투자수익을 합한 금액으로 결정되며, 급여는 연금으로 지급된다. 재정은 노동자가 지불한 기여금과 기여금에 의한 투자수익에 의해 충당된다. 국민은 다수의 민간금융기관 중에서 수익률이 높다고 판단되는 기관을 선택하여 가입할 수 있고, 수익률이 낮다고 판단되면 언제든지 다른 기관으로 옮길 수 있다. 따라서 투자위험에 대한 책임은 가입자 개인이 진다. 강제가입식 개인연금제도도 퇴직준비금제도와 같이 ① 소득재분배 기재를 포함하지 않고, ② 물가상승률, 경제성장률, 기대수명 연장 등 미래의 불확실한 위험들을 개인에게 전가시키며, ③ 기금이 국가에 의해 관리되는 것이 아니라 다수의 민간기관에서 운영되고, ④ 기본적으로 급여액이 기여와 투자수익에 의해 결정되는 시장원리에 기반하고 있다는 점에서 공적연금 범주에 포함하는 것이 적절하지 않다는 주장이 제기된다. 그러나 ① 가입이 강제적으로 이루어지고, ② 기여율이 국가에 의해 결정되며, ③ 종종 연금급여에 대해 국가에 의한 최종보증이 실시된다는 점에서 사적연금으로 분류하는 것 또한 적절하지 않다고 볼 수 있다. 따라서 이 제도를 준공적연금이라고도 한다. 이러한 유형을 채택하고 있는 국가로 과거에 공적연금재정의 심각한 위기를 경험했던 칠레, 아르헨티나, 멕시코, 콜롬비아, 페루, 볼리비아 등 중남미 국가들과 자본주의 시장체제로 전환하는 과정에서 경제적 어려움을 겪은 헝가리, 폴란드, 불가리아, 슬로바키아, 라트비아 등 동구권을 들 수 있다. 이들 국가들은 공적연금의 재정위기를 극복하기 위한 방법으로 과거 사회보험식 연금의 일부 또는 전부를 강제가입식 개인연금제도[62]로 대체하고 있다.

---

62) 강제가입식 개인연금제도의 장점은 첫째, 본인이 지불한 기여금과 투자이익에 의해 재정이 충당되기 때문에 재정확보가 용이하고, 둘째, 본인이 지불한 기여금과 투자이익에 의해 급여가 지급되기 때문에 재정불균형이 없으며, 셋째, 연금형식으로 급여가 지급되기 때문에 소득이 지속적으로 보장될 수 있다는 점이다. 단점은 첫째, 수익률이 낮은 기관을 선택했을 때 가입자들의 노후소득보장이 어렵고, 둘째, 물가상승률, 경제성장률, 기대수명 연장 등 미래의 불확실한 위험들에 대해 보전을 받을 수 없으며, 셋째, 본인이 지불한 기여금과 투자수익에 의해 본인의 급여가 결정되기 때문에 소득재분배의 효과가 없다는 점이다(채구묵, 2009: 119-120).

(4) 공적연금의 다층체계

세계은행과 국제노동기구가 다양한 방식으로 구성된 다층의 노후소득보장체계를 제안하기 전부터 많은 국가들은 다층방식의 연금제도를 운영하고 있었다. 다층의 노후소득보장체계는 공적연금뿐만 아니라 개인연금 등 사적연금까지 포괄한 개념으로써 각 층들은 서로 다른 목적, 원리, 주제, 포괄범위를 갖는다. 단층의 공적연금만으로는 노후소득보장에 대한 다양한 욕구를 충족시킬 수 없고, 인구고령화로 인해 공적연금의 지속가능성을 확보할 수 없다는 문제의 제기가 힘을 얻으면서 다층체계에 대한 관심이 높아지고 있다.

① 1층보장 연금체계

독일, 스페인, 파키스탄, 알제리, 이집트, 에디오피아 등은 일원적 공적연금체계인 소득비례연금(사회보험식 연금)만 채택하고 있으며, 남아프리카공화국, 방글라데시 등은 일원적 공적연금체계인 사회부조식 연금만 채택하고 있고, 인도네시아, 말레이시아, 싱가포르, 케냐 등은 퇴직준비금제도만 채택하고 있다(채구묵, 2009: 125).

② 2층보장 연금체계

체코, 룩셈부르크, 노르웨이, 일본 등은 2층 체계인 사회보험식 정액연금과 소득비례연금 형태를 채택하고 있으며, 오스트리아, 벨기에, 핀란드, 그리스, 이탈리아, 미국, 한국 등은 2층 체계인 사회보험식 소득비례연금과 사회부조식 연금을 채택하고 있고, 헝가리, 멕시코, 콜롬비아, 페루 등은 2층 체계인 사회보험식 소득비례연금과 강제가입식 개인연금을 채택하고 있다(채구묵, 2009: 125).

우리나라의 공적 노후소득보장제도는 국민연금제도가 유일하였다. 그러나 2008년부터 실시된 기초연금으로 인해 사실상 2층의 공적연금제도가 실시되었다. 퇴직연금 및 개인연금(사연금)까지 포함할 경우 우리나라의 노후소득보장제도는 3층으로도 볼 수 있다. 퇴직급여제도는 일시금인 퇴직금 또는 연금인 퇴직연금으로 선택이 가능하다.

③ 3층보장 연금체계

1994년 나온 세계은행의 연금보고서는 각국의 연금 개혁에 큰 영향을 미쳤다. 이 보고서에서 세계은행은 확정급여형·부과방식으로 이루어진 공적연금 위주의 노후보장체계는 인구고령화와 저성장 경제 하에서는 재정위기에 직면할 수밖에 없다고 전제하고, 경제 및 인구학적 위험을 효과적으로 분산시키기 위해서는 다층체계로의 전환이 필요하다고 보고하였다. 즉, 노후보장에 있어 국가의 역할을 가능한 한 기초보장으로 축소하고, 대신 기업 및 개인연금 등 시장의 기능을 대폭 확대하여 공적연금 중심의 노후보장에서 사적보장 중심의 다층체계로 전환하는 것을 권고하였다. 세계은행보고서가 권고한 노후소득보장체계는 3층으로 구성되어 있다. 공적연금 위주로 구축된 기존의 노후소득보장체계를 정부가 운용하되 강제 적용하는 기초연금 성격의 1층(1st pillar), 강제 적용하되 민간부문에서 운영하는 소득비례연금 성격의 2층(2nd pillar), 임의 적용하되 민간부문에서 운용하는 추가적인 소득비례연금 성격의 3층(2rd pillar)을 통한 다층보장체계(multi-pillar system)로 안정적인 노후소득보장체계를 구축하자는 개혁안을 제시하였다(송근원 외, 1995: 359). 영국은 3층 체계인 사회보험식 정액연금과 소득비례연금, 사회부조식 연금을 채택하고 있으며 라트비아, 칠레, 불가리아, 프랑스 등은 3층 체계인 사회보험식 소득비례연금, 사회부조식 연금, 강제가입식 개인연금을 채택하고 있고, 덴마크, 스웨덴 등은 3층 체계인 사회보험식 소득비례연금, 사회수당식 연금, 강제가입식 개인연금을 채택하고 있다(채구묵, 2009: 125).

④ 4층보장 연금체계

국제노동기구(ILO)에서는 4층(4 tier)체계의 연금제도를 권고하고 있다. 4층 체계의 내용을 살펴보면 다음과 같다. 첫째, 1층 체계는 자산조사를 실시하는 최저소득보장 성격의 공공부조로 주요 소득이 없는 사람들을 위해 최저생계비를 제공한다. 둘째, 2층 체계는 정부가 운용하는 강제적용방식의 확정급여형 공적 연금으로 기여자에게 적정한 소득대체율을 보장하며, 연급급여를 물가에 연동시켜 지급한다. 셋째, 3층 체계는 공적연금의 역할을 보완하며 민간부문이 운용하는 완전적립·확정갹출방식의 기업연금제도이다. 이 제도는 확정갹출 형태로 일정 수준까지 강제 적용되며, 민간보험자가 운영하되 연금의 형태로 지급한다. 이를 위해 현행 퇴직금제도를 기업연금제도로 전환시킨다. 넷째, 4층 체계는 확정갹출 형태로 임의적용을 원칙으로 하되, 기여율의 상한을 철폐하여 가입자의 개인적인 능력 또는 취향에 따라 기여율을 정하도록 한다(송근원 외, 1995: 172). 스위스, 아르헨티나는 4층 체계인 사회보험식 정액연금과 소득비례연금, 사회부조식 연금, 강제가입식 개인연금을 채택하고 있으며, 러시아는 4층 체계인 사회보험식 정액연금과 소득비례연금, 사회수당식 연금, 강제가입식 개인연금을 채택하고 있다(채구묵, 2009: 123).

(5) 공적연금의 분류

공적연금제도의 구성요소인 각 차원(대상자격, 급여, 재정, 전달체계)에는 다양한 선택 사항이 있다. 즉, ① 대상 자격으로 기여 대 비기여, ② 급여방식으로 정액급여 대 소득비례급여, ③ 재정방식으로 부과방식 대 적립방식, 확정급여식 대 확정기여식 등이 있다.

① 대상기준: 기여식 연금과 비기여 연금

기여식 연금은 사용자와 노동자 또는 자영자 등의 소득 중 일정비율 혹은 정액을 기여금(보험료와 유사한 사회보장세)으로 징수하여 재원을 조달하며 노령, 장애 사망 등의 사회적 위험에 직면한 가입자에게 급여를 제공하는 형태이다. 가입자의 기여수준에 따라 급여수준이 차등화되며, 기여식연금에는 사회보험식[63] 연금, 퇴직준비금[64]제도, 강제가입식[65] 개인연금제도로 분류된다. 개인연금은 투자위험이 높아 노후의 소득보장이 약하기 때문에 이 유형만 단독으로 존재하기보다는 다른 유형의 연금, 특히 소득비례연금과 공존하는 것이 일반적이다(채구묵, 2009: 121-122). 무기여연금은 필요한 재원을 일반조세에서 충당하고 기여금을 받지 않는 연금으로 동일한 금액을 정액으로 급여를 지급하기도 하고, 소득수준에 따라 급여를 감액하고 지급하기도 하는 형태이다. 무기여연금은 기여금 없이 일반조세에 의해 재정을 충당하기 때문에 일반적으로 급여수준이 낮다. 국가마다 운영하는 방식이나 지급범위, 기능과 역할 등이 매우 다양하지만 보통 노후의 최저생활보장을 목표로 한다(사회복지교육연구센터, 2015: 229). 무기여연금은 사회부조식 연금과 사회수당식 연금으로 구분할 수 있다. 사회부조식 연금은 자산조사 또는 소득조사를 통해 일정 수준 이하의 소득 또는 자산을 가진 자에게만 연금을 지급하는 연금제도이며, 사회수당식 연금은 일정한 인구학적 조건만 갖추면(예를 들면, 해당 국적을 가진 사람, 해당 국가에 일정기간 거주한 사람 등) 누구에게나 연금을 지급하는 연금제도이다(채구묵, 2009: 121).

---

63) 사회보험식 연금은 연금을 지불한 후 일정한 법적 조건(예를 들면, 퇴직, 일정 기간 이상 또는 일정 금액 이상 기여금 지불 등)에 해당하면 소득조사나 자산조사 없이 연금을 지급하는 제도이다.

64) 퇴직준비금제도는 근로소득의 일정 비율을 강제로 저축하도록 한 후, 퇴직 시 일시금으로 지불하는 제도이다.

65) 강제가입식 개인연금제도는 근로소득의 일정 비율을 본인이 선택한 민간금융기관에 저축하도록 하고, 퇴직 후 연금형태로 급여를 받도록 하는 제도이다.

② 급여기준: 정액급여 대 소득비례급여

공적연금은 급여의 지급방법에 따라 연금 수급액 결정에 있어 이전의 소득은 고려하지 않고 동일한 금액을 지급하는 형태의 정액급여와 과거 소득(일정 기간 또는 가입 전(全)기간의 소득)을 기준으로 급여를 지급하는 형태의 소득비례급여로 구분할 수 있다.

정액급여는 일반적으로 연금급여액에 필요한 재원을 동일한 일반조세에 의존하는 사회부조식 연금이나 사회수당식 연금에서 주로 채택하고 있는 유형이다. 스웨덴의 경우 사회수당식 연금과 사회보험식 연금으로 구성되어 있으며, 캐나다의 경우 사회수당식 연금과 사회보험식 연금, 뉴질랜드는 사회수당식 연금과 사회부조식 연금, 호주는 사회부조식 연금과 강제가입식연금을 채택하고 있다. 정액급여는 드물기는 하지만 사회보험식 연금에서도 채택되고 있다. 체코, 룩셈부르크, 노르웨이, 아일랜드, 네덜란드, 폴란드, 영국, 일본 등에서 그 예를 찾아볼 수 있는데, 이 경우 기여금 지불방식에서는 소득세에 비례한 동률의 기여금을 지불하는 형태와 정액의 기여금을 지불하는 형태가 있다. 대부분의 국가들은 전자를 채택하고 있고 일본만 후자를 채택하고 있다(박승희 외, 2007: 54-55; 채구묵, 2009: 122-123).

정액급여는 다음과 같은 몇 가지 특징을 가진다. 첫째, 대체로 재원이 누진적인 일반조세나 소득에 비례한 기여금으로 충당되기 때문에 소득재분배의 효과가 크다. 둘째, 대부분의 국가들에서 정액급여의 수준은 대체로 최저생활수준에도 미치기 못하기 때문에 사회적 적절성 측면에서 문제가 있다. 즉, 정액급여만으로는 소득보장이 미흡하다. 셋째, 따라서 비교적 정액급여 수준이 높은 아일랜드, 네델란드를 제외한 대부분의 국가에서는 사회보험식 소득비례급여를 통해 소득을 보충해 주고 있다(채구묵, 2009: 123).

소득비례급여[66]는 퇴직 전 일정기간 동안의 평균소득 또는 생애근로기간의 평균소득에 비례해서 연금급여액을 지급하는 연금의 형태이다. 소득비례급여는

---

66) 소득비례급여는 다음과 같은 몇 가지 특징을 가지고 있다. 첫째, 기여능력이 낮고 기여기간이 짧은 저소득층의 경우 연금수급권을 보장받을 수 없거나 정액의 연금급여액만 받을 수 있다. 둘째, 따라서 저소득층에 대한 소득보장을 위해 사회부조식 연금을 함께 채택하는 이층체계를 취하는 경우가 많다. 셋째, 본인의 기여금에 근거하여 급여를 받기 때문에 소득재분배의 효과가 작다. 넷째, 사회보험식 연금의 경우 소득재분배효과를 높이기 위해 급여비율을 소득에 따라 달리하거나(고소득층에게 급여를 낮게), 기여비례적 부분(소득비례 부분)과 소득재분배적 부분(균등 부분)으로 구성하는 경우가 많다(채구묵, 2009: 123-124). 따라서 소득비례연금이라 하더라도 공적연금에서 연금급여액이 소득에 반드시 정비례하지 않는다는 것을 유의해야 한다.

일반적으로 연금급여액에 필요한 재원을 기여금에 의존하는 기여연금에서 많이 채택되고 있다. 기여연금인 소득비례연금의 두 가지 형태로 구분할 수 있다. 첫째, 기여금에 정비례하는 연금으로 퇴직준비금제도와 강제가입식 개인연금이 이에 해당된다. 둘째, 비례하지만 정비례하지 않는 연금으로 사회보험식 연금을 들 수 있다. 한편 사회보험식 연금의 경우 한국의 국민연금과 같이 기여비례적 부분(소득비례 부분)과 소득재분배적 부분(균등 부분)으로 구성되어 있는 경우도 있다. 소득비례연금은 국가에 따라 단일한 형태로 존재할 수도 있고 다른 형태의 연금, 특히 사회부조식 연금이나 사회수당식 연금인 정액연금을 보충하는 이층체계(second pillar) 연금으로 존재할 수도 있다. 소득비례연금이 단일의 형태로 존재하는 국가로 독일, 스페인, 파키스탄, 알제리, 이집트 등이 있다. 반면 소득비례연금이 정액연금과 이층체계로 존재하는 국가로는 체코, 룩셈부르크, 노르웨이, 일본 등이 있다(채구묵, 2009: 12-13).

③ 재정방식: 부과방식 대 적립방식, 확정급여식 대 확정기여식

사회보장연금의 재원은 사용자와 피용자가 부담하는 보험료와 정부의 지원(비용부담) 등 삼자가 부담한다. 대부분의 나라는 삼자부담을 원칙으로 하고 있는데, 사용자와 피용자가 공동 부담하는 보험료로 재정을 충당하고 정부지원의 재원은 정부의 일반조세나 목적세(담배세, 유류세, 주세 등) 등이다. 우리나라의 경우도 삼자부담을 원칙으로 하고 있다.

사회보장연금의 보험료는 적립방식(funded system)이나 부과방식(pay-as-you-go-system)으로 운영된다. 적립방식은 연금지급에 대비하여 제도 도입 초기부터 가입자로부터 징수한 기여금을 장기간에 걸쳐 적립하여 이를 기금으로 운영하고 국고출연금, 누적 기금의 이자 등의 재원으로 수급권자에게 연금급여를 지급하는 방식이다. 이 적립방식의 연금은 근로기간 중 규칙적으로 저축한 것을 미래에 돌려받는 일종의 강제저축의 성격을 가진다.

적립방식은 완전적립방식과 부분적립방식의 두 가지 유형이 있다. 첫째, 완전적립방식은 현재 근로세대가 가입시점부터 지불한 기여금과 기여금의 투자수익을 합한 총액이 미래에 그 세대가 수급하게 되는 총 연금급여와 같게 재정을 축적하는 방식으로 장기간에 걸쳐 계산한 보험수리상의 공평한 보험료를 제도 초입부터 일관성 있게 부과 징수하여 적립하는 방식이다. 엄격하게 완전적립방식이 되기 위해서는 기준 시점에서 기여금과 기여금의 투자수익을 합한 총액이 미래 누계급여의 총 현재가치와 일치되는 기금이 축적되어야 하는데, 사실상 불가능한 일이기 때문에 전 국민대상의 공적연금을 완전적립방식으로 운영하는 경우는 거의 없다고 할 수 있다. 둘째, 부분적립방식은 현재의 근로세대가 지불한 기여금과 기여금의 투자수익에 의해 퇴직 후 그 세대가 지급받게 되는 연금급여의 상당 부분을 충당하도록 하고 나머지는 부과방식에 의해 충당되는 재정방식이다. 즉, 부분적립방식은 장기에 걸쳐 계산한 보험료 대신 제도 도입 초기에는 보다 낮은 수준으로 부과·징수하다가 차츰 보험료를 인상해 가는 방식을 활용한다. 전 국민대상의 공적연금에서 기대수명, 물가상승률, 경제성장률, 이자율 등의 예측이 어렵고 사전에 급여지출에 상응하는 정확한 기여금을 산출하기 어렵기 때문에 완전적립방식을 채택하는 것은 거의 불가능하다. 이에 따라 적립방식을 채택하는 국가들의 경우 대부분은 부분적립방식을 채택하고 있다. 부분적립방식은 완전적립방식에 비해 적립기금의 규모를 상대적으로 작게 유지한다. 적립방식의 특징은 첫째, 연금의 수급은 근로기간 중 규칙적으로 저축한 것을 되돌려 받는 일종의 강제저축이다. 둘째, 재정관리는 수지균등의 원칙[67]에 입각하므로 소득재분배의 기능이 없다.

부과방식은 현재의 근로세대가 납부한 기여금으로 현재 퇴직세대의 연금급여를 지급하고, 현재 근로세대의 연금급여 지급에 필요한 재원은 미래 근로세대가 납부할 기여금에 의해 충당되는 재정방식이다. 즉, 매년 전체 가입자가 낸 보험료 등으로 당해 연도에 지급해야 할 연금급여를 충당하는 방식이다. 이러한 형태의 재정방식을 채택할 경우 다음 년도 연금급여 총액을 추계하여 이를 다음 연도 근로세대에게 부과하는 재정방식을 취하기 때문에 미래의 연금급여 지급을 위한 별도의 기금을 축적할 필요가 없다(채구묵, 2009: 124). 일부 국가에서는 향후 지급할 연금급여 지출에 대비하여 일정 정도의 기금을 보유, 운영하기도 하지만 극소수 국가를 제외하고는 그 규모가 크지 않다. 부과방식의 특징은 첫째, 일정 기간에 지출된 급여를 동일 기간의 보험료 수입으로 충당하기 때문에 수지차액이 필요 없으므로 준비금 외에 적립금이 필요 없다. 둘째, 연도별 수지균형의 원칙에 따르고 있고 일정 정도 소득재분배의 기능을 가질 수 있다. 서유럽과 미국 등의 선진국이 채택하고 있으며, 우리나라의 경우에도 적립식과 부과방식을 절충한 부분적립방식을 채택하고 있다.

67) 개인이 낸 보험료 총액과 개인이 받는 급여의 총액은 같아야 한다는 원칙

| 표 10-2 | 적립방식과 부과방식의 장·단점

구분	장점	단점
적립방식	• 보험료의 평준화가 가능 • 성숙기에는 적립된 기금의 활용이 가능 • 상대적으로 재정의 안정적 운용 가능	• 일정 기금의 형성까진 제도 초기에 어려움 • 장기적 예측의 어려움 • 인플레이션 등 경제사회적 변화에 취약
부과방식	• 세대 간 재분배효과가 상대적으로 큼 • 인플레이션으로 인한 영향이 크지 않음 • 장기적인 재정추계의 필요성은 미약	• 노인인구가 늘어난다면 후 세대의 부담 증가 • 상대적으로 재정운영의 불안정성 • 인구구조 변화에 상당한 영향을 받음

출처: 사회복지교육연구센터(2019). p. 276.

최근에는 위의 두 가지 연금재원조달방식 이외에 확정기여(Defined Contribution)방식과 확정급여(Defined Contribution)방식이란 용어가 사용되고 있다. 첫째, 확정기여방식이란 사전에 확정된 보험료를 부담하되 그에 상응하는 연금급여는 확정하지 않고 가입자 개인이 결정한 투자의 적립수입금을 월정연금이나 일시금으로 되돌려 받는 방식이다. 즉, 보험료(기여금)만이 사전에 확정되어 있을 뿐 급여액은 확정되어 있지 않다. 급여액은 적립한 기여금과 투자수익에 의해서만 결정되기 때문에 사전에 급여액이 얼마나 될지는 알 수 없다. 투자에 수반되는 위험에 대해서는 개인이 전적으로 책임을 지는 형태이다. 연금재정 면에서는 불균형의 문제를 갖지 않는다는 장점이 있지만, 국민 노후소득의 안정적 보장 측면에서는 단점을 가진다. 또한 소득계층 간, 세대 간 사회통합에 부정적인 영향을 미칠 수도 있다. 둘째, 확정급여방식은 개인이 부담한 보험료의 크기에 관계없이 사전에 확정된 연금급여를 지급하는 방식이다(강희갑, 2016: 236). 즉, 급여는 임금 또는 소득의 일정 비율 또는 일정 금액으로 사전에 급여산정의 공식에 의해 확정되어 있지만 원칙적으로 보험료(기여금)는 확정되어 있지 않다. 연금급여액은 대개 과거 소득 및 소득활동 기간에 의해 결정된다. 대부분의 국가들의 공적연금제도는 확정급여방식으로 운영되고 있다. 확정급여방식의 장점으로는 첫째, 노후의 경제적 불안정성에 대하여 안정된 급여를 보장한다. 둘째, 개인 차원에서 예측하거나 통제하기 어려운 물가상승, 경기침체, 기대수명 연장 등의 위험을 사회 전체적으로 분산시켜 대응하는 장점이 있다.

2) 사회보험

(1) 사회보험의 개념

사회보험은 보험의 원리를 응용하여 사회적 위험이나 애로요인을 해결하는 것이다. 우리나라는 「사회보장기본법」 제3조에서 "국민에게 발생하는 사회적 위험(질병, 장애, 노령, 실업, 사망 등)을 보험방식에 의하여 대처함으로써 국민의 건강과 소득을 보장하는 제도"라고 규정하고 있다. 사회보장법의 사회보험의 특성으로는 강제가입, 최저생활의 보장, 국가 독점운영 등이다. 현재 우리나라의 사회보험은 질병을 대비한 국민건강보험, 노령을 대비한 국민연금, 산업재해를 대비한 산업재해보상보험, 실업을 대비한 고용보험, 마지막으로 2007년 4월 제정, 2008년 7월 시행된 노인장기요양보험이 있다.

(2) 사회보험의 원리

① 최저생활보장의 원리

사회보험에서 보장하는 소득보장의 수준은 최저생계비[68]에 근거하여 최저생활보장을 한다. 연금보호에서 보장하려는 소득보장수준은 최저생활보장에 있고, 그 상한선은 퇴직 전의 생활수준을 보장하려는 것으로 하고 있다.

② 소득재분배의 원리

사회보험제도는 소득재분배의 원리를 기초로 하고 있다. 기여금 납부 시에는 소득에 비례하거나 소득에 누진율을 적용하여 기여율을 책정함으로써 재분배효과를 거두며, 보험료의 징수나 급여의 지급은 소득과 계층에 따라 차등 적용함으로써 소득재분배의 효과를 거두고 있다.

③ 보편주의 원리

사회보험의 적용범위는 전 국민을 대상으로 하며 일반적인 것을 원칙으로 한다. 이는 특정한 신분·지위·성별·종교 등에 관계없이 모든 국민에게 평등하게

---

68) 국민이 건강하고 문화적인 생활을 유지하기 위하여 소요되는 최소한의 비용으로서, 보건복지부장관은 중앙생활보장위원회의 심의·의결을 거쳐 매년 9월 1일까지 다음연도의 최저생계비를 공표한다.
2019년 현재 최저생계비는 1인 가구: 1,024,205원, 2인 가구: 1,743,917원, 3인 가구: 2,256,020원, 4인 가구: 2,768,121원이다.

국가가 복지증진 노력을 기울여야 한다는 헌법상의 기본원리와도 부합된다.

④ 비용분담의 원리

사회보험의 운영에 필요한 재원은 사용자, 피용자, 국가가 분담하여 조달하여야 한다는 원리이다. 피용자는 자기책임의 원리에 입각하여 기여금을 분담하고, 사용자는 무과실책임원리에 근거하여 비용을 분담하게 되는 것이다. 또한 국가는 헌법상 기본권보장 의무자로서, 기본권의 하나인 생존권적 기본권을 보장할 의무가 있으므로 비용의 일부를 부담한다.

(3) 사회보험의 특성

사회보험은 보험이기 때문에 민간보험과 유사한 점이 많고 또 소득보장정책이라는 점에서 동일한 목적을 갖는다. 그러나 사회보험은 민간보험은 물론 공공부조와 본질적으로 다른 특징을 가진다. 첫째, 강제적 프로그램이다. 사회보험 적용조건의 강제적용 원리는 신청이나 직권에 의해 수급되는 공공부조와 수혜자 개인선택에 의존하는 사회복지서비스 및 민간 사보험과 구별되는 특성 중의 하나이다. 둘째, 사회보험 대상에 있어서 포괄성의 원리는 강제적용 내지 강제가입으로 대상이 전 국민이라는 점이다. 셋째, 사회보험의 급여수준에 있어서 최저수준의 원리는 사회보험제도에 의해 인간적인 최저수준을 보장해야 한다는 점이다. 넷째, 사회보험의 급여는 자격 및 조건에 따라 다르며 그 결과 당연히 급여수준도 차등적으로 수혜한다는 특성이 내포되어 있다.

| 표 10-3 | 사회보험의 특성

구분	사회보험	공공부조	사회복지서비스
적용방식	강제가입	신청 / 직권	개인선택
적용대상	전 국민	국민기초생활보장 수급자	수혜희망자
비용	가입자, 고용주, 국가분담	공적부담	공적부담, 수익자 부담
급여수준	기여비례	최저수준	다양
급여기간	기한부급여	무기한급여	희망에 따라
급여자격	보험료 납부	빈곤층 입증	희망자
기능	예방적	구빈적	보완적

출처: 김정현(2002). p. 282; 한국복지행정학회(2014). p. 315.

(4) 사회보험과 민간보험

사회보험과 민간보험은 상호 보완적 성격을 가지고 있으며 사회보험은 국민최저생활을 보장하고, 그 이상은 개인의 노력으로 민간보험을 통하여 여러 가지 위험의 발생으로 생기는 경제적 타격의 정도를 완화시키는 기능을 한다.

사회보험과 민간보험의 공통점은 ① 위험분산, ② 손해의 유연성, ③ 위험의 이전, ④ 경제적 배상 등이 있다(원석조, 2011: 234-235). 그럼에도 불구하고 아래의 표에서 보듯이 민간보험과 사회보험은 본질적 차이점이 있다.

| 표 10-4 | 사회보험과 민간보험의 차이

구분	사회보험	민간보험
가입	강제적 가입	자발적 가입
보험료, 기여금 부과기준	소득수준	위험 정도, 급여수준
보장수준	최저 소득보호	개인의 의사, 지불능력에 따라 고액보장 가능
강조	사회적 적절성	개인적 공평성
급여 근거	법	계약
운영형태	정부 독점	경쟁

출처: 나직균 외(2011), p. 252.

(5) 역선택 및 도덕적 해이

사회적 위험에 대해 민간보험으로 대응하는 데 구조적인 한계가 있어 사회보험이 불가피하다는 주장의 근거로 가장 많이 제시되는 것이 역선택과 도덕적 해이이다(Rejda, 1999: 27-28). 역선택과 도덕적 해이는 사회보험의 민영화, 즉 사회보험을 민간보험으로 전환하자는 주장에 대한 가장 유력한 반대 논리이다.

① 역선택

역선택(adverse selection)이란 비대칭적인 정보 또는 불완전한 정보로 인해 보험시장에서 바람직하지 않은 결과가 초래하는 현상을 말한다. 이러한 역선택은 보험시장에 고위험 집단만 남게 만들어 '시장의 실패'를 가져온다. 이를 피하기 위해 정부가 사회보험을 만들어 모든 보험대상자들의 가입을 의무화하는 것이다.

즉, 보험가입자와 보험회사 간의 정보의 비대칭성(보험가입자들은 자신의 위험도에 대해 높은 수준의 정보를 보유하고 있는데 반해, 보험회사는 보험가입자에 관해 낮은 수준의 정보를 보유하는 것)으로 인해 보험시장에서 고위험집단의 가입률은 높아지고, 저위험집단이 가입률은 낮아지는 현상을 말한다.

역선택은 주로 건강보험과 개인연금에서 발생하는데, 이러한 역기능을 해결하기 위해 사회보험방식의 건강보험은 피보험자의 건강수준을 고려하지 않고 가입시키며, 모든 가입자에게 부담능력에 비례하여 보험료를 부과하는 것이다. 역선택은 건강보험에서 뿐만 아니라 가입자가 사망할 때까지 정기적으로 연금을 지급하는 보험상품인 개인연금에서도 발생한다. 즉, 건강해서 오래 살 것으로 생각하는 사람들이 주로 개인연금에 가입하게 되면, 보험회사로는 평균수명이 긴 악성고객만을 받아들이게 되어 재정손실을 피할 수 없게 되므로 보험회사는 평균수명이 짧은 고객, 예를 들면 흡연자, 스카이다이버, 광부, 건강이 좋지 않은 이른바 우량 고객들만을 가입시키려 할 것이다. 이를 '크림 떠내기'(creaming) 또는 알짜선택이라고 한다(World Bank, 1994: 330).

② 도덕적 해이

도덕적 해이(moral hazard)란 보험에 가입한 사람이 보험에 가입하기 전에 비해 위험발생에 대한 예방의 노력을 덜하게 되는 현상을 말한다. 예를 들면, 일반 상품의 경우 소비자는 그 가격의 전액을 지불하기 때문에 그로부터 최대한의 편익을 구하려는 경제적 동기가 있다. 그러나 급여를 받을 수 있는 조건을 갖추면(질병 발생이나 실업상태와 같은) 자동적으로 제삼자(보험자)가 그 비용을 부담하는 사회보험의 경우, 자원의 경제적 사용에 대한 동기는 약하게 되어 위험발생률을 증가시킨다.

사회보험 중에서 도덕적 해이의 발생 가능성이 높은 것이 건강보험과 실업보험이다. 건강보험의 경우 피보험자는 불필요한 진료서비스의 요구, 고액 진료의 선호, 건강 유지보다는 진료에 의지하려는 경향의 증가가 나타날 수 있고 의료진은 과대 검사, 수술 투약 등의 의료서비스를 제공하는 유인이 발생할 수 있다. 실업보험은 소득대체률이 높은데 보험료가 적은 경우, 실업에서 벗어나려는 노력을 의도적으로 덜 기울이거나 일부러 실업자가 되는 경우가 발생할 수 있다. 이를 '실업함정' 또는 '실업의 덫'(unemployment trap)이라고 한다(Barr, 1987: 200).

도덕적 해이는 복지대상자의 행위에 대한 충분한 정보를 갖추고 이를 바탕으로 그들의 행위를 조장하고 통제한다면 어느 정도 방지할 수 있을 것이다. 이런 정보를 갖추려면 많은 비용과 대규모 조직이 필요하게 되는데, 이런 점에서 민간보험보다 사회보험이 더 효율적이다.

02 국민연금제도

국민연금제도는 사회보험의 하나로, 사회보험은 사회정책을 위한 보험으로 국가가 사회정책을 수행하기 위해 보험의 원리와 방식을 도입하여 만든 사회경제제도이다. 이러한 의미에서 「사회보장기본법」 제3조 제2호에 의하면, "사회보험이란 국민에게 발생하는 사회적 위험을 보험방식에 의해 대처함으로써 국민건강과 소득을 보장하는 제도"라고 정의하고 있다. 우리나라의 국민연금제도는 일반적으로 가계를 책임지는 자가 노령, 폐질 또는 사망 등으로 소득능력이 영속적으로 상실 또는 감퇴된 경우 그 자신과 유족의 보호를 위해 정기적으로 일정액의 금전 급부를 행하여 안정된 생활을 지속할 수 있도록 일반 국민을 대상으로 보장하는 장기적 소득보장제도로 실시되었다.

1) 의의와 목적

국민연금은 사회보험의 하나인 사회보장연금에 속하는 사회보장제도이다. 우리나라는 적립식을 원칙으로 하면서 초기에는 보험료율을 낮게 책정했다가 점진적으로 상향조정하였고, 일정 부분 재분배기능도 하고 있으므로 부과식 방법도 혼용하고 있다고 할 수 있다.

국민연금은 국가가 보험의 원리를 도입하여 만든 사회보험의 하나로 가입자, 사용자로부터 보험료를 받고 국가도 일정한 운영에 필요한 비용을 부담하여 이들을 재원으로 소득능력의 상실 또는 감퇴된 경우 가입자 본인이나 그 유족에게 일정액의 급여를 행하여 안정된 생활을 할 수 있도록 국가가 운영하는 장기적 소득보장을 위한 제도이다. 또 단일한 연금체계 안에서 소득재분배를 통한 퇴직 전 생활수준 유지기능을 조화시켜서 궁극적으로 사회적 위험으로부터 안정된 노후소득을 보장하는 것을 목적으로 한다. 노령인구의 증가, 노인부양의식의 약화, 각종 사회적 위험의 증대에 따른 생계안정대책으로 국민연금의 정책 형성이 필요했던 것이다. 국민연금의 도입으로 가족을 통한 노인부양에서 연금제도를 통한 노인부양으로 부양방식이 이행되었다(강희갑, 2016: 238).

국민연금법상에서 국민연금정책의 목적은 다음과 같다. 국민의 노령, 장애 또는 사망에 대하여 연금급여를 실시함으로써 국민의 생활 안정과 복지증진에 이바지하는 것을 목적으로 한다(국민연금법 제1조). 우리나라의 국민연금사업은 보건복지부장관이 맡아서 관장하고(국민연금법 제2조), 국민연금관리공단을 설립하여 위탁·운영되고 있다(국민연금법 제25조).

이러한 국민연금제도는 국가가 운영하는 장기적인 소득보장제도로서 건강보험제도와 함께 우리나라 사회보장정책의 대표적인 두 축이다.

2) 연혁

우리나라는 1960년 공무원연금, 1963년 군인연금, 1973년 사립학교교원연금 등의 특수직역연금이 먼저 만들어졌고, 일반국민을 대상으로 하는 국민연금은 1986년 만들어졌다. 그 후 「국민연금법」은 여러 차례 개정을 거쳤으며, 1998년 이후 경제성장에 따라 주로 연금급여의 대상자 확대, 연금재정의 안정을 위한 급여조정 등을 중심으로 개정이 이루어졌다. 우리나라 국민연금의 변천은 상시 근로자 10인 이상의 사업장 근로자를 대상(1988년)으로 하다가 5인 이상의 사업장으로 확대(1992년)되었으며, 농어촌지역 주민 대상(1995년 7월)에서 도시 지역주민으로 확대(199년 4월)됨으로써 전 국민 연금이 달성되었으며, 2003년 7월부터 1인 이상 사업장은 당연 가입장이 되었다. 국민연금의 중요 개정 사항은 다음의 표와 같다.

| 표 10-5 | 국민연금법의 연혁

시기	내용
1973. 12. 24.	국민복지연금법[69] 제정
1986. 12. 31.	국민연금법 제정
1988. 01. 01.	국민연금제도 실시(상시 근로자 10인 이상 사업장)
1992. 01. 01.	적용범위 확대(상시근로자 5인 이상 사업장) 특례노령연금 지급 개시
1995. 07. 01.	적용대상 확대(농어민과 농어촌지역 자영업자까지 확대)

시기	내용
1999. 04. 01.	적용대상 확대(도시지역자영업자까지 확대로 전 국민 연금실현)
2000. 07. 01.	농어촌지역 특례노령연금 지급
2003. 07. 01.	적용범위 확대(근로자 1인 이상 사업장)
2007. 07. 23.	급여산정기준 변경(표준소득월액 → 기준소득월액) 군복무, 출산에 대한 가입기간 추가산입
2009. 05. 21.	연금보험료 징수업무(국민건강보험공단 위탁), 국민연금공단은 연금보험료 부과업무를 수행(2011년 시행)[70]

출처: 임정문 외(2016). p. 236.

3) 특성

국민연금은 사회보험으로써, 사회보험의 일반적 특성에 따라 국가 관장 원리, 강제가입 및 위험분산, 소득재분배, 수정적립방식을 특성으로 하고 있다.

첫째, 사회보험의 특징을 가진다. 국민연금은 국민의 생활안정과 복지증진을 위하여 보험의 원리를 도입하여 만든 사회보험의 일종이며, 가입자, 사용자로부터 일정한 보험료를 받고 여기에 국가의 비용부담을 재원으로 하여 여러 가지 정형화된 보험금의 지급을 특징으로 하는 사회보장제도이다.

둘째, 국가관장원리는 연금제도의 관리 운영은 국가가 관장함으로써 제도의 영속성과 안정성을 도모하는 것이다.

셋째, 강제 가입 및 위험 분산은 사회적 위험의 분산을 목적으로 역선택(보험시장에서의 역선택은 사고위험이 높은 그룹이 집중적으로 보험에 가입하는 현상으로, 공적 사회보험에서는 이를 방지하기 위해 강제가입)과 같은 현상을 방지하기 위해 민간보험과 달리 강제가입이 되고, 탈퇴나 보험료 징수 및 급여 등에 관한 사항은 법에 따라 엄격히 규정한다는 것이다.

넷째, 강제 가입 및 위험 분산은 사회적 위험의 분산을 목적으로 역의 선택(보

69) 국민복지연금법은 1960년대 추진된 경제개발계획으로 인하여 산업화, 도시화, 핵가족화, 노령화가 빠른 속도로 진행되고, 이로 인하여 발생된 사회문제의 해결방안으로 1973년 제정·공포되었다. 하지만 1973년 발생한 석유파동의 영향으로 인해 경제 불황으로 무기한 시행이 연기되었으며, 1986년 국민연금법 제정의 모태가 되었다.

70) 사회보험의 보험료 징수업무는 성격이 유사함에도 불구하고 개별적으로 운영되어 국민의 불편을 초래하고 사회보험의 비효율이 발생하는 원인이 되고 있으므로, 사회보험 징수업무를 국민건강보험공단으로 일원화하는 데 필요한 사항을 정하는 것으로, 국민연금법이 2009년 5월 21일 일부 개정되어 2011년 1월 1일부터 시행되었다.

험시장에서의 역의 선택은 사고위험이 높은 그룹의 집중적으로 보험에 가입하는 현상으로, 공적 사회보험에서는 이를 방지하기 위해 강제가입)과 같은 현상을 방지하기 위해 민간보험과 달리 강제가입이 되고, 탈퇴나 보험료 징수 및 급여 등에 관한 사항은 법에 따라 엄격히 규정한다는 것이다.

다섯째, 소득재분배는 국민연금은 노령, 폐질, 질병, 사망 등으로 소득이 상실되거나 감퇴된 경우에 빈곤에 빠지지 않도록 연금을 지급하여 본인이나 유족의 기본생계를 보장하고, 소득이 높은 계층으로부터 낮은 계층으로 소득이 재분배되는 기능을 가진다.

여섯째, 수정적립방식은 국민연금의 재정방식으로, 제도의 도입초기에는 불충분한 제정구조에 따른 "저부담-고급여"방식으로 제정을 운영한 뒤, 제도가 점차 정착됨에 따라 보험료를 상향조정하는 방식이다.

4) 가입대상

18세 이상 60세 미만인 자로써 국내에 거주하는 국민이 가입 대상이 된다(국민연금법 제6조). 다른 법률에 의해 공적연금을 받는 자(공무원, 군인, 사립학교 교직원 등), 기타 대통령령이 정하는 자(거택·시설보호자), 특수직종근로자(광업법에 의한 갱내 작업 광부, 선원법에 의한 어로작업 선원) 등은 제외된다. 외국인의 경우 그 외국인의 본국법이 우리나라 국민에게 연금혜택을 주는 경우에 한하여 우리나라 「국민연금법」의 적용을 받도록 하는 정책을 펴고 있다(국민연금법 제6조, 제126조 참조). 대한민국이 외국과 사회보장협정을 맺은 경우에는 이 법에도 불구하고 국민연금의 가입, 연금보험료의 납부, 급여의 수급 요건, 급여액의 산정, 급여의 지급 등에 관하여 그 사회보장협정에서 정하는 바에 따른다(국민연금법 제17조).

5) 가입자 형태

국민연금은 가입자의 종류를 사업장가입자, 지역가입자, 임의가입자 및 임의계속가입자로 구분한다(국민연금법 제7조). 사업장가입자란 사업장[71]에 사용되는 근

71) 사업장이란 국민연금법에 의해 국민연금에 의무적으로 가입되어 있는 사업장. 당연적용사업장에 해당되는지 여부는 그 사업장 근로자 수를 기준으로 하는데, 2006년 1월부터 1인 이상의 근로자를 사용하는 사업장 또는 주한외국기관으로서 1인 이상의 대한민국 국민인 근로자를 사용하는 사업장은 모두 당연적용 사업장이 된다.

로자와 사용자로서 국민연금에 가입된 자를 말한다. 여기에는 당연적용사업가입자와 가입이 임의에 맡겨진 임의적용사업장가입자로 나누어진다.

| 표 10-6 | 국민연금 가입자 형태

당연가입자	사업장 가입자	• 국민연금에 가입된 사업장의 18세 이상 60세 미만의 사용자 및 근로자로서 국민연금에 가입된 자 • 1인 이상의 근로자를 사용하는 사업장 또는 주한외국기관으로서 1인 이상의 대한민국 국민인 근로자를 사용하는 사업장에서 근무하는 18세 이상 60세 미만의 사용자와 근로자는 당연히 사업장가입자가 됨 • 따라서 지역가입자가 사업장에 취업하면 자동적으로 사업장가입자가 되고 지역가입자 자격은 상실됨
	지역 가입자	• 국내에 거주하는 18세 이상 60세 미만의 국민으로서 사업장가입자가 아닌 사람은 당연히 지역가입자가 됨 • 다만 다른 공적연금에서 퇴직연금(일시금), 장애연금을 받는 퇴직연금 수급권자, 국민기초생활보장법에 의한 수급자, 소득활동에 종사하지 않는 사업장가입자 등의 배우자 및 보험료를 납부한 사실이 없고 소득활동에 종사하지 않는 27세 미만인 자는 지역가입자가 될 수 없음
임의가입자	임의 가입자	• 사업장가입자와 지역가입자가 될 수 없는 사람도 60세 이전에 본인의 희망에 의해 가입신청을 하면 임의가입자가 될 수 있음 • 즉, 다른 공적연금에서 퇴직연금(일시금), 장애연금을 받는 퇴직연금 수급권자, 국민기초생활보장법에 의한 수급자, 소득활동에 종사하지 않는 사업장가입자 등의 배우자 및 보험료를 납부한 사실이 없고 소득활동에 종사하지 않는 27세 미만인 자는 본인의 선택에 따라 임의가입자가 될 수 있음
	임의계속 가입자	• 가입기간이 20년 미만인 가입자가 60세 도달로 국민연금 가입자 자격을 상실하였으나 가입기간이 부족하여 연금을 받지 못하거나 가입기간을 연장하여 더 많은 연금을 받고자 원할 경우는 65세에 달할 때까지 신청에 의해 임의계속가입자가 될 수 있음

출처: 김경우 외(2014). p. 365.

6) 연금보험료

연금보험료 = 가입자의 기준소득월액 × 연금보험료율

사업장가입자 보험료율은 2019년 현재 9.0%(근로자 4.5% + 사용자 4.5)로 근로자와 사용자가 각각 4.5%씩을 부담한다. 지역가입자, 임의가입자, 임의계속가입자의 보험료율은 9.0%로 모두 자신이 부담한다.

7) 급여의 종류

국민연금은 나이가 들거나 장애 또는 사망으로 인해 소득이 감소할 경우 일정한 급여를 지급하여 소득을 보장하는 종신보험 성격의 사회보험으로, 연금급여로 노령연금(분할 연금), 장애연금, 유족연금과 일시금급여로 반환일시금과 사망일시금이 있다.

| 표 10-7 | 연금급여의 종류

연금급여(매월 지급)		일시금급여	
노령연금	노후 소득보장을 위한 급여 (국민연금의 기초가 되는 급여)	반환 일시금	연금을 받지 못하거나 더 이상 가입할 수 없는 경우 청산적 성격으로 지급하는 급여
장애연금	장애로 인한 소득감소에 대비한 급여	사망 일시금	유족연금 및 반환일시금을 받지 못할 경우 장제비적 성격으로 지급하는 급여 유족연금
유족연금	가입자의 사망으로 인한 유족의 생계보호를 위한 급여		

출처: 사회복지교육연구센터, 2019, p. 280.

(1) 노령연금

노령연금은 가입기간(연금보험료 납부기간)이 10년 이상이면 지급연령(60세~65세) 이후부터 평생동안 매월 지급받을 수 있으며, 국민연금의 기초가 되는 급여이다. 가입기간, 연령, 소득활동 유무에 따라 노령연금(소득활동에 따른 노령연금 포함), 조기노령연금으로 구분되며, 파생급여로 분할연금이 있다.

| 표 10-8 | 노령연금을 받을 수 있는 요건

구 분	요 건
노령연금	• 가입기간 10년 이상, 60세에 도달한 자 ※노령연금수급권자가 65세 전에 소득이 있는 업무에 종사하는 경우에는 초과 소득월액에 따라 구간별로 연금액이 감액됨(최대 감액 비율 노령연금액의 1/2). 근로소득공제 또는 필요경비 공제 후의 월평균소득액이 전체 가입자의 평균소득(A값) 이하인 경우에는 해당 없음
조기노령연금	• 가입기간 10년 이상, 연령 55세 이상인 자가 소득이 있는 업무에 종사하지 아니 하고, 60세 도달 전에 청구한 경우(소득이 있는 업무에 종사하는 경우 60세 전에는 그 기간의 연금을 지급 정지하고, 60세 이후 65세 전에는 초과 소득월액에 따라 구간별로 연금액이 감액됨(최대 감액 비율 노령연금액의 1/2)).

구 분	요 건
분할연금	• 가입기간중 혼인기간이 5년 이상인 노령연금수급권자의 이혼한 배우자가 60세가 된 경우

출처: 국민연금공단(2015). p. 65.

(2) 장애연금

장애연금은 가입 중에 발생한 질병 또는 부상으로 인해 완치[72]된 후에도 장애가 남았을 때 장애정도(1급~4급)에 따라 급여를 지급한다. 장애로 인한 소득 감소 부분을 보전함으로써 자신과 가족의 안정된 생활을 보장하기 위한 급여이다.

장애등급의 결정은 완치일을 기준으로 노동력 손실 또는 감소정도에 따라 1급~4급으로 결정하며, 초진일로부터 1년 6개월이 지나도 완치되지 않은 경우에는 그 1년 6개월이 경과된 날을 기준으로 장애 등급을 결정한다. 만약 1년 6개월이 경과된 시점에서 장애가 경미하여 장애등급(1급~4급)에 해당되지 않았으나 그 장애가 악화되어 60세가 되기 전에 장애등급에 해당되면 청구한 날을 기준으로 장애등급을 결정한다. 이 경우 반드시 60세 전에 청구해야 한다(다만, '53년~'56년생은 61세, '57년~'60년생은 62세, '61년~'64년생은 63세, '65년~'68년생은 64세, '69년생 이후부터는 65세까지 청구하면 됨).

(3) 유족연금

유족연금은 국민연금 가입자 또는 연금을 지급받던 사람이 사망할 경우 그에 의해 생계를 유지하던 유족에게 급여를 지급하여 안정된 삶을 살아갈 수 있도록 하기 위한 급여이다.

유족연금을 받을 수 있는 요건으로는 첫째, 노령연금 수급권자가 사망한 경우, 둘째, 가입자가 사망한 경우(단, 가입기간이 1년 미만인 경우에는 가입 중에 발생한 질병이나 부상으로 사망한 경우에 한함), 셋째, 장애등급 2급 이상의 장애연금 수급권자가 사망한 경우, 넷째, 가입기간 10년 이상 가입자였던 자가 사망한 경우, 다섯째, 가입기간 10년 미만의 가입자였던 자가 가입 중에 발생한 질병이나 부상으로 가입 중 초진일 또는 가입자 자격상실 후 1년 이내의 초진일로부터 2년 이내에 사망한 경우 등이다.

---

72) "완치"란 부상 또는 질병이 의학적으로 치유되었을 때 또는 더 이상의 치료효과를 기대할 수 없는 상태로 그 증상이 안정되고 장기간에 걸쳐서 그 장애의 고정성이 인정되는 최종 상태를 말한다.

유족의 범위는 사망자에 의하여 생계를 유지하고 있던 가족으로 배우자, 아래의 요건을 충족하는 자녀, 부모, 손자녀, 조부모 순위 중 최우선 순위자에게 유족연금을 지급한다.

| 표 10-9 | 유족의 범위

지급대상	요 건	
자녀	25세 미만	또는 장애등급 2급 이상 (연령제한 없음)
부모(배우자의 부모 포함)	60세 이상	
손자녀	19세 미만	
조부모(배우자의 조부모 포함)	60세 이상	

출처: 사회복지교육연구센터(2019). p. 282.

(4) 반환일시금

반환일시금은 지급연령(60세~65세)이 되었을 때 연금급여를 받을 수 있는 요건을 충족하지 못하였거나 국외 이주 등으로 더 이상 국민연금 가입대상이 아닌 경우 납부한 연금보험료에 이자를 더해 일시에 지급하는 급여이다. 반환일시금을 지급받은 경우 가입기간이 소멸되므로 다른 연금을 받을 수 없으나, 다시 국민연금가입자가 된 경우 일정한 이자를 더하여 반납함으로써 가입기간이 복원될 수 있다.

반환일시금을 받을 수 있는 요건은 첫째, 가입기간 10년 미만인 사람이 지급연령(60세~65세)이 된 경우에 지급연령이 되기 전에 본인이 희망하는 경우에는 60세부터 반환일시금을 지급받을 수 있다. 둘째, 가입자 또는 가입자였던 자가 사망하였으나 유족연금에 해당되지 않는 경우이다. 셋째, 국적을 상실하거나 국외로 이주한 경우이다.

(5) 사망일시금

사망일시금은 가입자 또는 가입자였던 사람이 사망하였으나 유족연금 또는 반환일시금을 지급받을 수 있는 유족 범위에 해당하는 자가 없는 경우 배우자, 자녀, 부모, 손자녀, 조부모, 형제자매에게 장제부조적·보상적 성격으로 지급하는 급여이다.

배우자, 자녀, 부모, 손자녀, 조부모, 형제자매가 없는 경우에는 사망자에 의하여 생계를 유지하고 있던 4촌 이내의 방계혈족에게 지급하는데, 가출·실종 등으로 행방을 알 수 없는 자에게는 지급하지 아니한다.

8) 연금급여액

연금급여는 기본연금액과 부양가족연금액을 합산한 금액으로 받는다. 기본연금액이란 모든 연금의 산정의 기초가 되며, 가입자 전체의 소득(소득재분배기능) 가입자 본인의 소득(소득비례기능) 및 가입기간에 따라서 산정된다. 부양가족연금액이란 연금급여를 지급받는 수급자가 일정한 가족을 부양하고 있는 경우 가족수당 성격으로 지급하는 부가급여를 의미한다.

(1) 연금급여액의 수준

연급급여액의 수준은 전체가입자 평균소득에 해당하는 사람이 40년간 납부시 가입기간이 속한 연도에 따라 소득의 40%~70%(소득대체율)[73]을 받게 된다.

| 표 10-10 | 가입구간별 소득대체율 및 적용 비례상수

가입기간	88~98 (P1)	99~07 (P2)	08 (P3)	09 (P4)	10 (P5)	(···)	12 (P7)	(···)	28 이후 (P23)
소득대체율	70%	60%	50%	49.5%	49%	(···)	48%	(···)	40%
소득대체율에 해당하는 비례상수	2.4	1.8	1.5	1.485	1.47	(···)	1.44	(···)	1.2

※ 소득대체율은 0.5%씩, 비례상수는 0.015씩 감소

출처: 사회복지교육연구센터(2019). p. 284.

① 기본 연금액

수급권자의 기본연금액은 연금수급 전 3년간의 모든 가입자 평균소득월액(A: 균등부분)과 가입자 개인의 모든 가입기간 평균 월소득액(B: 소득비례부분)을 합산한 금액에 1000분의 1200을 곱한 금액으로 한다. 다만 가입기간이 20년을 초과하는 경우에는 그 초과하는 1년마다(1년 미만의 매 1월은 12분의 1년으로 계산한다. n: 20년 초과연수) 위 금액에 1000분의 50을 곱한 금액으로 가산한다(국민연금법 제51조 제1항).

73) 소득대체율이란 40년 동안 국민연금에 가입하여 보험료를 납부한 경우 본인 가입 중 평균소득과 대비하여 받을 수 있는 연금액의 지급수준(지급율)을 말한다.

그러나 국민연금의 장기 재정 안정을 도모하고 자녀세대의 부담을 완화하기 위하여 소득이 있는 자가 40년 동안 가입할 경우 지급하는 급여수준을 현행 평균소득의 60%에서 2008년에는 50%로, 2009년부터는 매년 0.5%씩 낮춰 2028년에는 40%로 인하하여 기존 수급자 및 기존 가입기간에 대하여는 종전대로 지급하여 기득권을 보장하고 있다(국민연금법 부칙 제20조, 부칙 제34조).

이를 계산식으로 나타내 보면 다음과 같다.

기본연금액 = 1.2×(A+B)×(1+0.05n/12)

※ 1년치 연금액이며, 실제 지급할 때는 12로 나눈 금액을 매월 지급함

이 경우 평균 월소득액이란 매년 12월 31일 시점에서 사업장가입자 및 지역가입자 전원의 기준소득월액의 총액을 가입자 전원의 인원수로 나누어 산출한 금액을 말하고(국민연금법 제3조 제1항 제4호, 동법 시행령 제4조), 기준소득월액이란 연금보험료 및 급여의 산정을 위하여 가입자의 소득월액을 기준으로 하여 대통령령이 정하는 금액을 말한다(동법 제3조 제1항 제5호). 이에 따라 기준소득월액은 하한액과 상한액의 범위에서 사업장가입자는 사용자가, 지역가입자는 가입자가 신고한 소득월액에서 천 원 미만을 버린 금액으로 한다(국민연금법 시행령 제5조). 기본연금액 산정방식은 고소득자와 저소득자 간 급여수준 격차를 줄여주며, 물가변동률과 임금상승률을 반영하여 항상 실질가치를 보장해 주는 특징이 있다.

가입기간이 여러 구간에 걸쳐있는 경우 기본연금액의 산정식은 다음과 같다.

[2.4(A+0.75B)×P1/P+1.8(A+B)×P2/P+1.5(A+B)×P3/P+ ⋯
+1.2(A+B)×P23/P]×(1+0.05n/12)

- A: 연금수급 전 3년간의 평균소득월액의 평균액(임금상승률 반영)
- B: 가입자 개인의 가입기간 중 기준소득월액의 평균액(물가상승률 반영)
- P: 전체 가입월수(=보험료 납부월수)
- P1~P23: 연도별 가입월수
  (P1: '88년~'98년, P2: '99년~'07년, P3: '08년, ‥‥ , P23: '28년 이후)
- n: 20년 초과 가입월수

※ A, B, n값이 클수록 연금액이 많아짐

② 부양가족 연금액

수급권자(유족연금의 경우 가입자 또는 가입자였던 자)의 배우자, 자녀, 부모로서 수급권자에 의하여 생계를 유지하고 있는 자에 대하여 지급하는 일종의 가족수당 성격의 부가급여이다. 부양가족연금액은 수급권자(유족연금의 경우에는 사망한 가입자 또는 가입자였던 자를 말한다)를 기준으로 수급권자에 의하여 생계를 유지하고 있는 자에 대하여 배우자는 연 15만 원, 19세 미만이거나 장애등급 2급 이상인 자녀(배우자가 혼인 전에 얻은 자녀를 포함)는 연 10만 원, 60세 이상이거나 장애등급 2급 이상인 부모(부 또는 모의 배우자, 배우자의 부모를 포함)는 연 10만 원의 금액으로 한다. 이 경우 생계유지에 관한 대상자별 인정기준은 대통령령으로 정한다(국민연금법 제52조).

9) 급여종류별 급여액

① 노령연금급여액

가입기간에 비례하여 가입기간이 20년 이상인 사람은 기본연금액에 부양가족연금액을 합산한 금액을 받게 되며, 가입기간이 20년 미만인 사람은 기본연금액에서 일정비율(1년당 5%)로 감액된 금액에 부양가족연금액을 합산한 금액을 받게 된다.

| 표 10-11 | 노령연금 종류별 급여액

구 분	급여수준
노령연금	•가입기간이 20년 이상인 경우: 기본연금액 + 부양가족연금액 •가입기간이 10년 이상 20년 미만인 경우: 기본연금액 50% + 부양가족연금액 *10년 초과 1년당 기본연금액의 5% 증액
소득활동에 따른 노령연금	기존 연령별 감액방식을 소득별 감액방식으로 변경
조기노령연금	•가입기간이 10년, 55세인 경우 -기본연금액 50%×연령별지급률 70%+부양가족연금액 * 가입기간 1년 증가 시마다 기본연금액 지급률 5%씩 증가 * 수급개시연령 1개월 지날 때마다 연령별지급률 0.5%(1세 지날 시 6%)씩 가산
분할연금	•배우자였던 자의 노령연금액(부양가족연금액 제외) 중 가입기간 중 혼인기간(5년 이상)에 해당하는 연금액의 1/2

출처: 사회복지교육연구센터(2019). p. 285.

② 장애연금급여액

장애등급에 따라 1급~3급까지는 기본연금액에 부양가족연금액이 더해져 매월 연금으로 지급되며 장애 4급의 경우는 일시금으로 지급된다.

| 표 10-12 | 노령연금급여액

장애 1급	장애 2급	장애 3급	장애 4급(일시보상금)
기본연금액의 100% + 부양가족연금액	기본연금액의 80% + 부양가족연금액	기본연금액의 60% + 부양가족연금액	기본연금액의 225%

출처: 사회복지교육연구센터(2019). p. 286.

③ 유족연금급여액

사망자의 가입기간에 따라 기본연금액의 일정률에 부양가족연금액이 더해져 매월 연금으로 지급된다.

| 표 10-13 | 유족연금급여액

10년 미만	10년 이상~20년 미만	20년 이상
기본연금액의 40% + 부양가족연금액	기본연금액의 50% + 부양가족연금액	기본연금액의 60% + 부양가족연금액

※ 다만, 노령연금수급권자의 사망으로 인한 유족연금액은 사망한 자가 지급받던 노령연금액을 초과할 수 없음

출처: 사회복지교육연구센터(2019). p. 280.

④ 반환일시금액

반환일시금은 가입기간 중 본인이 납부한 연금보험료에 대통령령으로 정하는 이자를 더하여 받게 된다. 반환일시금 산정시 적용하는 이자율은 연금보험료를 낸 날이 속하는 달의 다음 달부터 지급사유발생일이 속하는 달까지의 기간에 대하여 해당 기간의 3년 만기 정기예금 이자율[74]을 적용한다.

⑤ 사망일시금액

사망일시금은 반환일시금에 상당한 금액으로 하되, 최종 기준소득월액(가입 중

---

74) 2015년 4월 16일 전에 납부한 연금보험료에 대하여는 2015년 4월부터 3년 만기 정기예금 이자율을 적용하고, 반환일시금 지급사유발생일이 2015년 4월 16일 전인 경우에는 종전 규정에 따른 이자율 적용

결정된 각각의 기준소득월액 중 마지막 기준소득월액) 또는 가입기간 중 평균소득월액 중 많은 금액의 4배를 초과할 수는 없다.

10) 국민연금제도의 운용

국민연금제도에 관한 정책의 수립과 집행의 지도, 감독의 책임은 보건복지부가 맡고 있으며, 직접적인 사업의 운영은 보건복지부의 위탁을 받은 국민연금관리공단에서 담당하고 있다.

03 국민건강보험

국민건강보험은 질병이나 부상으로 인해 발생한 고액의 진료비로 가계에 과도한 부담이 되는 것을 방지하기 위하여, 국민들이 평소에 보험료를 내고 보험자인 국민건강보험공단이 이를 관리·운영하다가 필요시 보험급여를 제공함으로써 국민 상호 간 위험을 분담하고 필요한 의료서비스를 받을 수 있도록 하는 사회보장제도이다.

1) 국민건강보험의 목적

국민의 질병부상에 대한 예방·진단·치료·재활과 출산·사망 및 건강증진에 대하여 보험급여를 실시함으로써 국민보건을 향상시키고 사회보장을 증진함을 목적으로 한다. 건강보험사업은 보건복지부장관이 관장하고, 보험자는 국민건강보험공단이 된다.

2) 의료보장제도로서 건강보험

의료보장제도는 각국의 고유한 문화와 전통을 배경으로 하는 역사적 산물로서 단순 분류에는 어려움이 있으나, 일반적으로 사회보험방식(Social Health Insurance:

SHI)과 국민보건서비스방식(National Health Service: NHS)의 2가지로 대별된다.

우리나라 의료보장제도의 유형은 사회보험방식을 취하면서 전국민을 대상으로 단일한 보험자가 운영하는 국민건강보험방식(National Health Insurance: NHI)이다.

(1) 사회보험방식(SHI)

사회보험방식은 국가가 기본적으로 의료보장에 대한 책임을 지지만, 의료비에 대한 국민의 자기 책임을 일정 부분 인정하는 체계이다.

정부기관이 아닌 보험자가 보험료를 통해 재원을 마련하여 의료를 보장하는 방식으로, 정부에 대해 상대적으로 자율성을 지닌 기구를 통한 자치적 운영을 근간으로 하며, 의료공급자가 국민과 보험자 간에서 보험급여를 대행하는 방식이다. 독일, 프랑스 등이 사회보험방식으로 의료보장을 제공하는 대표적인 국가이다.

(2) 국민건강보험방식(NHI)

국민건강보험방식은 사회보험방식과 마찬가지로 사회연대성을 기반으로 보험의 원리를 도입한 의료보장체계이지만 다수 보험자를 통해 운영되는 전통적인 사회보험방식과 달리 단일한 보험자가 국가전체의 건강보험을 관리·운영한다. 이러한 NHI방식 의료보장체계를 채택한 대표적인 국가는 한국과 대만을 들 수 있다.

(3) 국가보건서비스(NHS)

국가보건서비스방식은 국민의 의료문제는 국가가 모두 책임져야 한다는 관점에서 정부가 일반조세로 재원을 마련하고 모든 국민에게 무상으로 의료를 제공하여 국가가 직접적으로 의료를 관장하는 방식이다. 이 경우 의료기관의 상당부분이 사회화 내지 국유화되어 있으며, 영국의 비버리지가 제안한 이래 영국, 스웨덴, 이탈리아 등의 유럽에 확산되었다.

3) 건강보험제도의 기능과 역할

(1) 의료보장기능

건강보험은 피보험대상자 모두에게 필요한 기본적 의료를 적정한 수준까지 보장함으로써 그들의 의료문제를 해결하고 누구에게나 균등하게 적정수준의 급여를 제공한다.

(2) 사회연대기능

건강보험은 사회보험으로서 건강에 대한 사회공동의 책임을 강조하여 비용(보험료)부담은 소득과 능력에 따라 부담하고, 가입자 모두에게 균등한 급여를 제공하여 사회적 연대를 강화하고 사회통합을 이루는 기능을 가지고 있다.

(3) 소득재분배기능

질병은 개인의 경제생활에 지장을 주어 소득을 떨어뜨리고 다시 건강을 악화시키는 악순환을 초래하기 때문에 각 개인의 경제적 능력에 따른 일정한 부담으로 재원을 조성하고 개별부담과 관계없이 필요에 따라 균등한 급여를 제공하여 질병의 치료부담을 경감시키는 건강보험은 소득재분배기능을 수행한다.

4) 국민건강보험의 특성

국민건강보험은 사회보험으로써의 특성을 가진다. 건강보험이 가지는 특성은 다음과 같다.

첫째, 법률에 의한 강제가입과 납부의 강제성이다. 보험가입을 기피할 수 있도록 제도화될 경우 질병위험이 큰 사람만 보험에 가입하여 국민 상호 간 위험분담 및 의료비 공동해결이라는 건강보험제도의 목적을 실현할 수 없기 때문에 일정한 법적요건이 충족되면 본인의 의사와 관계없이 건강보험가입이 강제되며, 보험료 납부의무가 부여된다.

둘째, 부담능력에 따른 보험료의 차등부담(형평성)[75]이다. 민간보험은 보장의 범위, 질병위험의 정도, 계약의 내용 등에 따라 보험료를 부담하는 데 비해, 사회보험방식으로 운영되는 국민건강보험은 사회적 연대를 기초로 의료비 문제를 해결하는 것을 목적으로 하므로 소득수준 등 보험료 부담능력에 따라서 보험료를 부과한다.

---

75) 국민건강보험의 형평성은 사회적 연대를 기초로 의료비문제를 해결하려는 것으로 소득수준 등 보험료부담능력에 따라 차등적으로 보험료를 부담한다는 것이다. 이를 통해 부담한 보험료 부과수준에 관계없이 균등하게 보험급여가 이루어진다.

셋째, 보험급여의 균등한 수혜이다. 민간보험은 보험료 수준과 계약내용에 따라 개인별로 다르게 보장되지만, 사회보험인 국민건강보험은 보험료 부담수준과 관계없이 관계법령에 의하여 균등하게 보험급여가 이루어진다.

넷째, 단기보험의 특성을 가진다. 국민건강보험은 국민연금과 같이 장기보험이 아니라 1년인 단기보험에 속한다. 이는 1년 단위의 회계연도를 기준으로 수입과 지출을 예정하여 보험료를 계산하여 지급하는 것이다.

5) 국민건강보험의 연혁

「국민건강보험법」은 1999년 2월에 제정되었지만, 그 전신인 「의료보험법」은 1963년 12월 16일 제정되어 1977년 7월 1일에 본격적으로 시행되었다. 1963년 당시 「의료보험법」은 일부 관계자들의 노력으로 입법화되었으나 강제적용을 전제로 하지 않았기 때문에 경제사회적 미비로 인해 큰 성과를 거두지 못하였다.

우리나라의 건강보험 운영방식은 1997년 이전까지는 조합방식의 사회보험방식이었다. 조합방식은 지역별·직업별·직장별로 여러 개의 조합으로 자유롭게 구성되어 소규모 동질 집단 내에서 위험분산을 강조하는 방식이다. 우리나라의 경우 지역과 직장조합의 재정 차이가 너무 크게 나타나 여러 가지 문제가 지적되었다. 따라서 단계적으로 의료보험조합을 통합하여 재정과 운영의 효율성을 도모하고 전국적인 위험분산을 통해 저소득지역이나 노령화지역의 부담을 분산하였다. 이 과정에서 여러 부작용과 반발로 인해 2000년 7월 통합과정에서 건강보험의 운영을 하나로 통합하였으나, 일시적으로 재정을 따로 운영하는 과도기를 거쳐 2003년 7월, 재정까지 하나로 통합된 통합건강방식을 도입하게 되었다(김경우 외, 2014: 272).

| 표 10-14 | 국민건강보험법의 연혁

시기	내용
1963. 12.	의료보험법 제정(300인 이상 사업장의 근로자와 농어민 대상으로 임의가입)
1977. 01.	전 국민 강제 가입
1977. 07.	상시 500인 이상 고용 사업장에 당연적용(486개 조합 설립)
1979. 01.	공무원 및 사립학교교직원 의료보험 실시

76) 1997년 12월 31일에는 일시적 통합, 국민의료보험공단 신설(공무원 및 사립학교 교직원 의료

시기	내용
1985. 01.	1종 의료보험 → 직장의료보험 명칭변경 2종 의료보험 → 지역의료보험 및 직종의료보험으로 명칭변경
1988. 01.	농어촌지역 의료보험실시 5인 이상 사업장 근로자 확대적용
1989. 07.	전 국민 의료보험(도시지역 의료보험 확대적용) 시대
1997. 12.	국민의료보험법[76] 제정
1998. 10.	지역의료조합(227개)과 공·교 의료보험관리공단 통합 국민의료보험관리공단 출범
1999. 02.	국민건강보험법[77] 제정
2000. 07.	국민의료보험관리공단과 직장의료보험조합(139개) 통합 국민건강보험공단 출범(의료보험 완전 통합)
2001. 07.	국민건강보험법 개정(5인 미만 사업장 근로자 직장가입자로 편입)
2002. 01.	국민건강보험재정건전화특별법 제정
2003. 07.	직장과 지역의 재정 통합(조합주의 운영방식을 통합주의 운영방식으로 변경)
2005. 07.	노인장기요양보험 시범사업 실시
2006. 12.	표준보수월액 및 부과표준소득의 등급구분을 폐지 (실제 보수 및 소득 등에 따라 보험료 부과)
2007. 04.	노인장기요양보험법 제정(법률 제 8403호)
2008. 03.	사업장 신고의무 부과 (사용자는 건강보험 적용되는 사업장에 해당된 경우나 휴업·폐업하는 경우에는 그 사유 발생일부터 14일 이내에 보험자에게 신고)
2008. 07.	노인장기요양보험 실시
2011. 01.	사회보험 징수통합(건강보험, 국민연금, 고용보험, 산재보험)

출처: 임정문 외(2016). p. 239 재구성; 국민건강보험홈페이지 참조.

6) 국민건강보험 가입대상

건강보험은 직장가입자와 지역가입자로 적용대상을 구분하는데, 국내에 거주

보험관리공단과 지역의료보험조합 업무를 포괄적으로 수행하는 역할을 함)로 인한 집단 간의 갈등을 최소화하면서 점진적으로 통합운영 방식의 의료보험제도를 도입하기 위해 「국민의료보험법」을 제정하였다.

77) 1999년 2월 8일 제정, 2000년 1월 1일 시행된 「국민건강보험법」은 다보험자방식으로 운영되고 있던 기존의 의료보험 관리체계를 단일보험자(국민건강보험공단)로 통합운영방식으로 변경하였다.

하는 국민(의료급여법에 따라 의료급여를 받는 자 제외, 국가유공자 등 의료보호를 받은 자 제외)은 건강보험의 가입자 또는 피부양자[78]가 된다. 직장가입자는 직장가입자 적용 사업장의 근로자 및 사용자, 공무원·교직원과 그 피부양자로 구성된다. 또한 외국인 등에 대한 특례로 임용 또는 채용된 외국인 및 재외국민도 직장가입자가 되며, 이 외의 외국인 및 재외국민은 보건복지부령에 의해 체류자격이 있으면 지역가입자가 될 수 있다. 또한 외국인 등에 대한 특례로서 정부는 외국 정부가 사용자인 사업장 근로자의 건강보험에 관하여 외국 정부와 합의에 의해 이를 따로 정할 수 있으며, 국내에 체류하고 있는 외국인 및 재외국민으로서 대통령령이 정하는 사람은 제5조의 “국내에 거주하는 국민”이라는 적용대상의 규정에도 불구하고 이 법의 적용을 받는 가입자 또는 피부양자가 된다. 지역가입자는 직장가입자를 제외한 자를 대상으로 한다.

7) 건강보험의 재원조달체계

(1) 재원조달

가입자 및 사용자로부터 징수한 보험료와 국고보조금 및 건강증진기금(담배부담금) 등 정부지원금을 재원으로 한다. 직장가입자는 사용자와 근로자가 각각 50%씩 부담한다(단, 사립학교교직원은 사용자가 30%, 국가가 20%, 가입자가 50%를 부담한다). 지역가입자는 세대별로 부과한다.

(2) 보험료

직장가입자 보수월액보험료는 가입자의 보수월액에 보험료율을 곱하여 보험료를 산정한 후, 경감률 등을 적용하여 가입자 단위로 부과한다(2019년 현재 보험료율, 6.46%). 직장가입자 소득월액보험료[79]는 ‘보수외소득’을 소득종류별로 평가한 후 합산하여 12로 나눈 금액(소득월액)에 보험료율의 100분의 50을 곱하여 얻은 금액으로 소득월액보험료를 부과한다. 지역가입자의 건강보험료는 가입자의 소

---

78) 피부양자는 직장가입자의 배우자, 직장가입자의 직계존속(배우자의 직계존속 포함), 직장 가입자의 직계비속(배우자의 직계비속 포함) 및 그 배우자, 직장가입자의 형제·자매 중 직장가입자에 의하여 주로 생계를 유지하는 자로서 보수 또는 소득이 없는 자를 말한다.

79) ‘보수월액의 산정에 포함된 보수를 제외한 직장가입자의 소득’(이하‘보수외소득’)이 연간 7,200만 원을 초과하는 직장가입자는 소득월액보험료 부과대상자가 된다.

득, 재산(전월세 포함), 자동차, 생활수준 및 경제활동참가율을 참작하여 정한 부과요소별 점수를 합산한 보험료 부과점수에 점수당 금액을 곱하여 보험료를 산정한 후, 경감률 등을 적용하여 세대 단위로 부과한다(2019년 현재 점수당 금액은 189.7원). 도서·벽지·농어촌 등의 지역에 거주하는 자, 65세 이상인 자, 등록장애인, 국가유공자, 휴직자 및 그 밖에 생활이 어렵거나 천재지변 등의 사유로 보험료의 경감이 필요한 자는 보험료를 경감 또는 면제해 주고 있다.

8) 건강보험의 급여종류

가입자 및 피부양자의 질병과 부상에 대한 예방, 진단, 치료, 재활, 출산, 사망 및 건강증진에 대하여 법령이 정하는 바에 따라 현물 또는 현금의 형태로 제공하는 서비스를 말한다.

건강보험의 급여종류에는 현물급여 형태의 요양급여, 건강검진과 현금급여 형태의 요양비, 장애인보장구급여비가 있고, 또한 부가급여(임의급여) 형태의 장제비와 상병수당, 임신·출산진료비 지원사업 등이 있다. 그러나 장제비는 폐지되었고 상병수당은 실시되고 있지 않고 있다. 또한 고액 중증질환의 의료비 부담을 덜기 위하여 환자가 부담한 연간 본인부담금 총액이 가입자 소득수준에 따른 본인부담 상한액을 초과하는 경우, 그 초과금액을 전액 환자에게 돌려주는 제도로 본인부담상한액제도가 실시 중이다.

| 표 10-15 | 건강보험급여의 종류

구분		수급권자
현물급여	요양급여	가입자 및 피부양자
	건강검진	가입자 및 피부양자
현금급여	요양비	가입자 및 피부양자
	장애인보장구	가입자 및 피부양자 중 장애인복지법에 의해 등록한 장애인
	본인부담액 상한제	가입자 및 피부양자
	임신·출산 진료비	가입자 및 피부양자 중 임산부

출처: 국민건강보험홈페이지(2016) 참조.

(1) 요양급여

요양급여는 현물급여로 가입자와 피부양자의 질병, 부상, 출산 등에 대하여 진찰·검사, 약제(藥劑)·치료재료의 지급, 처치·수술 및 그 밖의 치료, 예방·재활, 입원, 간호, 이송(移送) 등의 요양급여를 실시한다. 요양급여의 방법·절차·범위·상한 등의 기준은 보건복지부령으로 정한다(「국민건강보험법」 제41조).

요양급여(간호와 이송은 제외한다)의 제공기관은 「의료법」에 따라 개설된 의료기관, 「약사법」에 따라 등록된 약국, 「약사법」에 따라 설립된 한국희귀의약품센터, 「지역보건법」에 따른 보건소·보건의료원 및 보건지소, 「농어촌 등 보건의료를 위한 특별조치법」에 따라 설치된 보건진료소 등의 요양기관에서 실시한다. 이 경우 보건복지부장관은 공익이나 국가정책에 비추어 요양기관으로 적합하지 아니한 대통령령으로 정하는 의료기관 등은 요양기관에서 제외할 수 있다(「국민건강보험법」 제42조).

(2) 요양비

공단은 가입자나 피부양자가 보건복지부령으로 정하는 긴급하거나 그 밖의 부득이한 사유로 요양기관과 비슷한 기능을 하는 기관으로서 보건복지부령으로 정하는 기관에서 질병·부상·출산 등에 대하여 요양을 받거나 요양기관이 아닌 장소에서 출산한 경우에는 그 요양급여에 상당하는 금액을 보건복지부령으로 정하는 바에 따라 가입자나 피부양자에게 요양비로 지급한다(「국민건강보험법」 제49조).

(3) 건강검진

건강검진[80]은 건강보험가입자들의 건강을 유지·증진하고, 경제적 손실을 최소화하며 장기적으로 보험급여비의 지출을 줄이고자 1980년에 시작되었다. 이후 '88년에 직장피부양자 건강검진 실시, '90년에 공무원 및 사립학교교직원(이하공교) 피보험자 건강검진 실시(특정암 검진 포함), '95년 지역조합 피보험자 건강검진 실시, '00~'01 특정암검사 실시, '07년 생애전환기 건강진단 및 영유아건강검진

80) 건강검진은 일반건강검진, 암검진 및 영유아건강검진으로 구분하여 실시한다. 첫째, 일반건강검진은 직장가입자, 세대주인 지역가입자, 40세 이상인 지역가입자 및 40세 이상인 피부양자이다. 둘째, 암검진은 「암관리법 시행령」 별표 1의 암의 종류별 검진주기와 연령기준 등에 해당하는 사람이다. 셋째, 영유아건강검진은 6세 미만의 가입자 및 피부양자이다. 건강검진은 2년마다 1회 이상 실시하되, 사무직에 종사하지 아니하는 직장가입자에 대해서는 1년에 1회 실시한다. 다만 암검진은 「암관리법 시행령」에서 정한 바에 따르며, 영유아건강검진은 영유아의 나이 등을 고려하여 보건복지부장관이 정하여 고시하는 바에 따라 검진주기와 검진횟수를 다르게 할 수 있다(「국민건강보험법」 제52조). 이에 더하여 생애전환기 건강진단이 실시되고 있다.

실시 등의 생애주기별 건강검진체계를 통해 평생 건강관리체계의 기반을 구축하였다. 또한, 건강검진의 질 향상을 위한 건강검진 기관의 시설, 장비 등의 제도 개선을 지속적으로 추진해 오고 있다.

공단은 가입자와 피부양자에 대하여 질병의 조기 발견과 그에 따른 요양급여를 하기 위하여 건강검진을 실시한다. 건강검진의 대상·횟수·절차와 그 밖에 필요한 사항은 대통령령으로 정한다(건강검진).

(4) 장애인보장구급여비

공단은 「장애인복지법」에 따라 등록한 장애인인 가입자 및 피부양자에게는 보장구(補裝具)에 대하여 보험급여를 할 수 있다(「국민건강보험법」 제51조).

(5) 부가급여

공단은 이 법에서 정한 요양급여 외에 대통령령으로 정하는 바에 따라 임신·출산 진료비, 장제비, 상병수당, 그 밖의 급여를 실시할 수 있다(「국민건강보험법」 제50조). 이 급여는 '실시할 수 있다'고 규정하고 있는 임의급여의 성격을 가진다. 법에는 장제비와 상병수당을 들고 있으나 동법 시행령에서는 임신·출산 진료비만을 한정하고 있다(「국민건강보험법」 시행령 제23조).

(6) 본인부담상한액제도

고액중증질환의 의료비 부담을 덜기 위하여 환자가 부담한 연간 본인부담금 총액이 가입자 소득수준에 따른 본인부담 상한액을 초과하는 경우, 그 초과금액을 전액 환자에게 돌려주는 제도이며 비급여 항목은 제외된다.

| 표 10-16 | 생애전환기 건강진단

구분	대상
지역가입자	만 40세 및 만 66세에 해당하는 세대주 및 세대원
직장가입자	만 40세 및 만 66세에 해당하는 직장가입자(사무직, 비사무직 구분 없음)
직장피부양자	만 40세 및 만 66세에 해당하는 피부양자
의료급여 수급권자	만 40세 및 만 66세에 해당하는 의료급여수급권자

출처: 국민건강보험홈페이지(2016).

| 표 10-17 | 본인부담상한액(적용기간: 2019.1.1.~2019.12.31.)

소득분위	본인부담액 상한	
	입원일수 120일 이하	입원일수 120일 초과
1분위	81만 원	125만 원
2~3분위	101만 원	157만 원
4~5분위	152만 원	211만 원
6~7분위	280만 원	
8분위	350만 원	
9분위	430만 원	
10분위	580만 원	

출처: 사회복지교육연구센터(2019). p. 320.

04 노인장기요양보험

노인장기요양보험은 고령이나 노인성질병 등으로 인하여 6개월 이상 동안 혼자서 일상생활을 수행하기 어려운 노인 등에게 신체활동 또는 가사지원 등의 장기요양급여를 사회적 연대원리에 의해 제공하는 사회보험제도이다.

1) 노인장기요양보험의 목적

고령이나 노인성 질병 등으로 인해 일상생활을 혼자서 수행하기 어려운 노인 등에게 신체활동 또는 가사지원 등의 장기요양급여를 제공하여 노후의 건강증진 및 생활안정을 도모하고 그 가족의 부담을 덜어줌으로써 국민의 삶의 질 향상을 목적으로 한다.

2) 노인장기요양보험의 제정과정

노인장기요양보험제도는 2008년 7월 1일부터 시행되었다. 그동안 장기간에 걸쳐 외국의 법과 제도를 연구하여 국내에서도 3차 시범사업을 거쳐 시행되었고, 향후 시행과정에서 요양서비스 수요가 지속적으로 증가할 것으로 예측된다. 노인장기요양보험제도의 제정과정은 **표 10-18**과 같다.

| 표 10-18 | 노인장기요양보험법의 제정과정

2001년 8월 15일	대통령 경축사에 노인장기요양보장제도 도입 제시
2002년 대선	대통령 공약사항에 포함
2003년 3월~ 2004년 2월	공적노인요양보장추진기획단 설치· 운영
2004년 3월~2005년 2월	공적노인요양보장제도실행위원회 구성· 운영
2005년 10월~2005년 11월	입법 예고
2005년 7월~2006년 3월	1차 시범사업실시: 광주 남구, 강릉, 수원, 부여, 안동, 북제주(6개 시 군구 65세 이상 기초생활보장수급노인대상 시범사업실시)
2006년 2월	정부입법 국회 제출
2006년 4월~2007년 4월	2차 시범사업실시: 광주 남구, 강릉, 수원, 부여, 안동, 북제주, 부산 북구, 전남 완도(8개 시군구 65세 이상 노인대상 시범사업실시)
2007년 4월	국회 통과
2007년 5월~2008년 6월	3차 시범사업실시: 광주 남구, 강릉, 수원, 부여, 안동, 북제주, 부산 북구, 전남 완도, 인천 부평구, 대구 남구, 청주, 익산, 하동 (13개 시군구 65세 이상 노인대상 시범사업실시)
2007년 6월 8일~2007년 6월 28일	시행령 및 시행규칙 입법예고 완료
2008년 7월 1일	노인장기요양보험 시행
2014년 7월 1일	노인장기요양보험 개정(치매특별등급)

출처: 나직균 외(2011). p. 262; 임정문 외(2016). p. 247.

3) 노인장기요양보험의 특성

(1) 사회보험제도로서의 장기요양보호서비스

기존의 국민건강보험제도의 가입자들이 정기적으로 납부하는 장기요양보험료를 기반으로 하는 사회보험(현재 국가부담(정부지원)과 장기요양급여 이용자가 부담하는 본인일부 부담금으로 재원을 충당)이다. 현재 보험료는 건강보험료에서 장기보험료율을 곱하여 산정하며, 2019년 현재 보험료율은 8.51%이다.

(2) 급여의 장기성과 복합성

고령자의 만성질환과 장애에 대응한 서비스이므로 급여기간이 장기적으로 주어지고, 급여는 재가급여, 시설급여, 특별현금급여 등으로 분류하여 지급하는 다양(복합적)한 형태의 급여를 포함한다.

(3) 급여 제공과 사례관리

급여의 신청에서 판정까지의 절차는 여러 가지 단계를 거치는데, 이를 통해 사례관리(직접 방문 조사, 욕구조사 등)를 중시하는 보험제도이다.

4) 건강보험제도와의 차이

국민건강보험은 질환의 진단, 입원 및 외래치료, 재활치료 등을 목적으로 하여 주로 병·의원 및 약국에서 제공하는 서비스를 급여 대상으로 하는 반면, 노인장기요양보험은 치매·중풍의 노화 및 노인성 질환 등으로 인하여 혼자 힘으로 일상생활을 영위하기 어려운 대상자에게 요양시설이나 재가 장기요양기관을 통해 신체활동 또는 가사지원 등의 서비스를 제공하는 제도이다.

5) 기존 노인복지서비스 체계와의 차이

기존 「노인복지법」상의 노인요양은 주로 국민기초생활보장수급자 등 특정 저소득층을 대상으로 국가나 지방자치단체가 공적부조방식으로 제공하는 서비스 위주로 운영되어 왔으나, 「노인장기요양보험법」상 서비스는 소득에 관계없이 심신기능 상태를 고려한 요양필요도에 따라 장기요양인정을 받은 자에게 서비스가 제공되는 보다 보편적인 체계로 운영되고 있다.

| 표 10-19 | 기존 노인복지서비스 체계와의 차이

구분	노인장기요양보험	기존 노인복지서비스 체계
관련법	노인장기요양보험법	노인복지법
서비스 대상	보편적 제도 장기요양이 필요한 65세 이상 노인 및 치매 등	특정대상 한정(선택적) 국민기초생활보장 수급자를 포함한 저소

구분	노인장기요양보험	기존 노인복지서비스 체계
	노인성질병을 가진 65세 미만자	득층 위주
서비스 선택	수급자 및 부양가족의 선택에 의한 서비스 제공	지방자치단체장의 판단(공급자 위주)
재원	장기요양보험료 + 국가 및 지방자치단체 부담 + 이용자 본인 부담	정부 및 지방자치단체의 부담

출처: 노인장기요양보험 홈페이지(2016).

6) 노인장기요양보험의 신청 대상

소득수준과 상관없이 65세 이상의 노인 및 65세 미만으로 노인성 질병(치매, 뇌혈관성질환, 등)을 가진 자로서 장기요양보험가입자 또는 그 피부양자이거나 의료급여법에 따른 수급권자여야 한다.

7) 급여종류

장기요양급여의 제공 시기는 장기요양인정서가 도달한 날부터이다. 단 돌볼 가족이 없는 등 대통령령이 정하는 부득이한 사유가 있는 경우에는 장기요양인정신청서를 제출한 날부터 장기요양인정서가 도달되는 날까지의 기간 중에도 장기요양급여를 받을 수 있다.

급여이용 대상은 1등급~5등급의 장기요양인정을 받은 자로 장기요양수급자는 시설 또는 재가 장기요양기관과 계약을 체결하고 급여를 이용해야 한다. 공단은 수급자가 자율적으로 장기요양기관을 선택할 수 있도록 객관적인 정보제공 및 안내, 상담하여야 한다. 급여이용의 절차는 장기요양인정서와 표준장기요양이용계획서에 따라 수급자와 가족이 자율적으로 장기요양기관을 선택하여 급여계약체결을 하고, 장기요양기관에서는 표준장기요양이용계획서와 계약 내용을 반영하여 세부급여제공 계획(일정)을 수립하고 급여를 제공하여야 한다.

(1) 재가급여

재가급여에는 방문요양[81], 방문목욕[82], 방문간호[83], 주·야간보호[84], 단기보

81) 장기요양요원이 수급자의 가정 등을 방문하여 신체활동 및 가사활동 등을 지원

82) 장기요양요원이 목욕설비를 갖춘 장비를 이용하여 수급자의 가정 등을 방문하여 목욕을 제공

호, 기타 재가급여가 있다.

(2) 시설급여

요양에 필요한 시설과 설비 및 전문인력을 갖추고 있는 노인요양시설에 장기간 입소하여 신체활동 지원 및 심신기능의 유지, 향상을 위한 교육, 훈련 등을 제공하는 장기요양급여이다.

(3) 특별현금급여

가족요양비는 도서·벽지 등 장기요양기관이 현저히 부족한 지역으로서 보건복지부장관이 정하여 고시하는 지역에 거주하는 자, 천재지변이나 그 밖에 이와 유사한 사유로 인하여 장기요양기관이 제공하는 장기요양급여를 이용하기가 어렵다고 보건복지부장관이 인정하는 자, 신체·정신 또는 성격 등 대통령령으로 정하는 사유로 인하여 가족 등으로부터 장기요양을 받아야 하는 자 등에게 지급할 수 있다(「노인장기요양보험법」 제 24조).

특례요양비의 경우 공단은 수급자가 장기요양기관이 아닌 노인요양시설 등의 기관 또는 시설에서 재가급여 또는 시설급여에 상당한 장기요양급여를 받은 경우 대통령령으로 정하는 기준에 따라 당해 장기요양급여비용의 일부를 당해 수급자에게 특례요양비로 지급할 수 있다(「노인장기요양보험법」 제 25조).

요양병원간병비의 경우 공단은 수급자가 「의료법」에 따른 요양병원에 입원한 때 대통령령으로 정하는 기준에 따라 장기요양에 사용되는 비용의 일부를 요양병원간병비로 지급할 수 있다(「노인장기요양보험법」 제 26조).

| 표 10-20 | 노인장기요양보험의 급여종류

종류	서비스
재가급여	방문요양, 방문목욕, 방문간호, 주·야간보호, 단기보호, 기타재가급여
시설급여	노인의료복지시설(노인전문병원 제외)에 장기간 입소하여 제공되는 요양급여
특별현금급여	가족요양비, 특례요양비, 요양병원간병비

출처: 나직균 외(2011). p. 263; 임정문 외(2016). p. 249.

---

83) 장기요양요원인 간호사 등이 의사, 한의사 또는 치과의사의 방문간호 지시서에 따라 수급자의 가정 등을 방문하여 간호, 진료의 보조, 요양에 관한 상담 또는 구강위생 등을 제공

84) 수급자를 하루 중 일정한 시간 동안 장기요양기관에 보호하여 신체활동 지원 및 심신기능의 유지 향상을 위한 교육 훈련 등을 제공

8) 재원조달방식

장기요양급여에 소요되는 비용은 국민이 납부하는 장기요양보험료와 국가부담(정부지원) 그리고 장기요양급여 이용자가 부담하는 본인일부부담금으로 충당한다.

(1) 장기요양보험료

장기요양보험료는 건강보험료액에 장기요양보험율을 곱한 금액으로 장기요양보험료율은 보건복지부장관 소속 장기요양위원회의 심의를 거쳐 대통령령으로 명시한다('19년 장기요양보험료율: 8.51%). 노인장기요양보험 가입자는 국민건강보험 가입자와 동일, 건강보험료와 통합·징수한다.

(2) 국가지원

국가는 예산의 범위 안에서 당해 연도 장기요양보험료 예상수입액의 20%에 상당하는 금액을 부담(국고)하고 국가와 지방자치단체는 의료급여수급권자의 장기요양급여비용, 의사소견서 발급비용, 방문간호지시서 발급비용 중 공단이 부담해야 할 비용 및 관리운영비의 전액을 분담하여 부담한다.

(3) 본인일부부담

급여를 받는 자가 본인이 부담하는 일부부담금은 시설급여 20%(비급여: 식재료비, 이미용료 등은 본인부담), 재가급여 15%이다. 다만 의료급여수급권자 등 저소득층은 본인부담금의 100분의 60을 경감하고 국민기초생활수급권자는 무료이다.

05 산업재해보상보험

산재보험이란 산업재해를 당한 근로자에게 신속한 보상을 하고, 사업주에게는 재해발생 시 보상에 따른 경제적 부담을 덜어 주기 위해 국가에서 관장하는 사회보험이다. 국가(근로복지공단)는 근로자를 사용하는 모든 사업주로부터 보험료를 징수하여 산업재해로 부상 또는 사망한 근로자와 그 가족에게 보험급여를 지급하며, 이때 지급하는 보험급여는 요양급여, 휴업급여, 상병보상연금, 장해급여, 장의비, 유족급여, 간병급여 등이다.

1) 산업재해보상보험의 목적

산업재해보상보험사업을 시행하여 근로자의 업무상의 재해를 신속하고 공정하게 보상하며, 재해근로자의 재활 및 사회 복귀를 촉진하기 위하여 이에 필요한 보험시설을 설치·운영하고, 재해 예방과 그 밖에 근로자의 복지 증진을 위한 사업을 시행하여 근로자 보호에 이바지하는 것을 목적으로 한다(「산업재해보상보험법」 제1조).

2) 산업재해보상보험의 의의

산업재해보상보험제도는 불의의 재해로 인한 사업주의 경제적 부담을 위험결합에 의해 산재보험 가입자들에게 분산시켜 부담을 경감시켜주는 데 의의가 있으며, 보험료를 전액 사업주에게 부담하도록 한다는 측면에서 다른 사회보험과 차이가 있다. 보험사업은 고용노동부장관이 관장하고, 근로복지공단[85]이 집행하고 있다.

3) 산업재해보상보험의 특성

산업재해보상보험은 사회보험 중에 가장 먼저 도입되었으며, 강제가입이 원칙이다. 또한 업무로 인한 부상, 질병, 신체장애, 사망 등에 해당될 때 급여를 받을 수 있다.

---

85) 근로복지공단은 보험가입자와 수급권자에 관한 기록의 관리·유지, 보험료징수법에 따른 보험료와 그 밖의 징수금의 징수, 보험급여의 결정과 지급, 보험급여 결정 등에 관한 심사 청구의 심리·결정, 산업재해보상보험 시설의 설치·운영(업무상 재해를 입은 근로자 등의 진료·요양 및 재활, 재활보조기구의 연구개발·검정 및 보급, 보험급여 결정 및 지급을 위한 업무상 질병 관련 연구, 근로자 등의 건강을 유지·증진하기 위하여 필요한 건강진단 등 예방 사업), 근로자의 복지 증진을 위한 사업, 그 밖에 정부로부터 위탁받은 사업 등을 행한다.

(1) 무과실 책임주의

사용자의 고의, 과실의 유무를 불문하고 업무상의 재해에 대하여 사용자에게 무과실 책임주의로 운영이 되며, 현행 산업재해보상보험제도의 사용자 재해보상 책임은 생존권보장의 이념에 근거하고 있다. 예를 들어, A 사회복지사가 직원용 출근버스를 이용하여 출근 중 교통사고가 발생하게 되면, 업무상 사고에 해당되어 산업재해에 해당되는 것이다.

(2) 사업장 중심의 관리

타 사회보험제도와 달리 사업장 단위로만 가입이 이루어지고, 개별 근로자의 관리는 별도로 이루어지지 않는다.

(3) 자진 신고 및 자진 납부

보험관계 성립 및 제반 행정을 자진신고하고, 보험료를 자진 납부해야 하는 의무가 있다.

(4) 보험료의 사업주 전액부담

보험사업에 소요되는 비용인 보험료는 사업주가 전액을 부담한다.

(5) 종합적 보상제도

현금급여로 제공되는 국민연금과 현물급여를 위주로 제공되는 의료보험과는 달리 현금급여(휴업급여, 장해급여, 유족급여, 상병보상연금[86] 등)와 현물급여(요양급여)가 모두 제공되는 종합적인 보상제도이다.

86) 상병보상연금은 요양급여를 받는 근로자가 요양을 시작한 지 2년이 지난 이후에도 폐질 등의 상태가 지속되면 휴업급여 대신 지급하는 급여를 말한다. 폐질 등급은 1~3급으로 1급은 평균임금의 329일분을 지급하고, 2급은 291일분, 3급은 257일분을 급여로 지급한다.

4) 산업재해보상보험의 가입대상

(1) 당연적용사업

근로자를 사용하는 모든 사업 또는 사업장에 적용된다. 즉, 1인 이상 근로자가 있는 사업주는 의무적으로 가입된다. 단, 공무원, 국인, 선원법, 어선원 및 어선재해보상보험법 또는 사립학교교직원, 가구 내 고용활동, 농업, 임업, 어업 및 수렵업 중 법인이 아닌 자의 사업으로서 상시근로자 수가 5명 미만인 사업은 적용제외사업이다.

(2) 임의적용사업(임의가입자)

사업의 위험률, 규모 및 사업장소 등을 참작하여 대통령령에 의하여 산재보험법의 적용이 배제되는 사업의 사업주도 근로복지공단의 승인을 얻어 산재보험에 가입할 수 있다. 이러한 경우에 그 사업을 임의적용사업이라고 한다.

(3) 적용특례

근로자가 아닌 사람도 산재보험법에서 특별히 정한 사람은 산재보험의 혜택을 받을 수 있으며 현재 산재보험법에 특별히 정하고 있는 사람은 현장실습생, 산업연수생, 해외에 근무를 하는 근로자, 중소기업의 사업주 등이다.

5) 보험사고

산업재해보상보험의 대상이 되는 보험사고는 업무상 재해이다. 근로자가 다음의 어느 하나에 해당하는 사유로 부상 , 질병, 장해가 발생하거나 사망하면 업무상의 재해로 본다. 다만 업무와 재해 사이에 상당인과관계(相當因果關係)가 없는 경우에는 그러하지 않다(「산업재해보상보험법」 제37조). 재해의 인정기준은 다음과 같다.

첫째, 업무상 사고이다. 업무상 사고란 근로자가 근로계약에 따른 업무나 그에 따르는 행위를 하던 중 발생한 사고, 사업주가 제공한 시설물 등을 이용하던 중 그 시설물 등의 결함이나 관리소홀로 발생한 사고, 사업주가 제공한 교통수단이나 그에 준하는 교통수단을 이용하는 등 사업주의 지배관리하에서 출퇴근 중 발생한 사고, 사업주가 주관하거나 사업주의 지시에 따라 참여한 행사나 행사준비

중에 발생한 사고, 휴게시간 중 사업주의 지배관리하에 있다고 볼 수 있는 행위로 발생한 사고, 그 밖에 업무와 관련하여 발생한 사고 등이다.

둘째, 업무상 질병이다. 업무상 질병은 업무수행 과정에서 물리적 인자(因子), 화학물질, 분진, 병원체, 신체에 부담을 주는 업무 등 근로자의 건강에 장해를 일으킬 수 있는 요인을 취급하거나 그에 노출되어 발생한 질병, 업무상 부상이 원인이 되어 발생한 질병, 그 밖에 업무와 관련하여 발생한 질병 등이다.

그러나 근로자의 고의·자해행위나 범죄행위 또는 그것이 원인이 되어 발생한 부상·질병·장해 또는 사망은 업무상의 재해로 보지 않는다. 다만 그 부상·질병·장해 또는 사망이 정상적인 인식능력 등이 뚜렷하게 저하된 상태에서 한 행위로 발생한 경우로서 대통령령으로 정하는 사유가 있으면 업무상의 재해로 본다. 업무상의 재해의 구체적인 인정기준은 대통령령으로 정한다.

6) 산업재해보상보험의 급여의 종류

급여에는 요양급여, 휴업급여, 장해급여, 간병급여, 유족급여, 상병보상연금, 장의비, 직업재활급여, 특별급여(장해특별급여, 유족특별급여)가 있다.

(1) 요양급여

요양급여는 근로자가 업무상의 사유에 의하여 부상을 당하거나 질병에 걸린 경우에 당해 근로자에게 지급하는 것이다. 산재보험에서의 요양급여는 건강보험과는 달리 본인부담금이 없이 요양비의 전액을 급여로 지급하되, 공단이 설치한 보험시설 또는 공단이 지정한 의료기관에서 요양을 하게 된다. 단 부상 또는 질병이 3일 이내의 요양으로 치유될 수 있으면 요양급여를 지급하지 아니한다.

요양급여의 범위는 다음과 같다. 진찰 및 검사, 약제 또는 진료재료와 의지(義肢) 그 밖의 보조기의 지급, 처치, 수술, 그 밖의 치료, 재활치료, 입원, 간호 및 간병, 이송, 그 밖에 고용노동부령으로 정하는 사항 등이다.

(2) 휴업급여

휴업급여는 업무상의 사유로 인하여 부상을 당하거나 질병에 걸린 근로자에게 요양으로 인하여 취업하지 못하는 기간에 대하여 지급하는 소득보상 성격의 급여이다. 1일당 지급액은 평균임금의 70% 수준이다. 다만 취업하지 못한 기간이

3일 이내이면 지급하지 아니한다.

(3) 장해급여

근로자가 업무상의 사유에 의하여 부상을 당하거나 질병에 걸려 치유 후 신체 등에 장해가 있는 경우에 당해 근로자에게 지급하는 급여이다. 장해등급(제1급~제14급)에 따라 장해보상연급 또는 장해보상일시금으로 지급한다.

(4) 간병급여

요양급여를 받은 자가 치유 후 의학적으로 상시 또는 수시로 간병이 필요하여 실제로 간병을 받는 자에게 지급하는 급여이다. 간병급여의 지급기준과 지급 방법 등에 관하여 필요한 사항은 대통령령으로 정한다.

(5) 유족급여

근로자가 업무상의 사유로 인해 사망한 경우에 유족에게 지급하는 급여로 유족급여는 유족보상연금 또는 유족보상일시금으로 한다. 유족보상일시금은 근로자가 사망할 당시 유족보상연금을 받을 수 있는 자격이 있는 자가 없는 경우에 지급한다.

(6) 상병보상연금

요양급여를 받는 근로자가 요양 개시 후 2년이 경과한 날 이후에 첫째, 당해 부상 또는 질병이 치유되지 아니한 상태가 계속되는 경우, 둘째, 그 부상 또는 질병에 의한 폐질의 정도가 대통령령이 정하는 폐질등급기준에 해당되는 상태가 계속되는 경우, 셋째, 요양으로 인하여 취업하지 못했을 경우 휴업급여 대신 상병보상연금으로 당해 근로자에게 지급된다.

(7) 장의비

장의비는 근로자가 업무상의 사유로 사망한 경우에 지급하되, 평균임금의 120일분에 상당하는 금액을 그 장제(葬祭)를 지낸 유족에게 지급한다. 다만 장제를 지낼 유족이 없거나 그 밖에 부득이한 사유로 유족이 아닌 자가 장제를 지낸 경우에는 평균임금의 120일분에 상당하는 금액의 범위에서 실제 드는 비용을 그 장제를 지낸 자에게 지급한다.

(8) 직업재활급여

직업재활급여의 종류는 첫째, 장해급여 또는 진폐보상연금을 받은 자나 장해급여를 받을 것이 명백한 자로서 대통령령으로 정하는 자 중 취업을 위하여 직업훈련이 필요한 자에 대하여 실시하는 직업훈련에 드는 비용 및 직업훈련수당 등이다. 둘째, 업무상의 재해가 발생할 당시의 사업에 복귀한 장해급여자에 대하여 사업주가 고용을 유지하거나 직장적응훈련 또는 재활운동을 실시하는 경우에 각각 지급하는 직장복귀지원금, 직장적응훈련비 및 재활운동비 등으로 훈련대상자 및 장해급여자는 장해정도 및 연령 등을 고려하여 대통령령으로 정한다.

(9) 특별급여

특별급여는 사업주가 고의 또는 과실로 인해 산업재해가 발생했을 경우, 산업재해보상보험법에 의한 보상 외에 사업주에 대해 민법상의 손해배상 청구를 할 수 있는데, 소송을 통해 이를 배상받는 것이 노동자나 사업주 모두에게 불편함을 주기 때문에 대신 산재보험에서 유족 및 장애특별급여를 지급하고, 그 지급 상당액을 사업주가 납부하도록 하는 제도이다.

7) 보험료

(1) 보험료율

산재보험의 보험요율은 업종별 요율과 개별실적 요율에 함께 적용한다. 업종별 요율은 평균적인 재해율을 기초로 선정하며, 개별사업주는 자신이 속한 업종의 보험요율을 적용받는다.

(2) 보험료의 월별 선정·부과

기존의 산재보험료는 자진신고·납부하고 건강보험·국민연금 보험료는 부과·고지하는 등 납부방식이 서로 달라 4대 사회보험 징수통합을 위해 납부방식을 통합하였다. 2011년부터 근로복지공단이 매월 보험료를 산정부과하고 건강보험공단이 이를 징수한다. 고용상황 및 보수총액 등의 파악이 어려워 월별 부과고지제 적용이 곤란한 업종인 건설업, 벌목업 등은 계속하여 자진신고·납부방식을 적용하여 공단에서 업무를 수행한다, 단 보험료 체납관리업무는 건강보험공단이 수행한다.

그동안 각 사회보험별로 상이하게 운영된 보험료의 부과체계로 인한 4대 사회보험가입자의 불편을 해소하기 위해 산재보험료 산정기준이 2011년부터 임금에서 보수(과세근로소득)로 변경되었다. 단 임금에서 보수로의 변경은 보험료 산정기준에만 해당된다. 고용보험과 산재보험의 급여는 현행과 같이 「근로기준법」에 따른 평균임금에 의해 급여를 지급하게 된다(김경우 외, 2014: 348). 산업재해보상보험의 보험료는 사업주가 전액 부담한다.

06 고용보험

우리나라는 1995년 7월 1일부터 고용보험제도가 시행됨으로써 산재보험(1962년), 의료보험(1977년), 국민연금(1988년) 등 선진국 수준의 4대 사회보장제도를 모두 갖추게 되었다. 고용보험제도는 실직근로자에게 실업급여를 지급하여 실직자의 생계를 보장하고 적극적인 직업소개 또는 직업훈련 지원을 통해 재취업을 촉진하고, 다양한 고용안정, 직업능력개발사업 등을 행하는 적극적인 취업알선 및 취업기회의 확대 등을 상호 연계하여 실시하는 사회보험제도이고, 적극적 차원의 사회보장제도이자 고용정책제도이다.

1) 고용보험의 목적

고용보험은 실업의 예방, 고용의 촉진 및 근로자의 직업능력의 개발과 향상을 꾀하고, 국가의 직업지도와 직업소개기능을 강화하며, 근로자가 실업한 경우에 생활에 필요한 급여를 실시하여 근로자의 생활안정과 구직활동을 촉진함으로써 경제·사회 발전에 이바지하는 것을 목적으로 한다(「고용보험법」 제1조).

2) 고용보험제도의 특성

실직 근로자에게는 실업급여 지급과 고용촉진 등을 위한 고용안정사업, 직업능력개발사업을 연계 실시하는 사회보장제도로서, 이를 통해 실직 근로자의 생활보장과 고용대책을 통합적으로 운영하고 있다. 따라서 고용보험은 실직자에 대한 생계지원을 포함하여 근로자의 재취업을 촉진, 실업의 예방 및 고용안정, 노동시장의 구조 개편, 직업능력개발을 강화하기 위한 사전적·적극적 차원의 종합적인 노동시장정책이라 할 수 있다. 실업률은 경기변동과 밀접한 관계가 있으며, 보험사고의 예측이 어려운 사회보험으로 경기변동과 밀접한 관계가 있다.

3) 고용보험제도의 기능

고용보험제도의 기능은 다음과 같다.

첫째, 사회보장적 기능이다. 고용보험제도는 소득의 재분배라는 계획을 통해 그 원인이 실업을 해소하거나 실업을 위한 구직활동기간 중에 소득을 보장하여 실직근로자와 그 가족의 경제적 안정을 보장함과 동시에 적극적인 취업알선을 촉진하고 직업안정을 위해 실업의 예방, 근로자의 능력개발 및 향상 등을 꾀하는 사회보장제도로서의 사회보장적 기능을 갖는다.

둘째, 국민경제적 기능이다. 고용보험은 보험료를 호황 시 또는 취업 시에 불입하고, 불황 시 또는 실업 시에 보험급여를 받음으로써 실업근로자로서의 한계효용이 큰 소득원이 되며, 그 소비지출은 불황 시에 있어서 경제활동을 유지함과 동시에 경기회복에의 결정적인 요소로 작용할 수 있다. 따라서 고용보험의 적립금은 불황에 대한 일종의 국민경제적 저축이 되어 최대의 효용이 발휘될 때 지급되는 효과를 가짐으로써 경기조정기능을 가진다.

셋째, 고용정책상의 기능이다. 실업자의 등록으로 정확한 개별실업현황의 파악이 가능하며, 고용보험기금을 재원으로 하여 실업자 전업촉진훈련 등 실업대책사업을 수립·실시할 수 있어서 마찰적·구조적 실업해소에 기여한다(김경우 외, 2014: 324).

4) 고용보험의 가입대상

근로자를 사용하는 모든 사업 또는 사업장에 적용된다. 근로자를 사용하는 모든 사업 또는 사업장(이하 "사업"이라 한다)에 적용한다. 다만 산업별 특성 및 규모[87] 등을 고려하여 대통령령으로 정하는 사업에 대하여는 적용하지 아니한다(「고용보험법」 제8조).

5) 고용보험사업과 급여

고용보험제도는 실업자에 대한 급여를 통해 생활안정을 지원하는 동시에 노동시장에 좀 더 빨리 진입할 수 있도록 돕고, 고용되어 있는 근로자들의 고용안정을 지원하며 직업능력을 높이기 위한 다양한 프로그램을 가지고 있다.

(1) 고용안정·직업능력개발사업

고용노동부장관은 피보험자 및 피보험자였던 자, 그 밖에 취업할 의사를 가진 자에 대한 실업의 예방, 취업의 촉진, 고용기회의 확대, 직업능력개발·향상의 기회 제공 및 지원, 그 밖에 고용안정과 사업주에 대한 인력 확보를 지원하기 위하여 고용안정·직업능력개발사업을 실시한다. 고용안정·직업능력개발사업을 실시할 때에는 근로자의 수, 고용안정·직업능력개발을 위하여 취한 조치 및 실적 등 대통령령으로 정하는 기준에 해당하는 기업을 우선적으로 고려하여 실시하고 있다. 대부분이 사업주를 지원하는 사업들이며 근로자를 지원하는 사업들도 포함되어 있다.

고용안정사업은 다음과 같다.

첫째, 고용조정 지원은 경기의 변동, 산업구조의 변화 등에 따른 사업 규모의

87) 적용제외사업장은 농업·임업·어업 및 수렵업 중 법인이 아닌 자가 상시 4인 이하의 근로자를 고용하는 사업과 총 공사 금액이 2천만 원 미만인 건설 공사 등 연면적이 100㎡ 이하인 건축물의 건축 또는 연면적이 200㎡ 이하인 건축물의 대수선에 관한 공사, 가사서비스업은 제외된다. 적용제외 근로자는 65세 이후 고용되거나 자영업을 개시한 자(고용안정·직업능력개발사업은 적용), 1개월간 소정근로시간이 60시간 미만인 근로자(1주간 15시간 미만인 자 포함), 공무원(별정직공무원, 임기제공무원은 본의의 의사에 따라 고용보험(실업급여에 한함)에 가입 가능), 사립학교교직원 연금법 적용자, 별정우체국 직원 등이다.

축소, 사업의 폐업 또는 전환으로 고용조정이 불가피하게 된 사업주가 근로자에 대한 휴업, 휴직, 직업전환에 필요한 직업능력개발 훈련, 인력의 재배치 등을 실시하거나 그 밖에 근로자의 고용안정을 위한 조치를 하면 대통령령으로 정하는 바에 따라 그 사업주에게 필요한 지원을 할 수 있다. 이 경우 휴업이나 휴직 등 고용안정을 위한 조치로 근로자의 임금이 대통령령으로 정하는 수준으로 감소할 때에는 대통령령으로 정하는 바에 따라 그 근로자에게도 필요한 지원을 할 수 있다. 둘째, 고용창출지원은 고용환경 개선, 근무형태 변경 등으로 고용의 기회를 확대한 사업주에게 대통령령으로 정하는 바에 따라 필요한 지원을 할 수 있다. 셋째, 고용촉진지원은 고령자 등 노동시장의 통상적인 조건에서는 취업이 특히 곤란한 자의 고용을 촉진하기 위하여 고령자 등을 새로 고용하거나 이들의 고용안정에 필요한 조치를 하는 사업주 또는 사업주가 실시하는 고용안정 조치에 해당된 근로자에게 대통령령으로 정하는 바에 따라 필요한 지원을 할 수 있다. 넷째, 고용촉진시설지원은 피보험자 등의 고용안정·고용촉진 및 사업주의 인력 확보를 지원하기 위하여 대통령령으로 정하는 바에 따라 상담 시설, 어린이집, 그 밖에 대통령령으로 정하는 고용촉진 시설을 설치·운영하는 자에게 필요한 지원을 할 수 있다. 다섯째, 건설근로자 고용안정지원은 건설근로자 등 고용상태가 불안정한 근로자를 위하여 고용상태의 개선을 위한 사업, 계속적인 고용기회의 부여 등 고용안정을 위한 사업, 그 밖에 대통령령으로 정하는 고용안정사업 등을 실시하는 사업주에게 대통령령으로 정하는 바에 따라 필요한 지원을 할 수 있다.

직업능력개발사업은 다음과 같다.

첫째, 작업능력개발을 위한 사업주지원정책으로 직업능력개발훈련지원, 기간제 등 훈련 우대, 유급휴가훈련지원, 대체인력채용지원 우대, 직업능력개발시설·장비자금 대부 등이 있다. 둘째, 직업능력개발을 위한 근로자 지원으로 근로자 수강금지원, 근로자능력개발카드에 의한 수강지원, 근로자 학자금 및 훈련비 대부, 국가기간전략산업 훈련지원, 전직 실업자 취업훈련지원 등이 있다.

(2) 실업급여

실업급여사업은 근로자가 실직하였을 때 일정기간 동안 실직자와 그 가족의 생활안정 그리고 원활한 구직활동을 지원하기 위하여 실시하는 급여이다. 실업급여는 구직급여와 취업촉진수당, 특별연장급여, 상병수당 등을 신청하여 지급받을 수 있다.

• 구직급여의 수급요건

첫째, 이직일 이전 18개월간 피보험 단위기간을 통산하여 180일 이상일 것, 둘째, 근로의 의사와 능력이 있음에도 불구하고 취업(영리를 목적으로 사업을 영위하는 경우를 포함)하지 못한 상태에 있을 것, 셋째, 이직사유가 수급자격의 제한 사유에 해당하지 아니할 것, 재취업을 위한 노력을 적극적으로 할 것, 넷째, 수급자격 인정신청일 이전 1개월 동안의 근로일수가 10일 미만일 것, 최종 이직일 이전 기준기간의 피보험 단위기간 180일 중 다른 사업에 따른 수급자격의 제한 사유에 해당하는 사유로 이직한 사실이 있는 경우에는 그 피보험 단위기간 중 90일 이상을 일용근로자로 근로하였을 경우에 해당한다.

구직급여의 급여 수준은 실직 전 평균임금의 50%를 지급하며, 실업의 신고일부터 계산하여 실업의 인정을 받은 7일간은 대기기간으로 기본급여를 지급하지 않는다. 구직급여를 받을 수 있는 기간은 보험에 가입한 기간과 연령에 따라 최소 90일부터 240일까지이며, 필요한 경우 연장급여를 수급할 수 있다.

• 취업촉진수당

구직급여와는 별도로 실직자들의 빠른 재취업을 유인하기 위한 추가급여의 성격을 가진다. 여기에는 조기재취업수당, 직업능력개발수당, 광역구직활동비, 이주비 등이 포함된다.

첫째, 조기재취업수당은 실업급여를 지급받고 있던 수급자격자가 빠른 시일 내에 안정된 직장에 재취업하는 경우 지급되는 보너스 성격의 급여이다. 지급요건은 대기기간이 지난 후 안정된 직업에 6개월 이상 계속하여 고용된 경우로써 잔여급여일수가 30일 이상인 경우이다. 사업을 영위한 경우에는 1회 이상 자영업 준비활동으로 실업인정을 받아야 한다. 지급금액은 구직급여일액에 잔여급여일수의 1/2를 곱한 금액이다. 재취업할 당시 55세 이상이거나 장애인의 경우 잔여급여일수의 2/3을 지급한다. 둘째, 직업능력개발수당은 지방노동관서장이 지시한 직업능력개발훈련을 받는 경우에 훈련을 받는 데 필요한 교통비·식대 등의 비용을 지원하기 위한 급여이다. 셋째, 광역구직활동비는 수급자격자가 자신이 살고 있는 지역에 재취업하기 어려워 지방노동관서장이 소개하는 먼 지방에 출장하여 직장을 구하는 경우에 소요된 비용(교통비와 숙박비)을 지급한다. 넷째, 이주비는 수급자격자가 취직으로 거주지를 이전하거나 지시한 훈련을 받기 위하여 이사를 해야 하는 경우에 이사비용으로 지급한다.

- 기타 연장급여

첫째, 훈련연장급여가 있다. 수급자격자가 새로운 직장에 취직하기 위하여 직업능력개발훈련을 받아야 할 필요가 있다고 판단되는 경우에 지방노동사무소장은 직업능력개발훈련을 지시할 수 있으며, 급여를 최대 2년 동안 구직급여의 100%를 연장하여 지급한다. 둘째, 개별연장급여는 실업 신고일로부터 구직급여의 지급이 종료될 때까지 직업안정기관의 장이 직업소개에 3회 이상 응시하였으나, 취직하지 못하는 등의 일정요건을 갖춘 개별 수급자격자에게 재취업지원을 위하여 소정급여일수를 초과하여 지급하는 급여이다. 급여의 수준은 구직급여의 70%를 60일 범위 내에서 지급한다. 셋째, 특별연장급여로써 실업 급증 등 대통령령이 정하는 사유가 발생하는 경우 60일 범위 내에서 구직급여의 소정급여일수를 연장하는 제도이다. 특별연장급여는 구직급여일액의 70%를 60일 범위 내에서 지급한다. 다만 최저 구직급여일액보다 낮은 경우에는 최저구직급여일액을 지급한다.

- 상병급여

실업을 신고한 이후에 질병·부상 또는 출산으로 취업이 불가능하여 구직활동을 할 수 없는 경우 구직급여를 받을 수 없으므로 생계에 어려움을 겪을 수 있는 대상자를 위한 급여이다. 질병·부상기간이 7일 이상인 경우 수급자격자의 생계안정을 위하여 구직급여 대신 지급하는 급여가 상병급여이며, 구직급여의 급여액과 같다. 출산의 경우에는 출산일로부터 45일간 지급된다. 만일 질병·부상기간이 7일 미만일 경우에는 증명서에 의한 실업인정을 받아 구직급여를 지급받을 수 있기 때문에 상병급여의 대상이 되지 않는다.

- 모성보호급여

모성보호급여는 임신·출산과정에서 일과 육아를 병행할 수 있도록 여성의 권리를 보호하는 동시에 여성에 대한 기업의 부담을 사회적 연대 차원에서 나누기 위한 사업이라 할 수 있다. 모성급여사업에는 육아휴직급여, 출산전후휴가급여, 육아기 근로시간 단축급여 등이 있다.

• 유아휴직급여

「남녀고용평등과 일·가정 양립 지원에 관한 법률」에 따른 육아휴직을 30일(「근로기준법」 제74조에 따른 출산전후휴가기간과 중복되는 기간은 제외) 이상 부여받은 피보험자 중 육아휴직을 시작한 날 이전에 피보험 단위기간을 통산하여 180일 이상, 같은 자녀에 대하여 피보험자인 배우자가 30일 이상의 육아휴직을 부여받지 아니하거나 「남녀고용평등과 일·가정 양립지원에 관한 법률」에 따른 육아기 근로시간 단축을 30일 이상 실시하지 아니하고 있는 두 가지 요건을 모두 갖춘 피보험자에게 육아휴직급여를 지급한다. 지급금액은 육아휴직 전 통상임금의 40%를 지급한다. 육아휴직급여 중 일부(15%)는 직장복귀 6개월 후 일시불로 지급한다.

• 출산전후휴가급여

「남녀고용평등과 일·가정 양립 지원에 관한 법률」에 따라 피보험자가 「근로기준법」에 따른 출산전후휴가 또는 유산·사산휴가를 받은 경우로 휴가가 끝난 날 이전에 피보험 단위기간이 통산하여 180일 이상, 휴가를 시작한 날 이후 1개월부터 휴가가 끝난 날 이후 12개월 이내에 신청하는 두 가지 요건을 모두 갖춘 경우에 출산전후휴가급여 등을 지급한다. 우선지원 대상기업은 90일분, 그 외의 기업은 30일분을 지급한다.

• 육아기 근로시간 단축급여

육아기 근로시간 단축을 30일(「근로기준법」에 따른 출산전후휴가기간과 중복되는 기간은 제외) 이상 실시한 피보험자 중 육아기 근로시간 단축을 시작한 날 이전에 피보험 단위기간이 통산하여 180일 이상, 같은 자녀에 대하여 피보험자인 배우자가 30일 이상의 육아휴직을 부여받지 아니하거나 육아기 근로시간 단축을 30일 이상 실시하지 아니한 두 가지 요건을 모두 갖춘 피보험자에게 육아기 근로시간 단축급여를 지급한다. 육아기 근로시간 단축 후의 근로시간은 주당 15시간 이상 30시간 이하, 근로자가 육아기 근로시간 단축을 청구할 경우 사업주는 대체인력 채용이 불가능하거나 정상적인 사업운영에 중대한 영향을 미치는 등의 사유가 없으면 이를 허용해야 한다.

6) 고용보험의 보험료

고용보험료율은 보험수지의 추이와 경제상황을 고려하여 1000분의 30의 범위 내에서 고용안정사업의 보험료율, 직업능력개발사업의 보험료율 및 실업급여의 보험료율로 구분하여 대통령령으로 정한다(「보험료징수법」 제14조 제1항). 대통령령에 이에 대한 고용보험료율은 다음의 표와 같다.

| 표 10-21 | 보험사업별 보험료율 및 부담

구분		98.1.1. 이후		03.1.1. 이후		06.1.1. 이후		11.4.1. 이후		13.7.1. 이후	
		근로자	사용자	근로자	사용자	근로자	사용자	근로자	사용자	근로자	사용자
실업급여		0.5%	0.5%	0.45%	0.45%	0.45%	0.45%	0.55%	0.55%	0.65%	0.65%
고용안정			0.3%		0.15%		×		×		×
고용안정·직업능력개발사업	150인 미만 기업		01%		0.1%		0.25%		0.25%		0.25%
	150 이상 (우선지원 대상기업)		0.3%		0.3%		0.45%		0.45%		0.45%
	150인 이상~1000인 미만기업		0.5%		0.5%		0.65%		0.65%		0.65%
	1000인 이상 기업 국가·지방자치단체 (직업훈련 의무업체)		0.7%		0.7%		0.85%		0.85%		0.85

출처: 사회복지교육연구센터(2019). p. 375.

7) 고용보험제도의 운용

고용보험제도의 운영에 관한 주요사항의 결정이나 기획에 관한 업무는 고용노동부에서 관장하며, 고용보험의 가입, 보험사무소조합 인가 등 업무의 실제 집행은 근로복지공단에서 담당한다. 4대 보험 통합징수가 시행되면서 보험료의 징수 업무(고지 및 수납, 체납관리)는 건강보험공단에서 시행하고 있다.

07 기출 및 예상 문제

1. 공적 연금제도에 관한 설명으로 옳은 것을 모두 고른 것은? (13회 기출문제)

㉠ 적립방식에 비해 부과방식이 인구 구성의 변동에 더 취약하다.
㉡ 확정급여식 연금은 주로 과거의 소득 및 소득활동 기간에 의해 결정된다.
㉢ 완전적립방식은 퇴직 후 생활보장을 위해 현재 소득의 일부를 저축하는 구조이다.
㉣ 부과방식에서는 현재의 근로세대가 은퇴세대의 연금급여에 필요한 재원을 부담한다.

① ㉠, ㉡ ② ㉢, ㉣ ③ ㉡, ㉢
④ ㉠, ㉣ ⑤ ㉠, ㉡, ㉢, ㉣

정답 ⑤

2. 국민연금의 연금보험료와 연금급여액에 관한 설명으로 옳은 것을 모두 고른 것은? (15회 기출문제)

㉠ 저소득층에게 유리하게 설계되어 있다.
㉡ 기본연금액의 균등부분에서 소득재분배기능이 나타난다.
㉢ 2008년 이후 급여수준을 결정하는 비례상수는 매년 0.5%씩 감소한다.
㉣ 연금액은 지급사유에 따라 기본연금액과 부양가족연금액을 기초로 산정한다.

① ㉠, ㉡ ② ㉡, ㉣ ③ ㉢, ㉣
④ ㉠, ㉡, ㉣ ⑤ ㉠, ㉡, ㉢, ㉣

정답 ④

Check

㉢ 2008년 이후 소득대체율은 0.5%씩, 비례상수는 0.015씩 감소한다.

3. 국민건강보험료 경감대상자를 모두 고른 것은? (15회 기출문제)

㉠ 휴직자
㉡ 60세인 자
㉢ 장애인복지법에 따라 등록한 장애인
㉣ 섬·벽지·농어촌 등 대통령령이 정하는 지역에 거주하는 자

① ㉠ ② ㉡, ㉢ ③ ㉢, ㉣
④ ㉠, ㉢, ㉣ ⑤ ㉠, ㉡, ㉢, ㉣

정답 ④

Check

국민건강보험료 경감당자에는 '섬. 벽지. 농어촌 등 대통령령으로 정하는 지역에 거주하는 사람, 65세 이상인 사람, 「장애인복지법」에 따라 등록한 장애인, 「국가유공자 등 예우 및 지원에 관한 법률」에 따른 국가유공자, 휴직자, 그 밖의 생활이 어렵거나 천재지변 등의 사유로 보험료를 경감할 필요가 있다고 보건복지부장관이 정하여 고시하는 사람'이 있다.

㉡ 경감대상자는 65세 이상인 자이다.

4. 우리나라의 노인장기요양보험제도에 관한 설명으로 옳은 것은? (16회 기출문제)

① 단기보호는 시설급여에 해당한다.
② 가족에게 요양을 받을 때 지원되는 현금급여가 있다.
③ 보험료는 건강보험료와 분리하여 징수한다.
④ 장기요양인 정의 유효기간은 3개월 이상으로 한다.
⑤ 보험료율은 보건복지부령으로 정한다.

정답 ②

Check

① 단기보호는 재가급여에 해당한다.
③ 보험료는 건강보험료와 통합하여 징수하되, 각각 구분하여 고지해야 하고 통합 징수한 보험료를 각각의 독립회계로 관리한다.
④ 장기요양인정의 유효기간은 최소 1년 이상으로 한다.
⑤ 보험료율은 장기요양위원회의 심의를 거쳐 대통령령으로 정한다.

5. 우리나라의 산업재해보상보험에 관한 설명으로 옳은 것은? (16회 기출문제)

① 장해급여는 등급에 따라 연금이나 일시금으로 지급된다.
② 업무와 재해 사이의 인과관계와 상관없이 보상한다.
③ 산업재해보상보험의 급여수급권은 퇴직하면 소멸한다.
④ 산업재해보상보험은 보건복지부장관이 관장한다.
⑤ 각종민간 사회단체는 산업재해보상보험의 임의적용사업장으로 분류된다.

정답 ①

Check

② 업무와 재해 사이의 인간관계를 고려하여 보상한다.
③ 산업재해보상보험의 급여수급권은 퇴직하여도 소멸되지 않는다.
④ 산업재해보상보험은 고용노동부장관이 관장한다.
⑤ 각종 민간 사회단체도 산업재해보상보험의 당연적용사업장이다.

6. 우리나라 자영업자의 고용보험에 관한 설명으로 옳지 않은 것은? (15회 기출문제)

① 본인의 희망에 따라 가입이 가능하다.
② 구직급여를 받기 위해서는 재취업을 위해 적극적으로 노력하여야 한다.
③ 자영업자도 직업능력개발훈련을 받을 수 있다.
④ 구직급여는 90~240일까지 받을 수 있다.
⑤ 보험료를 체납한 사람에게는 실업급여를 지급하지 아니할 수 있다.

정답 ④

Check

자영업자의 구직급여는 90~180일까지 받을 수 있다.

Chapter 11

빈곤과 공공부조정책

빈곤 개념은 각 국가의 경제발전 수준, 사회·문화·환경 등의 요인에 따라 그 정의가 달라질 수 있다. 최근에는 소득 차원의 빈곤뿐만 아니라 다양한 차원을 포함하는 개념으로 사회적 배제 개념이 주목받고 있다.

공공부조는 「사회보장기본법」에 의하면 국가와 지방자치단체의 책임 하에 생활유지능력이 없거나 생활이 어려운 국민의 최저생활을 보장하고 자립을 지원하는 제도를 말한다. 즉, 빈곤이 자본주의의 구조적 모순에 의해 발생한다는 것을 전제로 하여, 국가의 책임 하에 법령에 입각해 조세로 생활이 곤궁한 자에게 최저한의 생활을 보장해 주는 제도를 말한다.

01 빈곤

1) 빈곤의 개념

빈곤(貧困, poverty)은 인간의 기본적 욕구를 충족할 수 있는 생활수단이 부족한 상태이다. 이때 빈곤은 기아로 인해 또는 입을 것이 없어서 죽음에 직면한 상태만을 가리킨다. 기본적 욕구는 넓은 의미에서 '공동체의 일반적인 생활수준을 반영하는 것'이다. 이때 빈곤은 영양상태, 주거조건, 의복 등의 상태가 생존에는 영향을 주지 않지만, 공동체 전체의 생활수준에 미치지 못하는 사람들을 포함한다.

영국의 웹(Webb)부부는 빈곤을 생활필수품의 결핍으로 건강을 해치고 목숨까지 잃을 위험한 상태라 하고, 빈곤은 육체적, 정신적 황폐를 가져오는 것이라 하였다. 빈곤이 가지는 비경제적인 의미까지 고려하면 빈곤의 개념은 더욱 복잡하다. 예를 들어, 빈곤은 나쁜 건강상태, 낮은 교육, 기술수준, 사회부적응이나 적응할 의사가 없는 경우, 빈번하게 일어나는 무질서한 행위, 경솔함 같은 상태를 가리키기도 한다(김귀환 외, 2009: 81-82). 즉, 빈곤을 경제학적 관점으로 볼 때 빈곤이란 재화나 서비스의 부족을 말하고, 사회문화적 관점에서 보면 사회·문화·정치제도상에 있어서 기회, 수단, 자원 등의 상대적 박탈감을 말한다. 현대와 같은 정보화의 시대에 있어서는 정보의 결핍 또한 빈곤이라고 부른다(한국복지행정학회, 2014: 300).

이러한 목적의 빈곤정책은 방법론적 차원에서 세 가지로 구분된다.

첫째, 자산소득조사(means test)를 통한 가구의 소득이 최저생계비 이하일 때,

그 부족분을 보충해 주는 방법으로써 우리나라의 경우 국민기초생활보장제도의 생계급여가 이에 해당된다.

둘째, 자산조사와 함께 개인이 부가적인 수급조건을 충족할 경우에만 급여의 수급자격을 부여하는 방법으로써 개인이 근로활동의 요건을 충족해야 하는 조건부급여인 우리나라의 근로장려세제(Earned Income Tax Credit: EITC)가 해당된다.

셋째, 빈곤성과 관련성이 높은 특정한 지표(아동의 부양, 노령, 질병상태 등)와 같이 별도의 자산조사 없이 모두에게 동일한 수준의 급여를 보편적으로 제공하는 제도로는 조세를 재원으로 하는 아동수당(child benefit)이나 기초연금제도(basic pension system)가 해당된다(이정우, 2013: 475-467). 최근에는 사회적 결핍의 개념을 사용하여 빈곤을 설명하고 있으며 일반적으로 절대적 빈곤, 상대적 빈곤, 주관적 빈곤으로 구별하고 있다(사회복지행정학회, 2014: 301; 박석돈, 2006: 82; 윤석범, 1994: 220).

(1) 절대적 빈곤

절대적 빈곤이란 최소한의 생존수준에도 미치지 못한 상태, 즉 먹을 것과 인접한 물과 집, 신체적 건강과 같은 기본적인 욕구를 충족시키지 못하는 상태를 의미한다. 즉, 절대적 빈곤은 소득과 소비에 기준을 두고 소득의 기준이 기본적 생존을 위한 수준에 미치지 못하는 경우로, 이는 사회의 소득불평등의 문제가 아니라 절대적 자원이 부족한 생존의 문제로 언급되는 경우가 더 많다(김정현, 2002: 267). 절대적 빈곤개념은 빈곤에 대해 최초로 과학적 사회조사를 한 영국의 사회학자 부스(C. Booth)로부터 시작되었다. 그러나 절대적 빈곤 개념에서 최저한의 생활수준이라는 개념이 매우 가변적이고 사회의 통념, 문화적 차이, 관습 등에 따라 달라질 수밖에 없다는 문제점이 지적되고 있다.

① 라운트리(Rowntree)방식

라운트리방식은 전물량방식 또는 마켓 바스켓방식으로도 불리운다. 라운트리는 실증적 조사를 통한 빈곤 개념을 1차 빈곤과 2차 빈곤으로 구분하였다. 총수입이 육체적 능률을 유지하는 데 필요한 최소한도에 미달하는 가정을 1차 빈곤가정으로 보았고, 총수입이 무지 또는 무계획으로 인한 지출이 없었다면 육체적 능률이 유지될 수 있었던 가정을 2차 빈곤가정으로 보았다.

라운트리는 1899년부터 1936년까지 세 차례에 걸쳐서 영국 요크(York)시의 빈민을 조사 연구하였다. 그는 신체적 건강과 노동능력을 유지하는 데 필요한 기본적인 필수품으로 음식, 주택, 의복, 잡비(주로 연료비) 등을 들고, 이것이 해결되지 않은 수준을 1차적 빈곤이라고 하였다. 2차적인 빈곤은 총수입이 음주, 도박, 무지 또는 무계획적 지출 등으로 인한 지출이 없었다면, 육체적 능률이 유지될 수 있었던 가정을 2차 빈곤가정으로 보았다. 이처럼 인간 생활에 필수적인 모든 품목에 대하여 최저한의 수준을 정하고 화폐가치로 환산하여 빈곤선을 측정하는 라운트리의 빈곤 측정방식을 전물량방식이라고 한다. 이 방식은 전문가가 객관적 기준과 통계자료 등을 기초로 사치품과 고가품을 배제하고 필수품만을 마켓바스켓에 포함한다.

전물량방식을 통한 빈곤선의 측정은 일반적으로 두 가지가 고려되어야 한다. 필수품의 선정이다. 국가별, 시기별, 영양학적 기준 등 다양한 기준을 이용하여 필수품이 포함된 마켓 바스켓을 구성해야 하며, 둘째, 선정된 필수품에 대한 가격과 사용량의 결정이다. 가장 객관적인 자료를 이용하여 계절별, 연령대별로 적정 수준의 가격과 사용량이 결정되어야 한다.

라운트리가 1차적 빈곤을 측정할 때 사용한 것은 기본욕구의 범위를 의식주에 한정시켜서 매우 엄격히 해석한 것이다. 그는 빈민들에게 관대하지 않은 시민을 설득하기 위해서라도 '일하는 노동자에게 꼭 필요한 필수품'에 한정시켜서 빈곤을 측정하였다. 그는 세 번째 조사인 1936년 조사에서는 신체적 욕구보다도 오히려 사회문화적 욕구를 만족시키는 신문, 우표, 종이, 라디오, 휴가, 맥주, 담배, 선물 등과 같은 항목도 필수품에 넣었다.

그럼에도 라운트리의 전물량방식은 다음과 같은 한계점을 갖는다.

첫째, 전물량방식은 마켓 바스켓에 포함될 필수품을 구성하는 과정에서 전문가의 자의성이 개입될 수 있다. 예를 들면, 냉장고의 경우 어느 크기의 용량을 선택하느냐에 따라 빈곤선의 수준이 달라질 수 있다. 따라서 필수품이 무엇이며, 인간이 사용하는 많은 재화나 서비스 중에서 어떻게 필수품을 선정해야 하느냐의 문제가 대두될 수 있다.

둘째, 빈민의 욕구가 생존에만 있다고 보는 것은 비현실적이고, 욕구는 고정된 것이 아니라 생활양식에 따라서 변화하는 것이므로 상대적인 측정이 요망된다. 현대사회에서는 복지의 대상이 빈민에게 한정되어 있지 않고, 아동, 노인, 장애인과 같이 노동능력이 없거나 약한 사람을 포함하여 전체 국민에게 확장되었기에 기본욕구의 종류와 수준도 보다 포괄적으로 파악되어야 할 것이다(나직균 외, 2011: 16). 현재 우리나라의 최저생계비 계측은 전물량방식으로 이루어지고 있다.

② 오르샨스키(Orshansky)방식

오르샨스키방식은 미국 사회보장청의 오르샨스키라는 학자가 제안한 방식으로 엥겔방식 혹은 반물량 방식이라 한다. 이 방식은 1969년 미국의 공식적 빈곤선인 빈곤기준성으로 채택되었다.

오르샨스키는 1955년 가구식료품소비조사에서 당시 3인 이상으로 이루어진 평균가구가 세후 소득의 1/3을 식료품비로 지출한다는 조사를 기초로 하여 영양학적으로 충분한 식단을 구성할 수 있는 비용을 빈곤선 계측의 기초로 삼을 수 있다는 아이디어를 얻었다. 이러한 실태를 바탕으로 최저식료품비에 특정 상수인 3(엥겔계수의 역)을 곱하여 빈곤선을 계측하였다.

이 방식은 식료품비만 계산하면 되기 때문에 계산이 용이하다는 장점이 있으나 식료품 외에 다른 품목들은 제외되었다는 점과 엥겔계수의 크기에 따라 빈곤선에 큰 차이가 생길 수 있다는 점 등이 한계로 지적된다.

(2) 상대적 빈곤

상대적 빈곤을 주장한 대표적인 학자 타운센트(Townsend)에 의하면, 상대적 빈곤이란 "일상식품을 획득하고 사회활동에 참여하며, 그들이 속한 사회에서의 관례적인 생활조건과 편의시설을 갖기에 필요한 자원이 결여되어 있는 사람"이라고 정의했다(김귀환 외, 2009: 82). 즉, 상대적 빈곤은 한 사회의 평균적인 생활수준에 비교하여 빈곤을 규정하므로 절대적 빈곤개념과는 달리 불평등으로서의 빈곤(poverty as inequality)과 관련되어 있다. 절대적 빈곤은 사회구성원의 전반적인 생활수준을 고려하지 않은 개념인 데 반하여, 상대적 빈곤은 특정사회의 전반적 생활수준을 고려한 상대적 박탈과 불평등의 개념들을 중시한다. 따라서 그 사회의 생활수준 또는 생활양식과 비교하여 일정 소득수준에서 박탈당하는 경우 빈곤계층으로 인정하고 있는 것으로 사회관계의 부족과 같은 비물질적 요소까지 포함하는 개념이다(한국복지행정학회, 2014: 302).

상대적 빈곤에 관한 내용과 수준을 한 사회의 생활양식과 연계시킨 관점은 타운센트의 빈곤연구에서 찾을 수 있다. 그는 일반적으로 인정되는 기본적인 생활양식을 규정하고, 생활양식을 구성하는 60개의 지표를 설정하여 박탈지표를 수집했다. 그리고 정상에서 벗어난 사람을 상대적으로 박탈되었다고 간주했다. 이와 같이 생활양식을 구성하는 지표를 통해서 빈곤을 측정한 시도는 인간의 욕구가 생존에만 있지 않고 삶 전체에 있다는 사실을 반영하고 있다. 이와 같은 지표를 통한 빈곤의 측정은 욕구의 측정에도 많은 시사점을 주고 있다.

타운센트가 사용한 60개의 지표를 관심영역별로 보면, 노동조건이 12개로 가장 많고, 그 다음은 가구(9개), 음식(6개), 보건(5개), 환경(5개), 의복(4개), 광열(4개), 주택/부대시설(4개), 가족(4개), 사교(4개), 여가(2개), 교육(1개)의 순이다. 예를 들면, 보통의 가족에게 일상적으로 통용되는 4가지 지표 ― ① 실내에서 어린이가 놀기에 어렵다. ② 어린이가 지난 4주 동안에 친구와 논 적이 없다. ③ 어린이가 지난 생일에 잔치를 갖지 못했다. ④ 지난 성탄절에 10파운드 미만을 썼다―를 통해서 어떤 가족의 생활을 측정하고, 그 지표에 미달한 가정을 기본적인 욕구가 '박탈'되었다고 본 것이다.

그의 박탈지표는 영역별로 고루 분포되어 있지 않았고, 지표의 대표성이 낮으며, 지표수가 지나치게 많았다는 비판에도 불구하고, 생활양식을 상대적으로 파악한 것은 기본욕구의 내용과 수준을 정하는 데도 많은 함의를 주고 있다.

대부분의 사람들은 절대적인 생존의 위협에 처해 있는 경우 절대적 빈곤의 문제가 중요한 관심사이다. 그러나 경제 발전에 따라 소득수준이 상승하면 절대적 빈곤의 문제에서 상대적 빈곤의 문제로 관심이 옮겨 간다. 절대적 빈곤의 문제는 경제발전에 의해 일정 부분 완화되기도 하지만, 상대적 빈곤의 문제는 불평등과 상대적 박탈감과 밀접한 관계를 갖고 있다. 상대적 빈곤을 측정하는 방법은 보통 사회의 평균소득, 중위소득[88]의 일정 비율로 정하기도 한다. 일반적으로 선진복지국가들은 정책상 수혜대상을 결정할 때, 중위 혹은 평균소득의 일정 비율을 빈곤선으로 채택하는 경향이 있다.

| 표 11-1 | 외국 주요 연구기관 및 연구자의 상대적 빈곤선

기관 및 연구자	상대적 빈곤선
OECD	중위가구소득의 40%
World Bank	개발도상국은 평균가구 소득의 1/3 이하, 선진국은 평균가구소득의 1/2 이하
European Union	평균소득의 50%
V. Fuchs	중위가구소득의 50%

88) 중위소득은 전체 가구의 소득 순위에서 정확히 가운데 해당하는 소득을 말하며, 소득계층을 구분하는 기준으로 삼을 수 있다. 반면에 평균소득은 전체 가구소득의 총합을 전체 가구소로 나눈 합니다. 일반적으로 평균소득이 중위소득보다 높은데, 이는 고소득층이 평균소득을 끌어올리기 때문이다. 따라서 중위소득이 평균소득에 비해 실제 소득분포가 잘 드러나며 상대적 빈곤문제에도 적용하기 수월하다. OECD에서는 중위소득의 50%~150%까지를 중산층으로 보고 있다.

기관 및 연구자	상대적 빈곤선
P. Townsend	빈곤층은 평균가구소득의 80% 이하, 극빈층은 50% 이하
L. Rainwater	가구당 평균소득의 46%~58%
V. Fuchs & S. Lansley	중위가구소득의 1/7 이하
H. Chenery et al.	소득수준에 따라 최저 40% 또는 20%
일본	근로자 가구 소비지출의 68%

출처: 한국복지행정학회(2014). p. 303.

(3) 주관적 빈곤

네델란드 라이덴대학의 학자들에 의해 개발된 라이덴(Leyden)방식이 이러한 주관적 빈곤개념에 바탕을 두고 있다. 주관적 빈곤은 사회의 일반적인 생활수준과 관계없이 본인 스스로 빈곤하다고 느끼는 상태를 의미한다. 즉, 사람들에게 자신의 상황을 고려할 때 그럭저럭 살아가는 데 필요한 최소 소득을 묻고, 이를 바탕으로 그들이 판단한 최소 소득과 그들의 실제 소득과의 관계를 분석하여 결정한다. 따라서 절대적 빈곤과 상대적 빈곤은 그것들이 '과학적'으로 결정되든 아니면 '정치적'으로 결정되든 제삼자에 의해서 객관적인 기준이 정해지는 데 반해 주관적 빈곤 개념은 각자가 빈곤으로 인식하는 수준에서 결정된다.

이 개념은 각자의 생활 상태에 대해서 사람들이 가지는 느낌이 중요한 의미를 가진다. 빈곤이 인간 개개인이 느끼는 안녕(well-being)과 관련되는 문제이므로 객관적 기준보다는 어떠한 관점에서 주관적인 기준에 의한 빈곤개념이 보다 중요한 의미를 가질 수도 있다(박석돈, 2006: 88).

2) 빈곤의 원인 이론

빈곤의 원인을 크게 나누면 개인적 원인, 사회구조적 문제에서 원인을 찾는 이론으로 나누어 볼 수 있다. 빈곤의 원인을 개인의 무능력, 나태, 무지, 신체적 장애 등 개인적 속성에서 찾게 되면 빈곤한 사람의 성격을 개조하기 위한 교육이나 훈련을 제공하는 비교적 징벌적인 형태의 빈곤정책이 시행되고, 반면에 노동시장구조나 분배정책 등 사회경제적 요인에서 찾게 되면 사회구조의 개혁을 지향하는 빈곤정책이 수립되어야 한다(박병현, 2003: 332).

(1) 개인적 원인론

빈곤에 대한 개인적 원인론은 빈곤을 개인 행위 차원의 문제로 보거나 병리적으로 보는 견해이다. 개인적 원인론은 빈곤의 원인을 빈민들에게 돌리는데, 빈민들에 대해 의도적으로 게으르거나 방종적으로 보거나 혹은 유전적으로 가난할 수밖에 없는 성향을 타고났거나 혹은 이 둘 다에 해당한다고 본다. 이러한 생각은 가치 있는 빈민과 가치 없는 빈민을 구분하는 근거가 되는 사고방식으로 가치 있는 빈민은 선천적인 장애인처럼 도덕적으로 문제가 없는 빈민을 의미하며, 가치 없는 빈민은 도덕적으로 문제가 있는 빈민을 의미한다.

대표적인 개인적 원인론은 다음과 같다.

첫째, 인적자본이론(human capital theory)으로 교육이나 직업훈련 등에 대한 개인적 투자가 없거나 적은 경우 지식과 기술이 부족하여 낮은 생산성의 원인이 되며 결국 저임금과 저소득인 빈곤에 이르게 된다는 이론이다. 이 이론에 의하면 빈곤이란 결국 인적자본에 대한 투자의 부족에 원인이 있다는 것이다.

둘째, 개인선택이론으로 빈곤은 여가와 노동 간에 어느 것을 선택하느냐 또는 안정을 추구하느냐 아니면 위험부담을 감수하고 도전하느냐 하는 양단간에 대한 개인의 선택에 의해 결정된다는 이론이다.

셋째, 상속이론으로 개인의 소득은 상속받은 인적·물적 재산의 격차에 의해 영향을 받는다는 이론이다. 상속받은 재산에는 물질적 재산뿐만 아니라 유전적 인자, 부모의 양육, 사회적 교류 등이 포함된다. 이 이론에 의하면 빈곤은 상속받은 인적, 물적 재산이 없거나 부족하기 때문에 발생하는 것이다.

넷째, 우연성이론은 어느 한 개인이 빈곤하게 되는 것은 인간자본에 대한 투자가 없거나, 잘못된 개인적 선택이나 상속, 다른 사회적인 원인에 의한 것이 아니라 우연히 다친 불운(도산, 교통사고, 화재, 수해 등)과 같은 요인에 의해 발생한다는 이론이다.

(2) 사회구조적 원인론

대표적인 사회구조적 원인론을 살펴보면 다음과 같다.

첫째, 마르크스주의(Marxism)의 계급이론으로, 자본주의 생산양식에서 생산 유무에 따른 사회적 관계가 빈곤여부를 결정하는 근거가 된다는 이론이다. 이 이론에서 빈민들은 자본주의가 필요로 하는 산업예비군으로 경제가 호황기일 때는 고용주들이 꺼내 쓸 수 있고 불황기 때는 실업자들이 모이는 일종의 예비노동력의 저장소와 같다는 것이다. 또한 빈곤은 현재 빈민이 아닌 일반인들에게도 기강을 잡는 역할을 하는데, 빈곤이라는 상황 자체가 대단히 열악한 상황을 의미하므로 현재 가난하지 않는 사람들조차도 자본주의 요구 앞에 설사 자신이 가지고 있는 신념과 정체성까지도 부정하고 자신을 자발적으로 적응시키게 된다는 것이다.

둘째, 노동시장분절이론(segmented labor market theory)은 분절된 노동시장의 어느 편에 고용되느냐에 따라 영향을 받는다고 본다. 노동시장은 핵심부문인 1차 내부노동시장과 주변부문인 2차 외부노동시장으로 나뉘어 있다. 1차 내부노동시장은 고용이 안정적이고 높은 임금, 좋은 작업환경, 많은 승진기회를 가지며 2차 외부노동시장은 고용불안정, 낮은 임금, 나쁜 작업환경, 적은 승진기회를 갖는다. 따라서 빈곤은 이러한 분절된 노동시장에서 2차 노동시장에 고용되었기에 발생한 것으로 본다.

셋째, 빈곤문화론(culture of poverty)으로 빈곤은 주로 개인의 가치, 태도 그리고 행동에 의해 영향을 받는다고 본다. 이러한 가치나 태도는 주로 개인이 속한 환경에 의해 영향을 받는다. 빈민들이 속한 사회의 문화는 일반사회의 지배문화와는 달리 다른 독특한 하위문화를 형성하고 있다. 빈민들이 형성하는 하위문화의 특성은 출세에 대한 동기의식이 매우 약하고, 의존심이 크고, 열등의식을 갖고 있으며, 앞날에 대한 희망이 없고, 운명주의적이다. 빈민들은 자신의 주변에 널리 퍼져 있는 이러한 하위문화에 영향을 받아 자신도 그러한 가치나 태도를 가지게 되어 상층사회로의 진입을 막아 빈곤상태에 빠지는 원인이 된다.

02 소득불평등

어떤 사람의 경제적 지위 또는 경제력을 나타내는 지표로는 대개 세 가지로 볼 수 있는데 소득, 소비, 부이다. 그중 소득이 가장 보편적으로 사용된다.

1) 소득의 개념

넓은 의미의 소득은 일정한 활동을 통해서 얻는 벌이를 지칭한다. 좁은 의미의 소득은 경제활동을 통하여 얻는 대가를 화폐가치로 표시한 것을 가리키는데, 대체로 소득의 개념은 좁은 의미로 많이 쓰인다. 그 구체적인 형태는 일정한 경제활동에 참여한 개인이나 법인이 얻은 재화나 용역을 화폐가치로 표시한 임금·지대·이자·이윤 등으로 나타난다. 즉, 경제 주체가 일정한 기간에 걸쳐 노동·토지·자본 등 생산요소를 투입하여 경제활동에 참여함으로써 얻는 유용한 재화나 용역으로 볼 수 있다.

소득의 종류는 다음과 같다.

첫째, 시장소득으로 근로소득, 사업소득, 재산소득에 사적이전을 합한 개념이다, 시장소득은 소득세 및 사회보험료 등을 납부하기 이전의 소득을 의미하는 세전소득을 말한다. 즉, 국가의 개입이 이루어지기 이전의 소득을 말한다. 사적이전소득은 자녀가 부모에게 주는 용돈, 생활비 등을 의미한다.

둘째, 총소득은 시장소득에 공적 이전소득을 합한 것으로 우리나라의 통계에서는 경상소득에 해당한다.

셋째, 가처분소득은 총소득에서 소득세 및 사회보험료 등을 제외한 소득을 의미하는데, 국가의 개입이 이루어진 이후의 세후소득을 의미한다.

2) 소득불평등의 개념

소득불평등이란 개인 또는 세대 간에 고소득에서 저소득까지 소득분포가 산재해 있어 균등화되지 못한 상태를 의미한다. 즉, 경제적 자산과 소득의 차이에서 발생하는 불평등을 가리키는데, 여기에는 빈곤층과 부유층 간의 물질적 격차를 포함한다. 경제적 불평등이 증가하는 현상을 경제 양극화라고 한다.

3) 소득불평등의 측정

(1) 분위분배율

① 10분위 분배율

1973년 스탠포드대학 아델만 교수와 모리수 교수가 발표한 소득 분배 정도 판별법으로서, 소득 분배의 정도를 나타내는 것들 가운데 빈부의 격차를 가장 잘 설명해주는 것으로 알려져 있다. 10분위 분배율은 한 나라의 모든 가구를 소득의 크기순으로 배열하고 이를 10등급으로 분류하여, 소득이 낮은 1등급에서 4등급까지의 소득합계를 소득이 가장 높은 9, 10등급의 소득 합계로 나눈 비율을 말한다. 즉, 상위 소득 20%의 소득 합계에 대한 하위 소득 40%의 비율을 말한다. 이 비율이 높으면 소득 격차가 작고, 반대로 낮으면 소득 격차가 큰 것이다. 아델만 교수는 이 비율이 45% 이상이면 분배가 잘 된 국가이고, 35~45%는 중간 수준, 35% 이하이면 불평등 국가로 분류한다. 이처럼 10분위 분배율은 계층 간 소득 차이를 비교할 수 있다는 점에서 로렌츠곡선이나 지니계수에 비해 널리 이용되고 있다.

10분위 분배율 = 하위 40% 가구의 소득 합 / 상위 20% 가구의 소득 합

② 5분위 분배율

5분위 분배율은 소득이 작은 가구에서 소득이 높은 가구를 일렬로 배열하여 5개의 구간으로 나눈 후, 상위 20%(최상위 구간)의 소득을 하위 20%(최하위 구간)의 소득으로 나눈 것입니다. 5분위 배율은 10분위 배율과 유사하게 값이 커질수록 소득의 양극화가 커지고 불평등한 소득 분배를 나타내며, 값이 작아질수록 소득의 양극화가 작고 균등한 소득 분배를 나타내게 된다.

5분위 분배율 = 상위 20% 가구의 소득 합 / 하위 20% 가구의 소득 합

(2) 지니계수

소득불평등 분석에서 많이 사용되는 지니계수(Gini coefficient, 이탈리아어: coefficiente di Gini)는 소득 격차를 계수화한 것이다. 오늘날 가장 널리 사용되는, 불평등의 정도를 나타내는 통계학적 지수로, 이탈리아의 통계학자인 코라도 지니(Corrado Gini)가 1912년 발표한 논문 "Variabilità e mutabilità"에 처음 소개되었다. 지니계수는 소득 분배의 불평등함 외에도, 부의 편중이나 에너지 소비에 있어서의 불평등함에도 응용된다. 지니계수는 로렌츠곡선과 밀접한 관련이 있는데, 서로 다른 로렌츠곡선들이 교차하는 경우 비교하기가 곤란하다는 로렌츠곡선의 단점을 보완한다.

로렌츠곡선은 사람들을 소득의 크기대로 순서를 매긴 후 낮은 소득을 가진 사람들부터 시작하여 가로축에 인구를 누적해 나가고, 세로축에서 그들의 소득을 누적해감으로써 그려진 곡선이다. 인구의 누적 비율과 소득의 누적 점유율 사이의 상관관계를 나타내는 로렌츠곡선은 소득 분배가 완전히 평등하다면 기울기가 1인 대각선의 형태가 될 것이다. 즉, 현실적으로는 불가능하나 소득 분배가 평등해서 모든 사람의 소득이 균등한 경우에는 로렌츠곡선은 대각선 AB와 일치하는데, 이를 완전평등선이라고 한다.

바꾸어 말하면 현실의 소득분포가 완전 평등에서 멀어질수록 로렌츠곡선은 대각선에서 멀어진 곡선의 형태를 띨 것이라는 것을 의미한다. 예를 들어, 혼자서 국민소득 전부를 가지고 있는 사람이 있고 나머지 사람의 소득은 모두 0인 경우에는 로렌츠곡선은 직작선 BC가 되는데 이것을 완전불평등선이라고 한다.

지니계수는 로렌츠곡선에서 현실의 분배상태를 나타내는 반원형의 음영부분을 완벽하게 평등한 분배상태를 나타내는 삼각형 ABC로 나눈 값이다. 즉, 대각선과 로렌츠곡선 사이의 면적을 A, 로렌츠곡선 하방의 면적을 B라고 하면, 지니계수는 A/(A+B)라는 공식을 통해 구할 수 있다. 따라서 완전 평등하다면 0(A의 값이 0이므로), 완전 불평등한 상태라면 1이 될 것(B의 값이 0이므로)이다. 이를 통해서 서로 다른 사회들 간의 불평등의 정도를 비교할 수도 있다(이준구 외, 1997: 371).

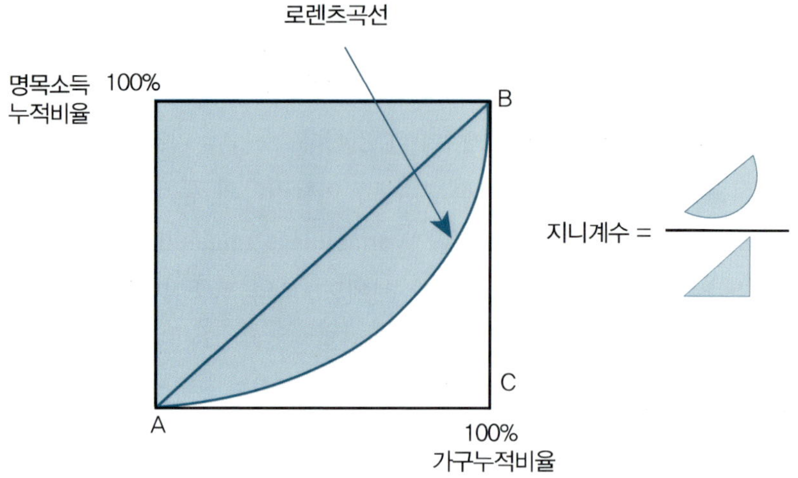

그림 11-1 지니계수
출처: 사회복지교육연구센터(2019). 사회복지정책론. p. 397.

03 공공부조

1) 공공부조의 개념

공공부조는 사회보험과 더불어 국민의 최저생활보장을 목적으로 한다. 즉, 공공부조는 국가의 조세를 재원으로 생활능력을 상실한 자들에 대해 국가의 책임 하에 소득보장, 의료보호, 교육, 주택, 기타 서비스 등의 프로그램을 무기여급부의 형태로 제공하여 최저한의 생활보장을 보장하고 자립을 촉진시키기 위한 일련의 정책들을 의미한다. 공공부조는 최후의 사회안전망으로서의 기능을 담당하는데, 공적부조(public assistance), 국가부조(national assistance), 사회부조(social assistance)라고도 한다.

2) 공공부조제도의 특성

공공부조제도는 다른 사회보장제도와는 달리 몇 가지 특성을 가지고 있다.

첫째, 공공부조는 빈곤에 대한 최후의 국가적 대책이다. 자본주의사회에서 자기 자신의 삶은 스스로가 책임지는 '사적 가치의 원리'를 기반으로 하면서도, 현대사회에서 빈곤의 사회적 배경을 감안하여 국가가 빈곤을 해결하는 최후의 보루로써의 사회적 안전망으로 기능한다. 따라서 자산조사와 같은 자격요건의 심사가 요청된다.

둘째, 공공부조는 그 대상자를 선정하여 원조를 제공하는 '선택주의'(selectivity) 제도이다. 자격요건을 갖춘 대상자에게 제한하여 제반급여를 제공하므로 모든 사람을 대상으로 하는 사회보험적 성향과는 구별된다.

셋째, 공공부조에 필요한 재원조달은 일반 조세를 통하여 마련한다. 공공부조의 대상자들은 공공부조급여를 받기 위해 별도로 경제적인 기여를 하지 않고, 일방적으로 소득의 이전을 제공받는 측면이 있다. 이것을 '소득의 일방적 이전'(unilateral transference)이라고 한다.

넷째, 이러한 소득이전을 통해 소득의 재분배적 기능을 도모할 수 있는 제도이다. 특히 중·상류계층의 조세를 통해 빈곤층과 저소득층에 공공부조 재원이 지출되어 소득의 불평등을 완화할 수 있는 기회가 되기도 한다(현외성, 2013: 337-339).

3) 공공부조의 원리와 원칙

(1) 공공부조의 원리

스스로의 생활을 영위할 수 없는 국민이 국가의 보호를 받는 것은 헌법상의 생존권에 근거를 둔 구체적인 권리이다. 공공부조는 다음과 같은 원리를 기본으로 하고 있다.

① 공공책임의 원리

일상생활이 어려운 국민의 생존권을 보장하는 일은 국가의 책무이다. 따라서 국민기초생활보장은 국가나 지방자치단체의 공공책임으로 간주한다. 국민기초생활보장법은 보장기관을 이 법을 행하는 지방자치단체장과 시장, 군수, 구청장으로 규정하여 공공책임을 분명히 규정하고 있다.

② 최저생활보장의 원리

국민기초생활보장법에 의하여 실시되는 급여는 건강하고 문화적인 최저생활을 유지할 수 있는 수준이어야 한다. 급여의 기준은 보건복지부장관이 수급자의 연령, 가구 규모, 거주 지역, 기타 생활 여건 등을 고려하여 생계·주거·의료·교육·자활 등 필요한 급여를 행하여 이들의 최저생활을 보장하는 원리이다.

③ 보충급여의 원리

국민기초생활보장법에 의한 급여는 수급자가 자신의 생활의 유지, 향상을 위하여 소득, 재산, 근로능력 등을 활용하여 최대한 노력하는 것을 전제로 이를 보충, 발전시키는 것을 기본 원칙으로 한다(「국민기초생활보장법」 제3조 제1항). 자본주의 사회에서는 자기책임이 가장 우선이고 때로는 부양의무자가 최대로 부양하도록 한 다음, 이러한 노력에도 실패로 돌아갔을 때 국가가 최후로 보충적으로 지원하는 것이 바람직하다는 의미이다.

예를 들면, 급여수준을 생계·주거·의료·교육급여액과 수급자의 자산조사를 통해 소득인정액을 포함한 총금액이 최저생계비 이상이 되도록 지원하는 것으로, 가구별 최저생계비와 소득인정액의 차액을 급여한다.

④ 가족부양과 타법우선의 원리

부양의무자의 부양과 기타 다른 법령에 의한 보호는 국민기초생활보장법에 우선하여 행해지는 것으로 한다(「국민기초생활보장법」 제3조 제2항). 그러나 다른 법령에 의한 보호의 수준이 국민기초생활보장법에서 정하는 수준에 이르지 아니하는 경우에는 나머지 부분에 관하여 이 법에 의한 급여를 받을 권리를 잃지 아니한다(동법 제3조 제2항 단서).

부양의무자(수급권자의 1촌의 직계혈족 및 그 배우자)에 의하여 부양될 수 있는 경우에는 기초생활보장급여에 우선하여 부양의무자에 의한 보호와 급여 신청자가 다른 법령에 의한 보호를 받을 수 있는 경우에는 기초생활보장급여에 우선하여 보호를 시행한다. 타 급여의 예로는, 주민세, 건강보험료, TV 시청료 등이다.

⑤ 개별성과 자립지원의 원리

수급권자의 개별적 특수상황을 최대한 반영하여 급여수준을 정하고, 근로능력이 있는 수급자에게는 자활사업에 참여할 조건으로 생계급여를 지급하는 자립지원의 원리이다.

⑥ 무차별평등의 원칙

국민기초생활보장법에 규정된 요건을 충족시키는 국민에 대하여는 성별·직업·연령·교육수준·소득원·기타의 이유로 수급권을 박탈하지 않는다는 원리이다.

즉, 국민기초생활보장에서 제공되는 급여는 무차별 평등하게 행해져야 하며, 빈곤의 주관적 원인은 묻지 않고 생활유지가 어려운 상태라는 객관적 요건만 있으면 된다는 것이다.

무차별평등의 원리는 국민기초생활법상의 급여를 받을 자격이 법적으로 평등하다는 원리이고, 급여의 수준은 보호대상자의 연령, 가구규모, 거주 지역, 기타 생활여건, 수급자의 소득인정에 따라 차등적으로 지급될 수 있다.

(2) 공공부조의 원칙

① 신청주의 원칙

수급권자와 그의 부양의무자, 친족, 기타 관계인의 신청에 의해 개시하는 것을 원칙으로 한다. 국민기초생활보장제도의 경우 사회복지전담공무원은 이 법에 의한 급여를 필요로 하는 자가 누락되지 않도록 급여를 직권으로 신청할 수 있는데, 이 경우에는 수급권자의 동의를 구하여야 하며, 이를 수급권자의 신청으로 볼 수 있다.

② 조사 및 확인의 원칙

보호대상자 또는 피보호자의 자산 상황·건강생활 또는 부양관계 등에 대하여 조사를 실시하여 수급자로 결정이 된다. 또한 수급자는 매년 1회 이상 정기적으로 조사를 실시한다. 보장기관은 수급자 또는 부양의무자가 조사를 2회 이상 거부·방해 또는 기피하거나 검진지시에 따르지 아니한 때에는 수급자의 급여결정을 취소하거나 정지 또는 중지할 수 있다.

③ 필요즉응의 원칙

급여 정도의 기준은 보건복지부장관이 수급권자 및 수급권자의 연령, 세대구성, 거주지역, 기타 생활여건 등을 고려하여 실제의 필요에 상응하도록 정한다.

④ 개별가구 단위급여의 원칙

급여의 실시는 개별가구 단위로 행하는 것이 원칙이지만 필요하다고 인정되는 경우에는 개인단위로 할 수 있다.

4) 공공부조와 사회보험

공공부조와 사회보험은 넓은 의미에서 보면 국민의 최저생계보장을 목적으로 하는 소득보장제도라는 점에서 공통점을 갖지만, 공공부조는 빈곤 등의 사회적 위험이 발생한 이후 이를 해결하기 위한 사후적 대응책으로서 기능하며, 사회보험은 미래에 직면할 수 있는 사회적 위험을 정형화하여 보험기술을 통해 미리 대비하는 사전적 제도적 장치로서 기능한다는 점에서 다르다.

이념적 성향으로 보면 공공부조제도는 도움이 필요한 사람을 선정하여 개입하므로 선택주의에 입각해 있다면, 사회보험은 모든 국민을 대상으로 하고 적당한 자격요건을 갖추어서 보험사고를 당할 때 급여를 제공하는 점에서 보편주의를 채택하고 있다. 공공부조제도는 소수의 빈곤층이 주 대상이며, 사회보험은 국민 전체를 일단 대상으로 규정하여 공공부조는 자산조사를 실시하여 급여수혜자를 선정하고 사회보험은 기여금의 제공과 가입기간 등을 요건으로 한다.

급여수준에서 보면 공공부조는 인간다운 생활을 보장(근로의욕을 저하시키지 않는 수준, 사회적 자원의 정의로운 배분을 위한 사회적 최소한의 수준)하는 것을 목적으로 한다. 그러나 사회보험은 기여금 정도와 과거의 생활수준 그리고 사회적 통념 등을 고려하여 급여의 적정선을 선택한다. 즉, 공공부조는 사람들을 무차별평등하게 취급하여 일단 빈곤에 처한 모든 사람들에게 동일한 조건에서 똑같은 급여를 제공하며(무차별평등주의), 사회보험은 특히 급여의 제공에 있어 가능한 한 기여금에 비례하거나 혹은 가입연한에 비례하여 제공한다(비례급여).

수급권의 성격에서 보면, 공공부조는 권리성이 약한 데 비하여 사회보험은 권리성이 상대적으로 강한 성격을 가진다. 특히 사회보험은 기여금에 의한 채권적인 성격을 수급권에 부여하는 사람들도 있다(임정문, 2006: 152-153).

| 표 11-2 | 공공부조와 사회보험의 차이

구 분	공공부조	사회보험
목적	구빈, 사후적 대응	방빈, 사전적 대응
이념	선택주의	보편주의
원리	무차별평등(평등주의)	비례원리 강화
대상	소수의 빈곤계층	국민전체
자격요건	자산조사	기여금 등

구 분	공공부조	사회보험
재원	일반조세	보험료
급여수준	사회적 최소한	적정선
수급권의 성격	권리성 약함	권리성 강함

출처: 임정문(2006). p. 153.

04 국민기초생활보장제도

1) 개념과 목적

국민기초생활보장정책은 국민들의 기초생활을 보장하기 위한 공공부조제도로써 「국민기초생활보장법」 제1조에서 "생활이 어려운 자에게 필요한 급여를 행하여 이들의 최저생활을 보장하고 자활을 조성하는 것을 목적으로 한다"고 밝히고 있다. 국민기초생활보장정책은 무갹출로 국가에 의해 수급자에게 일반적으로 제공되는 급여를 포함하고 있다. 이것은 국민이라는 자격으로 생존권을 보장받을 수 있다는 데에 근거를 두고 있으며, 따라서 수급권 역시 권리로 인정된다.

2) 특성

국민기초생활보장의 급여내용은 다양하지만 핵심내용은 생계유지와 생활보장이라는 특성을 가진다. 그러므로 경제적 급여를 기반으로 하여 다양한 형태의 급여가 제공된다. 기초생활급여의 재원은 보통 일반조세로 충당된다. 보험료 혹은 기여금에 의해서 마련되는 사회보험제도와는 다르고 일반조세로 충당되는 사회복지서비스와는 유사점을 가지고 있다.

기초생활급여는 보건복지부장관이 최저생계비를 계측하여 이를 토대로 급여의 종류별로 최저보장수준 또는 금액을 공포한다. 그리고 생계급여의 수급자를 결정하는 생계급여 산정의 기초가 되는 중위소득을 결정해야 한다(강희갑 외, 2016: 314).

3) 국민기초생활보장제도의 연혁

1961년 12월 제정된 「생활보호법」을 폐지하고 「국민기초생활보장법」(1999년 9월 7일)에 근거하여 2000년 10월부터 시행된 제도이다. 본 제도는 일할 능력이나 소득원이 없는 사람에게는 최저생활비를 지급하지만 일할 능력이 있는 사람에게는 자활사업에 참여를 조건으로 급여를 지급한다.

| 표 11-3 | 국민기초생활보장제도의 연혁

시기	내용
1944. 03. 01.	조선구호령[89] 실시
1961. 12. 30.	「생활보호법」[90] 제정
1999. 09. 07.	「국민기초생활보장법」 제정
2000. 10 01.	「국민기초생활보장법」 시행
2005. 12. 23.	부양의무자 범위 축소(수급권자의 1촌 직계혈족 및 그 배우자)
2006. 12. 28.	차상위계층에 대한 주거, 교육, 의료, 강제 및 자활급여 등 부분급여 지급
2015. 7. 11.	맞춤형 급여체계 시행

89) 조선구호령(1944년 3월)은 일본에서 1929년 제정되어 1932년부터 실시하던 「구호법」을 원용하여 실시하였는데, 형식상으로는 근대적 의미의 공공부조가 우리나라에 최초로 제도화된 것이며, 「국민기초생활보장법」의 전신인 「생활보호법」의 모태가 되었다.
① 적용 대상: 65세 이상의 노쇠자, 13세 이하의 유아, 임산부, 불구, 폐질, 질병, 상이, 기타 정신 또는 신체의 장애로 인하여 노동을 하기에 지장이 있는 자.
② 급여: 생활부조, 의료, 조산, 생업부조, 장제부조 등
③ 원칙: 신청주의에 의하며, 자산조사를 거치도록 규정하였다. 거택보호가 원칙이며, 예외적으로 구호시설수용, 위탁수용을 할 수 있도록 규정하였다.
④ 재정: 국가가 1/2 또는 7/12 이내를 보조하고, 도는 1/4을 보조할 수 있으며, 이하는 읍·면에서 부담하도록 규정

90) 「생활보호법」(1961. 12. 30.)은 조선구호령과 유사한 측면이 많은 법으로, 인구학적 기준(18세 미만, 65세 이상)에 따라 지원을 하였다. 생활보호법 제정을 통해 우리나라 빈곤 구제정책이 정착되고, 공공부조사업이 본격적으로 실시되기 시작하였으며, 급여로는 생계보호, 의료보호, 자활보호, 교육보호, 해산보호, 장제보호를 하였다.

4) 국민기초생활보장정책의 주요 내용

(1) 수급권자와 수급자

① 수급자의 개념과 범위

국민기초생활보장제도는 생활이 어려운 사람에게 필요한 급여를 실시하여 이들의 최저생활을 보장하고 자활을 돕는 것을 목적으로 하여 수급권자와 수급자를 보호한다. 수급권자란 이 법에 따른 급여를 받을 수 있는 자격을 가진 사람을 말한다(「국민기초생활보장법」 제2조 제1호). 수급자란 이 법에 따른 급여를 받는 사람을 말한다(동법 제2조 제2호). 외국인에 대한 특례에 관하여는 국내에 체류하고 있는 외국인 중 대한민국 국민과 혼인하여 본인 또는 배우자가 임신 중이거나 대한민국 국적의 미성년 자녀를 양육하고 있거나 배우자의 대한민국 국적인 직계존속(直系尊屬)과 생계나 주거를 같이하고 있는 사람으로서 대통령령으로 정하는 사람이 이 법에 따른 급여를 받을 수 있는 자격을 가진 경우에는 수급권자가 된다(동법 제5조 제2호).

② 수급자의 권리와 의무

수급자의 권리에 관하여는 첫째, 급여 변경의 금지로서 수급자에 대한 급여는 정당한 사유 없이 수급자에게 불리하게 변경할 수 없다(동법 제34조). 둘째, 압류의 금지로서 수급자에게 지급된 수급품과 이를 받을 권리와 지정된 급여수급계좌의 예금에 관한 채권은 압류할 수 없다(동법 제35조).

수급자의 의무는 첫째, 양도의 금지로서 수급자는 급여를 받을 권리를 타인에게 양도할 수 없으며(동법 제36조), 둘째, 신고의 의무로서 수급자는 거주지역, 세대의 구성 또는 임대차 계약내용이 변동되거나 수급자 또는 부양의무자의 소득·재산상황 등이 현저하게 변동되었을 때에는 지체 없이 관할 보장기관에 신고하여야 한다(동법 제37조).

③ 수급자의 선정기준

국민기초생활보장제도의 급여를 받을 수 있는 수급자로 선정되기 위해서는 2가지 조건을 동시에 만족시켜야 한다. 첫째, 부양의무자기준으로서 부양의무자[91]가 없거나, 부양의무자가 있어도 부양능력이 없거나 부양을 받을 수 없는

91) 부양의무자의 범위는 수급권자의 1촌의 직계혈족(부모, 아들·딸 등) 및 그 배우자(며느리, 사위 등)이다.

자로서, 둘째, 기준 중위소득으로 산정한다. 기준 중위소득은 「통계법」에 따라 통계청이 공표하는 통계자료의 가구 경상소득(근로소득, 사업소득, 재산소득, 이전소득을 합산한 소득을 말한다)의 중간 값에 최근 가구소득 평균 증가율, 가구규모에 따른 소득수준의 차이 등을 반영하여 가구규모별로 산정한다.

(2) 급여

수급자 선정을 위한 기준은 기준 중위소득을 적용한다. 급여별 선정기준을 중위소득(모든 가구를 소득순으로 매겼을 때, 가운데를 차지한 가구의 소득)과 연계한다.

① 생계급여

수급자에게 의복·음식물 및 연료비와 기타 일상생활에 기본적으로 필요한 금품을 지급하여 그 생계를 유지하게 함을 목적으로 하며, 생계급여액은 현금급여기준에서 가구의 소득인정액을 차감하여 산정한 금액 중 주거급여액을 제외한 급여이다. 생계급여 최저보장수준은 생계급여와 소득인정액[92]을 포함하여 생계급여 선정기준 이상이 되도록 하여야 한다. 근로능력이 있는 수급자에게 자활에 필요한 사업에 참가할 것을 조건으로 하여 생계급여를 실시할 수 있다.

② 주거급여

주거급여는 수급자에게 주거 안정에 필요한 임차료, 수선유지비, 그 밖의 수급품을 지급하는 것으로 한다. 2015년 7월부터 주거급여가 실시되었다. 이전에도

---

92) 소득인정액은 개별가구의 소득평가액과 재산의 소득환산액을 합산한 금액을 말한다. ① 개별가구의 소득평가액은 개별가구의 실제소득에도 불구하고 보장기관이 급여의 결정 및 실시 등에 사용하기 위하여 산출한 금액으로 다음 각 호의 소득을 합한 개별가구의 실제소득에서 장애·질병·양육 등 가구 특성에 따른 지출요인, 근로를 유인하기 위한 요인, 그 밖에 추가적인 지출요인에 해당하는 금액을 감하여 산정한다.
1. 근로소득
2. 사업소득
3. 재산소득
4. 이전소득
② 재산의 소득환산액은 개별가구의 재산가액에서 기본재산액(기초생활의 유지에 필요하다고 보건복지부장관이 정하여 고시하는 재산액을 말한다) 및 부채를 공제한 금액에 소득환산율을 곱하여 산정한다. 이 경우 소득으로 환산하는 재산의 범위는 다음 각 호와 같다.
1. 일반재산(금융재산 및 자동차를 제외한 재산을 말한다)
2. 금융재산
3. 자동차
③ 실제소득, 소득평가액 및 재산의 소득환산액의 산정을 위한 구체적인 범위·기준 등은 대통령령으로 정한다.

주거급여는 금액이 적었고 받을 수 있는 사람도 기초생활 수급자로 한정되었다. 2015년 6월 이전의 최저생계비기준은 중위소득의 40% 수준이었고, 실제 현금 지급기준은 중위소득의 33% 수준이었다. 2015년 7월 이후 변경된 기준은 중위소득의 43%까지 주거급여를 지급하며, 국토교통부에서 주관한다.

③ 교육급여

교육급여는 수급자에게 입학금, 수업료, 학용품비, 그 밖의 수급품을 지급하는 것으로 하되, 학교의 종류·범위 등에 관하여 필요한 사항은 대통령령으로 하고 소관부처는 교육부장관이다.

교육급여 수급권자는 부양의무자가 없거나, 부양의무자가 있어도 부양능력이 없거나 부양을 받을 수 없는 사람으로서 교육급여 선정기준은 그 소득인정액이 기준 중위소득의 100분의 50 이상으로 한다.

④ 의료급여

의료급여는 수급자에게 건강한 생활을 유지하는 데 필요한 각종 검사 및 치료 등을 지급하는 것으로 한다. 의료급여 수급권자는 부양의무자가 없거나, 부양의무자가 있어도 부양능력이 없거나 부양을 받을 수 없는 사람으로서 그 소득인정액이 중앙생활보장위원회의 심의·의결을 거쳐 결정하는 의료급여 선정기준 이하인 사람으로 한다. 이 경우 의료급여 선정기준은 기준 중위소득의 100분의 40 이상으로 한다.

⑤ 해산급여

수급자에게 조산, 분만 전과 분만 후의 필요한 조치와 보호에 대한 급여를 행하는 것으로, 보건복지부령이 정하는 바에 따라 보장기관이 지정하는 의료기관에 위탁하여 행할 수 있다.

⑥ 장제급여

장제급여는 수급자가 사망한 경우 사체의 검안, 운반, 화장 또는 매장, 그 밖의 장제조치를 하는 것으로 보건복지부령으로 정하는 바에 따라 실제로 장제를 실시하는 사람에게 장제에 필요한 비용을 지급하는 것으로 한다. 다만 그 비용을 지급할 수 없거나 비용을 지급하는 것이 적당하지 아니하다고 인정하는 경우에는 물품을 지급할 수 있다.

⑦ 자활급여

자활급여는 수급자의 자활을 돕기 위하여 다음과 같은 급여를 실시한다. 첫째, 자활에 필요한 금품의 지급 또는 대여, 둘째, 자활에 필요한 근로능력의 향상 및 기능습득의 지원, 셋째, 취업알선 등 정보의 제공, 넷째, 자활을 위한 근로기회의 제공, 다섯째, 자활에 필요한 시설 및 장비의 대여, 여섯째, 창업교육, 기능훈련 및 기술·경영지도 등 창업지원, 일곱째, 자활에 필요한 자산형성지원, 여덟째, 그 밖에 대통령령으로 정하는 자활을 위한 각종 지원 등이다. 자활급여는 관련 공공기관·비영리법인·시설과 그 밖에 대통령령으로 정하는 기관에 위탁하여 실시할 수 있다. 이 경우 그에 드는 비용은 보장기관이 부담한다.

(3) 국민기초생활보장제도의 운용

국민기초생활보장제도의 재원은 일반조세를 통한 재원조달이 주류를 이루고, 재정부담은 원칙적으로 중앙정부와 지방정부가 분담하고 있으며, 제도를 관장하는 주무부처는 보건복지부이다.

05 기초연금제도

우리나라 노인 인구는 500만 명 정도로 전체 인구의 10%를 넘어섰다. 통계청이 발표한 2008년 고령자 통계에 따르면, 65세 이상 노인 인구는 지난해보다 20만 6천 명 늘어난 520만 6천 명으로 전체 인구의 10.3%를 차지했다. 이런 추세라면 우리나라는 10년 뒤 고령사회(65세 이상 인구 비중 14%)로 넘어가 2026년 초고령사회(20%)에 진입할 전망이다. 젊은이들의 노년인구 부양 부담도 갈수록 커질 수밖에 없으며, 65세 이상 노인 1명을 지금은 15~64세 생산 가능 인구 7명이 부양하는 것으로 나타났지만 2020년에는 4.6명, 2030년에는 2.7명이 노인 1명을 부양해야 할 것으로 전망되고 있다. 더구나 노년기에는 퇴직 등으로 인한 소득의 격감 또는 상실에도 불구하고 기본적인 생계유지를 위한 일상생활비 지출은 다소 감소한 선에서 지속적으로 유지되며, 질병치료에 소요되는 의료비의 증가로 인하여 적자 가계상태로 전락하게 될 것이고, 따라서 노년기에는 많은 경제적 어려움을 겪게 된다.

현재 우리나라는 경제적으로 많이 풍요로워졌지만 단시간의 산업화로 노인들은 국가적 차원에서 제도화된 사회보장에 대한 사회적 기여의 부재와 가족구조의 변화 해체를 겪고 있다. 재산이나 소득이 전혀 없는 노인가구가 전체의 32%에 이를 만큼 경제사정이 어려운 노인들이 많고, 이런 노인들을 부양하는 자녀들의 경제적 부담이 매우 크다.

1) 기초연금제도의 목적

기초연금은 어려운 노후를 보내는 노인들을 지원하는 제도로, 노인에게 기초연금을 지급하여 안정적인 소득기반을 제공함으로써 노인의 생활안정과 복지 증진을 목적으로 하며, 현재의 심각한 노인 빈곤문제를 해결하면서 미래세대의 부담을 덜고 노후에 안정된 혜택을 누릴 수 있도록 2014년 7월부터 기초노령연금제도[93]가 폐지되고 기초연금제도가 시행되었다.

2) 기초연금제도의 수급자

기초연금은 만 65세 이상이고 한국 국적이며 주민등록이 되어 있는 노인 중 가구의 '소득인정액'[94]이 '선정기준액(보건복지부장관이 정하여 고시하는 금액)'[95] 이하인 자에게 지급된다.

공무원연금, 사립학교교직원연금, 군인연금, 별정우체국연금 수급권자 및 그 배우자는 원칙적으로 기초연금 수급자에서 제외된다. 다만 직역재직기간이 10년 미만인 연계연금수급권자 및 그 배우자는 기초연금 수급이 가능하며 장해보상금, 유족연금일시금, 유족일시금(공무상 사망 등에 따라 유족연금 대신 받은 경우)을 받은

93) 2008년부터 국민연금의 사각지대에 있는 노인빈곤층을 위하여 기초노령연금을 지급함으로써 노후의 생활안정을 지원하고 복지증진을 도모하는 사회보장제도로서의 측면에서 기초노령연금제도는 중요하다는 것이다. 2007년 4월 25일 신규 제정된 법률로 2008년 1월 1일부터 실행되었다(김귀환·나직균, 2010).

94) 소득인정액이란 본인 및 배우자의 소득평가액과 재산의 소득환액을 합산한 금액이다.

95) 5세 이상 전체 어르신 중 소득과 재산이 적은 하위 70%를 선정하기 위한 선정기준액(2019년 기준)

단독가구	부부가구
137만 원	219만 2천 원

이후 5년이 경과된 직역연금 수급권자 및 그 배우자도 기초연금 수급대상에 포함된다.

3) 기초연금제도의 급여

기초연금의 급여는 첫째, 물가연동방식의 기준연금액으로 산정하며, 둘째, 이에 해당하지 않는 사람들은 소득재분배급여(A급여)에 따른 산식에 의해서 산정한다. 셋째, 직역연금 특례대상자[96]와 넷째, 기초연금액의 감액으로 구성되어 있다.

기준연금액은 2019년 일반수급자는 월 최대 253,750원(2019년 4월~2020년 3월. 최저 25,375원)이며, 저소득 수급자는 최대 30만 원을 지급한다. 기준연금액 산정 대상은 첫째, 국민연금을 받지 않고 있는 자(무연금자), 둘째, 국민연금 월급여액이 기준연금액의 150% 이하인 자, 셋째, 국민연금의 유족연금이나 장애연금을 받고 있는 자, 넷째, 장애인연금 수급권자 및 국민기초생활보장 수급권자 등이다.

소득재분배급여(A급여)는 국민연금급여액 중 기초연금적 성격을 가진 부분으로서, 개인별 기초연금액을 결정하는 기준이 되는 급여이다. 기본적으로 가입기간이 길수록, 일찍 가입할수록 A급여액은 증가하지만, 가입기간이 동일하더라도 가입시기, 가입이력에 따라 급여액은 다를 수 있다.

(기준연금액 – 2/3 × A급여액) + 부가연금액

※ ( )의 계산결과가 음(-)의 값일 경우에는 '0'으로 처리

기초연금의 감액은 부부감액과 소득역전방지 감액이 있다. 부부감액은 부부 모두가 기초연금을 받는 경우, 각각의 기초연금에서 20%를 감액하여 지급한다. 소득역전방지 감액은 기초연금 수급으로 발생할 수 있는 불공평성 문제를 해결하기 위해 소득인정액과 기초연금액을 합산한 금액이 선정기준액 이상인 경우에는 선정기준액을 초과하는 금액의 범위에서 기초연금액의 일부를 감액할 수 있다.

96) 부가연금액(기준연금액의 50%)

4) 기초연금제도의 운용

기초연금의 신청은 '복지로'를 통한 온라인 또는 읍면동사무소, 국민연금관리공단에 만 65세 생일이 속하는 달의 1개월 전부터 신청할 수 있다.

5) 타 제도와의 관계

장애인연금 수급권자 중 기초연금대상자에게는 장애인연금 기초급여를 실시하지 않는다.

06 의료급여제도

1) 개념과 목적

의료급여란 생활유지능력이 없거나 생활이 어려운 저소득 국민의 의료문제를 국가가 보장하는 제도로서 건강보험과 함께 국민 의료보장의 중요한 수단이 되는 사회보장제도이다. 특히 저소득층을 대상으로 하는 의료급여는 어려운 국민들에게 발생하는 질병, 부상, 출산 등에 대해 의료서비스를 현물로 제공하고 있다.

의료급여는 생활이 어려운 자에게 의료급여를 실시함으로써 국민 보건의 향상과 사회복지의 증진에 이바지함을 목적으로 한다. 이는 건강보험과 더불어 국민의 건강한 생활을 보장하기 위한 의료보장제도로서 저소득층의 의료복지를 위한 중요한 수단이 되고 있다.

2) 의료급여제도의 연혁

의료급여의 역사는 1961년 제정된 「생활보호법」에서 시작한다. 당시 「생활보호법」은 의료보호에 관한 규정이 포함되어 있었으나 시행령이 마련되지 않아 실시되지 못하였다. 그 후 사회적 취약계층에 대한 보호의 필요성이 대두되어

1977년 12월 「의료보험법」이 제정되고, 1979년부터 시행되어 생활보호대상자, 이재민, 국가유공자, 무형문화재에 대하여 1종은 무료, 2종의 경우 1차 진료는 무료, 2차 진료는 70%를 본인이 부담하였다. 김대중 정부 이후인 2000년 5월에 「의료급여법」으로 전면 개정되었고, 의료급여는 「국민기초생활법」 상의 수급자에게 생계급여, 주거급여, 교육급여와 함께 제공되었다. 1997년 270일이었던 의료급여 기간을 1998년 300일, 1999년에는 330일로 연장하였고, 2000년에는 기간제한을 폐지하였으나 의료급여대상자의 의료남용 등의 문제가 발생하여 2002년부터 연간 365일로 급여기간을 제한하였다. 2003년부터 수급자의 연령도 61세에서 65세로 상향, 2002년 5월에 보건복지부의 의료급여과 신설, 2002년 4월에는 건강보험심사평가원에 의료급여실을 신설하여 의료급여체계를 대폭 강화하였다.

| 표 11-4 | 의료급여제도의 연혁

시기	내용
1961. 12. 30.	「생활보호법」 제정으로 의료급여(제5조) 규정
1977. 12. 31.	「생활보호법」에서 분리하여 의료보호법 제정
1993. 12. 01.	2종 보호대상자 외래진료비 1,000원 부담 (과잉진료 및 수진의 남용을 방지하는 동시에 전국민 의료보험의 실시에 따라 의료부조제도 폐지)
2000. 05. 24.	「의료급여법」으로 개정 (의료급여 수급기간 폐지, 예방·재활 의료급여 실시)
2007. 02. 28.	1종 수급권자 외래진료 시 부담금 도입

출처: 나직균 외(2011). p. 268.

3) 지원대상

「의료급여법」에 따른 수급권자는 다음과 같다.

① 「국민기초생활보장법」에 따른 의료급여 수급자

② 「재해구호법」에 따른 이재민으로서 보건복지부장관이 의료급여가 필요하다고 인정한 사람

③ 「의사상자 등 예우 및 지원에 관한 법률」에 따라 의료급여를 받는 사람

④ 「입양특례법」에 따라 국내에 입양된 18세 미만의 아동

⑤ 「독립유공자예우에 관한 법률」, 「국가유공자 등 예우 및 지원에 관한 법률」 및 「보훈보상대상자 지원에 관한 법률」의 적용을 받고 있는 사람과 그 가족으로서 국가보훈처장이 의료급여가 필요하다고 추천한 사람 중에서 보건복지부장관이 의료급여가 필요하다고 인정한 사람

⑥ 「문화재보호법」에 따라 지정된 중요무형문화재의 보유자(명예보유자를 포함한다)와 그 가족으로서 문화재청장이 의료급여가 필요하다고 추천한 사람 중에서 보건복지부장관이 의료급여가 필요하다고 인정한 사람

⑦ 「북한이탈주민의 보호 및 정착지원에 관한 법률」의 적용을 받고 있는 사람과 그 가족으로서 보건복지부장관이 의료급여가 필요하다고 인정한 사람

⑧ 「5·18민주화운동 관련자 보상 등에 관한 법률」 제8조에 따라 보상금 등을 받은 사람과 그 가족으로서 보건복지부장관이 의료급여가 필요하다고 인정한 사람

⑨ 「노숙인 등의 복지 및 자립지원에 관한 법률」에 따른 노숙인 등으로서 보건복지부장관이 의료급여가 필요하다고 인정한 사람

⑩ 그 밖에 생활유지능력이 없거나 생활이 어려운 사람으로서 대통령령으로 정하는 사람

또한 난민에 대한 특례로써 「난민법」에 따른 난민인정자로 「국민기초생활보장법」에 따른 의료급여 수급권자의 범위에 해당하는 사람은 수급권자로 본다.

4) 의료급여제도의 수급권자

의료급여 수급권자 중 국민기초생활보장법에 의한 수급자는 1종 및 2종 수급권자로 구분하여 본인부담금에 차등을 두고 있는데, 1종과 2종을 구분하는 근거는 근로능력의 유무이다. 수급자 중 근로능력이 없는 자는 1종, 근로능력이 있는 자는 2종이 된다.

(1) 1종 수급권자

1종 수급자는 다음 각 항목의 어느 하나에 해당하는 자 또는 근로능력이 없거나 근로가 곤란하다고 인정하여 보건복지부장관이 정하는 자만으로 구성된 세대의 구성원으로

- 18세 미만인 자
- 65세 이상인 자
- 「장애인고용촉진 및 직업재활법」 제2조 제2호에 해당하는 중증장애인
- 「국민기초생활보장법 시행령」 제7조 제1항 제2호에 해당하는 자
- 임신 중에 있거나 분만 후 6개월 미만의 여자
- 「병역법」에 의한 병역의무를 이행중인 자 등이다.

또한 「국민기초생활보장법 시행령」 규정에 의한 보장시설에서 급여를 받고 있는 자와 보건복지부장관이 정하여 고시하는 희귀난치성질환 또는 중증질환을 가진 사람, 「국민기초생활보장법」의 규정에 해당하는 자로서 보건복지부장관이 인정하는 자로서 보건복지부장관이 1종 의료급여가 필요하다고 인정하는 자이다.

(2) 2종 수급권자

「국민기초생활보장법」에 의한 수급자 중 1종 수급권자에 해당하지 아니하는 자와 보건복지부장관이 2종 의료급여가 필요하다고 인정하는 자이다.

5) 의료급여제도의 급여

수급권자의 질병·부상·출산 등에 대한 의료급여의 내용은 진찰·검사, 약제·치료재료의 지급, 처치·수술과 그 밖의 치료, 예방·재활, 입원, 간호, 이송과 그 밖의 의료목적 달성을 위한 조치 등이다.

의료급여[97]를 받을 수 있는 자격으로는 본인가구의 근로능력, 소득, 재산과 부양의무자를 본다. 기본적으로 생계급여자에게 적용하는 까다로운 조건을 다 적용하면서 가구의 소득인정액이 위에서 정한 금액 이하인 가구이다.

의료급여의 방법·절차·범위·한도 등 의료급여의 기준에 관하여는 보건복지부령으로 정하고, 의료수가기준과 그 계산방법 등에 관하여는 보건복지부장관이 정한다. 보건복지부장관은 의료급여의 기준을 정할 때 업무 또는 일상생활에 지장이 없는 질환 등 보건복지부령으로 정하는 사항을 의료급여 대상에서 제외할

97) 의료급여제도는 2019년을 기준으로 1인 가구 682,803원, 2인 가구 1,162,611원, 3인 가구 1,504,013원, 4인 가구 1,845,414원, 5인 가구 2,186,816원 이하이면 의료급여를 받을 수 있다(이 기준도 매년 중위소득에 따라 인상되는 경향이 있다).

수 있다.

6) 의료급여제공의 급여기관

의료급여는 「의료법」에 따라 개설된 의료기관, 「지역보건법」에 따라 설치된 보건소·보건의료원 및 보건지소, 「농어촌 등 보건의료를 위한 특별조치법」에 따라 설치된 보건진료소, 「약사법」에 따라 개설등록 된 약국 및 한국희귀의약품센터에서 제공된다. 의료급여기관별 진료범위는 보건복지부령으로 정한다.

- 제1차 의료급여기관: 의료법에 따라 시장·군수·구청장에게 개설 신고한 의료기관, 지역보건법에 따라 설치된 보건소·보건의료원 및 보건지소, 농어촌 등 보건의료를 위한 특별조치법에 따라 설치된 보건진료소, 약사법에 따라 등록된 약국 및 한국희귀의약품센터 등이다.
- 제2차 의료급여기관: 의료법에 따라 시·도지사가 개설허가를 한 의료기관 등이다.
- 제3차 의료급여기관: 제2차 의료급여기관 중에서 보건복지부장관이 지정하는 의료기관 등이다.

7) 의료급여자 본인부담 완화제도

(1) 본인부담 보상제

의료급여 수급자의 본인부담금이 기준금액을 초과한 경우 초과금액의 50%를 돌려주는 제도이다. 노인 틀니는 제외하고 2천 원 미만은 지급하지 않는다. 1종 수급자는 30일간 2만 원을 초과한 경우 초과금액의 50%를 지급하고, 2종 수급자는 30일간 20만 원을 초과한 경우 초과금액의 50%를 지급한다. 1종 수급자가 한 달간 입원 또는 외래진료비가 10만 원인 경우 2만 원을 초과한 8만 원의 50%인 4만 원을 본인부담 보상제로 환급받을 수 있다. 입원진료비 외에 외래진료비, 약제비도 지원한다. 그러나 식대 중 본인부담비와 비급여 항목은 지원하지 않는다. 환급절차는 의료비를 병원에 지급하고 그 영수증을 관할 시·군·구에 제출한다. 시·군·구에서는 금액을 확인하고 보상금을 수급자 계좌에 넣어 준다.

(2) 본인부담 상한제

의료급여 수급자의 본인부담금이 기준금액을 초과한 경우 초과금액의 50%를 돌려주는 제도이다. 노인 틀니를 제외하고 2천 원 미만의 금액은 지급하지 않는다. 1종 수급자의 입원진료비 외래진료비 약제비를 포함하여 30일간 5만 원을 초과한 경우 초과 금액의 50%를 지급한다. 2종 수급자는 6개월간 60만 원을 초과한 경우 초과 금액의 50만 원을 지급한다. 본인부담 보상제를 먼저 적용하고도 의료비 부담액이 위와 같을 때에 지급한다.

07 긴급복지제도

1) 긴급복지제도의 목적

긴급복지제도는 생계곤란 등의 위기상황에 처하여 도움이 필요한 자를 신속하게 지원함으로써 이들이 위기상황에서 벗어나 건강하고 인간다운 생활을 하게 함을 목적으로 한다. 기초생활보장신청 후 급여까지 절차를 밟는 데 걸리는 기간이 길기 때문에 긴급한 경우 신속한 지원을 위해 선지원·사후조사의 절차로 신청 후 3일~4일 이내에 급여를 지급한다.

2) 긴급복지제도의 의의

2005년 12월 23일 제정되어 2010년 12월 22일까지 5년간 효력을 가진 한시법으로 경제 양극화 및 이혼 증가 등 사회변화 속에서 소득상실, 질병과 같이 갑작스러운 위기상황이 발생한 경우 누구든지 손쉽게 도움을 청하고 필요한 지원을 받을 수 있는 제도를 마련하기 위하여 지역사회의 각종 복지자원을 활용하여 위기상황[98]에 처한 자를 조기에 찾을 수 있는 체계를 갖추고 이들에게 필요한

98) 긴급복지지원법의 위기상황은 "본인 또는 본인과 생계 및 주거를 같이 하고 있는 가구구성원이 아래의 사유로 인하여 생계유지 등이 어렵게 된 것을 말한다.
① 주소득자가 사망, 가출, 행방불명, 구금시설에 수용되는 등의 사유로 소득을 상실하고 가구구성원에게 다른 소득원이 없는 때
② 중한 질병 또는 부상을 당한 때

지원을 신속하게 실시하며 기존의 공공부조제도나 사회복지서비스와 연계되도록 하기 위해 제정되었다. 이후 2009년 5월 28일 개정을 통해 5년간 효력을 갖는다는 종전의 부칙조항을 삭제하였다. 2012년부터는 지원 위기상황에 해당하는 사유가 확대되었다. 기존에 관련 규정(「긴급복지지원법령」 및 고시)에 열거된 위기사유에 해당되지 않아서 지원받지 못했던 위기가구들이 혜택을 받는 것이 가능하게 되었고 지역의 특성과 사정을 고려하여 지방의회에서 조례로 정하거나, 지방자치단체장이 인정하는 위기상황에 대한 긴급복지지원이 가능하게 되었다(나직균 외, 2011: 274).

3) 긴급복지제도의 연혁

긴급복지제도의 연혁은 **표 11-5**와 같다.

| 표 11-5 | 긴급복지제도의 연혁

시기	내용
2005. 12. 23.	「긴급복지지원법」 제정
2006. 03. 24.	「긴급복지지원법」 시행 (5년간의 한시법)
2009. 05. 28.	시행일부터 5년간 효력을 갖는다는 부칙조항 삭제 (긴급지원 기간 최장 4개월 → 6개월로 연장, 위기상황에 처한 초·중·고등학생 입학금 및 수업료 등 지원)

출처: 나직균 외(2011). p. 275.

4) 긴급복지제도의 대상

긴급복지지원제도의 대상은 갑작스런 위기상황으로 본인 또는 본인과 생계 및 주거를 같이 하고 있는 가구구성원의 생계유지 등이 어렵게 된 가구이다.

---

③ 가구구성원으로부터 방임·유기되거나 학대 등을 당한 때
④ 가정폭력을 당하여 가구구성원과 함께 원만한 가정생활이 곤란하거나 가구구성원으로부터 성폭력을 당한 때
⑤ 화재 등으로 인하여 거주하는 주택 또는 건물에서 생활하기 곤란하게 된 때
⑥ 그 밖에 보건복지부장관이 정하여 고시하는 사유가 발생한 때

5) 긴급복지제도의 급여

긴급복지지원제도의 급여는 국가와 지방자치단체로부터의 금전 또는 현물 등의 직접지원인 생계지원, 의료지원, 주거지원, 사회복지시설이용지원, 교육지원, 그 밖의 지원과 민간기관·단체와의 연계 등을 통한 상담·정보제공 등의 지원을 받을 수 있다.

| 표 11-6 | 긴급복지지원제도의 급여

종류	지원내용
생계지원	식료품비, 의복비 등 1개월 생계유지비
의료지원	각종 검사, 치료 등 의료서비스 지원 (300만 원 이내(본인부담금 및 비급여 항목))
주거지원	국가·지자체 소유 임시거소 제공 또는 타인 소유의 임시거소 제공(제공자에게 거소사용 비용 지원)
사회복지시설 이용지원	사회복지시설 입소 또는 이용서비스 제공 (시설운영자에게 입소 또는 이용비용 지급)
교육지원	초·중·고등학생 수업료 등 필요하다고 인정되는 사람 학비지원
그 밖의 지원	위기사유 발생으로 생계유지가 곤란한 자에게 지원 • 동절기(10월~3월) 연료비 • 해산비(60만 원)·장제비(75만 원)·전기요금(50만 원 이내): 각 1회
민간기관·단체 연계지원 등	사회복지공동모금회, 대한적십자사 등 민간의 긴급지원 프로그램으로 연계, 상담 등 기타 지원

출처: 사회복지교육연구센터(2019). p. 408.

08 근로연계 복지정책

1) 근로연계 복지정책의 개념과 특성

1980년대 이후 확대된 신자유주의는 노동시장 유연화를 중요한 노동시장정책으로 활용하고 복지급여의 축소, 국가의 책임보다는 개인의 책임을 강조하는 등 복지에 대한 국가개입을 최소화하기 위한 시도를 진행하였다. 이러한 흐름 속에 나타난 대표적인 정책이 근로연계복지정책이라 할 수 있다. 근로연계복지정책은 국가별로 대응방식이 상이하게 발전되었다.

(1) 개념

근로연계복지(welfare to work)는 복지수급과 노동을 연계시키는 것을 핵심으로 하여 근로유인을 강화하는 것을 목적으로 한다. 근로연계복지에 대한 여러 정의들이 있지만 'welfare to work'을 문자적으로 번역하면 '일하기 위한 복지'라는 뜻으로, 복지급여에 의존해 사는 사람들에게 일자리를 제공함으로써 노동시장으로 보내는 정책을 의미한다. 즉, "근로능력이 있는 공공부조 수급자에게 근로관련 활동에 대한 참여를 의무화시키는 정책"으로 정의할 수 있다. 공공부조와 근로연계복지는 동전의 양면과 같은 관계를 가지고 있다. 근로능력이 있는 공공부조 수급대상자에게 근로참여를 전제로 급여가 지급되는 선별적 급여제공은 근로연계복지정책의 핵심이라고 볼 수 있다.

근로연계복지는 1960년대 미국 닉슨 정부에서 만든 'workfare'가 기원이며, 클린턴 정부에서 'welfare to work'로 변화하였다. 근로연계복지란 근로연계복지급여(workfare)와 적극적 노동시장정책(ALMP)의 중간에 위치한다고 볼 수 있다. 그러므로 근로연계복지는 'workfare'와는 달리 자활을 위한 직업훈련이 강조되며, 수급자가 선택할 수 있는 노동의 종류가 다양하고 노동조건이 'workfare'보다는 열악하지 않는다. 그러나 노동시장개입과 대상자에 대한 선택의 기회를 제공하는 차원에서 적극적 노동시장정책에 비해 다소 소극적이라고 볼 수 있다.

(2) 특성

미국의 근로연계 복지정책은 클린턴 정부가 미국의 복지를 전반적으로 개혁하기 위해 1996년 제정된 「개인의 책임과 노동기회의 조화에 관한 법령(PRWORA: Personal Responsibility and Work Opportunity Reconciliation Act)」이 결정적인 계기가 되었다. 동법에 의해 미국의 AFDC는 1997년 1월부터 근로활동에 대한 참여를 강조하고 수급조건을 제한하는 TANF(Temporary Assistance for Needy Families)로 전환되었고 일정수준 이하의 근로소득이 있는 가구에 대해 아동의 수와 근로수준에 의해 결정된 급여를 소득세 체계를 통해 환급하는 형태인 EITC(Earned Income Tax Credit: 근로소득세 공제)를 시행하였다. EITC의 일반적인 목적은 빈곤층의 근로를 유인하여 일자리를 갖도록 함으로써 사회통합을 강화하고 이들의 빈곤문제를 완화하는 것이었다. 미국의 근로연계형 복지정책은 조건부수급제도의 모형으로 단기적으로 복지수혜자의 상당수를 노동시장으로 진입시키는 데 성공하였다. 예를 들어, EITC의 급여의 확대는 AFDC에서 TANF로의 전환을 자유롭게 하였는데, AFDC를 통해 소득을 보장받아야 하는 집단이 TANF에 의해 노동시장으로 진입하게 되었고, 이들은 소득에 따라 EITC를 수급하게 되었다(박경일, 2014: 339-340).

영국에서 뉴딜정책의 하나로 시행된 근로연계 복지정책은 1997년 집권한 신노동당의 Tony Blair가 표방한 'welfare to work'라는 구호에서 시작하였다. 영국의 근로연계형 복지정책은 미국과 비교해 인적자원개발을 중시하며 이를 위한 투자를 아끼지 않는 적극적 노동시장정책이며, 민간비영리단체 중심의 사회적 서비스 제공 및 사회적 기업육성 정책을 병행하였다. 이러한 영국의 근로연계형 복지정책은 수급자의 탈빈곤과 사회적 서비스 확충이라는 두 가지 목표를 달성해야 한다는 점에서 한국의 자활지원정책과 유사한 구조를 가지고 있다. 한국의 근로연계 복지정책은 자활사업과 2010년 「조세특례제한법」(100조) 개정에 의해 시행된 근로장려세제(EITC)가 있다(박경일, 2014: 340).

앞에서 살펴본 바를 요약하면, 미국에서 기원한 워크페어(workfare)가 복지수급자에게 근로를 의무화하는 정책이라는 개념을 바탕으로 하고 있다면, 영국과 유럽국가들이 사용하고 있는 근로를 통한 복지(welfare to work)라는 용어는 노동시장에 복귀할 수 있도록 돕는 제도, 즉 자립할 수 있도록 지원하는 복지라는 개념을 바탕으로 하고 있다. 예를 들면, 한국의 국민기초생활보장제도에 포함된 조건부 수급제도는 자활사업 참여를 조건으로 급여를 제공하고 있다. 이는 기존의 복지수급자뿐만 아니라 청년과 노인 등 노동시장으로의 접근이 제약되어 있는 대상이 노동시장에 복귀할 수 있도록 하고, 자립을 지원하기 위한 정책을 포함한다는 의미를 가지고 있다.

(3) 근로연계 복지정책의 전략

① 취업우선전략

취업우선전략은 조기취업을 목적으로 하며, 장기적인 교육과 훈련 대신에 상담과 구직활동에 전념한다. 또한 복지급여의 제한과 노동시장 참여를 의무화하는 조치를 동원한다.

미국의 경우에 1990년대 후반 복지수급자에게 급여 수급을 위해 근로를 의무화하는 정책으로 전환하였는데, 이러한 미국의 정책전환은 복지수혜자들의 높은 취업률과 수급자의 급격한 감소라는 성과를 거두었다. 그러나 이러한 접근에는 한계가 나타났는데, 이들 가운데 상당수가 노동시장에서 가장 낮은 수준의 일자리에 취업했기 때문에 취업에도 불구하고 빈곤상태를 벗어나지 못하였다. 또한 이들은 많은 경우 저학력 및 낮은 숙련수준, 크고 작은 질병 등으로 더 나은 일자리로 상승하기 어려운 조건에 처하게 되었다.

② 인적자원투자전략

유럽 국가들의 경우 인적자원투자를 중심으로 수급자들의 특성에 맞는 다양한 서비스를 결합하는 전략에 초점을 맞추었다. 인적자원 투자전략은 취업능력을 갖출 수 있도록 교육훈련, 직업훈련을 통해 보다 좋은 일자리를 얻을 수 있도록 지원하는 데 초점을 둔다. 이는 교육훈련, 직업훈련 등을 통해 고용가능성을 제고시키고 좋은 일자리로 상향 이동시킬 수 있다는 장점이 있다. 조기취업보다는 교육훈련, 직업훈련 등의 다양한 지원서비스를 제공하고 노동시장으로 진입하는 데 걸림돌이 되는 문제를 해결해주기 위한 서비스를 제공하기도 한다(사회복지교육연구센터, 2015: 354).

2) 한국의 근로연계복지정책

(1) 자활사업

자활사업은 1999년 제정된 「국민기초생활보장법」에 따라 근로능력이 있는 저소득층이 스스로 자립할 수 있도록 자활능력 배양, 기능습득 지원 및 근로기회를 제공하는 사업이다.

자활사업의 목적은 첫째, 「국민기초생활보장법」에 의해 생활이 어려운 사람들의 사회경제적인 자활·자립을 지원하는 사업으로서 일자리 창출과 소득증대, 지역 및 공익서비스 제공, 사회공동체 실현에 있다. 둘째, 조건부 생계급여제도는 자활사업 참여를 조건으로 생계비를 지급받도록 하여 국가의 보호에 안주하는 도덕적 해이를 방지하려는 데 목적이 있다.

자활사업의 대상자는 근로무능력자인 일반수급자와 근로능력이 있는 수급자 또는 급여신청자 중에서 질병·부상 또는 그 후유증으로 치료 또는 필요한 자에게 근로능력평가를 실시하여 조건부수급자, 자활특례자, 차상위계층, 희망참여자로 구분한다. 조건부수급자는 도덕적 해이를 방지하기 위하여 근로능력이 있는 수급자 중 자활사업 참여를 조건으로 생계를 지급받는 수급자이다. 조건으로 제시된 자활사업에 참여하지 않으면 생계급여가 중지된다. 자활급여특례자는 수급자가 자활근로, 자활공동체, 자활취업촉진사업 등 자활사업에 참가하여 발생한 소득으로 소득인정액이 선정기준을 초과한 자로 희망하는 경우 참여할 수 있는데, 참여하는 경우 자활·교육·의료급여를 받을 수 있다. 일반수급자는 조건부 수급자가 아닌 수급자로서 희망하는 경우 자활사업에 참여할 수 있다. 가활사업에 차상위계층은 실제소득이 최저생계비의 120% 미만인 자로서 역시 희망하는 경우 자활사업에 참여할 수 있다(박경일, 2014: 342).

(2) 자활사업의 유형

우리나라 자활급여의 종류와 실시기관을 살펴보면, 근로능력이 있지만 비취업대상자는 보건복지부가 관장하고 있으며, 근로능력이 있는 취업대상자는 노동부가 관장하도록 되어 있다. 자활사업 인프라로써 보건복지부는 시·군·구 지역자활센터, 광역자활센터, 중앙자활센터가 있고 고용노동부의 고용센터가 있다. 보건복지부의 자활사업 종류로는 자활인규베이팅, 자활근로(시장진입형, 사회적 일자리형, 인턴형, 근로유지형), 사회적응 프로그램, 자활공동체, 성과형 생업자금융자(희망리본프로젝트), 고용노동부의 취업패키지사업 등이 있다.

| 표 11-7 | 자활역량평가 결과에 따른 참여사업 예시

<table>
<tr><th colspan="3">자활사업종류</th><th>실시기관구분</th><th>기준</th><th>판정 대상자</th></tr>
<tr><td colspan="3">고용노동부 자활사업</td><td>고용센터</td><td>• 근로능력과 욕구가 높아 노동시장에서의 취업이 가능한 자</td><td>집중취업지원 대상자 (70점 이상)</td></tr>
<tr><td rowspan="4">보건복지부 자활사업</td><td rowspan="4">자활근로</td><td>시장진입형</td><td rowspan="3">지역자활센터, 민간위탁기관</td><td rowspan="3">• 자활근로프로그램 참여욕구가 높은 자
• 일용·임시직으로 직업경험이 있는 자</td><td rowspan="3">근로능력강화 대상자 (45~69점)</td></tr>
<tr><td>인턴·도우미형</td></tr>
<tr><td>사회서비스형</td></tr>
<tr><td>근로유지형</td><td>시·군·구, 지역자활센터</td><td>• 노동강도가 낮은 사업에 참여 가능한 자
• 간병·양육 등 가구여건상 관내 사업만 참여 가능한 자</td><td>근로의욕증진 대상자 (45점 미만)</td></tr>
</table>

출처: 보건복지부(2016). p. 32.

① 자활사례과정

자활사례관리는 gateway[99]과정을 포함하여 참여자에게 근로의 기회 제공, 취업알선 등 자활 프로그램 지원과 참여자의 자활 프로그램 수행 모니터링 및 사후평가 등 지역자활센터에서 자활참여자의 자립을 위해 수행하는 모든 과정을 의미한다.

자활사례관리의 목적은 첫째, 자활사업 참여 전 진입(gateway)과정을 프로그램화하여 개인별 자립경로(individual action plan)와 개인별 자활지원계획(individual service plan)을 기반으로 한 지원의 실시, 둘째, 자활사례관리를 통해 자활방향 수립을 지원하며 자활을 위해 필요한 서비스 연계와 조정, 점검 및 사후관리 실시이다.

담당인력은 gateway전담 관리자, 시·군·구 자활담당공무원, 읍·면·동 사회복지전담공무원, 직업상담사, 고용센터 담당자, 지역자활센터 사례관리자, 전담자 등의 업무연계 및 협조체계를 구축하여 실시한다(보건복지부 자립지원과, 2016: 45).

② 자활근로

자활근로사업은 국민기초생활보장법에 의한 저소득층에게 자활을 위한 근로의 기회를 제공하여 자활기반을 조성하는 사업으로 기존 공공근로사업처럼 한시적인 일자리 제공이 아닌 저소득층의 자활촉진을 위한 기업창업 등을 위한 기초능력배양에 중점을 둔다. 자활근로사업은 간병, 집수리, 청소, 폐자원재활용, 음식물재활용사업의 5대 전국표준화사업[100]을 중점사업으로 추진하되, 정부재정사업[101]의 자활사업 연계 활성화 및 영농, 도시락, 세차, 환경, 정비 등 지역실정에 맞는 특화된 사업을 적극 개발하여 추진해 나간다.

자활참여자의 자활 촉진 및 자활근로사업 참여에 안주하는 것을 방지하기 위하여 자활근로 참여기간을 최대 36개월로 제한(단, 근로유지형 자활근로는 연속 참여기간 제한 없음)하고, 다른 유형으로 전환할 경우 최대 60개월까지 참여 가능하며 gateway 참여기간은 자활근로 참여기간에 산정하지 않는다(보건복지부 자립지원과,

99) Gateway는 자활사업 참여자의 욕구, 적성, 능력, 여건에 따라 개인별 맞춤형 자립계획 및 경로 제공과 적절한 자활 프로그램 연계로 효과적인 자립을 지원하는 경로설정 프로그램

100) 5대 표준화사업은 자활사업 표준모델의 권고 사항이며, 영농사업 등 농·어촌지역 특성을 감안한 지역특화사업과 외식사업 등 도시지역 중심의 전략사업을 적극 개발하고, 틈새시장 개척에 노력한다.

101) 정부양곡배송사업, 영양플러스, 장애통합교육보조원, 사회취약계층 주택개보수사업, 저소득층 에너지효율개선사업 등

2016: 57).

자활근로사업은 참여자의 자활능력과 사업유형에 따라, 근로유지형, 사회서비스형, 인턴·도우미형, 시장진입형 자활근로사업으로 구분한다. 근로유지형 자활사업은 전체 자활근로사업의 20% 미만으로 운영하며, 사회서비스형, 인턴·도우미형, 시장진입형 자활근로는 전체 자활근로의 80% 이상으로 유지한다(보건복지부 자립지원과, 2016: 59).

시장진입형 자활근로사업은 시장진입 가능성이 높고 자활기업 창업이 용이한 사업으로, 매출액이 총 투입 예산의 30% 이상 발생하는 사업으로 조건부수급자 및 희망참여자(일반수급자, 자활급여특례자, 차상위자 등)를 대상으로 한다(보건복지부 자립지원과, 2016: 77). 실시주체는 지역자활센터가 지정된 시·군·구는 지역자활센터에 위탁하며, 사회서비스형으로만 자활근로사업을 실시하는 것은 불가하다. 단 지역자활센터가 없거나, 시·군·구청장이 필요하다고 인정하는 경우에는 사회복지법인 등 비영리법인, 시민사회단체, 종교단체, 사회적기업, 사회적협동조합 등 자활지원사업 수행능력이 있거나, 경험이 있는 민간기관에 위탁할 수 있다. 개인인 경우, 자활사업 수행능력 또는 경험이 있는 경우로서 자활사업수행에 적합하다고 시·군·구청장이 인정한 자이며, 지역별 특성 및 사업의 효율성을 감안, 지자체에서 직접 수행 가능하다.

사회서비스형 자활근로사업은 사회적으로 유용한 일자리 제공으로 참여자의 자활능력 개발과 의지를 고취하여 향후 시장진입을 준비하는 사업으로 조건부수급자 및 희망참여자(일반수급자, 자활급여특례자, 차상위자 등)를 대상을 한다.

인턴·도우미형 자활근로사업은 지자체, 지역자활센터, 사회복지시설 및 일반기업체 등에서 자활사업대상자가 자활인턴사원으로 근로를 하면서 기술·경력을 쌓은 후 취업을 통한 자활을 도모하는 취업유도형 자활근로사업이다. 참여의 대상은 첫째, 인턴형으로 조건부수급자 및 희망참여자(일반수급자, 자활급여특례자, 차상위자 등)로서 수급자 중 일용·임시고용 등 불완전취업상태에 있는 자의 참여를 적극 유도함을 목적으로 한다. 둘째, 복지도우미형으로서 생계·의료급여 수급자, 자활급여특례자이며 주거·교육급여 수급자, 차상위층 등 참여가 불가하다. 셋째, 자활도우미형으로서 생계·의료급여 수급자, 자활급여특례자이며 주거·교육급여 수급자, 차상위층 등 참여가 불가하다. 넷째, 사회복지시설도우미형으로서 조건부수급자 및 희망참여자(일반수급자, 자활급여특례자, 차상위자 등)가 대상이 된다.

근로유지형 자활근로사업은 현재의 근로능력 및 자활의지를 유지하면서 향후 상위 자활사업 참여를 준비하는 형태의 사업이다. 노인·장애인 등에 대한 가사도우미, 지역환경정비, 공공시설물관리 보조 등 노동강도가 약하나 지역사회 필수적인 공공서비스 제공사업 중심으로 추진하되, 별도의 다른 사업예산으로 추진해야 하는 사업분야에 자활근로사업비를 집행할 수는 없다(무료급식사업비, 꽃길조성사업비, 시설물관리사업비 등). 예를 들면, 지자체 공원관리사업은 별도의 예산으로 추진해야 하며, 일시적으로 지역환경정비사업에 근로유지형 참여자가 공원청소를 실시할 수는 있으나, 해당사업을 근로유지형 자활근로사업으로 추진하는 것은 불가하다. 참여대상은 생계·의료급여 수급자, 자활급여특례자로써 대상자 선정 시 첫째, 연령 및 건강·학력 등을 감안하여 노동강도가 낮은 사업 참여가 필요한 자, 둘째, 간병·양육·보호 등 가구여건상 관내 사업참여가 필요한 자, 셋째, 자활역량평가 결과 근로의욕증진대상자(점수가 45점 미만인 자)에 해당하는 자가 감안되어야 한다(보건복지부 자립지원과, 2016: 77-89).

③ 자활기업

자활기업은 2인 이상의 수급자 또는 저소득층이 상호협력하여, 조합 또는 공동사업자의 형태로 탈빈곤을 위한 자활사업을 운영하는 업체이다. 2012년 8월 2일부터 「국민기초생활보장법」 개정에 따라 '자활공동체'를 '자활기업'으로 명칭을 변경하고, 설립 요건을 사업자 등록상 2인 이상의 공동사업자에서 1인 이상의 사업자로 완화하였다.

자활기업의 설립요건은 첫째, 2인 이상의 수급자 또는 차상위자로 구성하여야 하는데, 구성원 중 기초생활보장 수급자가 1/3 이상이어야 하고, 둘째, 조합 또는 부가가치세법상 1인 이상 사업자로 설립되고, 셋째, 모든 구성원(자활기업 참여자)에 대해 시장진입형 표준소득액 이상의 수익금 배분이 가능해야 한다. 넷째, 자활기업 근로일수가 조건이행기준을 충족해야 하며(주당 평균 3일 이상(1일 6시간 이상 근로 시 근로에 종사하거나 주당 평균 4일 이상의 기간 동안 22시간 이상의 근로에 종사), 넷째, 자활근로사업단의 자활기업 전환 시 사업의 동일성을 유지해야 한다(보건복지부 자립지원과, 2016: 106-109).

④ 희망키움통장(Ⅰ)사업

기존 근로유인제도는 지원범위 협소, 소액 지원 등 효과가 미흡하며, 일반 노동시장에서 취업수급자는 근로유인정책의 사각지대에 존재하게 되었다. 이에 따라 근로빈곤층의 탈빈곤 촉진을 위한 적극적 복지정책(workfare)이 필요하게 되었다. 희망키움통장사업은 신청자가 매월 일정금액(5만 원, 10만 원)을 3년 간 적립후 탈수급하면 정부와 지자체(시·군·구)에서 근로소득장려금과 본인이 저축한 금액에 비례한 민간지원금을 지원하여 최대 6배~7배의 목돈의 자립자금을 마련해 주고 주택구입·임대, 본인·자녀의 고등교육·기술훈련, 사업 창업·운영자금을 지원하는 제도이다.

희망키움통장(Ⅰ)사업의 참여대상은 일하는 생계·의료수급자를 대상으로 하며, 취·창업 지원과 복지서비스 및 근로유인보상 체계를 결합하여 탈빈곤을 위한 통합적 접근(total solution)을 시도하게 되었다. 희망키움통장(Ⅱ)사업의 참여 대상은 소득인정액이 기준 중위소득 50% 이하인 일하는 주거·교육급여 수급자 및 차상위 계층이고, 매월 10만 원 저축 및 소득하한 이상 유지하며, 3년간 통장 유지 시 근로소득장려금을 지원한다(보건복지부 자립지원과, 2016: 127-132).

⑤ 내일키움통장

내일키움통장은 자활근로사업단 참여자(수급자·차상위 포함)를 대상으로 매월 5만 원 또는 10만 원을 선택 저축하여 3년 이내 일반 시장 취·창업을 요건으로 '내일키움장려금'(시장진입형 1:1, 매출 10% 이상 사회서비스형 1:0.5, 매출 10% 미만 사회서비스형 1:0.3 매칭지원) 및 '내일키움수익금'을 지급한다. 단, Gateway 과정 및 근로유지형 사업단은 제외한다(보건복지부 자립지원과, 2016: 134).

09 근로장려세제

근로장려세제(Earned Income Tax Credit: EITC)는 열심히 일은 하지만 소득이 적어 생활이 어려운 근로자 또는 사업자(전문직 제외)가구에 대하여 가구원 구성과 총급여액 등에 따라 산정된 근로장려금을 지급함으로써 근로를 장려하고 실질소득을 지원하는 근로연계형 소득지원제도이다. 즉, 중산·서민층의 생활안정을 지원하며, 저소득 근로자의 근로를 유인하고 실질소득을 지원하기 위한 제도이다. 근로장려세제의 도입시기는 2008년 소득을 기준으로 2009년부터 첫 근로장려금이 지급되었다. 근로장려금은 거주자를 포함한 1세대의 가구원 구성에 따라 정한 부부합산 총급여액 등을 기준으로 지급되며, 2019년 현재 연간 최대 지급액은 300만 원이다.

근로장려금제도의 장점으로는 첫째, 저소득 근로자 또는 자영업자가구에 근로장려금을 지급하여 실질소득을 증가시킴으로써 조세제도를 통한 근로의욕을 높이고 소득재분배효과를 기대할 수 있다. 둘째, 근로장려금제도의 도입으로 사회안전망이 2중(사회보험, 국민기초생활보장제도)에서 3중으로 확충되어 저소득 계층의 사회적 보호를 한층 강화하게 되었다.

신청자격은 가구단위로 소득기준과 재산기준을 모두 충족하는 경우에 받을 수 있다.

첫째, 가구단위 요건은 2019년 6월 현재 기준으로 ① 배우자가 있거나, ② 만 18세 미만 부양자녀가 있거나, ③ 신청자가 만 60세 이상이어야 한다.

둘째, 소득기준은 2019년 6월 현재 연간 부부합산 총소득이 가구원 구성에 따라 정한 총소득기준금액 미만이어야 한다. 이 기준은 가족가구 구성여부 맞벌이 여부에 따라 달라진다. 단독가구는 2,000만 원 미만, 가족가구 중 홑벌이 가구는 3,000만 원 미만, 맞벌이 가구는 3,600만 원 미만이다. 이 경우 총소득은 부부의 소득을 합산하며, 사업소득 및 근로소득뿐만 아니라 기타소득, 이자·배당·연금소득까지 합산한다.

셋째, 주택요건은 2019년 6월 현재 「소득세법」 제89조 제1항 제3호에 따라 1세대1주택(일시적 2주택포함)으로 가구원 모두가 무주택이거나 주택을 1채만 소유하고 있어야 한다.

넷째, 2019년 6월 현재 기준으로 가구원 모두가 소유하고 있는 재산합계액이 2억 원 미만이어야 한다. 재산은 주택, 토지 및 건축물, 승용자동차, 전세금(임차보증금), 금융재산, 유가증권, 골프회원권, 부동산을 취득할 수 있는 권리 등을 포함한다.

10 기출 및 예상 문제

1. 소득불평등에 관한 설명으로 옳은 것을 모두 고른 것은? (16회 기출문제)

㉠ 10분위 분배율은 그 비율이 낮을수록 소득분배가 평등하다.
㉡ 지니계수가 0.3에서 0.4로 상승했다면 소득불평등이 완화된 것이다.
㉢ 5분위 배율은 상위 20%의 소득을 하위 20%의 소득으로 나눈 비율이다
㉣ 로렌츠곡선(Lorenz curve) 45° 선과 일치하면 소득분포가 완전히 균등하다.

① ㉠, ㉡ ② ㉡, ㉢ ③ ㉢, ㉣
④ ㉠, ㉡, ㉢ ⑤ ㉠, ㉡, ㉣

정답 ③

Check

㉠ 10분위 분배율은 비율이 높을수록 소득 격차가 작은 것이며, 비율이 낮을수록 소득 격차가 큰 것이다. 따라서 그 비율이 높을수록 소득분배가 평등하다.
㉡ 지니계수는 0과 1사이의 값을 가지며, 그 값이 1에 가까울수록 불평등도가 높다는 것을 의미한다. 따라서 0.3에서 0.4로 상승했다면 소득불평등이 심화된 것이다.

2. 우리나라의 국민기초생활보장제도에 관한 설명으로 옳은 것은? (16회 기출문제)

① 의료급여는 국가가 진료비를 지원하는 공공부조제도로서 본인부담금이 없다.
② 희망키움통장과 내일키움통장은 자산형성지원사업이다.
③ 중위소득은 가구 경상소득 중간값에 전년도 대비 가구소득 증가율을 곱하여 산정한다.
④ 노숙인은 의료급여 2종 수급권자의 대상에 포함된다.
⑤ 생계급여, 의료급여, 주거급여, 교육급여는 부양의무자기준이 적용된다.

정답 ②

Check

① 의료급여는 본인부담금이 있다.
③ 기준 중위소득은 통계청이 공표하는 통계자료의 가구 경상소득(근로소득, 사업소득, 재산소득, 이전소득을 합산한 소득) 중간값에 최근 가구소득 평균 증가율, 가구규모에 따른 소득수준의 차이 등을 반영하여 가구규모별로 산정한다.
④ 노숙인 등의 복지 및 자립지원에 관한 법률에 따른 노숙인 등으로서 보건복지부장관이 의료급여가 필요하다고 인정한 사람은 의료급여 1종 수급권자에 해당한다.
⑤ 생계급여, 의료급여는 부양의무자기준이 적용되며, 주거급여, 교육급여는 부양의무자기준이 적용되지 않는다.

3. 국민기초생활보장제도의 원칙에 관한 설명으로 옳은 것은? (11회 기출문제)

① 가족부양 우선의 원칙 ② 자립 조장의 원칙
③ 현물급여 우선의 원칙 ④ 생존권보장의 원칙
⑤ 보충성의 원칙

정답 ③

Check

급여는 현금급여를 우선하여 지급한다.

4. 소득불평등 정도의 측정에 관한 설명으로 옳은 것은? (12회 기출문제)

① 지니계수는 상대적 빈곤선을 기초로 만들어진다.
② 한 개인이 모든 소득을 독점하고 나머지는 소득이 없는 상태의 지니계수는 '0'이다.
③ 10분위 분배율이 클수록 소득분배가 불평등하다.
④ 모든 개인이 동일한 수준의 소득을 가지고 있다면 로렌츠곡선은 대각선의 형태가 된다.
⑤ 5분위 배율이 클수록 소득분배가 평등하다.

정답 ④

Check

① 지니계수는 로렌츠곡선과 밀접한 관련이 있으며, 0과 1 사이의 값을 가진다.
② 한 개인이 모든 소득을 독점하고 나머지는 소득이 없는 상태는 완전불평등선을 의미하며, 이러한 경우 지니계수는 1이다.
③ 10분위 분배율이 클수록 소득 격차가 작아서 평등하다고 볼 수 있다.
⑤ 5분위 (분)배율이 클수록 소득 격차가 크며 불평하다고 볼 수 있다.

5. 다음 중 사회의 불평등 척도를 측정할 때 사용하는 것은? (3회 기출문제)

㉠ 지니계수 ㉡ 래퍼(Laffer)곡선 ㉢ 로렌츠곡선 ㉣ 엥겔지수

① ㉠, ㉡, ㉢
② ㉠, ㉢
③ ㉡, ㉣
④ ㉣
⑤ ㉠, ㉡, ㉢, ㉣

정답 ②

Check

㉡ 래퍼곡선: 래퍼가 제시한 세율과 세수의 관계를 나타내는 곡선
㉣ 엥겔지수: 가구소득 또는 가구지출 중 식료품비가 차지하는 비중을 나타내는 지수

6. 다음 중 국민기초생활보장제도의 성격과 거리가 먼 것은?

① 최저생활보장의 원칙
② 가족에 의한 부양 우선의 원칙
③ 자활 및 자립 조장의 원칙
④ 보충성의 원칙
⑤ 현물급여 우선의 원칙

정답 ⑤

Check

국민기초생활보장급여는 금전으로 지급하는 것을 원칙으로 한다. 다만 금전으로 지급할 수 없거나 금전으로 지급하는 것이 적당하지 않다고 인정하는 경우에는 물품을 지급할 수 있다.

7. 긴급복지지원제도에 대한 설명으로 옳지 않은 것은?

① 다른 법률에 따라 이 법에 따른 지원내용과 동일한 내용의 지원을 받고 있는 경우에도 지원을 받을 수 있다.
② 가정폭력을 당한 경우도 위기상황에 해당한다.
③ 지원의 종류에는 생계지원, 의료지원, 주거지원 등이 있다.
④ 주거지원은 규정된 지원기간을 합하여 총 12개월을 초과해서는 안 된다.
⑤ 지원을 받은 대상자에 대하여 사후에 긴급지원이 적정한지 조사한다.

정답 ①

Check

다른 법률에 따라 이 법에 따른 지원 내용과 동일한 내용의 지원을 받고 있는 경우에는 지원하지 않는다.

Chapter 12

사회서비스 분야정책 – 아동, 청소년, 노인, 장애인

01 아동복지정책

1) 개념과 정책

「아동복지법」[102] 제1조에 의하면 "이 법은 아동이 건강하게 출생하여 행복하고 안전하게 자라나도록 그 복지를 보장함을 목적으로 한다"고 규정하고 있다. 「아동복지[103]법」 제2조는 아동을 18세 미만의 자로 정의하였다. 이 법은 아동의 영양, 교육, 보호의 과정을 통하여 적절한 신체적, 정신적 및 도덕적인 발전을 기하도록하는 데 있다.

아동복지정책의 정의는 아동이라 규정한 연령층에 속하는 아동들에게 영양, 교육, 보호 등의 과정을 통하여 신체적, 정신적, 도덕적 발전을 기하는 정책이다. 현대사회에서는 아동을 하나의 인격체로 간주해야 하며, 아동문제를 그 가족만의 문제가 아닌 국가, 사회 전체의 문제로 인식해서 접근을 통해 보호해야 한다.

2) 역사

(1) 전통사회

삼국사기에 따르면 신라 유리왕 때 홀아비, 홀어미, 아들 없는 이, 늙은이, 병든 이를 요보호대상자로 정해 왕명으로 무료급식과 양육을 시행하였으며, 백제 온조왕과 고구려 태조왕 때는 아동을 포함하여 재해를 입은 자들에게 관곡을 배급했다. 고아에 대한 접근으로는 민간 차원에서 노비나 양자로 입양이 허용되었으며, 친척 등이 거두지 않는 고아에 대한 구제가 국가 차원에서 시행되었다.

불교가 국교였던 고려시대에는 전쟁과 흉년으로 생긴 고아를 사찰에서 위탁보호하여 승려 또는 사역승으로 양성하는 일이 성행하였다. 이는 민간에도 확산되

102) 「아동복지법」은 ① 일제 식민지정책의 일환으로 등장, ② 아동을 치안과 사회통제의 대상으로 간주, ③ 미군정에 의해 14세 미만 아동고용 금지, ④ 6.25 전쟁 이후 전쟁고아들이 속출하면서 아동복지에 대한 전기 마련, ⑤ 1961년 「아동복리법」을 제정하여 1981년 아동복지법으로 개정되었다.

103) 아동복지의 좁은 의미의 개념은 요보호 대상자(빈곤, 방치, 질병, 결함 등)로부터 해방시키는 것이라 할 수 있고, 넓은 의미에서의 개념은 모든 아동의 신체적, 지적, 정서적 발달에 안전과 행복을 추구하는 것이다.

어 고아를 민간에서 수양하는 일이 성행하였으나, 후손이 없는 경우에는 양자녀로, 그렇지 않는 경우에는 주로 노비로 삼았다. 이 과정에서 고아입양을 빌미로 한 인신매매, 유괴, 약탈 등의 폐단이 출현하기도 했다.

엄격한 신분제 사회였던 조선시대에는 요보호아동 보호에 관한 법령(1561년 현종 2년)이 제정되었다. 이에 의거해 한성 각 부의 유기아에 대해 관의 허가에 따른 민간입양이 실시되었으며, 이들에 대한 옷값도 지급되었다. 그리하여 10세가 되면 양육한 사람에게 이들을 사역할 권리가 부여되었다. 그 후에도 아동의 처우에 관한 법령으로 수양임시사목(1696년 숙종 22년)과 속대전속에 동사목이 편찬되었다(1774년 영조 20년). 정조는 이를 확대, 통합하여 친족부양, 수양관계의 보호, 집단수용의 보호를 원칙으로 한 자휼전칙을 편찬해서 부랑 및 유기아동 보호법령의 체계를 갖추었다(1783년, 정조 22년). 이의 근본 취지는 유기 및 부랑아동을 국가에서 수용보호하거나 민가에서 수향하여 정황에 따라 양자녀나 노비로 삼는 것을 허가하는 것이었다. 자휼전칙[104]의 근본정신은 영국의 구빈법과도 상통하며, 아동의 생명구제를 위한 기본적 법령으로 기능했으나 전통사회에서는 오늘날의 시설보호와 같은 체계적인 개입은 존재하지 않았다.

(2) 근대사회

국가 개혁을 도모하고자 했던 조선시대의 말 갑오경장 이후 외국 종교단체가 대거 입국하여 포교를 위해 구호와 육아사업을 실시했다. 이때 서양인 선교사에 의해 수용시설에 의한 아동보호방법이 최초로 도입되었는데, 근대적 육아사업의 1855년 프랑스 메스트로 신부에 의한 고아구제사업이 효시가 되었다. 이후 고아

104) 1783년 버려지거나 걸식을 하다가 굶어죽는 아이가 많으므로 윤음(綸音)을 내려 사목(事目)을 정하고 이들을 구제할 수 있는 길을 열었는데, 그 시행방법을 규정한 것이다. 구제방법은 서울과 지방이 달랐는데, 서울에서는 5부(五部)에서 4세~10세의 걸식하는 아이와, 3세까지의 버려진 아이를 진휼청에 보고하면 진휼청에서는 이를 돌보되, 걸식아이는 흉년의 경우 보릿고개까지만 돌보고, 버려진 아이는 풍흉에 관계없이 돌보도록 했다. 친척이 있는데 돌보지 않는 경우는 친척에게 보내도록 했다. 걸식아는 진휼청 밖의 빈터에 흙집을 지어 거처하게 하고, 버려진 아이의 양육은 거지 여인 가운데 젖먹일 만한 사람을 택하거나, 지원자를 물색하되 양육에 필요한 양식을 지급하며, 의복은 진휼청에서 마련해주고 병에 걸리면 혜민서(惠民署)에서 구호하게 했다. 지방에서는 진읍(賑邑)에서만 실시하고 버려진 아이는 진휼에 관계없이 실시하되 곡물은 상진곡(常賑穀)으로 충당하고, 간장과 미역은 감영에서 담당하게 했다. 걸식아나 버려진 아이를 기르고자 하는 사람은 진휼청의 입안(立案)을 받아서 아이를 자녀나 노비로 삼을 수 있게 하고, 부모나 친족 중에서 3개월 전에 찾아가는 자는 그동안에 들어간 비용을 내게 했다. 이 법령은 구휼정책(救恤政策)의 중요한 핵심을 이루는 것으로 조선 후기 농촌사회의 실상과 사회정책 연구에 도움이 된다.

원 역사를 보면 파리외방선교원회가 설립한 조선영해회는 1854년에 고아원을 설립하였으며, 1880년에는 프랑스 쟝블랑 신부가 양로원과 고아원을 한양에 설립했다. 1886년 미국 북장로교의 언더우드는 고아들을 모아 예수학당과 구세학당을 시작하였고, 1888년에는 조선영해회가 종로의 수녀원 부속건물로 고아원을 설립하여 아동을 양육하였다. 1892년 영국성공회 선교사 랜디스는 인천에 고아학원을 설립했고, 이어 1905년에는 이필화가 경성고아원을 설립하였다. 이처럼 서양 선교사들에 의한 시설보호제도의 도입은 이후 우리나라의 아동보호에 있어 수용시설 중심의 발전에 영향을 미쳤다.

한일합방 이후 1921년 총독부는 제생원이라는 수용시설을 설립하고, 사회과를 신설하여 각종 구호사업의 지휘·감독을 담당하도록 했다. 1930년대에는 각 지방에 보육원을 필두로 한 사회복지시설을 건립하여 1939년까지는 전국적으로 60개 시설을 설치하였다. 1944년에는 생활이 빈곤한 임산부와 13세 이하 아동을 대상으로 가택구호를 원칙으로 하는 조선총독부 구호령이 제정되었는데, 가택구호가 적절치 못한 경우에는 개인가정에 위탁하거나 구호시설에 수용할 수 있도록 하였다. 그러나 전쟁으로 극심한 재정적 어려움에 봉착한 일본은 구호활동을 제대로 수행하지 않았고, 따라서 조선총독부의 구호령은 명목적인 것에 지나지 않았다.

한편 이 시기에는 아동의 건강한 발달과 복지에 관심을 갖는 인물들이 출현해 현대적 의미의 아동애호 사상의 발전에 큰 기여를 했는데, 아동문학과 출판활동을 활발히 펼친 소파 방정환과 많은 동요를 작곡한 윤석중 등을 대표적 인물로 꼽을 수 있다.

(3) 현대사회

우리나라 현대사회의 아동복지는 크게 아동구호시대(1960년까지), 아동보호시대(1970년~1980년대 중반) 및 아동복지시대(1980년대 중반 이후)로 구분된다. 이러한 시대의 변화에 따른 흐름을 살펴보면 경제적 안정을 바탕으로 아동복지는 선별주의에서 보편주의로 진보하였고, 주관기관 또한 외원단체에서 정부기관으로 이동했으며, 집단적 수용보호에서 소규모 수용보호나 재가보호로 그리고 단순하고 비전문화된 서비스에서 다양한 형태의 전문직 서비스로 변모하고 있다. 즉, 현대 한국사회의 아동복지는 다른 선진국들의 예와 마찬가지로 기초생활에 대한 지원에서 복리후생 차원으로, 찾은 복지에서 찾아가는 복지로 발전하고 있다.

해방이후 곧 이은 한국전쟁은 수많은 전쟁고아와 기아, 미아의 문제를 발생시켰으므로 1950년대의 아동복지는 응급구호적인 성격을 띠었다. 이 시기에는 국가에 의한 사회적 보호가 미비해 다수의 외국기관이 국내에 들어와 활동하며 아동후원사업을 전개하였는데, 기독교 아동복리회, 선명회세계본부, 양친회 등이 대표적이다. 이들 기관들 및 민간 독지가를 중심으로 전쟁고아의 보호, 수용, 입양 등을 위해 설립된 수용시설 중심의 아동보호사업은 1950년에 급속히 증가해 1960년에 아동복지시설은 472개로 전체 사회복지시설의 80%에 달하였다. 그러나 1950년대까지의 아동복지는 국가 주도 하의 원칙에 따른 서비스 제공보다는 민간과 해외 원조에 의존한 빈곤아동구호의 차원에 머물렀다.

1960년대와 1970년대는 선별주의원칙에 입각한 잔여적 형태의 서비스가 이루어진 단계로, 국내외 입양사업이 확대되고 해외입양이 지속적으로 증가했으며, 취업여성의 증가로 보육에 대한 서비스도 증가했다. 1960년대에는 수용시설의 종류가 다양해지면서 영아원, 육아원, 모자원, 부랑아보호시설, 직업보도시설 등이 계속 증가하였고, 1961년 「아동복리법」과 「생활보호법」, 「미성년자보호법」이 제정되면서 요보호아동에 대한 국가 책임의 원직이 법제화되었다. 1970년대에도 국가 개입을 최소화하는 잔여적 복지정책이 지속되었다. 그러나 외원기관의 점진적인 철수로 아동복지시설 운영에 국가의 개입이 불가피해짐에 따라 아동보호정책도 점차 국가중심체제로 전환되었으며, 이에 따라 1973년 「모자보건법」, 1976년 「입양특례법」, 1977년 「소년원법」과 「특수교육진흥법」이 차례로 공포되었다.

1980년대에는 요보호아동을 대상으로 한 선별주의 단계는 시설수용보호에서 벗어나 보편주의에 입각하여 가정위탁사업, 국내입양, 아동결연사업, 영유아보육사업 등으로 아동복지형태가 다양하게 전환되었다. 1981년 「아동복리법」을 「아동복지법」으로 개정하는 것을 계기로 전체 아동을 대상으로 다양화·전문화된 아동복지서비스를 지향하게 되었다. 또한 1982년에는 「생활보호법」이 개정되고 「유아교육진흥법」이 공포되었으며, 1987년 「청소년 육성법」과 1989년 「모자복지법」이 공포되었다. 취업여성의 증가에 따른 보육수요의 확대에 따라 1991년 「영유아보육법」이 새로이 추가로 제정되었으며, 이를 통해 보육서비스를 일반아동에게로 확대함으로써 보편적 서비스의 확충을 가하였다. 또한 OECD에 가입하면서 「아동복지법」 개정이 추진되어 2000년부터 새로운 「아동복지법」이 시행되었다.

우리나라는 1970년대를 기점으로 외원단체가 철수하면서 아동복지서비스의 운영에 대한 국가의 책임이 계속 증대되었다. 이러한 과정에서 아동복지서비스는 시설보호, 입양, 아동결연, 가정위탁 및 영유아보육사업 등으로 다양하게 발전하였다. 최근 와서는 과거 복지서비스의 주류였던 시설보호사업이 감소하고 가정과 지역사회 중심의 국내 입양, 가정위탁, 재가복지 그리고 여성의 취업증가로 인한 보육서비스의 중요성이 강조되고 있다. 또한 급격한 사회변동에 따라 늘어나고 있는 아동학대, 청소년비행 약물남용, 미혼모, 가족해체로 인해 파생되는 다양한 문제들 그리고 장애아동서비스 및 학교사회사업서비스 등이 시급히 해결되어야 하는 아동복지의 분야로 대두되고 있다.

3) 아동복지정책의 구체적 내용

(1) 요보호아동지원사업

① 소년소녀가장보호

소년소녀가장에 대한 정부의 보호사업은 1984년 3월 정부가 "소년소녀가장 보호대책을 수립"하고부터 본격적으로 이루어지기 시작했으며 1985년 6월에는 이들을 대상으로 정부의 지원사업이 시작되었다. 1986년 4월부터는 아동결연사업 대상에 포함하여 결연사업이 시작되었다. 정부는 이들 소년소녀가장세대를 생활보호법상 우선 책정하였으며, 보호지원의 기본방침은 다음과 같다.

- 기초적인 최저생활보장
- 친척과 동거하는 가족형태의 유지지원
- 후원, 결연 등을 통한 지역사회의 관심 제고 및 지속적 사후관리 등에 중점을 두어 왔다.

② 그룹홈(group home)사업 운영

가정해체, 방임, 학대, 빈곤, 유기 등의 이유로 보호가 필요한 아동에게 가정과 같은 주거 환경에서 아동의 개별적인 특성에 맞추어 보호 양육서비스를 제공하는 소규모 아동보호시설을 그룹홈이라 한다. 그룹홈은 아동에 대한 개별 서비스가 가능하며 또래관계 및 대인관계형성이 이루어질 수 있고, 가정의 형태로 지역사회에 위치하고 있어 시설아동으로서 낙인화를 예방할 수 있다. 생활 속에서 자연스럽게 인간관계를 맺음으로써 사회적응력이 향상되며, 아동이 건강한 사회 구성원으로 자라날 수 있도록 양육하는 선진국형 아동복지시설의 하나이다.

③ 입양

입양은 아동이 부모 사망, 이혼, 경제적 빈곤 등의 이유로 친부모에 의한 양육이 영구적으로 불가능하게 된 경우에 친가정을 대신할 수 있는 대리가정을 찾아주는 것으로 이루어진다. 법적인 과정은 입양과 관련된 법률에 의해 소정의 절차를 마치는 것을 말하며, 이를 통해 합법적인 가족이 구성된다. 사회적 과정은 다른 구성원들로부터 가족으로 인정받는 과정을 의미하며, 이는 가족으로서 정서적 유대와 친밀감을 공유하게 됨과 동시에 사회적 인정을 받는 것이다.

④ 결연기관운영과 결연사업 활성화

우리나라는 1950년대에 선교 및 구호단체에 의해서 시작되었으나 정부 차원에서는 1972년에 한국사회사업시설연합회와 전국경제인연합회의 주선으로 기업체와 사회복지시설 간에 자매결연형식으로 접근하였다. 1973년에는 전국적으로 확대 실시하였다.

사회복지사전에 따르면 결연사업이란 도와줄 자를 찾아 도움이 필요한 사람에게 연결시켜 주는 조직적 활동으로, 어려운 처지에 있는 요보호대상자 및 시설과 남을 돕고자 하는 후원자(개인 또는 단체)와의 결연을 통하여 요보호대상자 및 시설이 필요로 하는 물질적·정신적 원조를 받도록 알선하는 사업이다.

⑤ 아동복지관자립지원센터 운영

아동복지법에 따르면 아동복지관이란 지역사회 아동의 건전육성을 위하여 심신의 건강유지와 복지증진에 필요한 서비스를 제공하는 것을 목적으로 하는 시설이고, 자립지원시설이란 아동복지시설에서 퇴소한 자에게 취업준비기간 또는 취업 후 일정기간 보호함으로써 자립을 지원하는 것을 목적으로 하는 시설이다.

⑥ 어린이 찾아주기센터 운영

보호자로부터 이탈하여 없어진 아동을 보호자에게 찾아주는 역할을 하는 기관 운영을 통해서 실종아동 발생을 예방하고, 조속한 발견과 복귀를 돕고자 생성된 기관으로 2005년 5월 「실종아동 등의 보호 및 지원 등에 관한 법률」에 의거 운영되고 있다.

⑦ 결식우려아동 급식지원

국민기초생활보장 수급자 및 차상위 저소득계층 중 가정사정 등으로 급식지원이 필요한 아동을 대상으로 급식지원을 통해 아동의 영양 섭취와 성장에 도움을 주기 위해 급식지원사업을 진행하고 있다.

⑧ 퇴소아동자립정착금 지원

「아동복지법」 제11조에 의하면 아동복지시설의 보호를 필요로 하는 아동의 연령이 18세에 달하였거나, 보호의 목적을 달성하였다고 인정될 때에는 당해 시설장은 아동을 퇴소시키고 도지사 또는 시장, 군수에게 보고해야 한다. 단 고등학교 이하의 학교에 재학 중인 자, 직업보도시설 또는 직업훈련시설에서 직업훈련 중인 자, 대학진학 아동의 경우 지역의 실정에 따라 졸업시기까지 보호기간을 연장할 수 있다. 이렇게 일정기간이 지나 시설에 보호 중인 아동이 퇴소하게 될 때 아동자립정착금을 지원하여 사회적응력을 돕기 위한 국가 지원정책이다.

(2) 일반아동 건전 육성을 위한 정책

일반아동 건전 육성을 위한 정책을 통해 아동복지의 대상인 일반아동의 건전한 육성과 보호를 국가, 사회적 차원의 여러 가지 지원책을 다음과 같이 실시하고 있다. 구체적인 사항은 초중학교의 교육과 급식사업이 있으며, ① 어린이날 행사, ② 아동용품의 세부적 안전기준 개발, ③ 피학대아동보호체계 완비 및 홍보 강화, ④ 보육정책 등을 실시하고 있다.

02 청소년복지정책

1) 개념

사전에 의하면 청소년은 어른과 어린이의 중간 시기로 청소년에 대한 연령 규정은 법규마다 다르나, 「청소년 기본법」에는 9세에서 24세 사이의 사람으로 규정되어 있다. 흔히 '청소년'이라 하면 만 13세에서 만 18세 사이의 사람을 칭하며, 이러한 경우에는 간단하게 '학생'이라는 말로 대신하기도 한다. 사춘기를 겪고 있는 사람을 칭하기도 한다. 1985년 UN에 의한 청소년은 15세~24세 사이의 집단으로, 국제식량기구(FAO)에 의하면 청소년이란 "10세부터 24세까지 사이의 결혼 여부를 불문한 남녀 인구부문"으로 규정한다. 우리나라의 경우는 중·고등학교 학생의 연령층 집단이 속하고 아동기에서 성인기로 넘어가는 과도기로 보고 있다.

2) 청소년 관련법

(1) 청소년 기본법

1990년 5월에 대한민국청소년헌장을 제정·반포한 것에서 시작하여, 1991년 "한국청소년기본계획"을 수립하고, 이것을 토대로 같은 해에 「청소년 육성법」을 폐지하고 「청소년 기본법」을 제정하였다. 「청소년 육성법」을 폐지하고, 그 기본법을 제정한 것은 육성 정책을 소홀히 다루려고 한 것이 아니라 청소년정책에서 기본적인 원칙과 방향을 법적으로 체계적으로 정립함으로써, 오히려 그 육성 정책을 강화하고자 하는 데에 취지가 있었다고 할 수 있다.

「청소년 기본법」은 그 육성법에서 미진하였던 청소년수련활동 실시의 필수 요소인 청소년지도자의 양성 및 지원, 청소년단체의 육성, 수련활동에서 사용될 수련거리의 개발에 관한 사항, 청소년 육성기금의 조성 등에 대하여 전면적으로 개정하거나 보완하였다. 「청소년 기본법」에서는 청소년을 9세 이상 24세 미만인 자로 규정하고 있다.

(2) 청소년 보호법

이 법은 청소년에게 유해한 매체물과 약물 등이 청소년에게 유통되는 것과 청소년이 유해한 업소에 출입하는 것 등을 규제하고, 청소년을 청소년폭력·학대 등 청소년유해행위를 포함한 각종 유해한 환경으로부터 보호·구제함으로써 청소년이 건전한 인격체로 성장할 수 있도록 함을 목적으로 하고 있다. 「청소년 보호법」에서는 청소년을 9세 이상 19세 미만인 자로 규정하고 있다.

(3) 아동복지법

「아동복지법」에서 아동의 나이는 18세 미만으로 규정하고 있다. 이 법은 "아동이 건강하게 출생하여 행복하고 안전하게 자라나도록 그 복지를 보장함을 목적으로 한다"고 규정하고 있다. 아동을 영양·교육·보호의 과정을 통하여 적절한 신체적·정신적·도덕적 발전을 기하도록 하는 데 있다.

앞에서 살펴본 것과 같이 우리나라의 청소년 관련법들은 나이가 각 법에서 조금씩 차이가 나게 적용하고 있는 문제점이 있다.

03 노인복지정책

1) 개념

노인이란 말 그대로 나이 들어 늙은 사람이라는 의미이고, 늙어간다는 것, 노화[105]는 생물학적, 심리적, 사회적 기능이 쇠퇴해 간다는 의미이다. 노인에 대한 개념을 정확하게 정의하는 것은 매우 어려운 작업이며 문화와 역사, 사회적 맥락에 따라 다양하게 규정되었다. 노인의 개념은 국가나 사회 문화적, 경제적 배경과, 개인의 신체적, 정신적, 사회적 요인 등이 고려되어야 한다.

노인의 개념 정의를 국제노년학회(1951)는 다음과 같이 다섯 가지 특성을 가진 사람으로 설명한다.

① 환경변화에 적절히 적응할 수 있는 조직기능이 감퇴되고 있는 사람이다.
② 생체의 자체 통합능력이 감퇴되고 있는 사람이다.
③ 인체의 기관, 조직, 기능에 쇠퇴현상이 일어나는 시기에 있는 사람이다.
④ 생활상의 적응능력이 결손되어 가고 있는 사람이다.
⑤ 조직의 예비능력이 감퇴하여 적응이 제대로 되지 않는 사람이라고 규정하고 있다.

반면 브린(Breen)은 노화의 생리적, 심리적, 사회적 세 영역을 동시에 고려하여 노인의 개념 정의를 하였다.

① 생물학적 및 생리적 측면에서 퇴화기에 있는 사람이다.
② 심리적 측면에서 정신기능과 성격이 변화하고 있는 사람이다.

105) 노화란 연령의 증가와 함께 점진적으로 발생하는 생체조직과 생체기능의 약화현상이다. 그러나 노년학은 노화현상을 단순히 생리적·신체적 상태와 기능의 변화만을 연구하는 것이 아니라 심리적 상태와 기능의 변화를 통해 노화현상을 관찰한다거나 사회적 상태와 기능의 변화를 통해 노화를 이해하는 등 다양한 영역을 통해 종합적으로 접근한다. 따라서 노화란 인간의 생리적 조직과 기능의 약화 현상 및 심리적, 사회적 기능의 약화 현상 등을 포괄적으로 의미한다고 말할 수 있다.

③ 사회적 측면에서 지위와 역할이 상실되어 가는 사람이라고 규정하고 있다.

이러한 개념들을 종합하여 정리해 보면 노인이란 노화의 과정 또는 그 결과로 생리적, 심리적, 사회적 기능이 약화되어 자립적인 생활능력과 환경에 대한 적응능력이 약화되고 있는 사람이라고 규정할 수 있다.

2) 노인복지정책

(1) 노인복지법

노인문제의 중요 분야인 보건, 질병치료, 생활안정 등의 해결을 위한 법적 조치를 명시한 것으로 노인문제를 사회경제적 여건의 변화로 인해 발생한 사회문제로 인식하여 복지적인 측면에서 접근한 법이다.

이 법의 제1조 목적을 보면 노인의 질환을 사전예방 또는 조기발견하고 질환상태에 따른 적절한 치료·요양으로 심신의 건강을 유지하고, 노후의 생활안정을 위하여 필요한 조치를 강구함으로써 노인의 보건복지증진에 기여함을 목적으로 한다.

(2) 소득보장정책

고령사회에서 대부분의 빈곤자는 노인으로 이에 대한 직접적, 간접적 보장정책을 살펴보고자 한다.

① 직접적 보장정책

노인의 직접적인 보장정책에는 공적연금제도와 공적부조제도, 경로연금제도가 있다.

㉠ 공적연금제도

노령, 장애, 사망 등 소득상실의 위험에 봉착하게 될 때 국민들에게 안정적인 최저생활을 보장하기 위하여 국가의 책임 하에 운영되는 사회보장제도이다. 공적연금제도의 특징에는 보험의 원리와 강제성(보험료의 강제적 징수), 소득보장과 사회적 충분성 그리고 수익자 재정책임 원칙을 갖는다. 공적연금제도의 종류에는 국민연금, 공무원연금, 사립학교교원연금, 군인연금 등 특수직 연금 등이 있다.

㉡ 공적부조제도

국민이 인간다운 생활을 영위하도록 하기 위해 국가 및 지자체의 책임 하에 생활유지능력이 없거나 생활이 어려운 국민의 최저생활을 보장하고 자립을 지원하는 제도이다. 공적부조제도의 특징에는 빈곤을 완화시켜 주는 데 있으며, 종류에는 기초생활보장제도가 있다.

㉢ 경로연금제도

연금제도 중에서도 고령화 사회의 노인을 위한 연금제도이다. 경로연금제도의 특징은 1991년 노령수당제도에서 1998년에 지급대상을 확대하여 경로연금으로 변화된 것이다. 직접적인 금전지급을 통해 노인들의 생활비지원을 하고 있으나 현실적인 비용지급이 되도록 할 필요가 있다.

② 간접적 보장정책

노인의 간접적 보장정책에는 노인들의 지출 감소를 위한 경로우대제도와 급식서비스, 고용증진을 위한 노인고용권장, 각종 세제혜택 등이 있다.

㉠ 경로우대제도

65세 이상 노인들의 교통이용을 돕기 위해 도시철도 무임승차, 철도 할인제도와 월 시내버스 이용 교통비 지원이 있다.

㉡ 고용증진

노인들의 일자리 창출과 취업을 돕기 위해, 300인 이상 사업장에 대하여 55세 이상인 자를 3% 이상 고용 권장을 하고 있고, 인력 채용 시 인건비지원 등을 하고 있다.

㉢ 각종 세제혜택

주택상속세공제, 상속세 인적공제, 부양가족공제, 경로우대공제, 주택자금 할증지원 등을 통해 노인들의 생활을 지원하고 있다.

㉣ 기타

효행상, 장한어버이상, 부모봉양지원으로 공무원중에 노부모를 모시는 자에게 노부모봉양수당을 지급하고 있다.

(3) 보건의료정책

우리나라는 현재 노인만을 위한 의료보장제도가 마련되어 있지 않은 실정이다. 대부분의 노인들은 일반 국민과 같이 의료보험과 의료보호에 의하여 의료보장을 받고 있다. 따라서 의료보험과 의료보호제도가 전체 노인의료보장에서 큰 비중을 차지하고 있으나 이에 대한 인식은 매우 미흡한 실정이라고 할 수 있다.

의료보험제도는 보험료로 재원을 조성하여 의료문제에 대처할 수 있도록 하는 사회보험제도로 국민의 질병위험을 분산시키고 상호부조와 소득분배의 기능을 수행한다. 보험료를 부담할 수 있는 대부분의 일반국민을 대상으로 하는 의료보호제도는 스스로 보험료를 납부할 수 없는 장애인, 노인 등 생활 무능력자와 저소득자를 대상으로 국가가 국가 재정으로 의료문제를 해결해주는 공적부조제도라 할 수 있다.

우리나라의 노인을 위한 보건의료정책에는 국민건강보험(사회보험), 의료보호제도(공적부조), 노인건강진단(공적부조), 기타 의료서비스 등의 의료서비스가 있다.

① 국민건강보험(사회보험)

백과사전에 의하면 국민건강보험이란 의료비용을 지불해주는 보험의 한 형태이다. 좀 더 넓은 의미로도 사용되는데 장애, 장기 요양 및 관리를 포함하기도 한다. 정부에 의해 지원되는 사회보험을 통해 제공될 수도 있고, 집단적으로 가입할 수도 있으며(예: 기업이 종업원에게 보험을 들어줌), 개인적으로 가입할 수도 있다. 각 경우 가입자 개인이나 단체는 보험료 또는 세금을 내어 불시에 닥친 높은 의료비로부터 자신을 지킬 수 있다. 비슷한 효과를 정부에 의한 사회복지를 통해 실현할 수도 있다.

국민건강보험은 의료 총비용을 추산하고, 고정적인 재정 수입 구조를 만들어(월 보험료나 년간 세금) 계약된 범위 내에서 의료비용을 지불해주게 된다. 혜택의 범위는 주로 중앙 조직(주로 정부 기관이나 민영단체 또는 의료 담당 비영리 단체)에 의해 관리된다.

우리나라는 1989년 전 국민 의료보험제도가 실시되었으나, 노인의 경우 안경, 보청기, 의치 등의 보조장비는 노인이 건강을 유지하고 일상생활을 영위하는 데 필수품임에도 불구하고 의료비 전액을 지원하지 못하는 어려움이 있는데, 이는 시급히 해결되어야 할 것이다.

② 의료보호제도(공적부조)

백과사전에 의하면 의료보호제도는 1961년에 제정된 생활보호사업의 일환으로 생활보호대상자에게 국공립의료기관의 무료진료증을 발부하여 진료를 받게 하는 등의 사업을 진행하다가, 1977년 12월에 「의료보호법」이 별도로 제정되어 현재의 틀을 갖추게 되었다. 현재 의료보호 대상자는 2가지 유형으로 구분되어 있다. 첫째, 거택보호자와 시설보호자(1종 보호자)로 근로능력이 없고 주로 정부가 선정하는 극빈자와 양로원 등에 수용된 계층이다. 둘째, 자활보호자(2종 보호자)는 근로능력은 있으나 생활이 어려운 계층을 말한다. 의료보호대상자는 보호기관이 대상자로 책정한 날로부터 당해연도 12월 31일까지 그 자격이 유지된다. 다만 이재민 등 보호기관이 특별하게 기간을 정하는 경우에는 보호기관에서 정한 기간까지만 자격이 유지된다.

개인적인 보험료 납부가 없으며 병원이용 비용의 전액 또는 일부를 국가와 지방자치단체가 담당한다는 점에서 보험료 납부능력이 있는 국민을 대상으로 한 의료보험제도와 다르다. 즉, 보험방식으로 의료보장제도를 실시할 경우 보험료 납부능력이 없는 계층을 대상으로 한 의료보호제도는 필연적으로 존재할 수밖에 없다.

③ 노인건강진단(공적부조)

노인을 위한 건강진단의 목적은 노인에게서 나타나는 여러 가지 신체적 요인에 따라 건강에 대한 영향의 조기발견 또는 총체적인 건강상황의 파악을 위한 것이다. 건강 장애나 질병을 조기에 발견하는 것만이 아니라 건강상태를 정확히 파악함으로써 질병 예방을 위한 건강지도를 정확하게 하기 위한 것이다. 그러므로 노인에 대한 건강진단 및 보건예방사업은 매우 중요하다.

④ 기타 의료서비스(노인병원, 노인요양시설, 응급수송서비스)

노인을 전문적으로 치료하는 노인병원과 노인을 입소시켜 무료 또는 저렴한 요금으로 급식, 요양 기타 일상생활에 필요한 편의를 제공함을 목적으로 하는 시설을 운영하여, 저소득 노인들의 노후를 지원하고 있으며, 재가노인을 대상으로 긴급전화 설치를 통한 응급시 응급수송서비스를 실시하고 있다.

(4) 보호정책

① 시설보호

사회적 보호를 필요로 하는 노인을 시설에 수용하여 서비스를 제공함으로써 이들의 기능을 유지·강화하는 보호 형태이다.

② 재가보호

재가보호(home care)는 사회적 보호를 필요로 하는 노인을 시설에 수용하지 않고 가정 또는 그와 유사한 지역사회 내의 환경에 머물도록 하면서 사회복지시설로 통원하게 하거나 가정봉사원 등을 파견해서 서비스를 제공함으로써 이들의 기능을 유지·강화하고 나아가 자립을 돕는 사회적 보호의 한 형태이다.

(5) 가족지원정책

① 노인봉양의식 제고와 경제적 부담 경감
② 노부모와의 동거 자녀에 대한 세금 감면

(6) 주택보장정책

① 노인의 인간다운 삶의 보장
② 재가목적 주거서비스
③ 수용보호목적 주거서비스

노인복지정책실천의 주체는 정부와 지방정부, 공공과 민간을 포함한 지역사회 공동체인 것이다. 노인복지정책 발전을 위해서는 우선적으로 재원이 확보되어야 한다. 미래의 복지국가를 판단하는 기준은 노인복지의 수준이 어느 정도인지에 달려 있다.

04 장애인복지정책

복지국가의 척도는 사회 속에서 장애인이 차별받지 않고 얼마나 인간다운 생활을 하고 있는가이다. 우리나라의 장애인 복지정책을 통해 우리나라의 장애인[106]을 바라보는 시각을 살펴보고자 한다.

1) 개념

사전에서의 장애란 "신체기관이 본래의 제 기능을 못하거나 정신능력에 결함이 있는 상태"를 말한다. 일반적으로 장애란 몸이나 정신에 이상이 있는, 다시 말해 의학적 차원의 이상으로 보는 경향이 있다. 의학적 시각에서 볼 때 장애가 질병과 같은 것으로 취급되기 쉽지만, 실제로는 그렇지가 않고 질병이 치료를 통해 완쾌되는, 즉 비교적 흔적 없이 질병이 사라질 수 있는 상태의 장애인 경우 개선의 여지가 있으나 완전히 흔적이 없어질 수는 없는 상태라고 할 수 있다.

UN이 정한 장애인권리선언문 제1조에서는 장애인을 '선천적이든 후천적이든 신체적·정신적 능력의 불완전으로 인하여 개인의 일상생활이나 사회생활에 필요한 것을 스스로 완전히 혹은 부분적으로 해결할 수 없는 상태'라고 한 개념을 바탕으로 하고 있다.

2) 장애인의 종류 및 기준

「장애인복지법시행령」 제2조 별표1의 장애인의 종류 및 기준

1. 지체장애인
   가. 한 팔, 한 다리 또는 몸통의 기능에 영속적인 장애가 있는 사람
   나. 한 손의 엄지손가락을 지골(손가락 뼈) 관절 이상의 부위에서 잃은 사람 또는 한 손의 둘째손가락을 포함한 두 개 이상의 손가락을 모두 제1지골 관절 이상의 부위에서 잃은 사람
   다. 한 다리를 리스프랑(Lisfranc: 발등뼈와 발목을 이어주는) 관절 이상의 부위에서 잃은 사람
   라. 두 발의 발가락을 모두 잃은 사람
   마. 한 손의 엄지손가락 기능을 잃은 사람 또는 한 손의 둘째손가락을 포함한 손가락 두 개 이상의 기능을 잃은 사람

---

106) 「장애인복지법」 제2조(장애인의 정의 등)
① "장애인"이란 신체적·정신적 장애로 오랫동안 일상생활이나 사회생활에서 상당한 제약을 받는 자를 말한다.
② 이 법을 적용받는 장애인은 제1항에 따른 장애인 중 다음 각 호 의 어느 하나에 해당하는 장애가 있는 자로서 대통령령으로 정하는 장애의 종류 및 기준에 해당하는 자를 말한다.
1. "신체적 장애"란 주요 외부 신체 기능의 장애, 내부기관의 장애 등을 말한다.
2. "정신적 장애"란 발달장애 또는 정신 질환으로 발생하는 장애를 말한다.

바. 왜소증으로 키가 심하게 작거나 척추에 현저한 변형 또는 기형이 있는 사람
사. 지체에 위 각 목의 어느 하나에 해당하는 장애정도 이상의 장애가 있다고 인정되는 사람

2. 뇌병변장애인
뇌성마비, 외상성 뇌손상, 뇌졸중 등 뇌의 기질적 병변으로 인하여 발생한 신체적 장애로 보행이나 일상생활의 동작 등에 상당한 제약을 받는 사람

3. 시각장애인
가. 나쁜 눈의 시력(만국식시력표에 따라 측정된 교정시력을 말한다. 이하 같다)이 0.02 이하인 사람
나. 좋은 눈의 시력이 0.2 이하인 사람
다. 두 눈의 시야가 각각 주시점에서 10도 이하로 남은 사람
라. 두 눈의 시야 2분의 1 이상을 잃은 사람

4. 청각장애인
가. 두 귀의 청력 손실이 각각 60데시벨(dB) 이상인 사람
나. 한 귀의 청력 손실이 80데시벨 이상, 다른 귀의 청력 손실이 40데시벨 이상인 사람
다. 두 귀에 들리는 보통 말소리의 명료도가 50퍼센트 이하인 사람
라. 평형 기능에 상당한 장애가 있는 사람

5. 언어장애인
음성 기능이나 언어 기능에 영속적으로 상당한 장애가 있는 사람

6. 지적장애인
정신 발육이 항구적으로 지체되어 지적 능력의 발달이 불충분하거나 불완전하고 자신의 일을 처리하는 것과 사회생활에 적응하는 것이 상당히 곤란한 사람

7. 자폐성장애인
소아기 자폐증, 비전형적 자폐증에 따른 언어·신체표현·자기조절·사회적응 기능 및 능력의 장애로 인하여 일상생활이나 사회생활에 상당한 제약을 받아 다른 사람의 도움이 필요한 사람

8. 정신장애인
지속적인 정신분열병, 분열형 정동장애(여러 현실 상황에서 부적절한 정서 반응을 보이는 장애), 양극성 정동장애 및 반복성 우울장애에 따른 감정조절·행동·사고 기능 및 능력의 장애로 인하여 일상생활이나 사회생활에 상당한 제약을 받아 다른 사람의 도움이 필요한 사람

9. 신장장애인
신장의 기능부전으로 인하여 혈액투석이나 복막투석을 지속적으로 받아야 하거나 신장 기능의 영속적인 장애로 인하여 일상생활에 상당한 제약을 받는 사람

10. 심장장애인
심장의 기능부전으로 인한 호흡곤란 등의 장애로 일상생활에 상당한 제약을 받는 사람

11. 호흡기장애인
폐나 기관지 등 호흡기관의 만성적 기능부전으로 인한 호흡기능의 장애로 일상생활에 상당한 제약을 받는 사람

12. 간장애인
간의 만성적 기능부전과 그에 따른 합병증 등으로 인한 간기능의 장애로 일상생활에 상당한 제약을 받는 사람

13. 안면장애인
    안면 부위의 변형이나 기형으로 사회생활에 상당한 제약을 받는 사람

14. 장루·요루장애인
    배변기능이나 배뇨기능의 장애로 인하여 장루 또는 요루를 시술하여 일상생활에 상당한 제약을 받는 사람

15. 간질장애인
    간질에 의한 뇌신경세포의 장애로 인하여 일상생활이나 사회생활에 상당한 제약을 받아 다른 사람의 도움이 필요한 사람

3) 장애인복지정책

장애인복지정책이란 장애인에 대한 문제 해결을 목적으로 시행되는 정책을 말한다.

① 장애인의 일반적 문제

장애인이 가진 결함이나 장애가 만성적이고, 장애로 인한 의사소통의 문제가 발생한다. 또한 장애로 인한 소득의 어려움은 빈곤의 대물림과 생활의 전반적인 어려움을 가져오고 있으며, 장애인문제는 곧 빈곤의 문제이기에 필연적으로 복지가 요구되는 결과를 갖는다.

장애인의 사회적 소외와 부적응문제가 점점 심화되고 있으며, 이는 사회적 불리로서 물리적, 사회적, 문화적, 심리적 환경에 의한 장애가 가져다주는 결과라 할 수 있다.

② 장애인에 대한 인식의 문제: 장애인에 대한 편견과 차별의 문제

사회의 장애인에 대한 인식의 문제로 편견과 차별의 문제가 심각하게 나타나고 있다. 이는 외적으로는 장애인에 대한 동정적이고, 내적으로는 거부적·비호의적인 태도를 보이고 있으며, 장애인에 대한 차별 구조는 장애인에 대한 체계적 배제 구조로부터 발생하고 있다.

③ 장애인복지와 재활의 문제

장애인복지 향상에 필요한 재원 충당이 시급히 요청되고 있으며, 경증장애인들의 사회활동 및 적응을 위한 생활 편의 시설의 확충이 필요하다.

또한 중증장애인들의 생활 시설의 확보, 장애인에 대한 국민의식구조 개선이

필요한데, 수동적인 의지의 개발이 아닌 능동적인 의지에서의 개발이 요구된다.

④ 장애인 가정의 문제

장애인들의 가정으로부터 소외받는 현상이 가장 문제가 되는데, 가족의 구성원임에도 가정의 파괴자, 침입자로 인식하여 가정해체의 주원인을 주는 등 시급히 해결해야 할 문제이다. 또한 장애인 탄생을 가정의 충격으로 인식하고 있다.

4) 우리나라의 장애인복지정책

(1) 장애인에 관련된 법

① 장애인복지법

이 법은 1981년에 「심신장애인복지법」이란 이름으로 제정되어, 개정을 통해 「장애인복지법」으로 변경되었다. 장애인의 인간다운 삶과 권리보장을 위한 국가와 지방자치단체 등의 책임을 명백히 하고, 장애발생 예방과 장애인의 의료·교육·직업재활·생활환경개선 등에 관한 사업을 정하여 장애인복지대책을 종합적으로 추진하며, 장애인의 자립생활·보호 및 수당지급 등에 관하여 필요한 사항을 정하여 장애인의 생활안정에 기여하는 등 장애인의 복지와 사회활동 참여증진을 통하여 사회통합에 이바지함을 목적으로 한다.

② 장애인 고용촉진 및 직업재활법

이 법은 1990년도 「장애인고용촉진에 관한 법률」로 제정되었으며, 개정을 통해 「장애인고용촉진 및 직업재활법」으로 변경되었다. 장애인이 그 능력에 맞는 직업생활을 통하여 인간다운 생활할 수 있도록 장애인의 고용촉진 및 직업재활을 꾀하는 것을 목적으로 한다. 이 법 27조 1항에 의하면 국가와 지방자치단체장은 장애인을 소속 공무원 3% 이상을 고용해야 하며, 상시 노동자 50인 이상을 고용하고 있는 사용자는 노동자 수의 5% 범위 안에서 대통령이 정하는 의무고용율(2008년 2%) 이상의 장애인을 고용해야 한다. 또한 이를 실천하는 사용주에게는 고용장려금, 이를 실천하지 않는 사용주에게는 당해연도 최저임금의 60% 이상의 고용부담금의 부과를 규정하고 있다.

③ 장애인차별금지 및 권리구제 등에 관한 법률

장애인차별을 법 제정을 통하여 근본적으로 제거하여 장애인의 능력 개발에 중심을 두고 직업재활 서비스로 장애인 고용을 추진하기 위하여 미국과 영국에서는 일찍이 장애인 차별을 금지하는 법들을 제정하기 시작했다. 미국에서는 「장애인차별금지법」을 1990년에, 영국은 1995년에 제정하였으며, 우리나라는 전자의 장애인고용할당제를 시행하면서도 총 6장 50조 부칙으로 구성된 「장애인차별금지법」을 2007년에 제정·시행하고 있다.

④ 장애인활동지원에 관한 법률

「장애인활동지원에 관한 법률」은 장애인에 연관된 가장 최근에 제정된 법(2011년)으로서, 총 9장 49조 부칙으로 구성되어 있다. 내용적인 측면에서 이 법은 치매나 중풍에 의해 신체적으로 장애가 있는 65세 이상의 노인만을 보호하고 간호할 수 있는 장기요양보험과 함께 그 이하의 장애가 있는 사회구성원들을 간호하고 그들의 활동을 지원하기 위하여 제정된 법률이다.

⑤ 장애인연금법[107]

2010년 4월 12일 법률 제10255호로 제정된 법이다. 장애인을 위한 공공부조제도로 '중증장애인[108]'의 생활이 어려운 자에게 생활안정을 지원하고 복지를 증진한다. 이 법의 수급권자는 18세 이상의 중증장애인으로 소득인정액이 대통령령으로 정하는 금액 이하인 사람이 해당된다. 다만 20세 이하로서 학교에 재학 중인 사람은 제외한다.

(2) 장애예방정책

장애예방정책은 모자보건[109] 분야, 산업안전[110] 분야, 교통안전[111] 분야 등으

107) 세부 내용으로는 국가 및 지방자치단체의 책무(제3조), 수급권자의 범위(제4조), 장애인연금의 종류 및 내용(제5조), 장애인연금의 신청(제8조), 수급자에 대한 사후관리(제11조), 장애인연금의 지급기간 및 지급시기(제13조), 비용의 부담(제21조) 등 전문 27조와 부칙으로 이루어져 있다.

108) 이 법에서 말하는 중증장애인이란 "「장애인복지법」 제32조에 따라 등록한 장애인 중 근로능력이 상실되거나 현저하게 감소된 사람으로서 제1급 및 제2급의 장애등급을 받은 사람과 제3급의 장애등급을 받은 사람 중 대통령령으로 정하는 사람을 말한다(제2조)."

109) 모자보건사업은 임산부와 영유아를 대상으로 장애발생 위험요인을 사전에 발견하고 장애발생을 예방할 목적에서 실시되고 있는 사업으로, 전국의 보건소 및 모자보건센터를 중심으로 실시되고 있다. 선천적 장애의 발생 예방을 위해 1997년부터 모든 신생아에게 국고부담으로 선천성대사이상 검사를 무료 실시하며, 저소득층의 선천성대사이상 환아에게는 특수조제분

로 나뉜다.

(3) 의료 및 소득보장정책

① 의료보장

장애인은 다른 일반 환자들에 비하여 장기간의 치료와 재활을 요하므로 의료 부문에 대한 복지정책이 필수적으로 요구되는데, 장애인 의료보장정책으로는 사회보험제로서의 국민건강보험, 공적부조제도로서의 의료보호, 저소득장애인 의료비지원, 보장구 무료교부사업 등이 있다.

- 국민건강보험제도(사회보험)

국민건강보험제도는 장애인 본인 또는 가구원이 평상시에 일정률의 보험료를 납부하고 의료서비스 이용 시 현물 또는 현금으로 급여를 받는 제도이다.

국가는 1996년 1월 1일부터 법 개정에 의거하여 연중 내내 급여가 가능하도록 하고 있다. 또한 장애인용 필수보장구에 대한 보험 적용방안을 확정, 시행에 들어갔으며 보장구는 등록 장애인이 의료기관에서 처방전을 발급받은 경우에 한해 보험급여를 받을 수 있다.

유 무료지급 등 사후관리를 하고 있고, 임산부·영유아에 대한 무료 건강검진 및 예방접종, 임신·육아지침서의 발간과 보급 등 모자보건사업을 내실화하고 있으며, 유전성 질병 관련 장애발생 방지대책을 강화하고 있다.

110) 1960년대 이후 산업화 과정을 거치면서 산업재해로 인한 장애발생이 늘어나는 양상을 보이고 있다. 산업재해보상보험이 1963년 도입된 이래 매년 10만여 명이 산업재해로 인하여 부상을 당하였으며, 이 중 3만여 명이 신체장애를 입은 것으로 나타나고 있다. 산업재해자 수와 산업재해율은 최근 들어 조금씩 줄어들고 있으며 1980년대 후반부터 부상자 5명 중 1명이 신체장애인인 것으로 나타나 산업재해로 인한 신체장애인 수가 점차 많아지고 있다. 이러한 산업재해로 인한 장애발생을 예방하기 위하여 「산업안전보건법」을 1990년에 개정하여 상시 100인 이상 사업체에 대하여 산업안전보건위원회의 설치를 의무화하고, 사업장에 보건안전관리 책임자를 선임하여 산업안전에 관한 사항을 관장하게 하고 있다.

111) 교통 환경의 미비, 운전자와 보행자의 안전의식 미비, 자동차 보유대수의 증가 등으로 인하여 교통사고로 인한 사상자가 지속적으로 증가하고 있다. 자동차사고로 인한 장애발생 실태를 알기 위해서는 자동차보험가입자 중 「자동차손해배상보장법」의 후유장애기준에 따라 후유장애자종합보험금을 수급한 자를 알아봄으로써 대략적으로 파악할 수 있는데, 후유장애인을 등급별로 보면 1급~3급이 가장 많고 다음으로 4급~6급, 7급~9급, 10급~14급 순으로 나타나고 있다. 정부에서는 교통사고의 예방과 교통안전 증진을 위하여 교통안전정책심의위원회를 설치·운영하고 있으며, 1983년부터 매 5년 단위로 교통안전기본계획종합대책 및 세부 시행계획을 수립하여 시행하고 있다.

• **의료보호제도**(공적부조)

의료보호제도는 공적부조제도로서 거택보호, 자활보호 및 시설보호대상자 등 자력으로 의료문제를 해결할 수 없는 자를 대상으로 국가재정으로 의료혜택을 부여하는 제도이다. 장애인의 경우 생활보호대상자로 책정된 자에 한하여 의료보호의 혜택을 받을 수 있다.

• **장애인 의료비지원제도**

장애인 의료비지원제도는 생활이 어려운 저소득 장애인의 의료비를 지원함으로써 생활안정을 도모하고 의료보장을 실현한다는 데 목적을 두고 있다.

• **보장구 무료교부제도**(장애인 재활보조기구 교부)

보장구 무료교부제도는 1982년부터 생활이 어려운 저소득장애인에게 보장구의 제조, 구매, 수리, 검진 및 적응훈련비를 지원함으로써 이들의 신체적 기능을 보완하고 생활능력을 향상시켜 장애인의 자활자립을 도모하는 데 목적을 두고 있다.

무료교부 대상자는 「장애인복지법」 제19조의 규정에 의거 등록한 지체장애인으로 생활보호대상자이거나 생활보호대상자가 아니더라도 저소득 장애인으로서 취업활동 등을 위해 보장구 장착이 필요하다고 인정되는 경우이다.

교부되는 보장구 품목은 의수족, 보조기, 휠체어, 보청기, 흰지팡이 등이다.

② 소득보장

장애인의 경제적 문제를 해결하고자 국가에서 제공하는 직접적인 소득보장정책은 공적부조의 일환으로 실시되는 소득보장(국민기초생활보장, 생계보조수당지급사업 및 자립자금대여사업), 사회보험의 장애연금 또는 장애일시(보상)금, 조세감면 및 이용요금할인 등을 통한 경제적 부담 경감 시책이다.

• **공적부조에 의한 소득보장**

국민기초생활보장제도는 생활능력이 없어 생계가 어려운 국민을 대상으로 그들의 가족사항, 생활실태, 부양 및 근로능력, 소득·자산보유상황, 기타 사항들을 정확히 파악하여 국민기초생활보호대상자 선정기준을 결정하고, 이 기준에 미달하는 계층을 국민기초생활보호대상자로 선정하여 생계비지원, 의료보호 등 각종 지원사업을 수행하고 있다.

국민기초생활보호사업과 함께 장애인을 위한 대표적인 공적부조사업은 생계보조수당이라는 직접적 소득보장정책이다. 생계보조수당은 해당 장애인 본인을 기준으로 지급하므로 한 가정에 해당 장애인이 2명 이상인 경우 해당 장애인 모두에게 지급한다.

장애인 자립자금 대여는 자활자립이 가능한 저소득장애인에게 자립자금을 대여해 줌으로써 자활자립 및 생활안정을 도모하는 데 목적을 두고 실시된다. 대여자금의 종류로는 생업자금, 취업에 필요한 지도 및 기술훈련비, 기능회복 훈련에 필요한 고가의 재활기기 구입비, 고가의 사무보조기기 구입비, 기타 시 · 도지사가 장애인재활에 필요하다고 인정하는 비용 등이 있다.

- 사회보험에 의한 소득보장

우리나라의 대표적인 사회보험제도는 국민연금제도로서 1988년부터 시행되었다. 이 중 장애연금은 연금가입기간 중 장애가 발생했을 때 지급되는데, 질병으로 인한 장애는 초진일 현재 가입기간이 1년 이상이어야 하며, 부상으로 인한 경우는 가입기간 1년 이전에 완치된 경우에는 1년 이상이 되는 시점부터 장애연금이 지급된다.

장애연금은 장애등급 1~3급에 따라 기본연금액의 60~100%가 지급된다. 그리고 장애등급 4급인 경우에는 기본연금액의 150%가 장애일시금으로 일시에 지급된다.

- 경제적 부담경감에 의한 소득보장

장애인 또는 장애인을 부양하는 자의 경제적 부담을 경감하기 위해 각종 세금 또는 요금 등을 감면하는 시책을 실시하고 있는데, 이와 같이 간접적 방식을 통한 장애인 소득보장정책으로는 보건복지부에서 주관하는 시책, 보건복지부가 아닌 정부기관에서 주관하는 시책, 지방자치단체에서 주관하는 시책, 공공기관 또는 민간기업에서 자체운용규정에 의하여 실시하는 시책 등으로 다양하다.

(4) 교육정책

장애인에 대한 교육권리를 보장하기 위한 정책으로는 장애인가구 자녀교육비 지원, 특수학교 및 특수학급에서의 특수교육 실시 및 운영비 지급, 대학정원 특례입학제도, 특수교육 종합발전 계획 등이 있다.

① 장애인가구 자녀교육비 지원

1992년부터 실시된 장애인가구에 대한 교육비 지원은 정상인에 비하여 소득활동에 제한을 받으면서 의료비, 교통비, 보장구 구입비 등 교육 간접비용이 상대적으로 높은 저소득장애인 가구의 자녀에 대한 교육비를 지원하여 경제적 부담을 줄여 줌으로써 최소한의 교육기회보장과 장애인가구의 생활안정을 도모하는 데 목적을 두고 있다.

② 특수교육 실시 및 운영비 지원

19세기 말 신교육의 성립과정과 더불어 그 기점을 찾을 수 있는데, 개신교 선교사들의 도래와 함께 시작된 특수교육은 선교사들이 선교사업을 위한 간접적 방편으로 교육사업과 의료사업에 주력함으로써 실시되었다. 주요 업무는 특수교육진흥 기본계획의 수립, 영재교육 및 특수교육의 장학기획, 각급 특수학교 및 특수학급의 운영지도, 장애유형별 특수학교별 교육과정 편성기준의 설정 지원, 특수학교 교원 연수 및 학습지도의 지원, 특수교육용 시설·설비의 확충·지원, 특수학교 직업교육 및 치료교육에 관한 사항, 국립특수교육원의 운영지원, 기타 특수교육에 관한 사항 등의 업무를 한다.

③ 대학특례입학제도

교육과학기술부는 1994년 10월 교육법시행령과 대학 학생정원령을 개정함으로써 장애인 중 일정한 기준에 해당하는 사람이 1995학년도부터 대학 및 전문대학에 정원 외로 특례 입학할 수 있도록 하였다. 특례입학대상자는 장애인복지법에 의하여 장애인등록을 필하고 특수교육진흥법의 규정에 의해 특수교육대상자로 선정된 자로서 시각, 청각, 지체장애 중 어느 한 가지 장애에 해당하거나 이들 장애의 중복장애에 해당하는 사람이며, 이들에 대해서는 현행의 입학방법 외에 학교의 장이 정하는 방법에 의해 대학 및 전문대학에 입학할 수 있도록 하였다.

그러나 장애인 특례입학 실시 후 현재 대학에 재학중인 장애학생들은 교육관련 서비스 부재와 행정적 지원 부족, 편의시설 미비 등으로 대학생활을 하는 데 많은 불편을 느끼고 있다.

④ 특수교육 종합 발전방안

정부는 1998년 12월 향후 5년간 약 6,520억 원의 교육재정을 투자하여 특수교육의 수혜 확대와 교육의 내실화에 초점을 둔 장애인복지발전 5개년 계획을 발표하였다.

장애인복지발전 5개년 계획 중에서 "장애인특수교육분야"를 통해 정부가 궁극적으로 추진하고 있는 것은 교육을 통한 장애인의 "삶의 질" 개선에 있다.

- **평생교육복지, 장애인평생교육 복지지원망구축**

이는 학습경험, 직업교육 등에 대한 정보를 수록하여 종합적·체계적으로 관리하는 "장애인 평생교육 복지지원망"을 구축할 계획이다. 이를 바탕으로 생활주기(life cycle)에 적합한 평생교육을 지원하고 장기적으로는 치료, 직업, 보호분야와 연계하여 적극적인 교육복지서비스를 제공할 수 있도록 발전시켜 나갈 것이다.

- **교육대상 확대, 특수학교 신설 계획**

장애인교육대상 확대와 특수학교의 신·증설로 장애아동의 교육을 받을 수 있도록 하고, 자택순회교육의 강화로 장애아동들이 교육수혜를 누릴 수 있도록 하고 있다.

- **별도의 학제 마련, 장애아 무상교육 20년까지 연장**

정부는 현행 무상교육의 최대 연한을 18년(유치부-전공과)에서 2년간 연장하여 20년까지 무상교육을 받을 수 있도록 할 예정이다. 또한 학습단계의 적용이 무의미한 장애영역(정서장애, 정신지체, 중도-중복 장애 등)의 학생 초중등 과정을 통합한 12년제로 운영하고 장애유형 및 장애정도별로 6-3-3제, 9-3제, 6-6제, 12년제 등 다양한 형태로 운영해 나갈 계획이다.

- **직업교육강화, 직업능력 개발 전담부서 설치**

1997년에 신설된 한국직업능력개발원에 "장애인 직업능력개발 전담부서"를 설치한다.

- **교원양성체제, 대학원 중심의 양성체제로 전환**

교원양성체제의 개선은 특수교사 양성대학의 교육과정 개편과 대학원 중심의 교원 양성체제로 전환, 특수학교 교원채용 시 초-중등자격 제한 완화 등이 있다. 특수교사 양성대학의 교육과정 개편은 특수교사 양성대학들이 협력하여 위원회 구성, 개편안 마련 등을 통해 발전적 특수교사 양성교육과정 모형을 개발하는 것을 주요 내용으로 하고 있다.

- 행·재정 지원체제, 특수교육 운영비 연차별로 증액 지원

정부는 특수교육재정의 안정적 투자 체제 확립을 위해 특수교육운영비를 연차별로 증액 지원해 나갈 계획이다. 특수교육재정의 "적정투자권고제"를 도입하여 투자 실적이 저조한 시·도에 대해 교육부장관이 시·도교육감에게 적정규모 투자를 권고하도록 할 예정이다(근거 특수교육진흥법 제3조 제3항).

(5) 직업재활정책

장애인 직업재활정책은 지난 1982년 당시 보건사회부가 사단법인 한국장애인재활협회로 하여금 장애인 취업알선업무를 위탁하여 한국장애고용촉진공단이 설립되기 전인 1992년까지 약 1만 5,000명의 장애인을 취업시킴으로써 1990년 「장애인고용촉진 등에 관한 법률」의 제정 및 한국장애인고용촉진공단의 설립에 기반을 다지게 되었다. 또한 동 법률은 300인 이상의 적용대상 업체보다는 300인 이하 업체에 많은 장애인을 고용하고 사업주에 여러 가지 지원을 하여 장애인들의 직업 적응을 위한 노력을 하였으나, 중증장애인의 고용한계와 정책의 한계를 드러내어 1999년 12월 「장애인고용촉진 및 직업재활법」으로 전면 개정되어 장애인 고용정책이 직업재활정책으로 탈바꿈하는 계기를 마련하였다.

① 고용정책

장애인 고용은 일반고용정책과 보호고용정책으로 나누어볼 수 있다.

- 일반고용(의무고용제)

「장애인고용촉진 및 직업재활법」에 따르면 300인 이상의 상시근로자를 고용하는 사업체는 장애인 고용의무대상업체이며, 그 이하의 사업체는 장애인 기준고용율의 적용을 받지 않는 비적용사업체이다.

장애인 고용사업주에 대한 무상지원 및 융자제도는 장애인을 고용하고 있거나 새로이 고용하고자 하는 사업주가 직접 사용할 목적으로 대상설비를 설치·구입·수리하는 경우 이에 소용되는 비용을 무상으로 지원하거나 융자해주고 있다.

장애인 통근차량 구입비용 저리융자제도는 장애인으로 등록한 근로장애인(지체장애인 중 팔에 장애가 있는 장애 4급~6급에 해당하는 자는 제외)이나 한국장애인고용촉진공단 이사장이 추천하는 구직 장애인 중 본인 명의로 구입하는 배기량 1,800cc

이하의 보철용 차량 또는 일반차량(시각, 청각, 언어, 정신지체장애인에 한함), 공단 이사장이 추천하는 승합차에 대하여 1인당 500만 원 이내의 금액을 연리 3%, 2년 거치 5년 상환의 조건으로 융자해 준다. 또한 1997년부터는 1,800cc 이하의 차량으로 제한한다는 규정이 철폐되었다.

- 보호고용

일반기업체에 취업하기 어려운 중증장애인을 위한 보호고용제도는 1986년에 장애인복지시설 내의 자립작업장 설치운영계획에 의하여 22개의 보호작업장이 설치되면서부터 본격화되었다. 1981년 제정 당시 「심신장애자복지법」은 제15조에서 심신장애자 근로시설을 규정하고 보호작업장을 설립할 수 있는 기본적인 법적 근거를 마련하였다. 1989년 「장애인복지법」으로 개정되면서 본법 37조에 근거하여 장애인근로시설과 보호작업장 운영지침을 제정하였다. 장애인을 위한 보호고용시설로는 보건복지부에서 운영을 지원하고 있는 장애인근로시설과 장애인 이용 및 수용요양시설에 부설된 보호작업장 그리고 노동부 산하 근로복지공사에서 운영하고 있는 산업재해근로자 자립작업장이 있다.

현재 우리나라 보호고용제도의 핵심이라 할 수 있는 보호작업장은 1999년도 개정된 「장애인복지법」에 근거하여 직업재활시설운영지침에 의거 직업활동시설, 보호작업시설, 근로작업시설, 직업훈련시설, 생산품판매시설을 구분하여 운영하고 있다.

② 직업훈련정책

장애인에 대한 직업훈련은 국가와 지방자치단체의 고용촉진 훈련과정, 한국산업인력관리공단 산하의 일반 직업훈련원, 특수학교, 장애인복지시설, 근로복지공단 산업재활원, 장애인전문직업훈련원 등에서 실시되고 있다.

(6) 편의시설정책

① 건축

- 편의시설 관련 제도

장애인의 접근성보장을 위한 편의시설 설치에 있어서 대표적인 법적 근거로는 보건복지부가 1997년 4월 10일 법률 제5332호로 제정한 「장애인·노인·임산부 등의 편의증진보장에 관한 법률」을 들 수 있다.

• 편의시설 관련 서비스

공동주택 특별 분양알선은 「주택공급에 관한 규칙」 제19조에 의해 등록 장애인인 무주택세대주(정신지체인 경우 그 배우자 포함)에게 청약저축에 상관없이 공동주택 중 국민주택(국민주택과 국가, 지방자치단체, 대한주택공사 또는 「지방공기업법」 제49조의 규정에 의하여 주택사업을 목적으로 설립된 지방공사가 건설하는 주택 중 85㎡ 이하의 주택) 등에 해당하는 주택을 공급 시 무주택세대주인 장애인에게 특별공급할 수 있도록 알선하는 제도이다.

이 제도는 국민기초생활보호대상자이며, 장애등급 1급~3급 장애인인 주택청약적금가입자가 영구임대주택 입주 신청 시 가산점을 부여함으로써 장애인의 주거를 보장하려고 1991년부터 시행된 영구임대주택 입주 시 가산점 부여제도의 문제점을 보완하여 시행되는 제도이다.

저소득 중증장애인 전세주택 제공사업은 집 없이 월세 또는 무의탁 생활을 하는 영세, 중증장애인에게 전세주택을 제공하여 안정된 주거환경을 조성하고 장애등급이 1급~2급이며, 장애인전세주택 입주자 선정당시 월세주택 거주 가구주를 대상으로 한다. 전세주택 입주자로 선정된 자의 거주기간은 입주시기로부터 2년으로 하되, 입주대상범위에서 벗어나게 되는 시기까지 2년 단위로 연장할 수 있다.

이 제도는 집 없이 월세를 살거나 무의탁 영세 중증장애인에게 전세주택을 제공함으로써 자활기반을 조성하는 것을 목적으로 하는 전세자금 융자사업(국비 50%, 시비 50%)이 실효성을 거두지 못함에 따라 전세자금 융자사업의 문제점을 보완하여 시행하는 제도이다.

② 교통

우리나라 교통(transportation) 수단에 대한 접근성은 승용차 관련, 공공교통 수단 관련 접근성으로 나누어볼 수 있다.

장애인 승용차와 관련하여 현재 우리나라에서 시행하고 있는 제도는 장애인 운전면허시험제도, 장애인차량에 대한 각종 세금감면 및 면제제도, 자동차표지 발급 및 주차요금할인제도, 기타 비용부담 경감제도가 있으며, 공공교통수단 관련 제도로는 철도 및 지하철, 공공버스, 항공요금 등의 요금할인 및 감면제도가 있다.

③ 정보

개인과 기업의 생산성, 국가경제의 성장, 선진국과 후진국의 소득 격차는 지식 격차와 정보화 수준에 의해 결정되고 있어 지식정보사회에서 개인과 기업, 국가가 성공하기 위해서는 언제, 어디서나 유용한 정보를 획득하여 필요한 형태로 가공, 활용할 수 있는 환경과 능력을 갖추는 것이 필요하다.

• **보편적 서비스와 장애인복지**

현대의 고도정보통신 기술은 기회와 장벽을 동시에 제공하는 이중성을 갖고 있다. 즉, 기술의 발달이 어떤 계층에게는 이득을 주지만 어떤 계층에게는 또 다른 장애나 장벽이 될 수 있다는 것이다. 예를 들면, GUI(graphic user interface) 기술의 발달은 비장애인이나 키보드 조작이 어려운 장애인에게는 사용의 편리성과 참여의 가능성을 제공해 주지만, 시각장애인에게는 사회에서 배제될 수 있는 위기적 상황을 초래할 수 있다.

보편적 서비스의 개념은 모든 국민들이 소득과 장애와 지역에 상관없이 고도정보 통신서비스에 쉽고 적절한 비용으로 접근할 수 있도록 보장해 주어야 한다는 것이다. 정보사회에서 지역, 계층, 산업, 연령 등에 따른 다양한 편차를 완화하고 공동으로 참여하는 네트워크 사회를 만들기 위해 보편적 서비스정책은 효율과 형평을 동시에 추구하는 정보사회의 종합적인 공공정책이며, 정보화사회의 사회복지 개념이다. 일반적으로 정보화와 관련된 보편적 서비스의 분야는 정보서비스 이용료문제, 설계문제, 복지정보서비스문제 등이다.

• **재활정보센터 운영**

노인·장애인 등 사회취약계층을 위한 복지증진을 위한 중점추진대책의 하나로 재활에 필요한 각종 정보를 신속하고 체계적으로 전달하기 위하여 한국장애인재활협회 내에 “재활정보센터(rehabilitation information center)”를 설치·운영하고 있다. 컴퓨터 통신망을 보다 효과적이고 효율적으로 이용할 수 있도록 컴퓨터 교육장을 설치하여 정규적인 교육을 실시하였다.

④ 통신

통신(communication) 분야의 접근성을 통신기기의 접근성, 수화통역, 매스미디어의 접근성으로 살펴보았다.

• 통신기기의 접근성

장애인에 대한 통신접근은 「장애인·노인·임산부 등의 편의증진보장에 관한 법률」에 근거하여 편의시설의 세부설치기준과 대상 시설의 통신시설을 장애인용 공중전화대와 우체통만을 대상 시설로 규정하고 있는 형편이다.

• 수화통역

수화통역은 그 방법에 있어 순차통역과 동시통역으로 나누고 또 대상에 따라 음성-수화통역, 수화-음성통역, 수화-수화통역으로 구분할 수 있는데, 이러한 통역서비스를 보편적으로 실시해야 한다. 1997년부터 수화통역사제도가 시행되고 있다.

• 매스미디어의 접근성

「장애인복지법」 제20조(정보에의 접근)는 뉴스, 국가적 주요 사항의 중계 등에 대하여는 수화 또는 폐쇄자막방송을 방영하도록 하고 있고, 국가적인 행사, 기타 교육, 집회 등에서는 수화통역을 하도록 하고 있다.

앞에서 살펴본 장애인복지정책의 원칙은 변화가 필수적인데, 자혜적 처우로부터 권리적 처우로 법, 제도적 규정이 세심한 개혁이 요구되고 있다.

Chapter 13

사회복지서비스 분야정책 – 여성, 가족, 의료

01 여성복지정책

여성의 특성을 신체적·심리적·사회적으로 구분해 본다면 신체적 특성은 피하지방이 많고, 근력·폐활량이 남성에 비해 낮으며 보행속도가 느리고, 활력과 속도를 요하는 작업에 있어서 남성에 비해 불리하지만 세심한 주의력을 요하는 작업에 있어서는 남성보다 유리하다. 심리적 특성은 감정적, 소극적이라고 할 수 있으며, 감수성이 예민하고, 자제력이 약하다. 사회적 특성은 여성은 가족경제활동에 종사하고, 가족생활의 사적 역할을 담당한다. 남성은 시장경제활동에 종사하게 되고, 국가사회의 공적 역할을 담당한다.

여성문제는 사회구성원으로서 모든 여성들이 가지고 있는 일반 여성문제와 사회적으로 인식되고 구체적으로 욕구가 표출되고 있는 요보호 여성문제로서 여성에 대한 부당한 대우, 차별, 학대, 성희롱, 성차별, 성폭력 등의 문제를 겪는다.

한국사회에서 여성문제는

- 산업화 과정을 통하여 여성의 의식상승과 사회참여의 증대, 가족구조의 변화로 인해 여성의 역할이 커지고 있다.
- 가부장적이고 권위적인 남성의 의식변화까지는 이루어지지 못하고 있다.

1) 여성문제의 인구학적인 접근

① 여성인구의 증가는 여성문제의 증가를 의미한다. 여성인구의 지속적인 증가추세에 있으며, 여성의식의 성장으로 여성의 다양한 욕구가 표출되고 있다. 평균수명의 연장으로 여성인구의 고령화 현상이 남성보다 더욱 심화되어지고 있는데, 성비의 측면에서 연령이 높을수록 여성인구비율의 높다는 의미는 노인문제이면서 동시에 여성문제이기도 하다. 이유는 우리나라의 경우 남아선호사상이 심하여 출생 시에는 여성의 인구보다 남성의 인구수가 월등히 높은 편이다.

② 유배우자율을 보면 남성이 여성보다 높다. 즉, 여성은 평균수명이 남성의 비해 평균 8년 정도 길다. 이로 인해 여성노인의 문제가 나타나고 있다.

③ 여성의 평균수명이 상대적으로 증가했다. 의학, 과학의 발전으로 남성에 비해 여성의 평균수명이 상대적으로 증가하고 있다.

2) 현대사회에서 해결해야 할 여성문제

① **가정폭력:** 가정에서 부부나 부모 자식 등 가족 사이에 일어나는 폭력행위로 피해자의 대부분이 여성이다. 가족폭력의 사회 문제적 의미는 이혼율 증가의 원인으로 사회를 해체시킬 수 있으며, 원인으로 여성의 소외와 폭력을 부추기는 문화와 대중매체가 주요인이다. 더 나아가 아내 구타에 관대한 사회적 분위기가 가장 큰 문제점이다.

② **빈곤의 여성화(Feminization of poverty):** 빈곤계층에서 여성의 비율이 증가하는 현상이 나타나고 있다. 여성 빈곤의 원인을 살펴보면 첫째, 사회적으로 여성에 대한 노동시장의 주변화 현상, 즉 저임금화(여성이 취업을 해도 충분한 소득을 마련할 수 없음)와 고용차별이다. 둘째, 가계소득의 불평등한 지배권(재정적으로 남성의존)과 모든 영역에서 여성들의 사회적 불평등 구조에 있다. 셋째, 가사노동에 무임금으로 종사하며 남성의 수입에만 의존하게 된다.

③ **모자가정의 증가:** 모자가정의 여성의 취업의 어려움은 사회적으로 여성에 대한 저임금화 현상과 아버지의 부재로 인한 아동양육의 부담이다. 또한 정부의 모자가정에 대한 관심 부족이다.

④ **성차별:** 성차별이란 남성과 여성간의 생물학적인 성을 토대로 특정성에 대한 사회적인 편견을 말하는데, 생물학적인 접근으로는 남성다움, 여성다움 그리고 성적 정체성에 대한 강조가 있다. 심리학적인 접근으로 성역할에 대한 고정관념, 사회문화적 접근은 성차별의 근본원인은 보편적인 의식구조, 문화적 상징구조, 사회구조적 원인으로 나타난다.

우리나라의 성차별 상황은 크다고 할 수 있는데, 여성권한척도(정치적인 측면에서 여성 국회의원 수, 경제적인 측면에서 남녀 소득 차이)를 보면 OECD 국가들 중 하위그룹에 속하고 있다. 남녀평등지수(교육수준, 국민소득 평균수명 등)는 남성과 여성 간의 차이가 크지 않다. 또한 여성들 사이에서의 장애인 여성에 대한 차별과 장애인들 사이에서의 장애인여성의 차별에 대한 이중적 고통을 겪고 있는 현실이다.

3) 여성문제의 해결을 위한 여성복지의 증진

① 현존하는 여성들에 대한 억압적이고 성차별적인 법적 요소가 제거되어야 한다.

② 양성 평등적 사회가 구현되어야 한다.

③ 여성복지 증진을 위해 사회보장제도 및 사회복지서비스에 관련된 제도들의 정비가 시급히 실시되어야 한다.

4) 관련법

(1) 한부모가족지원법

1989년 4월 1일 제정된 「모자복지법」이 개정을 통해 2007년 10월 17일 「한부모가족지원법」으로 법명을 변경한 법으로, 이 법은 "한부모가족이 건강하고 문화적인 생활을 영위할 수 있도록 함으로써 한부모가족의 생활 안정과 복지 증진에 이바지함"을 목적으로 한다.

(2) 성폭력 범죄 처벌 및 피해 등에 관한 법률

이 법은 1994년 1월 5일 제정된 법으로 성폭력범죄를 예방하고 그 피해자를 보호하며, 성폭력범죄의 처벌 및 그 절차에 관한 특례를 규정함으로써 국민의 인권신장과 건강한 사회질서의 확립에 이바지함을 목적으로 한다.

(3) 가정폭력 방지 및 피해자 보호 등에 관한 법률

이 법은 1997년 12월 31일 제정된 법으로 가정폭력을 예방하고 가정폭력의 피해자를 보호·지원함을 목적으로 한다.

(4) 노인복지법

이 법은 노인의 질환을 사전예방 또는 조기발견하고 질환상태에 따른 적절한 치료·요양으로 심신의 건강을 유지하고, 노후의 생활안정을 위하여 필요한 조치를 강구함으로써 노인의 보건복지증진에 기여함을 목적으로 한다.

02 가족복지정책

가족복지의 목표는 건강한 가족을 만드는 것이며, 그것을 통하여 사회의 건전성을 담보할 수 있을 것이다. 가족의 중요성이 더해가고 있다는 사실은 현대산업사회에서 급속하게 가족이 해체되고 붕괴되고 있다는 것을 증명하고 있는 것이다. 우리사회에서 그 원인을 분석하여 해결하려는 노력의 결과물이 가족복지이다. 그러므로 가족복지란 가족생활을 보호하고 강화하며, 가족구성원이 사회구성원으로써 역할수행을 할 수 있도록 가족에 대한 직접적 개입, 가족에 대한 수발, 가정생활교육, 가족보존과 옹호 등과 같은 정책적 실천적 행위를 말한다.

현재 한국의 가족복지정책에는 한편으로 배우자 공제, 맞벌이 부부 특별공제, 부녀자 세대주공제, 여성경로우대공제 등의 세제정책과 다른 한편으로 저소득가정, 편부모가정, 소년소녀 가장, 영·유아보육 등에 관한 정책 등이 있다. 이와 같은 가족과 관련된 정책과 프로그램, 서비스가 산재해 있는 실정이다. 그러므로 우리 사회의 급격한 가족구조의 붕괴와 그에 대한 원인분석을 철저하게 하여 가족문제를 해결하기 위한 체계적이고 종합적인 가족정책을 전개하여야 할 것이다. 이것을 위하여 현재의 여성복지와 노인복지는 현대사회의 노령화 속에서 아주 긴밀하고 중요한 관계를 가져야 할 것이다.

1) 가족복지의 정의

가족[112]은 인간의 성장과 발달은 물론, 문화 전달에 필요한 모든 것을 전수하고 양육하는 일차적인 집단이며, 이 사회를 구성하는 기본적인 단위이다. 가족의 정의는 "혈연, 입양, 혼인을 기반으로 하는 전통적인 가족구조"에서 현대사회가 되면서 가족의 개념이 변하고 있다. 즉, 가족이란 동일한 가구[113]에 거주하고,

112) 가족(family)이란 ① 혈연(어버이와 자식, 형제자매, 부부 등)과 혼인관계 등으로 한 집안을 이룬 사람들의 집단이다. ② 한 집안의 친족, 일가이다. ③ '이해관계나 뜻을 같이하여 맺어진 사람들'을 비유하여 이르는 말로, 예를 들면 "우리 회사에 입사하신 여러분은 이제 한 가족입니다." ④ 근친관계를 중심으로 구성되는 최소의 거주집단(사전적 의미), 가족구성원이다. ⑤ 의미와 관계의 산물로, 가족의식 또는 가족가치를 고려해야 한다.

113) 가구(household)이란 ① 주거(혈연관계와는 상관없이)와 생계를 같이하는 단위로서 각 살림을 하는 생계단위이다. ② 주거와 생계를 같이하는 사람의 집단을 세는 단위로서, 예를 들면 이 동네에 13가구가 산다. ③ 한 지붕 아래서 경제공동체를 이루고 살아가는 집단, 즉 거주와 경제의 단위이다. 가정(home, family, household)이란 가족이 함께 생활하는 사회의 가장 작은 집단으로, "결혼하여 한 가정을 이루는 것, 울타리, 안식처, 쉼의 터전"이다.

가족생활을 유지하기 위한 특정한 역할과 지위를 가진 자들이라고 할 수 있다.

가족복지는 인간의 공동체적인 노력으로 가족생활을 보호하고 강화시킬 뿐만 아니라, 가족구성원이 사회인으로서의 기능을 높이기 위해서 행해지는 서비스활동을 말한다. 가족 복지사업이란 가족이 사회로부터 기대되고 있는 고유의 기능, 즉 생산의 기능, 성적 욕구충족의 기능, 자녀양육과 사회화의 기능, 가족의 정서적 안정의 기능 및 공동의 가계유지기능을 그 가족이 실현할 수 있도록 원조하는 것이다.

가족복지의 대상으로는 현행 우리나라는 요보호 대상자 중심의 가족구성원인 개인이며, 가족문제란 빈곤과 이로 인한 소득의 상실 및 질병 아울러 자녀양육 문제 및 여성의 모성보호문제 그리고 노후대책문제와 장애인가족문제 등으로 분리, 제한되어 잔여적 복지정책이다.

이를 구조상·기능상·욕구에 따라 분류해서 살펴보면, ① 가족구조상의 특성에 따른 대상으로 맞벌이, 미혼모, 재혼, 이혼, 소년소녀가족, 노인가족, 핵가족 등, ② 가족기능상의 문제에 따른 대상으로 학대, 알코올중독이나 약물중독, 청소년비행, 소득상실 등 가족이 지닌 병리적이나 경제적인 측면에서 기능상의 결손을 경험하는 가족과 장애로 인한 심리적 의료적 문제를 겪고 있는 가족, ③ 가족의 주기에 따라 발생하게 되는 다양한 욕구에 따른 대상으로 부부만의 시기, 자녀출산 및 양육기, 미취학아동기, 학령기, 청소년기, 독립기, 중년기, 노년기 등이 있다.

2) 우리나라의 가족복지의 역사

우리나라의 가족복지 역사를 살펴보면 1950~60년대에는 전쟁 직후의 시기로서 부녀복지 차원에서 과부, 고아 중심의 구호사업이 중심을 이루어서 진행되었다. 1961년 「생활보호법」이 제정되고, 60년대 베이비붐세대를 거치며 1970년대 출산율 억제를 위한 가족계획사업 중심으로 진행되었다. 1980년대에는 「가족법」 개정과 출산억제의 가족계획사업 지속과 특정 가족 대상의 복지정책이 등장하였다. 1989년 「모자복지법」이 제정되고, 1990년대 보육서비스 지원이 시작되었고 가정폭력에 대한 공적 개입이 시행되었다.

1991년 「영육아보육법」이 제정되고, 1997년 「가정폭력방지 및 피해자보호등에 관한 법률」이 제정되어 가족구성원의 역할과 보호가 강화되었다. 2000년대에는 가족의 역할이 사회적 책임으로 확대되면서 전체 가족 대상의 사회적 지원 체계가 마련되기 시작하였다. 2000년 「국민기초생활보장법」과 2004년 「건강가정기본법」이 실행되며 전국에 건강가정지원센터가 생기고, 가족에 대한 체계적인 지원과 정책이 마련되고 있다.

3) 가족복지와 관련된 법

가족복지와 관련된 법에는 일반적인 법률과 사회보장법을 살펴볼 수 있다. 먼저 일반적인 법에는 「헌법」, 「민법」, 「소득세법」, 「남녀고용평등법」, 「형법」이 있고, 사회보장법에는 사회보험(연금보험, 고용보험, 산재보험, 의료보험)과 공공부조(「국민기초생활보장법」, 「의료급여법」), 사회복지서비스 관련법(「아동복지법」, 「노인복지법」, 「장애인복지법」, 「한부모가족지원법」, 「영육아보육법, 「성폭력특별법, 「입양촉진 및 절차에 관한 특례법, 「가정폭력방지법」, 「건강가정기본법」 등)이 있다.

4) 가족복지정책

점점 더 가족복지정책에 관심이 증대하는 것은 가족의 역할이 위협받고 있거나 위협될 것이라고 전망되기 때문이다. 가족의 변화와 가족성원의 역할변화를 제시하는 인구통계학적, 사회적 추세는 하나의 제도로서 가족복지정책에 대한 지지를 이끌어 내는 데 일차적인 촉매제가 되었다. 일반적으로 노인은 가족복지정책의 한 부분으로 포함되지 않는데, 이는 성인자녀로부터 고립되었기 때문이 아니라, 주로 가족성원으로서가 아닌 개인적인 위치로서의 욕구를 가지고 있기 때문이다. 특히 아동이 있는 가족에게 영향을 주고자 고안된 공공정책이며, 비록 그러한 영향이 의도되지 않았다 하더라도 분명히 가족을 위한 정책임을 기술하기 위해 사용되었다.

가족복지정책을 뒷받침하는 전제는 아동이 미래사회가 필요로 하는 사람으로 성장하며, 건강하고 충분한 교육을 받아서 생산적인 노동자, 시민 및 부모가 되도록 하는 것이다. 또한 가족구성원 모두가 자신의 역할과 사회에 필요한 역할을 감당하도록 지원하는 데 있다고 하겠다.

가족복지정책 분야는 가족법과 소득지원정책(아동이나 가족수당, 요보호아동을 가진 가족원조, 출산과 양육수당), 부양가족을 위한 세금혜택, 아동보호서비스 등과 같이 직접적으로 가족과 관련된 법을 포함한다.

03 의료복지정책

산업의 고도화는 각종 질병의 발생을 야기하면서 건강문제를 새로운 사회문제로 등장시켰으며, 그 누구도 그것으로부터 자유로울 수는 없을 것이다. 예를 들어, 서구 중세시대에 발생하였던 흑사병은 당시의 유럽인구의 반을 죽음으로 몰아갔지만 그것에 대한 사회나 국가의 역할은 존재하지 않았다. 현대사회에서 새로운 흑사병이라고 불리고 있는 에이즈(AIDS)는 장수하고 싶은 현대인들의 건강을 위협하면서 새로운 공포의 대상으로 다가오고 있다. 그것에 대해서 현대의 국가들은 그 질병의 확산과 예방을 위해서 정책적으로 접근하고 있다. 의료복지는 사회구성원들의 건강을 위해 그들과 보건전달체계와 관계, 건강을 담당하고 있는 사람들의 행위와 보건의료의 대상이 되는 사람들에 관심을 두고 있다.

현대사회에서 사회구성원들의 건강한 삶은 자신들의 경제적 능력에 종속되고 있다. 그것은 오늘날 더욱 심화되고 있는 것이 사실이다. 그러므로 사회구성원들의 건강은 이제 개인문제가 아닌 사회문제라는 관점에서 바라보아야 한다. 그들의 건강한 삶을 담보하는 것은 개인적 노력이 아닌 국가적인 책임이 수반되어야 하며, 그런 문제를 정책적이고 조직적으로 해결하는 분야가 의료복지라 할 수 있다.

1) 의료복지의 정의

사회적 요인들과 질병의 관계에 관한 것으로서 의료복지는 질병을 하나의 사회문제로 보고 의료기관에서 사회복지사가 진료팀의 일원이 되어 효과적인 진단과 치료에 지장을 주는 사회적·경제적·심리적 문제들을 해결하도록 환자와 그 가족을 돕는 전문 분야라고 정의할 수 있다.

건강이란 무엇이라 생각하는지 정의해 보면, WHO(World Health Organization)의 건강에 대한 정의에서 "단지 질환의 부재가 아닌 완전한 신체적·정신적·사회적 안녕의 상태"라고 말하고 있다. 다시 말해 건강한 사람이란 육체적인 건강과 정신적, 사회적응상의 문제가 나타나지 않는 사람을 건강한 사람이라고 할 수 있다.

의료복지의 대상은 질병이나 장애로 인한 사회·심리적 욕구를 가지고 있고, 기능이 손상되었거나 위기에 처한 사람들로서 자신에게 주어진 다양한 사회적 역할을 적절히 수행하지 못하는 사람들이다. 다시 말해 환자가 다양한 역할을 수행하는 데 직접적으로 관계가 있는 사람들도 다루게 되는 것이다.

| 표 13-1 | 의료 사회복지사의 역할

구분	내용
1차 예방	보건교육, 예방접종, 홍보, 산전·산후 보호
2차 예방	질병의 조기발견을 위한 프로그램 운영, 질병의 점검과 치료
3차 예방	질병이나 문제가 더 악화되는 것을 예방

다시 말해 질병에 대한 이해와 환자의 복지는 물론이고 질병과 가족 붕괴, 사회적 스트레스, 환경적 압력과 영향의 상호관계에 관심을 가지며, 건강의 증진 및 예방에 이르기까지 의료 사회복지사의 역할 범위가 넓다는 것이며, 사전심사 및 사례발견, 위기개입, 심리·사회적 측정 및 개입계획, 단기상담, 집단지도, 재정적 후원, 유족서비스, 퇴원계획, 사후지도 등의 역할을 통해 의료 사회복지사로서의 업무를 수행할 수 있을 것이다.

2) 의료복지의 역사

우리나라 의료복지의 기원은 1883년에 세브란스병원 여전도회 회원으로 구성된 자원봉사자들이 부녀봉사원(lady almoner)의 역할을 한 것으로 볼 수 있다. 이후 1958년에는 한노병원에서 사회사업을 전공한 사회사업가가 일하게 되었으며, 1959년에는 국립중앙의료원, 원주기독병원 등에서 의료복지가 시작되었다.

1973년 9월 20일에 대통령령 제 6863호로 공포된 「의료법 시행령」 제24조 제2항 5호는 의료복지 활동의 법적 근거를 마련해 주었다. 「의료법 시행령」 제24조 제2항 5호에서 "종합병원에는 사회복지사업법의 규정에 의한 사회복지종사자 자격을 가진 자 중에서 환자의 갱생, 재활과 사회복귀를 위한 상담 및 지도 업무를 담당하는 요원을 1인 이상 둔다"고 규정하고 있다.

1973년에는 대한의료사회사업가협회가 창립되었고, 1981년에 의료사회사업직

무의 표준화를 주제로 한 워크숍을 시작으로 연례적으로 워크숍를 실시하고 있다. 2000년에는 협회의 명칭을 대한의료사회복지사협회로 변경하였으며, 한국사회복지사협의 산하단체로 등록되었다. 2000년에 협회 홈페이지(http://www.kamsw.org)를 제작하여 활용함으로써 회원 간의 교류를 활성화하고 있다.

1977년에는 의료보험제도의 확대실시로 정신의학적 사회사업과 재활사회사업의 활동에 대하여 보험수가를 청구할 수 있게 되었으며, 근간에는 모든 의료사회사업활동에 대하여 의료보험 수가를 적용받기 위하여 대한 의료사회복지사협회가 주축이 되어 노력하고 있다. 1993년에는 한국정신보건사회사업학회가 결성되었으며, 1995년 「정신보건법」의 제정으로 정신보건전문요원 자격제도와 수련제도가 실시되었다. 현재 전국 300개의 병원 등에서 700여 명의 의료 사회복지사들이 활동하고 있다.

또한 「정신보건법」에서도 정신보건 전문요원으로 사회복지사를 임용하도록 규정하고 있는데, 「정신보건법」 제7조에 "정신보건에 관한 전문지식과 기술을 가진 자에게 정신보건 전문요원의 자격증을 교부할 수 있으며(제1항), 이 요원은 정신보건간호사, 정신보건임상심리사 및 정신보건사회복지사로 한다(제2항)"로 규정하고 있다.

사회복지사를 대상으로 "정신보건 사회복지사 수련과정(1년)"을 개설하였고, 이 과정을 이수한 사회복지사는 정신보건 사회복지사 자격시험에 응시하여 합격 후 정신보건사회복지사로서의 활동을 하고 있다. 정신보건 사회복지사는 정신병원이나 지역사회 정신보건센터에 우선적으로 채용된다.

3) 의료복지의 구성요소

의료복지는 주체, 대상(객체) 및 방법으로 구성되어 있다. 이러한 구성요소들은 서로 밀접한 관계를 맺고 있는데, 주체와 대상 간에는 원조관계이기 때문에 자연히 원조의 방법도 그것에 따라 결정되는 것이다. 그런데 대상은 사회복지의 관점과 접근방법에 따라 달라질 수 있다.

(1) 주체

의료복지의 주체는 의료 사회복지사 및 그를 고용한 다양한 의료기관, 시설, 또는 지역사회, 국가 등 여러 가지가 있을 수 있다. 의료복지의 주체가 국가인 경우에는 전 국민을 대상으로 활동하는 것이며, 의료 사회복지사 개인이나 의료 기관, 시설이 주체가 될 경우에는 환자, 가족, 개인을 강조하며, 지역사회가 주체일 경우에는 사회(개인과 집단)를 중요시하게 된다.

의료복지활동은 각 주체에 따라서 각각 이루어질 수도 있으나, 현대의료의 개념이 치료적 개념에서 점차 예방·보건의 개념으로 발전되어 모든 주체가 함께 이루어지는 경향이 많아지고 있다.

(2) 대상

의료복지의 대상은 관점과 접근방법에 따라 달라질 수 있다. 정책적 관점에서의 의료복지의 대상은 보건의료체제 전반이며, 전문적(기술) 관점의 대상은 환자 및 가족의 심리·사회·경제적 문제 그리고 통합적 접근방법에서의 의료복지는 질병을 가진 개인과 환경(환자, 가족은 물론 의료·보건계 종사자, 정책 등)을 그 대상으로 하고 있다.

(3) 방법

의료복지를 구성하는 요소들은 서로 밀접한 관계를 맺고 있다. 주체와 대상 간에는 원조관계이기 때문에 자연히 원조의 방법도 그것에 따라 결정이 된다. 즉, 주체가 국가이며, 그 대상이 보건의료체제 전반인 경우에는 사회복지조사, 사회복지정책 등 광범위한 방법을 사용한다.

4) 의료복지활동

우리나라의 의료 사회복지사의 활동은 많은 부분에서 미흡하게 이루어지고 있는 실정이다. 활동을 살펴보면 환자와 가족들의 의료 외적인 문제로서 심리적 문제해결이 큰 비중을 차지하는데, 상담을 통하여 환자와 가족이 직면한 그 문제에 잘 대처할 수 있도록 전문적인 서비스를 제공한다. 환자들의 빠른 쾌유와 원만한 사회적응을 위하여 병원 내 타 전문 인력과의 협조 하에 곤란한 상황에 처한 환자와 가족들을 돕는데, 사회적 문제 해결로 장기이식, 미혼모, 입양 등의 문제 해결을 돕고 있다. 또한 경제적 문제 해결을 위해 치료비 부담을 돕고 있다.

(1) 환자, 가족에 대한 직접 서비스

의료 사회복지사는 환자, 그 가족에 대한 정보 수집을 통해서 문제를 평가하며 문제해결에 적합한 사회복지서비스를 제공하게 된다. 필요에 따라서는 가족, 직장, 환자와 사회적 관계를 이루고 있는 관련자들이 동원되기도 하며, 환자의 병원생활 적응은 물론 질병으로 인하여 야기되는 심리적·사회적·경제적인 문제에 관하여 도움을 제공한다.

주로 담당하는 대상은 암 진단을 받은 환자, 더 이상의 치료가 불가능한 말기 환자, 절단환자, 척추손상환자, 편마비환자, 심한 화상환자, 자살기도환자, 장기 이식환자, 알코올이나 약물중독환자, 의사나 간호사의 지시를 따르지 않는 환자, 병동에서 소란을 피우거나 불만이 많은 환자, 신생아 입양을 원하는 환자, 장애를 갖고 태어난 신생아, 뇌성마비아동, 정신지체환자, 소아당뇨환자, 소아백혈병 및 혈액종양환자, 소아 심장환자, 의료분쟁의 가능성이 있는 환자, 보호자가 없는 환자, 퇴원 후 거처가 없는 환자, 고가의 진료비 예상환자, 수술 후 부적응 환자 등이 주 대상이 되고 있다.

이들을 위해서 의료회복지사는 다음과 같은 문제들에 함께하게 될 것이다

① **정서적인 문제**: 충격과 분노, 혼돈, 부정, 불신과 저항감, 양가감정, 수술 후 회복과 생존율에 대한 과도한 관심, 수술 후 재발 우려, 합병증에 대한 염려, 죽음에 대한 두려움

② **가족문제**: 역할변화로 인한 역할갈등, 가족 구조 및 관계의 변화, 부부갈등, 입원 기간 동안의 자녀양육문제

③ **경제적인 문제**: 노동능력 상실에 따른 수입원의 단절, 의료비용의 증가 및 입원 장기화로 인한 비용의 증가

④ **퇴원문제**: 퇴원에 대한 마음의 준비 결여, 퇴원 후 거처의 문제, 퇴원 후 간병의 문제, 퇴원 후 건강관리의 문제, 퇴원 후 직업복귀의 문제

⑤ **재활문제**: 사회복귀의 문제(복직, 복학, 지역사회내의 적응), 신체장애에 따른 사회 재적응의 문제

(2) 의료팀의 일원

사회복지사는 환자와 가족에 관한 정보를 수집하여 평가하며 이를 의료팀에 보고하며 환자에 대한 이해를 높이고 효과적인 치료계획을 수립하는 데 의료팀의 일원이 되어 협동한다. 주 활동을 살펴보면 **표 13-2**와 같다.

| 표 13-2 | 의료 사회복지사의 활동영역

구분	활동 영역
내분비내과	당뇨 환자의 심리·사회적 지지와 당뇨교실 참여
소화기내과	알코올성 간질환 환자의 심리· 사회적 평가와 단주교육 참여
신장내과	혈액투석 환자의 심리·사회적 지지
종양내과, 치료 방사선과	말기 암환자의 심리·사회적 상담
혈액내과	골수이식수술 준비과정 참여 및 심리·사회적 지지
신경외과, 정형외과	장기재원 환자의 자원연결 및 퇴원 계획
소아과	심장 질환자 및 종양 환자의 자원연결 및 가족지지
산부인과	미혼모 상담 및 강간사례 등의 심리·사회적 상담
응급의학과	행려환자, 자살환자의 처리와 위기관리
이식외과	장기기증 상담과 공여자 관리, 장기이식환자의 심리·사회적 지지
흉부외과	심장질환자의 자원연결 및 가족지지
정신과	입원환자에 대한 개인력, 사회력의 평가와 가족치료 및 사회 복귀 원조와 외래환자에 대한 원활한 사회복귀를 위한 프로그램 실시
재활의학과	장애인의 사회적응과 복귀를 위한 프로그램의 실시와 개인력, 사회력의 평가와 심리·사회적 치료 실시

(3) 프로그램 계획과 정책결정

의료 사회복지사는 효과적인 환자 치료를 위하여 병원행정이나 서비스에 대한 제안을 하며 지속적인 프로그램 운영 및 프로그램의 개발에 적극적으로 참여한다. 또한 사회복지 전공학생을 위한 임상실습을 실시하고, 의과대학생이나 간호사를 대상으로 사회복지활동에 관한 교육을 실시한다.

사회복지활동을 필요로 하는 수요를 측정하고 이러한 요구에 따라 새로운 프로그램을 개발하며 병원 행정이나 정부의 보건의료 정책에 조사연구를 통해 문제점과 개선방향을 제시한다.

(4) 지역사회 자원 연결

의료 사회복지사는 지역사회의 사회복지기관, 의료기관 및 행정당국과의 관계를 통하여 진료 및 예방사업의 다양화와 양질의 서비스를 제공할 수 있도록 지역사회자원을 조직하고 동원한다. 특히 의료사고 및 정신질환으로 인한 장애를 극복하기 위하여 지역사회자원을 동원하고 조직하는 활동이 반드시 필요하고 관계를 맺을 수 있어야 한다.

5) 의료보호와 의료보험제도

(1) 의료보호제도

의료보호제도란 백과사전에 의하면 보험료 납부능력이 없는 특정 집단, 주로 도시·농어촌의 저소득 빈민층을 대상으로 하는 의료보장제도로서, 개인적인 보험료 납부가 없으며 병원이용 비용의 전액 또는 일부를 국가와 지방자치단체가 담당한다는 점에서 보험료 납부능력이 있는 국민을 대상으로 한 의료보험제도와 다르다. 즉, 보험방식으로 의료보장제도를 실시할 경우 보험료 납부능력이 없는 계층을 대상으로 한 의료보호제도는 필연적으로 존재할 수밖에 없다.

의료보호제도는 1961년에 제정된 생활보호사업의 일환으로 생활보호대상자에게 국·공립의료기관의 무료 진료증을 발부하여 진료를 받게 하는 등의 사업을 진행하다가, 1977년 12월에 「의료보호법」이 별도로 제정되었다. 그 후 의료보호대상자의 확대와 전 국민 의료보험체제의 확립에 따른 의료보장여건의 변화에 따라 의료보호내용의 충실화를 도모하려는 취지에서 1991년 3월에 종래의 「의료보호법」을 전면 개정하였으며(동법 제4353조), 그 후 1995년 8월에 의료보호기간의 연장을 위하여 일부 개정되었다. 수차례의 개정을 거친 뒤 최근에는 국민기초생활보장법의 제정과 더불어 일부 개정되었고, 2001년 5월 24일 근거 법률인 「국민기초생활보장법」에서 종전의 의료보호를 의료급여로 변경함에 따라 이 법의 제명을 「의료급여법」으로 변경하였다.

① 의료보호의 대상자

현재 의료보호 대상자는 2가지 유형으로 구분되어 있다. 첫째, 거택보호자와 시설보호자(1종 보호자)로 근로능력이 없고 주로 정부가 선정하는 극빈자와 양로원 등에 수용된 계층이다. 둘째, 자활보호자(2종 보호자)는 근로능력은 있으나 생활이 어려운 계층을 말한다. 의료보호의 적용배제 대상자는 동법 제4조에 의해 수급권자가 다른 법령(「전염병 예방법」 등)에 의하여 의료급여를 받고 있는 경우에는 의료급여를 행하지 않는다. 의료보호대상자는 보호기관이 대상자로 책정한 날로부터 당해연도 12월 31일까지 그 자격이 유지된다. 다만 이재민 등 보호기관이 특별하게 기간을 정하는 경우에는 보호기관에서 정한 기간까지만 자격이 유지된다. 아래의 표는 법에 의한 의료보호 대상자 분류를 정리한 표이다.

| 표 13-3 | 의료보호제도의 대상자 분류

구분	대 상 자
1종 의료보호	1. 「국민기초생활보장법」에 의한 수급자중 다음 각목에 해당하는 자 ① 18세 미만인 자, 65세 이상인 자, 장애인 고용촉진 및 직업재활법상 중증장애인, 보건복지부장관이 정하는 질병 또는 부상에 해당하지 아니하는 질병·부상 또는 그 후유증으로 인하여 3월 이상의 치료 또는 요양이 필요한 자, 임산부, 병역법에 의한 병역의무를 이행중인 자 또는 근로능력이 없거나 근로가 곤란하다고 인정하여 보건복지부장관이 정하는 자만으로 구성된 세대의 구성원 ② 「국민기초생활보장법 시행령」의 규정에 의한 보장시설(장애인생활시설, 양로시설, 노인의료복지시설, 아동복지시설, 아동복지종합시설, 정신질환자사회복귀시설, 정신요양시설, 부랑인보호시설, 기타 보건복지부령이 정하는 시설)에서 급여를 받고 있는 자 ③ 「국민기초생활보장법」의 수급권자에 해당하지 아니하여도 생활이 어려운 자로서 일정기간 동안 급여의 전부 또는 일부가 필요하다고 보건복지부장관이 인정하여 수급권자가 된 자로서 보건복지부장관이 인정하는 자 ④ 보건복지부장관이 정하는 희귀난치성질환으로 6월 이상 치료를 받고 있거나 6월 이상 치료를 요하는 자가 속한 세대의 구성원 2. 「재해구호법에 의한 이재민 및 북한이탈주민의 보호 및 정착지원에 관한 법률」의 적용을 받고 있는 자와 그 가족으로서 보건복지부장관이 의료급여가 필요하다고 인정하는 자 3. 일정한 거소가 없는 자로서 경찰서에서 무연고자임이 확인된 자 및 보건복지부장관이 정하여 고시하는 희귀난치성질환으로 6월 이상 치료를 받고 있거나 6월 이상 치료를 요하는 자 4. 그 밖에 보건복지부령이 정하는 자에 해당하는 자로서 보건복지부장관이 1종 의료급여가 필요하다고 인정하는 자
2종 의료보호	1. 「국민기초생활보장법」에 의한 수급자 중 일정한 거소가 있는 자 (즉, 일정한 거소가 없는 자로서 경찰서에서 무연고자임이 확인된 자가 아닌 자) 2. 희귀난치성질환 이외의 질환으로 6월 이상 치료를 받고 있거나 6월 이상 치료를 요하는 자 3. 그 밖에 보건복지부령이 정하는 자로서 보건복지부장관이 2종 의료급여가 필요하다고 인정하는 자

② 의료보호의 급여

의료보호의 급여는 의료보험과 다른데, 입원진료기간이 2주로 제한되어 있고 연장할 때는 승인을 받아야 한다. 연간 진료일수는 종전까지 330일을 초과할 수 없었으나 2000년부터 제한을 두지 않아 연중 의료보호를 받을 수 있으며, 의료보호 지정병원에서만 치료를 받을 수 있다. 의료보호에도 본인부담금이 있는데 이것은 대상자 유형별로 조금씩 차이가 있다. 1종 보호자는 외래와 입원 모두 무료이나, 2종 보호자는 외래일 경우 **표 13-4**와 같이 일정액을 부담하고 입원할 경우 진료비의 15%를 본인이 부담한다. 이때 본인부담금이 20만 원을 초과할 경우 초과한 금액에 대해 본인이 신청하면 정부에서 대불해 주며, 그 대불금액은 일정 기간 경과 후에 무이자로 분할상환토록 하고 있다. **표 13-4**는 보건복지부의 의료급여사업안내에 의해 정리한 표로 의료보호제도의 본인부담금 표이다.

| 표 13-4 | 의료보호제도의 본인 부담금

<table>
<tr><th colspan="3">구분</th><th>본인부담금</th></tr>
<tr><td colspan="3">1종</td><td>• 기금부담의 급여비용범위 내 본인부담 없음(단, 입원식대비용 1식 680원 부담(정신과 정액수가 적용 환자 및 행려환자 제외))</td></tr>
<tr><td rowspan="2">2종</td><td rowspan="2">외래</td><td>없 음</td><td>• 보건소 · 보건지소 및 보건진료소에서 진료하는 경우
• 보건소 · 보건지소 및 보건진료소의 처방전으로 약국에서 의약품을 조제하는 경우</td></tr>
<tr><td>1,000원</td><td>• 1차 의료급여 기관에서의 외래진료
(의료법에 시·군·구청장에게 개설 신고된 의료기관, 보건의료원)
• 2차 의료급여 기관에서 보건복지부 고시 만성질환자에 대해 그 질환에 대한 외래진료
⇒ 보건복지부 고시 만성질환자(의료급여수가의 기준 및 일반기준 제17조)
1. 만성신부전증 환자가 인공신장투석 또는 계속적 복막관류술 실시 당일 외래진료, 복막관류액 수령 당일 외래진료</td></tr>
<tr><td rowspan="6">2종</td><td rowspan="3">외래</td><td>1,000원</td><td>2. 혈우병 환자가 항응고인자·동결침전제제 등의 약제 및 기타 혈우병 치료를 받은 당일 외래진료
3. 대사장애 환자가 해당 상병으로 의료급여를 받은 당일 외래진료
4. 암 환자가 해당 상병으로 치료를 받은 당일의 외래진료
5. 근육병환자가 그 상병으로 자율신경제 또는 면역억제제 투여를 받은 당일의 외래진료
6. 장기(신장, 간장, 심장, 췌장)이식환자가 조직이식거부반응 억제제(간이식환자의 경우에는 간염예방 치료제 포함)를 투여받은 당일의 외래진료</td></tr>
<tr><td>1,500원</td><td>• 약사법 제21조 제5항에 따라 1차 의료급여 기관 및 2차 의료급여 기관에서 직접 조제한 경우, 처방전을 교부하지 아니하고 진료하는 경우</td></tr>
<tr><td>급여비 15%</td><td>• 1차 의료급여 기관에서 외래진료를 받는 경우에 소요되는 급여비용으로서 전산화단층(CT) 등 보건복지부장관이 정하는 진료에 대한 급여비용
• 2차, 3차 의료급여 기관 외래진료</td></tr>
<tr><td></td><td>급여비 15%</td><td>• 1차, 2차, 3차 의료급여기관의 입원진료(단, 입원식대비용 1식 680원 부담(정신과 정액수가 적용 환자 및 행려환자 제외))</td></tr>
<tr><td>입원</td><td>500원</td><td>• 의료기관 및 보건의료원이 교부한 처방전에 의해 의약품을 조제하는 경우</td></tr>
<tr><td>약국</td><td>900원</td><td>• 처방전에 의하지 아니하고 직접 조제하는 경우</td></tr>
</table>

③ 진료체계 및 재원

의료보호의 진료체계를 살펴보면 제1차, 2차, 3차 의료급여기관에서 급여를 받을 수 있다.

- 제1차 의료급여기관: 통원에 의한 진료를 담당하는 의료급여기관으로 의료법에 의하여 시장·군수·구청장에게 개설신고를 한 의료기관, 지역보건법에 의한 보건소, 보건의료원 및 보건지소, 농어촌 등 보건의료를 위한 특별 조치법에 의한 보건진료소, 약사법에 따라 등록된 약국을 말한다.
- 제2차 의료급여기관: 입원에 의한 진료를 담당하는 의료급여기관은 의료법에 의하여 시·도지사가 개설허가를 한 의료기관을 말한다.
- 제3차 의료급여기관: 제2차 의료급여기관 중에서 「국민건강보험법」 제40조 제2항의 규정에 의하여 인정된 종합전문요양기관 또는 보건복지부장관이 지정한 의료기관을 말한다.

의료급여의 재원과 재원부담률, 기금의 활용을 살펴보면 **표 13-5**와 같다.

| 표 13-5 | 의료보호제도의 재원과 재원부담률, 기금활용

<table>
<tr><th>구분</th><th>본인부담금</th></tr>
<tr><td>재원</td><td>1. 국고보조금
2. 지방자치단체의 출연금
3. 상환받은 대불금, 부당이득금, 과징금 및 그 밖의 수입금
4. 당해기금의 결산상 잉여금</td></tr>
<tr><td>재원
부담률</td><td>1. 국고보조금 80%
2. 지방자치단체출연금 20%(특별시의 경우 50%)
3. 보건복지부의 의료급여사업안내에 의한 국가, 지방의 재원부담율 표
<table>
<tr><th rowspan="2">구분</th><th colspan="2">서울특별시</th><th colspan="2">광역시</th><th colspan="3">도</th></tr>
<tr><th>시</th><th>자치구</th><th>시</th><th>자치구</th><th>도</th><th>시</th><th>군</th></tr>
<tr><td>지방비</td><td>50%</td><td>없음</td><td>20%</td><td>없음</td><td>14~16%</td><td>6%</td><td>4%</td></tr>
<tr><td>국비</td><td colspan="2">50%</td><td colspan="2">80%</td><td colspan="3">80%</td></tr>
<tr><td>합계</td><td colspan="2">100%</td><td colspan="2">100%</td><td colspan="3">100%</td></tr>
</table></td></tr>
<tr><td>기금
활용</td><td>1. 의료급여비용 지급
2. 공단 등 업무위탁에 소요되는 비용
3. 기타 의료급여업무에 직접 소요되는 비용
4. 급여비용의 대불에 소요되는 비용</td></tr>
</table>

(2) 의료보험제도

의료보험제도는 백과사전에 의하면 상병이라고 하는 생활상의 사고와 분만 또는 사망으로 인한 일시에 많은 가계지출을 보험을 이용하여 분산시키는 제도로서, 국민생활의 안정을 도모하는 의료보장제도의 일환이다. 의료보장제도는 소득보장과 더불어 사회보장의 양대지주를 이루고 있으며, 개인의 건강문제를 부담능력에 관계없이 해결할 수 있도록 하기 위한 사회적 공동대처수단의 하나이다.

우리나라의 의료보장제도는 사회보험방식의 의료보험과 공적부조방식의 의료보호로 나누어지는데, 의료보험은 본인이 비용의 일부 또는 전부를 부담하는 데 비해 의료보호는 그 비용을 원칙적으로 국가가 전담한다는 점에서 구별된다. 사회보험방식의 의료보험은 사보험과 달리 가입방법에 있어서 임의가 아닌 강제가입을 원칙으로 한다. 보험료는 위험의 정도나 급여수준에 따른 차등부과가 아닌 소득수준에 따른 차등부과를 하며, 보험급여에 있어서는 보험료 수준에 따른 차등급여가 아닌 필요에 따른 균등급여를 하고, 보험료 징수에 있어서는 사적계약에 의한 징수가 아닌 법률에 의한 강제징수를 행한다. 이에 따라 「의료보험법」에는 "국민의 질병·부상·분만 또는 사망 등에 대하여 보험급여를 실시함으로써 국민건강을 향상시키고 사회보장의 증진을 목적으로 한다"라고 의료보험제도의 목적을 명시하고 있다.

① 의료보험제도의 역사

의료보험은 1883년 비스마르크 시대의 독일에서 사회보험으로 처음 실시되었다. 이후 오스트리아와 영국을 비롯한 유럽의 나라들, 소련, 일본 등에 파급되었으며, 1930년대의 경제공황 뒤에는 미국·캐나다·라틴아메리카로 확산되었다.

우리나라의 의료보험의 역사는 1963년 12월 16일 「의료보험법」 제정으로 시작되었으나, 실질적으로는 제4차 경제개발 5개년계획의 일환으로 1977년 생활보호대상자 등에 대하여 의료보호사업이 실시되면서 500명 이상 사업장 근로자를 대상으로 실시된 것이 의료보험의 효시이다. 즉, 대기업 소속 근로자를 대상으로 한 직장의료보험이 우리나라의 의료보험의 시발이 되는 셈이다. 이후 꾸준히 적용대상이 확대되어 1979년 공무원 및 사립학교 교직원과 300명 이상 사업장 근로자까지 의료보험 대상에 포함되었다. 1980년대 이후에는 전국민 의료보험 확대실시를 위한 기반이 조성되었는데, 1981년에 강원도 홍천군·전라북도 옥구군, 경상북도 군위군을 대상으로 지역의료보험 1차 시범사업이 실시되었고,

1982년에는 경기도 강화군, 충청북도 보은군, 전라남도 목포시를 대상으로 지역의료보험 2차 시범사업이 실시되었다. 직장의료보험의 적용대상은 꾸준히 확대되어 1982년에는 16명 이상 사업장까지 되었고, 1988년에는 5명 이상 사업장까지 의료보험 당연적용대상에 포함되었다. 1987년에는 한방의료보험이 실시되어 그동안 의료보험급여에서 제외되었던 한방의료서비스가 제공되게 되었다. 1988년 농어촌지역 의료보험이 실시되었고, 곧이어 1989년 7월에는 도시지역 의료보험이 실시됨으로써 의료보험제도 도입 후 12년 만에 전국민 의료보험을 달성하게 되었다. 1989년 10월 약국의료보험이 실시되어 한방에 이어 약국의료 이용도 보험급여에 포함되었다. 이후 의료보험이 국민건강보험으로 명칭을 변경하였으나, 수십 년 동안 의료보험이란 용어를 사용해 왔기 때문에 의료보험이라 더 많이 부르고 있다. 또한 2008년 7월부터는 노인장기요양보호제도가 전국에서 실시되면서 건강보험료 부과 시 노인장기요양보험료(2008년 기준 4.05%. 즉, 부과되는 건강보험료액 × 4.05%가 부과된다)가 함께 부과되고 있다.

② 관리운영

우리나라의 의료보험 적용체계는 이전에는 소득의 형태, 소득파악률, 의료이용률 등이 유사한 집단별로 보험자를 구성하고 각 보험자별 독립채산방식에 의해 자체 운영하는 다보험자체계로 운영되었으나, 2000년 7월 1일부터 집단별 보험자가 국민건강보험공단으로 통합되면서 통합의료보험체계로 변경되었다. 1998년 10월 1일 공무원·사립학교교직원 등 특수직역 근로자를 대상으로 하는 의료보험관리공단과 농어민과 도시자영업자를 대상으로 하는 각 시·군·구별 지역의료보험조합이 통합된 데 이어 2000년 7월 1일 5명 이상 사업장의 직장근로자를 대상으로 하는 사업장별, 지역별 직장의료보험조합마저 국민건강보험공단으로 통합됨으로써 단일보험사업자가 의료보험제도를 운영하게 되었다. 통합 이전 각 의료보험조합별 적용인구 현황을 보면 1999년말 현재 공무원 및 사립학교교직원 의료보험 적용인구가 485만 9,436명, 지역의료보험조합 적용인구가 2,346만 7,242명, 직장의료보험조합 적용인구가 1,684만 6,575명이었다.

| 표 13-6 | 의료보험제도의 관리통합단계

구분		1998. 10. 1. 이전	1998. 10. 1.	2000. 7. 1.
조직	지역	지역의보조합(227개)	국민의료보험관리공단(1개)	국민건강보험공단(1개)
	공교	공교의보공단(104개)		
	직장	직장의보조합(140개)	직장의보조함(104개)	

한편 국민건강보험공단 출범과 함께 객관적인 진료비 심사평가업무를 위해 건강보험심사평가원이 설립, 운영되고 있다. 건강보험심사평가원은 종전 의료보험연합회의 심사업무와 관련된 권리와 의무를 포괄 승계했는데, 의료보험연합회가 보험사업자를 회원으로 한 것과 달리 건강보험심사평가원은 보험사업자와 의료계로부터 독립된 전문기구라는 점에서 차이가 있다.

③ 재원조달

보험료의 부과는 직장인·공무원·사립학교교직원 등 임금근로자의 경우에는 소득비례정률제가 적용되고 있으며, 농어민과 도시자영자의 경우 대상범위가 포괄적이고 소득의 형태가 다양하며 정확한 소득파악이 어려워 소득비례정율제 대신 소득 및 재산에 따른 등급별정액제를 실시하고 있다.

보험료를 부담함에 있어 직장인의 경우에는 상여금 및 수당까지 포함한 총보수의 2.8%를 근로자와 사용자가 각각 50%씩 부담하고, 공무원 및 사립학교교직원의 경우에는 직급보수비 등을 더한 총보수의 3.4%를 본인과 정부가 각각 50%를 부담(사립학교교직원은 본인 50%, 재단 30%, 정부 20%를 각각 부담)하며, 농어민 등 지역주민에 대하여는 보험료부담을 경감시켜 주기 위해 보험료의 일부와 보험사업운영에 소요되는 관리운영비의 전액을 국고에서 부담하고 있다.

④ 급여

보험급여란 보험에 가입한 사람이 질병·부상 또는 분만·사망 등의 사고가 발생했을 경우 보험자가 지급하는 급여를 말한다. 우리나라의 보험급여는 형태상으로 현물급여와 현금급여로 나누고 급여실시의 강제성을 기준으로 법정급여와 부가급여로 나눈다. 보험급여의 대부분을 차지하는 현물급여의 종류는 요양급여, 분만급여, 자격상실 후 계속요양급여 등이 있다. 요양급여는 피보험자 및 피부양자의 질병 또는 부상 시 지정된 요양취급기관에서 지급되는 직접적인 의료서비스를 말하는데, 크게 진찰·처치·수술·간호·이송·약제 및 치료재료의 지급 등

6가지로 분류된다. 진찰은 외과·내과·산부인과 등 모든 진료과에 속하는 진찰과 치과의사·한의사의 진찰도 포함된다. 약제는 의약품을 의미하며, 치료재료의 지급은 진료 시 필요한 재료를 의미하는데, 모든 치료재료가 보험급여로 인정되지는 않는다. 예를 들어, 안경·보조기 등은 피보험자가 전액 부담하게 되어 있다. 처치는 환부세척·찜질·주사 등의 의료행위를 의미한다. 분만급여는 피보험자 또는 피부양자인 배우자가 요양취급기관에서 직접 분만하는 경우에 지급되는 현물급여를 의미한다.

현금급여는 현금으로 지급되는 급여를 말하는데 요양비·분만비·장제비·분만수당·본인부담보상금·장애인보장구급여비·본인부담금 상한제 등이 있다. 현금급여에는 중요한 수당인 상병수당이 빠져 있다. 상병수당은 진료를 목적으로 직장을 결근할 경우에 일당의 일정액(약 60% 이상)을 의료보험자가 피보험자에게 지급하는 현금을 의미하는데, 재정적인 문제를 들어 이 제도를 아직 실시하지 않고 있다. 법정급여는 법에 의해 의무적으로 보험자가 지급해야 하는 급여를 의미하는데 요양급여·분만급여가 여기에 속하며, 부가급여는 보험자의 사정에 따라 지급되지 않을 수도 있는 급여로서 장제비·분만수당 등이 포함된다.

- 요양비: 피보험자나 피부양자가 긴급한 상황이었거나 부득이한 사정으로 지정된 요양취급기관이 아닌 곳에서 진료를 받았을 경우 소요된 진료비용을 보험자(소속 의료보험조합)로부터 현금으로 지급받는 급여를 의미한다.
- 분만비: 역시 지정된 요양 취급기관 이외의 장소에서 분만했을 경우 여기에 소요된 경비를 보험자로부터 지급받는 현금을 의미한다. 분만수당은 분만 시 의료비의 과다지출을 보상하기 위해 지급하는 현금급여이다.
- 장제비: 피보험자 또는 피부양자가 사망한 경우에 지급하는 현금을 말한다.
- 본인부담보상금: 병원에서 진료 후 발생한 본인부담금이 매 30일간 120만 원을 넘었을 경우에 초과액의 50%를 환급받는 현금을 의미한다.
- 장애인보장구급여비: 「장애인복지법」에 의하여 등록한 장애인인 가입자 및 피부양자에게 보장구 유형별 구입가의 80%를 공단에서 정한 금액범위에서 지원하는 제도이다.
- 본인부담액 상한제: 요양기관에 납부한 건강보험적용진료비(본인부담액)가 6개월간 300만 원을 넘을 경우 그 나머지 금액을 공단에서 전액 부담하는 제도이다(단, 비급여 항목제외: 특진료, 식대, 병실차액 등).

한편 보험급여는 모든 질병·부상에 무제한적으로 지급되지 않고 건강보험 재정 때문에 일정한 제한이 있다. 이 제한은 보험급여의 제한, 본인일부부담금의 부과, 비급여부문 등을 통해 이루어진다. 보험급여의 제한은 자신의 범죄행위나 고의로 사고를 발생시킨 경우, 보험료를 2개월 이상 납부하지 않은 경우, 업무상 재해로 인해 「산업재해보상보험법」 등의 규정을 통해 요양급여를 받을 경우 등이다.

본인일부부담금은 진료가 발생한 시점에서 해당 개인이 진료비용의 일부를 요양취급기관에 지불하는 것을 의미한다. 이는 피보험자의 병원·의원 이용의 남용을 억제해서 의료보험 재정을 보호하려는 목적이 있다. 우리나라의 본인부담금은 입원진료를 할 경우 진료비의 20%를 부담하고, 외래진료의 경우 진료비가 1만 원 이하이면 진료기관에 따라 700~3,000원을 내게 되며, 1만 원을 초과할 경우는 30~55%의 진료비를 부담하도록 되어 있다. 그러나 실제로 본인부담금 이외에 비급여부문까지 합치면 본인부담률이 입원 35~40%, 외래는 67%까지 나타나 사회보장제도의 의미를 상실할 정도로 높은 본인부담률이라는 비판이 강하게 제기되고 있다. 그래서 다른 나라에 비해 매우 높은 본인부담금을 현재보다 낮추고, 노인 등의 취약계층에 대해서는 본인부담금 경감제를 도입해야 한다는 주장이 많다.

비급여부문은 요양급여 시 치료목적이 아니거나 일상생활에 지장이 없는 질환(예를 들면, 주근깨·여드름 등의 치료), 기타 보험급여의 원리에 어긋나는 진료(예를 들면, 성형수술)를 보험급여에서 제외하는 것을 말한다. 또한 식대·보철·특진료 및 상급병실료 차액 등도 보험급여에서 제외되어 있다.

Chapter 14

복지국가론

복지국가의 기원은 독일의 의료보험을 도입하던 시점인 1883년이나 영국이 산업재해보상보험을 도입하던 1897년 등으로 거슬러 올라갈 수 있다. 이것은 헤클로(Huge Heclo)가 복지국가단계의 첫 단계로서 복지국가의 실험기를 1870년부터 시작된 것으로 보는 것과 이혜경 교수가 사회보험의 도입 시기를 기점으로 복지국가단계를 구분하여 제1단계를 사회보험의 출발시점으로 잡는 것과 같은 시점이라고 생각할 수 있다.

01 성립배경과 발달과정

1) 성립배경

자본주의와 민족국가가 기반으로 하여 복지국가는 등장하였다. 복지국가 이전에는 '국가를 위한 좋은 생활'의 국가체제가 있었다. 경제문제가 독립된 형태로 연구대상이 된 것은 중상주의에서부터였다. 중상주의(mercantilism)[114]를 통해 유럽은 안으로는 지방분권주의와 밖으로는 교회의 보편주의와 싸우는 절대국가체제를 공고히 하기 위하여 적극적으로 정부주도 하에 부국강병책을 썼다[115]. 케네(F. Quesnay, 1694~1774)가 창시한 중농주의(physiocracy school)는 농업중심의 사상 및 정책을 주장하였다. 인간사회에도 자연계와 마찬가지로 자연 질서가 존재함을 믿고 있었다. 중상주의와 달리 인위적인 보호·간섭 또는 통제를 배척하고 자유방임주의(laissez-faire)를 채택함으로써 자연 질서에 순응할 것을 주장하였다. 국부(國富)의 원천은 토지(土地)이므로 농업을 중시하였다. 중농주의학설은 아담 스미스(Adam Smith)를 비롯한 고전학파에 커다란 영향을 미쳤다[116]. 고전파의 시조 스미스는 그의 저서 『국부론』에서 그 이전의 산만한 경제이론을 집대성하고 체

---

114) 중상주의는 개인의 이익과 국가의 이익은 조화가 이루어지지 않는다고 보아서 국가의 이익을 위하여 개인의 이익을 규제하고, 정부가 경제에 적극 개입하여야 한다는 주장이다. 국가 간의 무역을 제로섬(zero-sum game)으로 보아 한 나라의 이익은 다른 나라의 손실이며, 이익과 손실을 합하면 영이 된다고 생각하였다. 중상주의는 강력한 보호무역주의로 식민지개척 및 인국궁핍화정책(beggar-my-neighbour policy)을 실시하였다.

115) 중상주의의 대표적인 학자로는 영국의 토마스 먼(Thomas Mun, 1571~1641), 윌리엄 페티(William Petty, 1623~1685) 등을 들 수 있다.

116) 케네(F. Quesnay)는 저서 『경제표』에서 최초로 국민경제를 전체적인 측면에서 고찰하여 부의 생산(生產)·유통(流通)·분배(分配)·재생산(再生產)과정을 밝혔다.

계화함으로써 경제학을 독립된 사회과학으로 출발시켰다. 스미스는 국부의 원천이 노동(勞動)의 산물이라고 봄으로써 중농주의의 국부 개념을 확대시켰다. 개인의 이익은 국가의 이익과 조화를 이룬다고 보고 중농주의의 자유방임주의를 이어받아 '작은 정부의 이론'을 제창하였다. 결국 자유시장기구의 자동적인 조절능력을 신봉하며, 이에 따라 완전고용이 항상 달성될 수 있다고 본다. 자유무역의 이론은 리카도(D. Ricardo)에 의하여 더욱 발전되었다. 자유방임사상은 영국의 빅토리아시대에 있어서 빈민에 대한 인간 이하의 대접과 무관하지 않다. 자본주의 초기 국가들의 관심은 공공질서를 유지하는 노동정책의 차원이었다.

2) 발전과정

(1) 정착기(1920~1945)

복지국가 성립과의 가장 중요한 요인은 아이러니하게도 대규모 전쟁과 경제공황이었다. 전쟁은 국민생활에 대한 광범위한 국가의 개입을 초래하였다. 또한 엄청난 수의 빈민을 양산하여 종래의 사회보험이나 구빈제도가 더 이상 기능할 수 없게 된 상황에서 국가가 그 역할을 대신할 수밖에 없어 전쟁 중, 직후에 노령연금과 실업보험과 같은 중요한 보험제도가 수립되었다. 1930년대 경제 공황은 생산 중단과 실업자 급증으로 인해 노동계급을 자극하였다. 이에 진보적 정당들이 중간계급, 노동계급, 농민과 개량적 자본분파까지 합세한 선거연합을 조직, 국가 권력을 장악하고, 자본 세력을 대상으로 '뉴딜', '사회계약', '역사적 타협'으로 불리는 사회협약을 체결하여 복지를 대폭 확대하였으며, 크게 세 가지의 영향으로 나타난다. 첫째, 제도적 확충으로 실업보험과 가족 수당의 제도화(미국은 제외), 사회적 취약계층 지원 및 특수 프로그램에 보조금을 지출하는 「사회보장법」(1935)의 제정(미국), '적-녹 동맹'의 사민당 집권(1932)으로 광범위한 복지서비스의 제도화 등이다(스웨덴). 둘째, 복지수혜자 범위를 확대하여 1919년까지 수혜자 비율이 약 27%에서 60% 수준으로 증가한다. 셋째, 복지예산을 증대하여 대부분의 국가들의 복지지출비가 이 시기에 GDP 5%선을 통과하게 된다(김태성 외, 2009: 116-122 재구성).

(2) 성장과 발전기(1945~1975)

① 복지국가 팽창의 원동력

영국의 보수당은 대전의 승리를 위해 노동조합의 계속적인 협조를 필요로 했고, 동시에 노동자들에게 소련 공산주의가 미칠 영향을 두려워하였다. 당시의 진보적 대중들의 노동당 지지도가 높아지자 사회적 흐름에 따라 초당적 연립내각을 구성하였고, 곧 사회복지를 받아들일 수밖에 없었다. 베버리지 보고서(1944) 이후 1945년 집권한 노동당은 이를 실천하였고 1948년 7월 5일 사회보장과 국민보건사업의 법적 효력이 발생된다.

1945~1975년은 '복지국가의 황금기'로 불리며 국가–자본–노동 간의 화해적 정치구조가 지속되어 경제성장–완전고용–복지국가를 묶는 '합의의 정치'를 실현하였고, 이를 통해 더 많은 복지비를 지출할 수 있었다. 미국, 일본을 제외한 대부분의 나라들이 60년대에 GDP 대비 10%, 70년대 중반에는 20%까지 복지비를 지출했고 스웨덴은 무려 34%에 육박했다. 새로운 제도가 도입되기보다 확충하는 방식으로 복지 수혜자의 수가 거의 100%까지 확대되는 발전의 극치에 이르렀다. 이 시기에 사회복지정책이 발달한 배경으로 티트머스(Titmuss)는 전쟁의 영향을 강조하고, 여러 학자들은 진보적 정치집단의 집권, 산업화의 진전 등 여러 요인을 꼽고 있다.

② 팽창기의 성과

복지국가 정착기 동안 구축된 다양한 복지제도들이 나라마다 빠르게 확산하여 발달하였고 제반 복지제도를 갖추었으며, 개인적 사회서비스와 공공부조는 더욱 확충되었다. 따라서 복지는 자비나 시혜가 아닌 시민의 권리(citizenship)로 인정받게 되었고, 사회문제의 해결을 넘어서 다양한 욕구를 충족시키기 위한 제도로 만들어 갔다. 복지제도의 포괄성, 복지수혜자의 보편성, 복지혜택의 절정기로 볼 수 있다. 완전고용의 증대와 높은 수준의 사회복지서비스 실시, 소득재분배를 특징으로 하는 복지국가와 혼합경제의 확산은 자본주의 체제의 성격을 근본적으로 변화시킨 20세기의 중요한 사건이다.

독일, 영국을 비롯한 유럽 국가들은 사회보험의 혜택을 노동자 집단에서 화이트칼라와 자영업자 집단까지 확대하고, 소득보장은 물론 보건의료, 주택, 교육 등 여러 가지 부문의 서비스를 국가가 보편적으로 보장하게 된다.

미국은 1960년대 '풍요 속의 빈곤', '빈곤의 재발견' 이후 존슨 대통령이 '빈곤과의 전쟁(war on poverty)'을 선언하고 AFDC(Aid to Families with Dependent Children; 부양가족보조)[117] 프로그램을, 1962년 '개인적 사회서비스'에 관한 조항을 만들고 1965년 고령자 의료보장 프로그램인 메디케어(Medicare)와 장애인 및 빈곤층의 의료보장 프로그램인 메디케이드(Medicaid) 프로그램을 도입하는 등 미국식 복지국가 체계를 만들어 간다.

서구유럽에서 복지국가의 황금기를 이룬 정치·경제적인 바탕은 사회민주주의 체계이다. 제2차 세계대전 이후 유럽에서 널리 퍼졌으며, 19세기 말 이래 마르크스주의 정치이론을 비판하고 수정한 결과 등장하였다. 노동자 계급의 현실타협과 의회진출이라는 큰 줄기를 가진 사회민주주의는 서구 노동자들에게 복지와 경제적 혜택을 제공하고 자본주의를 안정화시키는 데 공헌하였으나, 1970년대 초 자본주의 경제의 위기로 인한 복지국가의 위기 이후 신자유주의를 태동시키는 원인이 되기도 한다.

③ 복지국가 발전의 개념

복지국가 발전의 개념에는 크게 네 가지로 구분할 수 있다. 첫째, 복지혜택의 포괄성으로 전 국민 개인의 전 생애 과정에 대한 다양한 욕구와 사회적 위험에 대해 국가가 얼마나 많은 복지제도를 통해 보호할 수 있는가(노령→연금제도, 실업→실업보험)이다. 둘째, 적용범위의 보편성으로 다양한 욕구를 충족하고 각종 사회적 위험으로부터 보호하기 위한 각각의 복지제도의 적용범위는 어디까지인가(사회보험의 적용대상을 모든 국민으로 확대)이다. 셋째, 복지혜택의 적절성으로 각각의 복지혜택은 소득이 중단되더라도 생활이 가능할 정도로 적절한 수준으로 제공되는가이다. 넷째, 복지혜택의 재분배효과로써 전체 복지혜택의 결과가 가지고 오는 소득재분배효과는 어느 정도인가이다(김태성 외, 2009: 116-122 재구성).

(3) 재편기(1975~현재)

① 복지국가의 위기 발생

서구 복지국가들은 제2차 세계대전의 종결 이후 확대일로의 역사를 거듭한 끝에 1960년대 말에 이르러서는 황금기를 구가할 수 있었다. 그러나 1970년대의 원유파동을 계기로 기세가 기울기 시작하더니 드디어 1970년대 말이 되면서부터는 현상유지에도 힘겨운 모습을 보이기 시작하였다. 그러한 분위기는 지금도

117) AFDC는 미국의 요보호 아동을 가진 가족부조의 공공부조 프로그램이다.

변함이 없어서 복지국가 찬성론자들의 가슴을 애태우게 하고 있다. 복지국가를 20세기 최고의 개혁성공으로 자부하는 에스핑-안데르센은 "우리는 지금 황금기 자본주의(Golden Age Capitalism)를 무거운 향수(nostalgia)를 가지고 회고하고 있다. …… 복지국가는 하나씩 새롭게 펼쳐지는 경제 질서 속에서 어쩌면 더 이상 지속하지 못할지도 모른다"라고 불안감을 표시했다(Esping-Andersen, 1990: 1).

오일쇼크 → 물가·실업률의 상승 → 영국(대처의 보수당), 미국(레이건의 공화당): 복지축소, 신보수주의 등장 → 변화: 수급요건의 강화, 급여수준 하향조정, 급여기간의 단축, 공공부조를 받기 위한 각종 조건 부과

즉, 1973년 오일쇼크로 인해 약 30년간 지속된 자본주의의 안정적 축적체제가 근본적으로 붕괴되기 시작했다. 이는 곧 국가-자본-노동 간의 정치구조에 치명적 균열을 일으켰다.

② 복지국가 위기의 결과

노동당 정부들이 실권하고 영국 보수당의 대처, 미국 공화당의 레이건이 집권하여 신자유주의를 앞세우며 보수회귀로의 물결을 일으켰고, 독일, 스웨덴 등 구미 각국의 사민당, 노동당, 사회당 정부가 제2당으로 전락했다. 그 후 오늘날까지 복지국가는 정체시기로 접어들었다. 이러한 보수 회귀의 흐름은 하나의 사회운동이며 정치세력인 신우파의 신보수주의를 등장시키는데, 이들은 국가의 경제개입과 복지개입을 모두 비판하고 복지국가의 해체를 통해 자유시장체제를 확고히 하려는 이데올로기적 공세를 전개했다. 오일쇼크를 기점으로 한 경제위기는 유가상승과 국가의 결제개입 및 복지개입의 확대라는 두 가지 요인에 의해 비롯되었다고 주장하면서, 경제성장과 고용증대를 이루기 위해 국가개입의 축소를 주장했다.

신자유주의는 경제위기가 유가 상승이라는 외부 요인뿐만 아니라 근본적으로 자유시장 기제의 작동을 왜곡하는 국가 경제 개입과 복지라는 내적 요인이 있었음을 주장하였다. 영국의 대처는 각종 수당과 연금의 지출을 대대적으로 삭감하였고 이러한 정책은 여러 국가들로 확산되었다. 복지비의 과중한 부담으로 인한 재정적 파탄 위기를 모면하긴 했지만 실제 복지비는 증가율이 감소할 뿐이지 꾸준히 늘고 있다. 또한 신자유주의 정부는 경제활동의 블록화와 세계화가 급속히 진행됨에 따라 유동성이 증가된 '자본의 이탈'이라는 위험과 사회보장이 취약한

나라의 취업자나 빈민을 막아내야 하는 잠재적인 어려움에 직면하고 있다. 또한 현실적으로는 재정 긴축에 따라 경기가 침체되고 실업이 심화되며 복지가 축소되어 국민들의 불만을 사게 되었다(김태성 외, 2009: 116-122 재구성).

③ 복지국가 위기의 의미

복지국가의 위기의 문제는 다음과 같은 네 가지 요인에 기인한다. 첫째, 경제적 문제로써 1970년대 중반 이후의 악화된 경제상황은 복지국가에 대한 회의를 가지고 온다. 둘째, 정부의 문제로써 국가부문확대에 따른 비효율과 정부의 정치적 파산 가능성이 대두되었다. 셋째, 재정의 문제로써 사회복지 수요증가와 지출증가에 비해 조세수입의 한계로 인해 정부재정 적자가 발생했다. 넷째, 합법화의 문제로써 국민들이 복지국가에 대한 지지를 철회하였다.

(4) 복지국가의 위기와 재편

1970년대 이후 가열된 북지국가의 위기론은 80년대 이후 복지국가의 재편이 가시화되면서 재편론으로 이어졌다. 그러나 복지국가의 위기론이 경제적 위기에 초점을 맞추는데 반해 재편론은 민주주의적 선거정치에 초점을 맞추고 있다(김교환, 2002: 143-174 재구성).

① 복지국가의 위기론

복지국가가 위기를 맞게 된 원인에 대해서는 크게 2가지[118] 진단이 있다.

㉠ 신자유주의의 국가실패론

민주적 자본주의 사회에서 '이익 집단과 관료제의 이기적 요구–복지국가 팽창과 정부의 과부하–성장의 정체와 복지국가의 위기'라는 도식으로 복지 국가를 비판한다. 자본주의 경제체제에 대한 국가의 개입으로 인한 국가의 팽창과 과중 부담이 결국 국가의 실패를 초래했다고 본다. 복지 프로그램의 확대는 노동동기를 약화시키고 저축과 투자를 감소시켜 산업 생산 부분의 위축을 초래, 경제 성장을 둔화시킨다. 이

118) 첫째, 복지국가를 둘러싼 경제환경의 변화로 위기가 초래되었다고 보는 것이다. 1970년대 초반의 석유파동과 환율체계의 붕괴로 인해 스태그플레이션 현상이 나타났으며, 이로 인해 노동계급의 정치세력화가 큰 타격을 입게 되고, 복지국가발달과 확대에 대한 국가-자본-노동의 합의가 붕괴되어 결국 복지국가의 위기가 도래하였다는 것이다.
둘째, 복지국가의 사회복지제도가 위기를 초래하였다고 보는 것이다. 그동안 복지국가가 투입한 것만큼 국민들의 복지상태가 나아지지 않았으며(빈곤과 불평등의 심화), 오히려 사회복지제도가 의존문화를 양산하고 경제성장을 저해하여, 결국 복지국가의 위기가 도래하였다는 것이다. 하지만 이념적 성향에 따라 복기국가 위기의 원인에 대한 진단과 그 처방은 조금씩 다르다.

에 대한 해결책은 시장의 우월성을 강조하고 '최소한의 국가'로 복귀, 즉 사회경제적 방임주의로 돌아가야 한다는 것이다. 구체적인 정책은 노동 시장의 수적/기능적 유연화, 파트 타임제, 임금인상 억제, 이중임금제와 성과급 등의 보수 유연화 등이며, 이러한 생산방식의 전환은 실업자층을 대량으로 발생시키고 고용 불안을 증대시키며 노동자층의 분할을 심화시켰다. 또한 자본의 세계화 이후 초국적 자본이 투기성 금융 자본화하여 세계 시장을 교란시켰으나 국가의 규제력이 미치기 어려운 상황이다. 경제 위기의 극복 과정에서 나타난 포스트포디즘(Post-Fordism)은 자본주의의 탈조직화를 주장하며 '자유화'와 '세계화'를 추구하여 케인즈주의적 복지국가의 기반을 허물었다.
이들의 주장대로라면 복지의 수준이 가장 높은 국가인 북구 국가들이 심각한 경제 위기에 처해야 하나 실제로 그렇지는 않다. 국가가 언제 어디서나 비효율적인 자원 분배기구라는 이들의 논리는 매우 단선적이며 과도하게 일반화하는 경향이 있으며, 자본주의경제를 가능한 비정치화시켜 자본주의적 요소를 극대화하고 복지를 축소하고자 하는 주장에 지나지 않는다.

㉡ 신마르크스주의의 복지국가 모순론

1960년대 복지국가의 전성기에 신마르크스주의자들은 복지의 본질이 사회 통제의 수단이며 노동계급을 회유하는 수단이라는 급진적 비판을 하였으나, 1970년대 말 우파가 득세하자 오히려 복지국가가 집단적 사회계획을 통해 노동계급의 생활 향상에 기여했다는 옹호론을 펼쳤다. 신마르크스주의자들은 복지국가를 단지 세련된 자본주의로 보며 복지국가의 위기 또한 자본주의 자체의 근본적 모순에서 비롯되었다고 본다. 노동자를 위한 복지제도와 자본가를 위한 생산성 추구가 국가의 개입에 의해 함께 보장된다는 모순이 바로 그것이다. 오코너(O'Connor)의 경우 복지국가의 기능을 자본가의 경제적 기능을 보장하는 '축적'과 사회 통합을 추구하는 정치경제적 기능인 '정당화' 두 가지로 보고, 이 두 기능의 갈등을 조절하기 위해 국가가 더 많은 개입과 재정적 부담을 안게 된다고 보았다.
신마르크스주의자들의 주장이 갖는 문제점은 신자유주의자들의 주장이 갖는 문제점과 유사하다. 뿐만 아니라 복지국가의 화해 불가능한 축적과 정당화의 모순이 왜 1970년대 후반에서야 날카롭게 드러났는지에 대해 그 필연성을 효과적으로 설명하지 못한다. 이들은 계급투쟁에 따라 복지국가의 재편이 가능하다고 보나, 이는 사회주의국가로의 이행을 위해 복지국가를 해체해야 한다는 주장으로 이어지며, 추상적인 비판과 구체적인 해결책이 제시되지 않고 있다. 더욱이 사회주의로의 이행이라는 주장은 현실적으로 사회주의체제가 붕괴한 시점에서 이미 효력을 상실했다.

㉢ 사회민주주의의 실용주의론

복지국가의 위기론에 있어 중도적 입장을 가진 학자들은 대체로 사회민주주의의 실용주의적 관점을 택한다. 사회민주주의는 복지국가의 황금기 내내 사상적 근간이 되어 왔으며 복지국가를 뒷받침하는 혼합경제의 이론적 입장을 옹호하였다. 사회적 문제 발생 시 당시 상황에 따른 행정적, 정책적 개량을 통해 문제를 해결하여 체계적인 정책을 갖추지 못했으나 이는 복지국가의 발전과정에서 나타나는 시행착오로 인한 일시적 현상이므로 기존 복지국가 체제 내에서 해결할 수 있다고 본다. 1970년대 경제 악화의 원인인 오일쇼크를 복지국가 자체의 문제가 아닌 외부적 요인으로 보아 위기가 복지국가 자체의 문제라면 스웨덴과 영국을 비교하여 복지가 발달한 스웨덴의 경제가 더욱 나빠져야 하는데 그렇지 않다는 것이다. 그리고 오히려 복지국가의 운영 방침이나 프로그램 형태에 문제를 제기하며 사회적 급여의 공공지출이 불평등과 빈곤 퇴치에 실패하였다고 보아 평등 전략을 더욱 추구하며, 관료제의 독점성과 낭비를 지적하고 복지의 민영화와 지방분권을 주장하였다. 이는 결국 복지국가의 효율성을 높여 위기를 극복할 수 있다고 본다.
이렇게 볼 때 실용주의 관점은 엄밀히 복지 국가의 위기를 인정하지 않는 입장이며 성장과 복지, 축적과 정당화가 모순된다 하더라도 복지국가가 유지되지 못한다는 주장으로 나갈 필요는 없다고 본다. 하지만 그러한 복지국가의 모순이 갈수록 심화되고 있다는 것을 부인하지는 못하고 있다.

② 복지국가의 재편론

㉠ 복지국가의 불가역성론

1980년대 복지국가의 재편이 가시화되면서 가장 강력한 흐름으로 대두되었던 복지국가의 불가역성 이론은 경제 위기 이후 일련의 복지삭감과 재조정에도 불구하고 삭감액은 미미했으며, 이는 복지국가가 선진 자본주의 사회의 필수적 요소로 건재하고 있음을 보여주는 것이라고 주장한다. 앨버(Alber)는 1960~71년과 1975~81년의 OECD 주요국들의 복지 지출 증가율을 분석하여 복지국가의 건재함을 보여주었다. 이에 따르면 복지 지출의 성장률이 75년 이후 둔화되기는 하였지만 동일 기간 경제 성장률의 증가보다 높다는 것이다. 레이건과 대처 정부 시절 미국과 영국조차도 복지급여를 삭감하고 민영화하려 했으나 결국은 혼합경제에서 복지의 구조적 역할을 인정하며 효율적 재분배로 방향을 바꾸었다고 한다. 이는 대의제 민주주의국가에서의 '선거'가 주요한 원인이다. 복지국가에 대한 대중의 지지를 정책으로 연결시키는 과정은 점차 모든 정당의 정책 강령이 되었으므로 복지국가는 이미 선진자본주의 체제에서 되돌릴 수 없게 되었다고 본다.

복지국가의 불가역성 이론은 민주적 자본주의사회에서 국가복지가 정치를 매개로 결정된다는 매우 중요한 사실을 포착하여 그 결과 경제 위기와 재정 압박에도 왜 복지국가가 급속한 해체에 직면하지 않고 강한 지속성을 보여 주는지 설명한다. 그러나 선거가 존재하는 한 복지국가가 결코 해체될 수 없다는 주장은 복지국가를 둘러싼 계급과 계층 간의 상이한 이해관계와 갈등, 타협의 과정을 간과한 다소 단선적이며 도식적인 이론이라는 비판을 받고 있다.

㉡ 복지국가의 재조정론(복지다원주의)

복지국가의 재조정론은 사회복지가 국가복지와 단순히 등치될 수 없으며, 한 사회에서의 복지의 원천은 다양하다는 점을 지적한다. 현대국가에서의 복지의 총량은 국가, 시장, 가족과 비영리 민간복지기관이라는 세 부문에서 제공하는 다양한 '복지 혼합'으로 구성된다. 그리고 이들의 경계는 실제로 모호하며 갈등관계라기보다는 상호보완적이고 의존적이라고 본다. 그러므로 70년대 이후 복지국가의 변화는 위기에 따른 축소재편이라기보다는 저성장이라는 시대적 조건 속에서 복지혼합비를 재조정하는 과정, 즉 유연성과 효율성을 제고하며 지나치게 비대해진 국가의 비중을 줄이고 민간부문을 증대시키는 과정이며 이런 부문 간 재조정이 그 자체로 복지 축소나 재분배의 역전을 의미하지 않는다고 본다.

이 이론의 가장 큰 문제점은 복지국가의 재조정이 초래하는 계급적 분배효과를 무시한다는 것이다. 사회적 약자들에게 국가복지의 축소나 민영화가 불평등의 심화를 의미할 수 있다. 복지 혼합의 경계가 모호하다 할지라도 이들은 각기 가지고 있는 효과가 상이하여 기능적 등가 관계에 놓을 수 없다. 따라서 국가 복지의 축소는 어떤 형태로든 불평등을 심화시키게 된다.

③ 계급정치에 따른 재편론

이 이론은 앞서 두 재편론을 비판하며 자본계급에 대해 상이한 이해관계를 가지는 나머지 계급들의 동맹에 주목한다. 미쉬라는 이러한 유형을 영국과 미국의 경우인 신자유주의적 재편, 스웨덴과 오스트리아의 사회조합주의적 재편으로 구분하였다. 경제위기 이후 이 두 범주의 국가들은 상반되는 대응과 결과를 빚었고 이러한 차이의 원인은 사회주의 조합의 존재 여부, 궁극적으로는 사회주의 조합의 정착을 이룰 수 있는 노동계급의 능력 여부를 들고 있다. 또한 중간계급의 역할에 주목하여 복지국가의 재분배기능을 강조하고 막대한 세금원인 이들이 복지 생산과 소비에 깊이 관련되며 복지국가로부터 다양한 이익을 얻고 있다고 주장한다. 그러므로 이들이 복지축소를 지향한다는 기존의 통념에 반대한다. 또한 중간계급은 선거에서의 영향력, 여론 선도능력, 정책결정에 대한 간접 영향력 등 자신의 이해관계를 관철시킬 수단을 가지고 있어 이들의 선택이 복지 국가의 재편에 결정적 영향을 미친다고 본다. 이는 성장과 복지의 이분법이나 경제위기로부터 복지국가 재편을 주장하는 논리는 그 두 가지 요인 사이에 정치적 요인들을 삽입하여 보완해야 하며 노동계급과 중간 계급의 이해관계에 따라 민주적 선거 결과가 달라질 수 있다는 계급정치의 논리라고 할 수 있다.

3) 복지국가 발전과 재분배문제

포괄적 복지제도를 수립하여 전 국민을 대상으로 국내총생산량의 엄청난 부분을 투입하여 국민들의 삶의 안전을 보장하려 한 복지국가는 어느 정도의 재분배 효과를 가져온 것으로 평가할 수 있는지에 대한 문제가 제기된다.

코르피는 노동계급에 의한 권력자원의 동원의 정도가 복기국가 발전은 물론 특히 재분배효과를 결정한다고 주장한다. 그에 따르면 ① 노동계급의 조직화 정도(노조 가입), ② 노동계급 내부의 결속 정도(노동조합 간 통합 또는 분절 정도), ③ 노동계급과 좌파 정당 사이의 결합 정도(좌파 정당에 대한 지지도)로 구성되는 권력자원이 그 자원의 동원 정도에 따라 좌파 정당의 집권 여부 및 집권기관 그리고 복지국가의 발전정도와 복지국가에 의한 재분배효과를 결정한다는 것이다. 코르피의 연구에 의하면 노동계급의 조직력(동원력)이 높을수록, 좌파 정당에 의한 통치가 안정적으로 장기간 유지될수록 소득불평등의 정도는 낮고(낮은 지니계수), 세입분배와 세출재분배의 효과가 모두 높은 것으로 나타난다. 이것은 복지국가로 분류될 수 있는 국가들이라 하더라도 노동계급의 높은 조직력과 좌파정당의 높은 정치력에 바탕을 둔 국가일수록 세출단계에서 모두 높은 재분배효과를 가져올 수 있다는 것을 뜻한다. 다시 말해 이러한 국가야말로 세입단계에서 이전지출을 증가시켜 재분배효과를 높이고 또 누진세를 적용하며, 세출단계에서 이전지출을 증가시켜 재분배효과를 총체적으로 극대화시킨다는 것이다.

노동계급의 조직력과 좌파정당의 정치력의 정도가 복기국가에 의한 재분배효과를 차등적으로 정한다는 것인 복지국가의 발전의 수준을 구분하거나 복지국가 내부의 유형화를 가능하게 한다. 노동계급의 조직력과 좌파정당의 정치력이 모두 낮은 수준일 경우에는 '복지빈곤국', 이 두 변수의 수준이 상승할수록 점차 '복지지체국'(적극국가), '복지중진국'(사회보장국가)을 거쳐 '복지선진국'(사회복지국가)이 나타날 것이고, 마지막으로 두 변수가 극단적으로 높은 수준에 도달하는 경우 복지국가를 통해 사회주의를 실현하겠다는 사회민주주의자들의 염원처럼 '복지사회주의'가 실현될 것이라고 주장한다.

02 복지국가의 개념 정의와 가치

1) 복지국가의 개념 정의

언어적 의미에서 보면, 먼저 영어상의 표기에서 정관사를 사용하는가 아니면 부정관사를 사용하는가의 차이이다. 'the welfare state'와 'a welfare state'의 차이는 전자가 특정 복지국가를 가리키는 데 반해, 후자는 복지국가 일반을 지칭하는 것이다. 특정 국가의 범위는 좁게 잡을 수 있는가 하면 넓게 잡을 수도 있다. 좁게 잡는 경우는 마샬과 존슨이 주장하듯이 "복지국가라는 용어를 영국에 한해 적용하는 것이다"(Marshall, 1970: 82; Johnson, 1987: 3). 한편 넓게 잡은 예로는 윌렌스키와 르보의 경우와 같이 자유세계의 부유국을 복지국가로 간주한 것을 볼 수 있다(Wilensky & Lebeaux, 1965). 그런가 하면 미쉬라는 혼합경제, 자유정치, 사회복지 등 3가지 특징을 지닌 전후 서방국가를 복지국가로 규정했다.

두 번째로 구분할 수 있는 유형은 대문자로 쓴 'Welfare State'와 소문자로 쓴 'welfare state'가 있다. 전자는 고유명사이며 후자는 보통명사이다. 이러한 구분 역시 방금 설명한 정관사 또는 부정관사의 사용법과 유사하다. 즉, 대문자를 사용하면 특정 국가를 지칭하는 반면 소문자는 불특정 복지국가를 의미하게 된다.

세 번째의 유형은 협의의 정의와 광의의 정의이다. 에스핑-안데르센에 의하면, 전자는 소득이전과 사회복지서비스와 같이 주로 빈곤문제 해결과 관련된 국가정책으로서 설명하는 반면, 후자는 고용, 임금 그리고 거시경제 운용과 관련된 문제 전반에 대한 국가의 역할, 즉 정치경제학으로 접근한다는 것이다. 피어슨은 좀 다른 각도에서 협의와 광의의 복지국가 정의를 시도하였다. 협의의 복지국가는 "핵심적 복지서비스(의료, 교육, 주택, 소득보장 그리고 개별사회서비스 등)의 제공과 관련된 국가시책이다." 반면 광의의 복지국가는 "① 국가의 특정 형태, ② 정치체제의 두드러진 형태, ③ 사회의 특수 형태를 규정한다."

네 번째 유형은 계량적 정의와 질적 정의이다. 사회보장비가 국민총생산(GNP)에서 차지하는 비율을 복지국가의 기준으로 설정했던 윌렌스키의 연구(Wilensky, 1975)나 탈상품화 점수를 사용해서 복지국가를 분류했던 에스핑-안데르센의 연구는 계량적 정의의 대표적 사례이다. 질적 정의를 강조하는 학자로서는 마샬과 미쉬라를 손꼽을 수 있다. 마샬에 의하면 복지국가는 제2차 세계대전 후에 재구조화된 사회적, 정치적 신질서를 의미한다. 미쉬라는 복지국가의 두드러진 특징을 "완전고용의 목표와 정책을 내포하고 있다"는 점에서 찾고 있다(나직균 외, 2011: 158-159 재구성).

2) 복지국가의 가치

복지국가의 사회복지정책은 그 환경으로서의 정치·경제·사회·문화에 영향을 상당히 받아 왔으며, 그 당시의 가치와 신념체계, 이념에 의하여 정책의 방향이 좌우되어 왔다. 이러한 점에서 데이비드 질(David G. Gil)이 말한 "한 사회의 신념·가치·이데올로기와 이로부터 나오는 관습·전통 등이 사회복지정책결정에 중대한 영향을 끼친다"고 한 것은 의미 있는 것이다.

복지국가의 7가지 가치이념을 화니스와 틸튼(Furniss & Tilton)의 6가지 분류와 조지 프레드릭슨(George Frederickson)의 "사회적 형평성"을 첨가하여 일곱 가지로 분류하면 **표 14-1**과 같다.

| 표 14-1 | 복지국가의 가치이념

가치이념	설명
평등	평등(equality)이란 가치에 최대의 역점을 둠으로써 전통적인 자유주의형태의 사회체제와 구별할 수 있다. 평등이란 '모든 인간이 충분하고 만족스러운 삶을 영위할 수 있는 권리를 똑같이 지니고 있다는 신념'이며 이것이 바로 만인의 평등권으로서 실현된다는 점이다. 평등은 경제적 능률성의 수단일 수 있다. 평등과 능률성의 관계는 상호배반의 관계가 아니라 상호보완적인 목표-수단의 관계이다. 인적 자원을 낭비시켜 비능률적으로 되므로 낙후집단의 존재를 방치하는 것은 사회정의의 차원뿐만 아니라 경제적 능률의 성취에도 장애요인으로 작용한다. 권력으로부터의 억압을 감소시켜 주며, 빈곤한 계급에 대한 기회를 증대시켜 줌으로써 결국 자유의 증진을 이끌어낸다는 것이다.
자유	복지국가는 정치적·경제적 자원의 보다 평등한 분배를 통하여 외부환경의 압박, 계급적 핸디캡, 경제적 불안정 등으로부터 시민들이 보다 자유롭게 되기를 열망한다. 자유

가치이념	설명
	(freedom)의 문제는 결국 '누구를 위한 자유인가'라는 중요한 문제에 직면하게 된다. 광범위한 사람에 관련된 중요한 자유를 위하여 소수집단의 자유는 제한할 수 있다. 복지국가는 개인의 경제활동에 대한 사회적 간섭이 자유의 감소를 야기시킬 것이라는 자유주의자들의 주장을 인정하려 들지 않는다. 복지국가의 지지자들은 경제적 자유라는 자유주의적 개념을 지지하면서도 사회입법이 없을 경우 위와 같은 자유는 단지 소수의 사람만이 향유할 수 있게 된다고 믿는다.[119] 결국 노동자가 자유로운 생산활동을 누리고 경제적인 자립을 하고, 직장에서 적극적인 참여를 누릴 수 있기 위하여 국가는 노동자를 대신하여 시장경제에 개입해야 하며, 그것이 자의적인 고용주로부터 노동자를 해방시켜 주는 것이 된다는 것이다.
민주주의	복지국가는 보다 적극적인 참여 속에서 민주주의를 찾고자 한다. 민주주의(democracy)는 두 가지 단점을 갖고 있다. 첫째, 정책과정에 있어서 형식적으로 시민참여를 열어 놓고 있지만 실질적으로는 적절한 시민참여를 허용하지 않고 있으며, 둘째, 민주주의를 경제적 영역까지 확대하지 않고 정치적 영역에 국한시키려고 한다는 것이다. 복지국가론자들의 견해는 밀(J. S. Mill)의 가정에 근거하고 있다. 첫째, 모든 시민이 의사결정과정에 참여할 수 있어야 모든 개인의 이익이 보장받을 수 있으며, 둘째, 참여를 통하여 모든 시민은 자신의 이익을 보호하는 능력을 발전시키도록 훈련받으며, 셋째, 참여를 통하여 비로소 개인의 인격은 자신의 이익을 넘어서 전체적 복지에 대한 책임까지 자각할 수 있게끔 확장된다는 것 등이 그 전제이다. 민주주의에는 토론과 투표라는 전통적 민주주의의 권리 이외에 개인으로서의 주민들이 지방자치단체, 사회복지정책의 운영, 전문적 조직과 노동조합 등에 참여할 수 있는 기회까지 포함되어야 한다. 자유민주주의는 군주와의 투쟁에서 승리하였다. 그리고 사회민주주의자들은 이러한 민주적 가치를 경제적·사회적 생활까지 확대시키는 것을 목적으로 한다.
사회적 형평성	복지국가에 있어서 행정의 존재이유는 무엇인가. 여기에 대한 고전적인 대답은 행정서비스를 능률적이며 절약하여 전달하여 주는 것이라고 말할 수 있으며, 행정의 존재이유는 보다 나은 관리, 즉 능률적이고 절약적인 관리에 있었다. 그러나 새롭게 나타나는 다양한 문제들을 해결하기 위해서는 사회적 형평성(social equity)을 추가하지 않을 수 없다. 기존의 행정학이 대답하고자 하였던 것은 첫째, 능률성으로 '우리는 어떻게 하면 이용 가능한 자원을 가지고 보다 많고 좋은 서비스를 제공할 수 있는가'에 대한 것이며, 둘째, 절약으로 '우리는 어떻게 하면 지출은 적게 하면서도 서비스의 수준을 유지할 수 있는가'에 대한 것이었다. 여기에 추가된 사회적 형평성이란 '누구를 위한 능률이고, 누구를 위한 절약인가'라는 물음에 대한 대답이다. 사회적 형평성은 가치선호·조직선호·관리선호 등 포괄적인 가치이다. 우선 사회적 형평성은 정부서비스에 있어서 평등(equality)을 강조한다. 다음으로 공공관리자가 정책집행과 의사결정에 대한 책임(responsibility)을 강조한다. 또한 공공관리에 있어서의 변화(change)를 강조한다. 노동자와 사용자 간의 변화를 추구하는 것도 사회적 형평성이다. 사회적 형평성은 공공조직의 필요성보다는 시민의 필요성에 대한 대응성 및 응답성(responsiveness)을 강조한다. 끝으로 참여(participation)를 강조한다. 정치엘리트들에 의한 의사결정과 집행이 아니라 정책과정에 있어서의 일반주민의 참여를 강조하는 것이다. 결국 사회적 형평성은 시민을 공평하게 취급한다는 것으로부터 출발한다. 권력과 부를 소유한 일부분의 계층만을 위한 것이 아니라 정치적·경제적 자원을 갖지 못한 소수집단, 사회적 약자, 실업, 빈곤, 질병, 무지, 절망적 상태에 있는 사람들을 방치하지 않고, 그들에게 정치적인 힘과 경제적인 복지를 제공하여 주는 데 있다.
연대감	복지국가가 추구하는 새로운 사회민주주의의 사회는 자본주의적 탐욕과 교환관계를 동정과 동지애로 대치시키며, 경쟁적 분위기를 협동적 추진력으로 바꾸는 것을 목표로 한 사회여야 한다. 일상생활과 사회생활에 있어서 공동체적 책임의식을 고무시키는 '연대감(solidarity)'과 관련된다. 자유주의는 봉건질서에 대한 항의로 나타났고 토우니가 말하는

가치이념	설명
	'탐욕적사회'(acquisitive society)가 되었다. 현대사회는 이러한 탐욕적 개인주의의 경쟁, 사회적 낙오자에 대한 무시 등으로부터 벗어나서 이들을 치유하고 공동체적 책임의식을 고취하기 위하여 연대감의 형성이 절실히 요구된다.
보장성	보장성(security)은 복지국가구성원 간의 동지적 결속을 나타낼 뿐만 아니라 인간에 대한 독특한 견해를 반영한다. 인간은 사회적 존재라는 측면에서 예측할 수 없는 수많은 위험 앞에 놓이게 된다. 근본적으로 자본주의는 경제 불황과 노동자보호 등에 효과적으로 대처하지 못하는 측면이 있는 것도 사실이다. 사회보험과 공공서비스를 창안하여 인간은 결핍을 추방하고 불공정으로부터 장애를 받는 사람들을 구제하여 주고 노인과 장애인, 유족들을 보호할 수 있게 되었다. 복지국가는 다양한 사회보장 및 사회복지정책을 통하여 실업·도시빈민대책·문맹퇴치 등을 실시하여 오고 있다.
경제적 능률성	경제성장 없이는 사회보장 및 사회복지정책을 실행하기는 불가능하다. 복지국가는 그 자체가 목적으로서가 아니라 인간복지를 증진시키는 수단으로서 경제적 능률성(economic efficiency)을 높이 평가한다. 사회민주주의자들이 주장하는 경제적 능률성이란 시장경제의 자율성에서 나오는 자연스러운 결과와는 다르다. 일정하고 높은 수준의 총수요를 유지하고, 생산활동의 장애를 완화시키고, 비능률적인 독점을 제한하고, 공해와 같은 외부효과에 효과적으로 대처하지 못하는 시장경제의 무능력을 바로잡으려는 의식적인 공공적 노력이다.

표 14-1와 같이 복지국가의 가치이념으로는 평등·자유·민주주의·사회적 형평성·연대감·보장성·경제적 능률성 등을 제기하고 검토하였다. 이러한 모든 가치들은 서로 양립할 수 있는 것인가라는 문제를 제기할 수 있다. 하나의 사회가 위와 같은 모든 가치를 완전하게 만족시킨다는 것은 불가능하다고 생각된다. 그러나 전체적으로 7가지의 가치이념은 서로 양립할 가능성이 크고, 서로 갈등할 가능성은 오히려 적다고 볼 수 있다. 자유와 평등의 개념은 상호경쟁적이 아니라 상호보완적이며, 보장성은 개인적 자율성을 감소시키는 것이 아니라 자유로운 활동의 기초를 마련해 준다. 사회적 형평성은 평등과 자유와 민주주의와 보장성 등을 포괄하는 개념이며, 평등은 경제적 능률성을 증진시킬 수 있는 것이다.

119) 번스타인(E. Bernstein)은 모든 사회주의입법의 목적은 그것이 심지어 강제적 내용으로 외부에 드러날지라도 자유로운 인격의 발전과 보호에 있다고 주장한다.

03 복지국가의 발달 유형

19세기 이후 복지국가 발전사를 다룰 때 가장 중요한 것은 어떻게 개념화하는가이다.

> 일반적으로 복지국가의 발전은 다음의 네 가지 요소와 결부된다.
> ① 복지혜택의 종류(kind) 또는 포괄성(comprehensiveness or range)이다. 즉, 국민 개개인이 요람에서 무덤까지 생애의 전 과정에서 당면하는 다양한 삶의 위험에 대해 국가는 얼마나 많은 종류의 복지제도를 수립하여 이러한 삶의 위험을 집합적으로 보호하는가?
> ② 각각의 복지혜택의 적용범위(coverage)는 어느 정도인가?
> ③ 각각의 복지혜택은 어느 정도의 수준으로 제공되는가? 그 혜택은 소득이 중단되더라도 기본적 삶을 유지할 수 있을 정도로 적절한가(adequacy or generosity)?
> ④ 전체 복지혜택의 결과가 가져오는 재분배효과(redistributive effect)는 어느 정도인가?

이에 의하면 복지국가 발전의 수준이 높은 경우는 많은 종류의 복지제도를 수립하여 많은 종류의 삶의 위험을 포괄적으로 보호하고, 가능한 한 많은 사람을 그 대상으로 하며, 소득중단 상황이 초래되더라도 취업상태에서의 생활에 근접하는 정도(혹은 그것을 대체할 수 있을 정도)의 적절한 혜택을 제공하고, 여기에 재분배효과가 큰 복지혜택을 제공하는 경우이다.

복지국가의 기원, 발전, 쇠퇴 등의 흥망성쇠를 보다 체계적으로 알기 위해 먼저 국가의 발전과정과 성장 배경을 이해할 필요가 있다. 웨버(Weber)의 개념 규정에 따르면 국가란 '독점적 강압력, 통일적 권위, 제반 법률적·행정적 장치를 기초로 일정한 영토와 그 영토 내의 주민을 배타적으로 지배하는 정치적 조직 또는 공동체'이다. 이는 국가 존립의 '대내적 차원–영토 내에서 국가를 대체하는 어떤 다른 지배 조직도 허용하지 않는 전일적 통치 조직의 의미'와 '대외적 차원–국가가 특정 영토와 주민을 지배함에 있어 다른 국가나 지배조직의 간섭과 개입을 허용하지 않는 주권적 통치조직의 의미'를 뜻한다(Hall & Ikenberry). 이러한 국가의 발전과정을 틸리(Tilly, 1990)는 두 가지 기준을 적용하여 4단계의 국가유형으로 제시했다(김교환, 2002: 15-28).

- 국가가 사회에 대해 법과 질서유지라는 기본적 기능만 제시하는가, 아니면 경제발전이나 시민의 복지 제공 등과 같은 실체적 기능도 수행하는가?
- 국가 권력의 구성과 행사가 소수의 지배집단에 의해 독점되고 있는가, 아니면 국가의 구성원 전체에게 개방되어 있는가?

| 표 14-2 | 국가의 유형과 변화

비 고		국가권력의 구성과 행사	
		폐쇄적/권위적	개방적/대중참여적
국가기능	기본적 기능	1. 정복·약탈국가	3. 민주국가
	실제적 기능	2. 발전국가	4. 복지국가

출처: 나직균 외(2011). p. 165.

1) 정복·약탈국가

초기의 원형적 국가는 간접 통치를 통한 연합체적 국가나 봉건국가였으며, 17~18세기 들어서야 강제력을 가지고 타 집단을 지배하는 데 전문화된 정치, 군사 집단이 영토내의 경쟁세력을 무력으로 정복하여 주민의 직접 통치를 실시하는 절대주의적 국민국가로 발전하게 되었다. 이러한 국가는 또한 국가 자신의 생산활동을 통해 부를 창출하지 못하고 영토 내의 사회구성원들에게 폭력을 사용하거나, 외부로부터 침략 세력의 위협을 이용하여 갈취하는 '갈취적 국가'이기도 했다. 정복·약탈국가(conquering · predatory state)라 할지라도 기본적인 질서유지와 보호서비스를 제공한다. 국가가 지배집단을 위해 국가존립을 위협하는 내부의 저항을 무력화시키고, 사회성원을 사적 약탈과 사적 폭력으로부터 보호하여 직접적으로 통제, 관리하기 위해서이다.

2) 발전국가

강압적으로 독점하고 영토와 주민에 대한 직접적 통치를 완성한 절대주의 국민국가는 곧 다음과 같은 제약을 받게 되었다. ① 국가 간 전쟁이나 치열한 생존경쟁에 의해 조성된 외부조약, ② 정복과 약탈이 수준 이상인 경우 이에 대한 각종 저항, ③ 더 나은 보호와 지원을 제공하는 다른 국가로 사회성원들이 이탈가능성 등이다. 이런 상황에서 정복·약탈국가는 피지배자의 복종을 전제로 생산활동을 보호하고 장려하는 전략을 선택할 수 있다. 이는 국가의 재정수입을 극대화하고 약탈에 대한 저항을 감소시키는 효과를 가져온다. 이러한 국가를 '발전국가' 또는 '서비스국가'로 부를 수 있다. 실제로 서구의 발전국가(developmental state)는 재산권보장과 사회간접자본의 확충을 통해 자본주의적 산업화를 촉진하여 놀라운 경제성장을 달성하였다. 그러나 이 과정에서 강압 수단을 소유한 정치 집단과 생산 수단을 소유한 자본가 계급 사이의 폐쇄적 지배연합이 형성되어 정치경제적 지배구조는 국가–귀족–지주계급의 연합에서 점차 국가–자본가 계급의 지배 연합으로 이행되었다.

3) 민주국가

앞에서와 같은 국가의 발전과정은 지배계급에게 예기치 않은 결과를 초래했다. 사회구성원들의 정치 참여와 선거에 의해 국가 권력이 새로이 형성되고, 자의적인 국가 권력의 행사가 아닌 사법부와 의회 등을 통한 공공의 통제를 받는 '민주국가'가 탄생한 것이다. 그러나 최초의 민주국가(democratic state)는 재산과 교육의 정도에 따라 노동 계급과 농민 등의 국민 대다수의 참정권을 제약하여 사회경제적 불평등을 정치적으로 강화시킨 형태를 띠어 '부르주아만의 민주주의'에 불과했다. 이는 오랜 기간 민주국가의 성장을 통해 일반 국민들이 강력한 저항력을 발휘하여 획득한 선거권의 확대를 통해 종국적으로 '전 국민적 민주주의'로 발전했고 개방적 민주국가를 수립할 수 있었다.

국가기능과 관련한 민주국가의 중요한 특징은 국가 권력의 구성과 행사에 따른 '공적 영역'에서는 민주주의의 원리가 적용되고, 시장을 통해 경제활동이 영위되는 '사적 영역'에서는 자유주의의 원리가 적용된다는 점이다. 이처럼 이데올로기와 현실이 모두 국가의 시장개입을 거부하는 상황에서 국가의 주요 기능은 법과 질서의 유지기능과 국내외 시장에서의 자본계급에 대한 보호기능이었으며, 이러한 국가가 19세기부터 20세기 초까지의 자유 민주주의 국가의 고전적 형태이다.

4) 복지국가

나라마다 많은 차이가 있지만 자본주의적 경제발전이 상당한 정도로 진척되고 정치 민주화가 이루어진 경우 거의 대부분의 나라들이 복지국가로 전환하였고, 민주국가가 복지국가(welfare state)로 전환하는 역사적 경향[120]으로 보아 민주주의는 복지국가 발전의 중요한 구조적 요소임을 알 수 있다. 마샬(Marshall)의 '시민권’ 개념은 이를 잘 설명해준다. 시민권은 18세기 재산권에서 시작하여 계약의 자유, 신체의 자유, 종교의 자유, 사상과 표현의 자유, 집회 및 결사의 자유에 이르는 ‘자유권’으로부터 19세기 말 선거권과 참정권에 이르는 ‘정치권’을 거쳐 20세기 이르러서는 국가로부터 최소한의 생계를 보장받을 수 있는 권리를 핵심으로 하는 ‘사회권’으로 점차 확대되었다고 한다. 자유권에서 사회권으로 이르러 복지국가가 수립되는 이 과정에서 중요한 점은 이것이 일련의 조화로운 타협의 과정이 아니라 국가와 사회 또는 사회계급 간의 치열한 갈등에 의해 촉진되고, 노동계급을 비롯한 민중부문의 저항에 따라 국가와 경제적 지배계급이 시도한 억제와 포섭의 일환이었다는 점이다. 오랫동안 정치경제적 지배구조에서 소외되어왔던 노동계급과 민중부문은 민주국가의 공적 영역에서 운용된 민주주의 원리를 사적 영역에서의 민주화, 즉 자본주의적 시장경제에서의 민주화로 확대시켜 갔으며 ‘사회권’의 확대라는 국가의 기능적 전환을 촉구하여 최종적으로 복지국가가 탄생하게 되었다.

자본주의와 민주주의의 결합으로 시작된 복지국가로의 전환은 매우 빠른 속도로 진행되어 과거 특정한 빈민층만을 대상으로 실시되었던 최소한의 ‘잔여적, 선별적 국가복지’는 모든 국민을 대상으로 한 최대한의 ‘제도적, 보편적 국가복지’로 발전하게 되었으며, 이로써 개인의 삶과 안전, 복지가 국가의 개입에 의해 광범위하게 보장받을 수 있게 되었다. 이는 복지국가의 등장이 지배기구로서의 국가의 존재양식 또는 정당화 방식에 근본적이고 질적인 변화를 초래하였음을 의미한다. 이 경우 국가에 의해 제공되는 복지 혜택이 ‘국가의 시혜’가 아니라 ‘국가에 대한 국민의 권리’라는 점이 중요하다. 복지국가는 국민들로부터 각종 자원을 추출하고 여러 가지 의무를 부과하며, 그에 상응하여 국민의 권리이자 국가의 의무인 복지를 보장하는 상호 교환방식에 의해 그 존립이 정당화될 수 있는 것이다.

---

120) 이러한 역사적 경향의 원인은 첫째, 민주주의가 자본주의 경제체제의 주요 계급이며 오랜 세월 억압당해왔던 노동계급에 노동3권을 부여하면서 노동계급이 자본주의적 생산과정에 합법적으로 영향을 미칠 수 있게 되었다. 둘째, 노동계급의 이익을 대변하는 혁신정당이 민주적 제도와 절차를 통해 합법적으로 국가 권력을 장악하여 자본계급의 이익에 반하는 개혁 정책을 시도할 수 있게 되었기 때문이다. 이 두 가지 요인은 민주국가와 자본주의 경제 체제의 피할 수 없는 구조적 갈등을 가져왔으며 이러한 갈등 해소를 위한 방안으로 국가가 국민들에게 삶의 안전과 평등을 촉진하는 복지를 제공하면서 복지국가가 발전하게 되었다고 볼 수 있다.

① 복지국가 VS 적극적 국가

복지국가를 논하는 경우 복지제도의 유무를 기준으로 복지국가를 논할 수 없다. 정도의 차이만 있지 거의 모든 나라들이 복지제도를 실시하고 있기 때문이다. 하지만 복지국가가 아니면서도 복지제도를 실시하고 있는 모든 나라는 야경국가와 구별하는 의미에서 '적극적 국가(positive state)'라고 할 수 있다.

② 복지국가 VS 복지사회

복지국가는 국가에 의해 형성되고 유지되는 복지사회, 즉 사회성원의 복지가 기본적으로 국가에 의해 제공되고, 국가 복지를 통해 기본적인 삶이 영위되는 경우를 의미한다. 따라서 복지국가는 반드시 복지사회이지만 역으로 복지사회가 반드시 복지국가인 것은 아니다. 국가가 개입하지 않고도 시민사회 내에서 개별 사회구성원의 복지가 이루어질 때 복지사회라 불릴 수 있다. 고전 경제학파의 복지론에서 아담 스미스(Adam Smith) 등이 주장하였다. 그러나 현실적으로 국가 개입 없는 복지사회는 유토피아에 불과하다는 것이 역사에 의해 입증되었다.

이 문제는 복지국가의 유형화를 시도하는 많은 학자들에 의해 집중적으로 규명되고 있는데 요약하면 다음과 같다(김태성 외, 2009: 45-56).

미쉬라(Mishra)는 첫째, 다원적 또는 분화된 복지국가로서 사회복지와 경제의 대립·복지정책이 다양한 이익 집단들의 이익 추구 과정에서 이루어져 단편화되는 경향이 있다고 본다. 경제에 악영향을 미치는 사회복지가 제한되고 잔여적 역할을 감당하며 미국과 영국 등이 해당된다. 둘째, 조합주의 또는 통합된 복지국가로서 사회복지와 경제는 상호의존적이며 밀접한 관계이다. 경제 집단과 계급 간의 상호 협력하에 집단적 책임을 강조한다. 완전고용정책과 사회복지정책이 시장을 유지하는 기능도 한다. 스웨덴과 오스트리아 등이 해당된다.

존스(Jones)는 첫째, 복지자본주의로서 성취나 업적과 관련한 사회복지 강조 또는 기회나 평등을 목표로 한다. 즉, 자본주의체계의 강화가 사회복지의 목표로서 가능하다고 본다. 독일과 미국 등이 해당된다. 둘째, 복지자본주의로써 개인의 복지에 우선순위를 두며 보편적으로 제공되고 평등을 추구한다. 시장의 논리를 벗어나려고 하는 스웨덴과 영국 등이 이에 해당된다.

터번(Therborn)은 첫째, 노동자를 위한 복지와 사회복지의 법적 명문화를 주장하는 프롤레타리아 복지국가, 둘째, 자본주의 체제 유지에 도움이 되는 프로그램을 강조하는 부르주아 복지국가로 구분한다.

앤더슨(Esping-Andersen)은 첫째, 자유주의적 복지국가, 둘째, 조합주의적 복지국가, 셋째, 사회민주주의적 복지국가로 구분한다. 자유주의적 복지국가는 소득조사에 의한 공적부조를 강조하며 사회복지 확대가 전통적인 노동윤리에 의해 제약받는다고 본다. 소수의 빈곤한 복지수혜자와 시장에 참여하지만 실적에 따른 복지 수혜를 받는 이들로 이중구도의 사회계층체제가 발생한다. 미국, 캐나다, 오스트레일리아 등이 이에 해당된다. 조합주의적(coporatist) 복지국가는 국가가 주된 사회복지 제공자이며, 국가에 의한 사회적 지위의 차이를 유지한다고 본다. 다만 탈상품화 효과에 한계가 있다는 문제점이 있다. 영국, 오스트리아, 프랑스, 독일, 이탈리아 등이 이에 해당된다. 사회민주주의적 복지국가는 탈상품화 효과가 커 중간층에게까지 복지 혜택이 확대되고, 가능한 최소한의 생활보장수준을 넘어 최대 수준에서 평등을 추구한다고 본다. 시장의 복지기능이 약화되고 가족생활비가 사회화된다. 국가가 아동과 노인에 대한 일차적 책임이 있는 경우로 스웨덴과 스칸디나비아 국가들이 이에 해당된다.

퍼니스(Furniss)와 틸튼(Tilton)은 첫째, 적극적 국가, 둘째, 사회보장국가, 셋째, 사회복지국가로 구분한다. 적극적 국가는 자본가를 보호하고 복지정책의 방향을 정부와 시장 간의 협력에 둔다고 본다. 사회보험이 강조되고 사회 통제적 기능이 강한 복지체계를 강화하는 미국 등이 포함된다. 사회보장국가는 국민의 최저생활보장이 목표이다. 기회의 평등을 강조하며 사회보장에 앞서 개인의 노력과 책임을 다할 것을 강조하는 영국 등이 해당된다. 사회복지국가는 정부와 노동조합의 협력이 중요하다고 본다. 노조가 정부의 임금과 고용정책에 깊게 관여하며, 전반적인 삶의 질에 있어 평등을 추구하고 정부의 일반예산에 의한 복지서비스를 제공한다. 정책결정의 힘을 피고용자와 일반 시민이 갖게 되는 스웨덴 등이 해당된다.

04 복지국가와 이데올로기

빅 조지와 폴 윌딩(Vic George & Paul Wilding)의 저서 『이데올로기와 사회복지』에서는 정치적 스펙트럼모형을 제시하고 있다. 가장 오른쪽에는 반집합주의(anti-collectivism)의 사상을 갖는 보수주의자들이 자리잡고 있다. 19세기경 영국을 지배한 이데올로기를 숭상하는 자들이며, 오늘날에는 신보수주의자 입장으로 새롭게 출현하였다. 이들과 대립적인 위치인 가장 왼쪽에는 마르크스주의자

(Marxist)들이 존재한다. 이러한 반집합주의자들과 마르크스주의자들의 중간에는 비교적 보수적인 시각의 소극적 집합주의자들과 단계적인 개혁을 추진하는 페이비언사회주의자들이 존재한다. 네 가지 이데올로기를 중심으로 복지국가이론이 각각 어떻게 정립하여 왔는가를 검토하고자 한다.

1) 사회이론과 국가론

오늘날 선진자본주의국가는 복지국가로도 부를 수 있는바, 우리는 복지국가에서 생활하고 있다. 현대사회에 있어서 사회복지의 대상은 생활상의 문제 등을 포괄하는 사회문제로 언급할 수 있다.

사회를 보는 시각은 **표 14-3**과 같이 크게 질서이론과 갈등이론으로 구분할 수 있으며, 갈등이론은 사회갈등이론과 계급이론으로 세분화할 수 있다.

| 표 14-3 | 사회이론과 국가이론의 연계성

사회에 관한 이론		사회문제에 관한 이론	국가에 관한 이론
질서이론 (Talcott Parsons)		개인적 이론 (R.A. Nisbet and R. K. Merton)	다원주의이론 (Robert A. Dahl)
갈등이론	사회갈등이론 (Max Weber)	제도적 이론 (Weberianism)	엘리트이론 (Barach and Baratz)
	계급이론 (Karl Marx)	구조적 이론 (Marxism)	계급이론 (Karl Marx)

출처: 나직균 외(2011). p. 165.

(1) 사회이론

① 질서이론

질서이론은 사회학에서 파슨스(Talcott Parsons)의 이론을 중심으로 한 기능주의 이론으로 알려져 있다. 사회의 모든 구성부분은 전체로서의 사회가 잘 운영되도록 하는 특정한 기능을 가진 것으로 간주하기 때문에 사회의 어느 한 부분이 다른 부분과 조화롭지 못하게 되면 바로 그 부분을 재통합하거나 또는 그와 연관이 있는 다른 부분들을 재배열하려는 압력이 나타나게 되며, 그에 따라 질서와 안정을 찾게 된다고 본다. 질서이론은 변화를 고려하기도 하지만, 변화는 사회에서 일어나는 역기능(dysfunction)이나 기술의 변화 또는 사회외부로부터의 압력에 의하여 발생되는 이상상태로 간주되기 때문에 여기의 변화란 안정과 질서로 다시 회복되어져야 한다는 것이다.

질서이론의 문제점으로는 첫째, 사회적 합의를 강조하고 사회의 갈등을 무시하여 보수성을 지님으로써 기존 질서를 정당화하여 준다. 둘째, 선진상업사회에서 끊임없이 나타나는 노사갈등이나 인종갈등 등과 같은 현상을 잘 설명하지 못한다는 것이다.

② 사회갈등주의

갈등이론에는 사회갈등이론의 베버주의(Weberianism)와 계급갈등이론의 마르크스주의(Marxism)가 있다. 베버주의학파는 산업사회의 갈등은 자연스럽고 당연한 것이지만 여러 가지 과정을 통하여 정치적 안정이 지속되는데, 그것은 복종자들이 스스로 자신의 복종이 정당하다고 믿는 신념을 갖기 때문이라는 것이다.

계급갈등주의인 마르크스주의의 이론은 계급 간 갈등을 중요시하며 사회의 지배적인 가치는 모든 사람에게 이익을 주는 것이 아니라 지배집단의 이익에 봉사하는 것인데, 그것이 국민적 가치로 변형되어서 노동자계급도 그것을 받아들이게 된다고 보아서 자본가계급의 노동자계급에 대한 착취수단으로 사회적 합의를 악용한다고 본다.

(2) 국가론

국가를 바라보는 이론에는 크게 다원주의이론, 엘리트이론, 마르크스주의적 이론 등을 들 수 있다. 첫째, 다원주의(pluralism)이론은 정치적 권력이 개인과 이익집단, 정부에 의하여 공유되고 있다고 주장한다. 국가는 집단들 간에 존재하는 갈등을 중재하는 공평한 중재자의 역할을 하게 된다. 국가는 잘 합의된 정책을 모든 집단을 위하여 집행하는 단순한 도구적 존재로서 역할을 하게 된다고 본다. 둘째, 엘리트이론은 다수가 통치한다는 고전적 민주주의원칙을 비판하고 국가뿐 아니라 어떠한 인간사회도 모두 소수지배의 원칙에 의하여 운영된다고 주장한다. 이러한 소수지배의 계층을 학자에 따라 통치엘리트(the governing elite)·지배계급(the ruling class)과 두제(oligarchy) 권력, 엘리트(power elite) 등으로 달리 부르고 있다.[121] 셋째, 마르크스주의는 갈등의 구조적 원천을 생산관계에서 찾는다. 노동

121) 엘리트이론가로서 파레토는 지배계층을 통치엘리트라고 불렀으며, 모스타는 지배계급이라 하고, 이 지배계급을 극소수의 상층지배계급과 하위엘리트로 구별하였다. 이러한 파레토와

자계급과 자본가계급은 생산체계에서 차지하는 상이한 위치 때문에 권력의 소유가 달라진다고 본다. 마르크스주의자들은 국가를 자본가계급의 단순한 도구로 보면서 강력한 노동자계급의 지지가 있게 되면 자본가계급을 타도하고 노동자계급을 위한 급진적인 정책을 실행할 수 있다고 생각한다.

2) 복지국가와 이데올로기

복지제도를 확립하고 발전시켜 온 이론적 근거를 제공하였던 이데올로기는 소극적 집합주의자들과 페이비언사회주의자들이었다. 페이비언사회주의는 마르크스주의의 정통적인 혁명노선을 비판하면서 사회주의의 목표를 추구하기 위하여 의회민주주의를 통한 점진적인 사회개혁을 추구하여 가고자 하였다. 소극적 집합주의(비사회주의적 복지집합주의)는 자유주의적 개혁가들로부터 시작되어 1930년대와 1940년대의 케인즈와 베버리지처럼 자본주의의 유지, 자유기업, 개인의 자유 등을 신봉하지만, 자본주의는 자기 규제적이지 못하다는 확신을 갖고 있어서 국가의 적절한 개입을 통하여 자본주의의 잘못된 모습이 고쳐질 수 있다고 보았다. 셋째, 반집합주의는 역사적으로 세 가지로 구분된다. 고전적 자유주의(아담스미스)는 19세기의 아담스미스의 고전적 자유주의로서, 시장경제가 사회질서의 열쇠이고 시장을 통하여 인간의 필요와 욕구가 충족될 수 있다고 보아서 국가의 개입을 최소화해야 한다고 보았다. 신자유주의는 하이에크나 프리드만 등으로 '신자유주의자'들로 불리는 현대의 자유주의철학자들이다.

(1) 반집합주의

반집합주의자(anti-collectivism)들의 가장 근본적인 사회적 가치는 자유(freedom)와 개인주의(individualism), 불평등(inequality)이다. 자유란 소극적인 상태(negative state), 강제가 없는 상태로써 자유는 사회에서 강제가 최소화할 때 극대화된다고 본다. 반집합주의자들에게 있어서 개인주의는 자유를 보완하는 것으로, 대규모 국가개입이나 강제를 불필요하고 불가능하게 만들어 준다. 현재 정부가 맡고 있는 대부분의 일은 개인이 맡는 것이 보다 바람직하다고 한다. 공민권, 기회의 평등에

모스카는 모두 하위계층과 엘리트 내부에 의한 엘리트순환론을 제시하였다. 또한 미헬스는 지배계층을 "과두제의 철칙"으로 설명하였으며, 밀스와 헌터는 미헬스의 영향을 받아 권력엘리트를 제시하였다.

대해 받아들이면서 결과의 평등을 확대하거나 보장하려는 시도는 반대한다.

반집합주의자들의 정부행위 불신이유로는 첫째, 정부의 행위는 자유를 위협한다. 프리드만은 "정부의 모든 개입행위는 직접적으로 개인적 자유의 영역을 제한하며, 간접적으로는 자유의 보존을 위협한다"고 하였다. 둘째, 정부의 행위는 비효율적이며, 바람직한 목표를 성취하기 어렵다. 정부의 활동 영역은 자발적인 질서가 효율적으로 기능할 수 있도록 필요한 틀을 제공하는 영역이며, 자발적인 교환이 지나치게 비용이 많이 들거나 현실적으로 불가능한 영역들로서 독점 또는 그와 유사한 시장불완전성의 영역, 외부효과가 발생하는 것으로 본다. 셋째, 정부의 활동영역은 가부장적인 역할로써 자신의 삶을 스스로 책임질 수 있는 능력이 없다고 사회가 인정한 사람들에게는 정부가 가부장적인 역할 공적부조를 수행해야 한다고 주장한다.

반집합주의의 복지국가에 대한 태도가 부정적인 이유로는 이들은 정부성장을 비판하며, 정부성장에 따른 복지국가는 자유에 대한 위험을 내포하고 있으며, 가족과 가족의 책임을 손상시킨다고 주장한다. 공적급여는 의존성과 도덕적 타락, 무책임성을 조장하고 창의력과 자존심, 우리 사회에서 바람직한 자선과 박애 등의 미덕을 약화시킨다고 본다.

반집합주의의 국가구제의 책임은 빈곤을 구제할 책임이 국가에게 있다는 것에는 동의하지만, 빈곤구제의 책임을 수행하는 데까지가 국가가 해야 할 일이라는 것이다. 질병과 노령, 실업 등에 대하여 소득보장을 목표로 하는 공적인 계획은 빈곤구제라는 책임한계를 벗어나는 것이라고 주장한다. 욕구에 관계없이 모든 사람에게 주어지는 수당제도, 사회적 형평성에 근거한 재분배를 목표로 한 급여제도도 국가책임의 지나친 확대라는 것이다. 반집합주의자들은 복지국가의 보험원리는 사기극이며, 뒷문으로 사회주의를 도입하기 위하여 사용되는 도구라고 비난한다.

(2) 소극적 집합주의자

소극적 집합주의자(reluctant collectivists)들은 정부에 의하여 관리되는 경제가 필요하며, 그것이 좋은 결과를 가져올 것이라고 본다. 소극적 집합주의자들의 사회적 가치는 실용주의(pragmatism)와 인간주의(humanism)에 있다. 실용주의는 자본주의가 가장 좋은 경제체제라고 믿지만, 자본주의가 효율적이고 공정하게 기능하기 위해서는 사려 깊은 규제와 통제가 필요하다고 생각한다. 그리고 자본주의의 결점이 심각하지만, 교정될 수 있다고 보며 자본주의경제체제가 실제로 어떻게 운영되고 있는가를 연구하는 데서 출발한다. 케인즈(J. M. Keynes)는 실업을 참을 수 없는 악이라고 보고, 실업을 불가피하다고 생각하는 것이 아니라 실업에 대한 해결책을 제시하였다. 베버리지(W. Beveridge)는 완전 고용을 달성할 수 있는 가장 좋은 방법은 "여러 가지 방법들을 선택적으로 결합하는 것"이라고 주장하면서 일반적 통제를 필요로 하며 공적 독점 요소를, 다른 분야에서는 사적인 기업활동에 대한 공적인 통제를, 또 다른 분야에서는 일반적인 통제를 받지 않는 사적 기업활동을 필요로 할 것이라고 실용성을 강조하였다. 또 하나의 사회적 가치는 인간주의이다. 케인즈·베버리지·갈브레이드(J. K. Galbraith) 등에게 자본주의의 문제점을 연구하도록 이끌었던 것은 실용주의에 앞서서 자본주의가 인간에게 갖는 의미가 무엇인가에 대한 관심이었다.

케인즈는 전형적인 보수주의자의 특징을 갖고 있긴 하였지만, 사회악에 대하여 관심이 있었고 고통에 민감하였으므로 전통적인 경제이론을 의문시하였다. 베버리지는 철저한 인간주의자이어서 완전 고용이란 일자리를 필요로 하는 사람이 필요로 하는 일자리가 항상 더 많음을 의미하고, 노동시장이 구매자의 시장이 아니라 판매자의 시장이 되어야 함을 의미하는 것이라고 말한다. 노동력을 구매하는 데 어려움을 겪는 구매자는 불편함과 다소간의 이윤 감소로 고통을 받게 될 뿐이지만, 자신의 노동력을 판매할 시장을 발견치 못한 판매자는 그에게 있어서는 분노나 손실을 넘어서서 일종의 재앙과 같다고 주장하였다. 이 외에도 소극적 집합주의자들이 추구하는 사회적 가치에는 자유, 평등과 불평등이 있다.

소극적 집합주의에서 정부의 역할은 사회의 모든 구성원들의 이익에 관심을 가지고, 그것을 증진시키기 위하여 독립적인 실체로서 기능하는 것을 의미한다. 정부는 완전 고용을 유지할 수 있는 총수요수준을 보장하기 위해 경제를 관리할 능력과 의무를 가지고 있다고 본다. 케인즈는 개인의 창의성을 성공적으로 발휘하게 해주는 것이 된다고 정부활동을 옹호하였다. 한편 소극적 집합주의자들은 복지국가를 시장의 실패를 보충하는 수단으로 본다. 이들은 복지의 '혼합경제'(mixed economy)를 강조하며, 복지제도도 국가뿐만 아니라 공동체와 가족 등의 비공식부문, 자원봉사부문, 시장에 의하여 제공되는 부문 등이 실용적으로 균형을 이루는 것으로 본다. 즉, 분권화와 참여가 강조되며, 비공식부문과 자원봉사부문의 역할이 강조된다.

소극적 집합주의에서 복지국가에 대한 견해는 베버리지의 견해를 들 수 있다. 그는 복지국가에 대한 추구를 '국민 최저생활수준'(national minimum)의 달성에 두었고 국민최저생활수준을 달성하기 위한 주요 정책으로 사회보험을 제안하였다. 베버리지의 주장은 민간의 자발적인 요소가 가장 중요하다는 것이다. 또한 기여 방식의 보험제도를 택한 것이야말로 자산조사에 의하지 않고 권리로서 급여를 제공할 수 있는 유일한 방식이라고 생각하였다. 베버리지는 정부가 사회복지에 대하여 종합적인 접근을 취할 것을 주장하며 국민보건서비스, 가족수당계획, 완전고용정책 등이 포함된 사회보험종합계획인 베버리지 보고서를 제출하였던 것이다.

(3) 사회민주주의

사회민주주의(social democracy)는 각국의 역사적인 경험과 정치여건에 따라서 다양한 형태로 나타났다. 사회민주주의와 복지국가를 연계하기 위해서는 약간의 유형화가 필요하다. 사회민주주의는 마르크스주의의 정통적인 혁명노선을 비판하고 계급혁명을 통한 사회개혁이 아니라 의회민주주의를 통한 점진적인 개혁을 추구한다. 이러한 사회민주주의에는 우파사회민주주의와 좌파사회민주주의, 영국의 페이비언사회주의를 들 수 있다.

첫째, 우파사회민주주의는 소극적 집합주의자들과 같은 노선을 걷는다.

둘째, 좌파사회민주주의는 계급 간에 타협을 통하여 사회민주주의의 정당이 집권을 성취하는 경우이다. 생산 영역에서의 자본주의적 계급질서를 분배 영역을 포함한 모든 차원의 불평등의 근원으로 간주하여 경제적 권력과 정치적 권력의 분리를 핵심으로 한다. 경제적 권력을 갖고 있는 자본가계급과 정치적 권력에서 조직화된 다수의 힘을 발휘할 수 있는 노동자계급 간의 대타협의 산물이라고 하겠다. 좌파사회민주주의는 노동자계급의 정치적 권력화이며 사회주의로의 첫걸음이다.

셋째, 페이비언사회주의(the Fabian Socialism)는 소극적 집합주의와 마르크스주의적 사이의 모호한 중간 영역에 위치설정할 수 있다. 민주주의를 전적으로 옹호하여 사회복지서비스를 적극적으로 도입한다. 이러한 페이비언사회주의의 사회적 가치는 평등·자유·우애이며, 평등과 자유로부터 파생된 민주적 참여라는 가치와 평등과 우애로부터 파생된 인본주의라는 가치를 강조한다. 또한 불평등의 감소를 사회통합(social integration)과 사회조화(social harmony)의 필요조건으로 보았다. 즉, 불평등의 감소는 사회적 소속감을 증진시킬 것이며, 증진된 사회적 소속감은 사회질서의 급격한 붕괴를 막아 준다는 것이다. 그리고 정치적 자유가 실질적인 의미를 가지기 위해서는 경제적 자유에 의하여 보완되어야 한다고 주장한다. 인간들은 최소한의 생활수준을 누릴 수 있어야 하고, 사회의 곤궁은 제거되어야 한다는 점을 중시한다. 아울러 전통적인 사회복지의 목적을 위하여 국가의 부를 투입하는 것을 대단히 중요하게 생각한다. 정부의 역할은 시장체계의 해악을 해결하는 일이다. 권력집중을 수정하고 권력을 보다 많은 대중에게로 확산시키기 위해서는 정부의 행동이 필요하다고 생각한다. 중요한 것은 민주적인 의회과정이 계획을 통제함으로써 정부와 관료들의 권력이 항상 대중들에게 책임성을 실현할 수 있도록 해야 한다는 것이다.

생산수단과 분배수단의 국유화에 대하여 없어서는 안 될 필수적인 조치라는 점을 인정하지만, 국유화의 문제는 페이비언사회주의자들을 수정주의자와 근본주의자로 분리시켰다. 근본주의자들은 사회주의를 위해서는 공적 소유를 전체적으로 확산시켜야 한다고 보는 반면에, 수정주의자들은 제한적으로만 실시해도 복지자본주의는 길들여지고 통제될 수 있다고 생각한다.

복지국가에 대한 페이비언사회주의자들의 태도는 크로스랜드가 말하는 사회지출의 네 가지 기능을 통하여 볼 수 있다.

첫째, 사회적 곤궁과 고통을 경감시키고 사회적 결핍을 수정하는 것이다. 둘째, 사회사업적 개입을 통해 개인의 역기능을 수정하는 것이다. 셋째, 효율성을 증가시키고 낭비를 감소하는 것이다. 넷째, 사회적 결합을 향상시키고 사회적 이동을 촉진하는 것이다.

페이비언사회주의자들은 보편적인 사회서비스급여를 찬성하여 왔다. 복지국가를 지지하면서도 몇 가지 그 한계와 위험을 제기한다. 첫째, 복지국가는 정의와 예방에 관한 것이 아니라 불의와 치료에 관한 것이며, 둘째, 복지국가는 결과의 평등이 아니라 기회의 평등을 추구하며 셋째, 복지국가는 불평등보다는 빈곤에 관련되고 있으며, 끝으로 복지국가의 행정구조는 민주적이고 참여적이기보다는 부패하기 쉽고 권위적이라는 것이다. 즉, 복지국가를 사회주의적 목적 중 일부만을 제한적으로 달성된 것으로 보면서도 복지국가는 여전히 불안정한 타협물이자 사회주의를 향한 잠재적인 도약판으로 간주하고 있는 것이다.

(4) 마르크스주의자

마르크스와 엥겔스는 사회적 가치를 사회를 지배하고 있는 경제적 조건의 결과로 간주하였으며, 사회에서 가치가 변화하게 되는 것은 생산수단과 분배수단에 대한 사회적 소유의 결과로서 나타나게 된다고 생각하였다. 사회주의 체제의 지배적 이데올로기는 모든 사람들의 이익에 공평하게 봉사할 사회주의적인 생산 및 분배형식을 방영하게 되리라고 보았다. 사회주의 단계의 원리란 "각자 능력에 따라 일하고 니드(need)에 따라 분배받는다"라는 원리로 변화한다는 것이다.

마르크스주의자(Marxist)들의 경제 전략은 두 가지 프로그램으로 구성되어 있다. 생산 및 분배수단의 국유화와 효과적인 산업민주주의이다. 생산수단의 사적 소유는 분명히 자본가계급의 손에 경제력을 집중시키게 된다. 이것은 정치적 권력도 자본가들의 손에 집중됨을 의미한다. 스트래치(J. Strachey)가 지적한 바와 같이 "정치적 권력과 경제적 권력은 궁극적으로 분리할 수 없는 권력 전체의 두 가지의 측면에 불과하기 때문"이다. 그리고 사적기업을 국유화해야 한다는 경제적 주장은 정치적 주장만큼이나 강력한 것이다.

마르크스주의자들은 복지국가의 사회서비스에 대하여 인간의 니드(need)를 무시하고, 사회경제체제에서 기인하는 문제를 단순하게 구급적 시각에서 접근하는 것을 비난한다. 자본주의체제에서는 진정한 의미의 예방적 사회서비스가 불가능하다고 본다. 따라서 사회주의적 사회서비스는 첫째, 니드(need)의 충족에 중점을 두어야 하며, 둘째, 실질적 적용에 있어서 보편적이어야 하며, 셋째, 전문직의 권력을 가능한 한 축소시키면서 보다 많은 참여가 가능해야 하며, 넷째 사회서비스의 핵심은 예방에 있다는 것이다.

05 기출 및 예상 문제

1. 에스핑-앤더슨의 복지국가 유형 중 조합주의 복지국가에 관한 설명으로 옳지 않은 것은? (14회 기출문제)

① 사회복지급여는 계급과 사회적 지위에 밀접하게 관련되어 있다.
② 사회보험원리를 강조하는 복지정책을 주로 활용한다.
③ 여성의 노동시장 참여를 강조한다.
④ 가족의 중요성을 강조하는 종교와 문화적 신념의 영향력이 강하다.
⑤ 오스트리아, 프랑스, 독일 등이 이 유형에 속한다.

정답 ③

Check

조합주의 복지국가는 남성생계부양자모델에 기초한다. 여성의 노동시장 참여를 촉진하는 것은 사회민주주의적 복지국가이다.

2. 에스핑-안데스센의 복지국가 유형 중 "자유주의적 복지국가"에 관한 설명으로 옳지 않은 것은? (12회 기출문제)

① 민간복지를 보완하는 국가복지 ② 사회보험 프로그램의 강조
③ 다차원적인 사회계층체제 발생 ④ 시장의 효율성 강조
⑤ 상대적으로 낮은 탈상품화 효과

정답 ②

Check

사회보험 프로그램을 강조하는 것은 보수주의적(조합주의적) 복지국가 유형에 해당하는 설명이다.

3. 복지국가 위기론이 등장하게 된 사회경제적 배경으로 볼 수 없는 것은?

① 신자유주의 이념의 확산
② 사회보장제도의 민영화
③ 국가의 사회복지서비스에 따른 의존문화의 양산
④ 1970년대 석유파동과 환율체계 붕괴로 나타난 스태그플레이션 현상
⑤ 국가의 재정위기

정답 ②

Check

사회보장제도의 민영화 경향은 복지국가 위기론이 부각되면서 국가의 재정적 문제를 해결하기 위한 대안으로 제시된 것이다.

참고문헌

강용규 외(2007). **사회복지행정론**. 경기: 공동체.

강욱모 외(2002). **21세기 사회복지정책**. 서울: 청목출판사.

강희갑 외(2016). **사회복지정책론**. 서울: 양성원.

구인회·손병돈·안상훈(2010). **사회복지정책론**. 서울: 나남.

국민연금공단(2015). 2016 알기쉬운 국민연금 사업장 실무안내.

김교환(2002). **현대복지국가론**. 서울: 교육과학사.

김귀환 외(2009). **사회복지정책론**. 서울: 21세기사.

김동국(1994). **서양사회복지사론-영국의 빈민법을 중심으로-**. 서울: 유풍출판사.

김상균(1987). **현대사회와 사회정책**. 서울: 서울대학교출판부.

김영모 편(1982). **현대사회문제론**. 서울: 한국복지정책연구소출판부.

김영모(2008). **사회정책**. 서울: 한국복지정책연구소출판부.

김정헌(2002). **복지정책론**. 서울: 대명.

김진욱(2011). **한국의 복지혼합**. 서울: 집문당.

김태성(2007). **사회복지정책 입문**. 서울: 청목출판사.

_____(2009). **복지국가론**. 서울: 나남.

나직균 외(2011). **사회복지개론**. 서울: 동문사.

남기민(2004). **사회복지정책론**. 서울: 나남.

_____(2010). **사회복지정책론**(제2판). 서울: 학지사.

닐 길버트·풀 테렐 저. 남찬섭·유태균 공역(2007). **사회복지정책론: 분석틀과 선택의 차원**(개정2판). 서울: 나눔의집.

박경일(2000). '사회복지프로그램진행과 관리기법', 사회복지평가제도의 진단과 개선방향-2000년도 추계학술발표 및 워크샵자료집. 한국사회복지행정학회.

_____(2014). **사회복지정책론**. 경기: 공동체.

_____(2016). **사회복지정책론**(4판). 경기: 공동체.

박병현(2003). **사회복지정책론**. 경기: 학현사.

_____(2011). **사회복지정책론**. 경기: 학현사.

_____(2011). **사회복지정책론: 이론과 분석**(개정3판). 경기: 학현사.

박석돈(2006). **사회보장론**. 경기: 양서원.

박지영 외(2010). **함께하는 사회복지 이해**. 서울: 학지사.

보건복지부 자립지원과(2016). 2016년 자활사업 안내.

사회복지교육연구센터(2015). **사회복지정책론**. 서울: 나눔의집.

__________________(2019). **사회복지정책론**. 서울: 나눔의집.

성규탁(1993). **사회복지행정론**. 경기: 법문사.

송근원·김태성(2008). **사회복지정책론**. 서울: 나남.

송근원 외(1995). 사회복지정책론. 서울: 나남.

신복기 외(2002). 사회복지행정론. 경기: 양서원.

안병영(1984). '복지국가의 태동과정의 비교연구'. 한국행정학보, 제18권 제2호. 한국행정학회.

양옥경 외(2004). 사회복지윤리와 철학. 서울: 나눔의집.

양정하(1992). 사회복지정책론. 경기: 양서원.

원석조(2006). 사회복지정책론. 경기: 공동체.

_____(2010). 사회복지정책론. 경기: 양서원.

_____(2016). 사회복지정책론(6판). 경기: 공동체.

윤석범(1994). 한국의 빈곤. 경기: 세경사.

이인재 외(2006). 사회보장론. 서울: 나남.

이정우(2013). 사회복지정책. 서울: 학지사.

_____(2013). 사회복지정책(2판). 서울: 학지사.

이정호(1987). "한국 사회복지행정 조직체계의 개선방안에 관한 연구", 경희대학교 대학원 박사학위논문.

이준구 외(1997). 경제학원론. 경기: 법문사.

임정문(2006). EBS사회복지학개론. 서울: 이그잼.

임정문 외(2009). 사회복지행정론. 서울: 21세기사.

채구묵(2009). 사회보장론. 경기: 학현사.

최봉기(2004). 정책학. 경기: 박영사.

최성재·남기민(1993). 사회복지행정론. 서울: 나남.

최옥채(1999). 사회복지실천론. 서울: 인간과 복지.

한국복지행정학회(2014). 사회복지정책론. 경기: 양서원.

허만영(2003). 사회복지행정론. 경기: 법문사.

현외성(2002). 사회복지정책강론. 경기: 양서원.

_____(2013). 사회복지정책강론. 경기: 양서원.

_____(2014). 사회복지정책강론. 경기: 양서원.

홍봉수(2011). 사회복지정책론. 경기: 공동체.

Alcock, P., M. May., Rowlingson, K.(2008). *The Student's Companion to Social Policy* (3rd ed.). Oxford: Blackwell.

Baldock, J., Manning, N., & Vickerstaff, S.(Eds.)(2007). *Social Policy*(3rd ed.). Oxford: Oxford University Press.

Barr, N.(1987). *The Economics of the Welfare State*. Lodon: Weidenfeld & Nicolson.

Barusch, Amanda Smith(2008). *Foundations of Social Policy: Social Justice in Human Perspective*(3rd ed.). Brooks cole.

Birgit, M.(2000). "Formel 1 der neuen Sozialdemokratie: Gerechtigkeit durch Ungleichheit. Zur Neuinterpretation der sozialen Frage im globalen Kapitalismus", in Prokla: *Zeitschrift für kritische Sozialwissenschaft, Jg. 30*, Nr. 4.

Blakemore, K.(1998). *Social Policy: An Introduction*. Buckingham: Open University Press.

Burden, T.(1998). *Social Policy and Welfare: A Clear Guide*. London: Pluto Press.

Chambers, Donald & wedel, Kenneth(2008). *Social Policy and Social Programs: A Method for the Practical Public Policy Analyst*(5th ed.). Boston: Allyn and Bacon.

Daniel, Ch.(2001). "Les politiques sociales françaises face au chômage", in Ch. Daniel et B. Palier(éds.), *La protection sociale en Europe. Le temps des réformes*. Paris: La documentation française.

DiNitto, D. M.(1995, 2000). *Social Welfare: Politics and Public Policy*. Boston: Allyn and Bacon.

DiNitto, D. M. & Cummins, L. K.(2007). *Social Welfare: Politics and Public Policy* (6th ed.). Allyn & Bacon.

Donald, Ch. & Kenneth, W.(2008). *Social Policy and Social Programs: A Method for the Practical Public Policy Analyst*(5th ed.). Boston: Allyn and Bacon.

Dunn, W. N.(1994). *Public Policy Analysis: An Introduction*. Englewood Cliffs. New Jersey: Prentice Hall.

Gilbert, N. & Terrell, P.(1988). *Dimensions of Social Welfare Policy*. Boston: Allyn & Bacon.

Gilbert, N. & Terrell, P.(2009). *Dimensions of Social welfare Policy*(7th ed.). Boston: Allyn & Bacon.

Hudson, J., & S. Lowe(2004). *Understanding the Policy Process: Analysing welfare policy and practice*. Bristol: The Policy Press.

Klaus, D.(1999), "Die SPD in der Zerreißprobe: Auf dem 'Dritten Weg'", in Klaus Dörre, Leo Panitch und Bodo Zeuner, u. a., Die Strategie der 'Neuen Mitte': Verabschiedet sich die moderne Sozialdemokratie als Reformpartei?. Hamburg: VSA.

Malcolm, P. & Stewart, G.(2002). *British Political History 1867～2001: Democracy and Decline*. London: Routledge.

Rejda, G. E.(1999). *Social Insurance and Economic Security*(6th ed.). New Jersey: Prentice-Hall.

Smith, B. A.(2008). *Foundations of Social Policy: Social Justice in Human Perspective* (3rd ed.). Monterey: Brooks cole.

Uwe, J.(2000). "Die Transformation der Sozialdemokratie: Der Dritte Weg, New

Labour und die SPD". in *Zeitschrift für Politikwissenschaft. Jg. 10*, Nr. 4.

Wolf-Dieter, N.(1999). "Gegenwart und Zukunft einer Illusion: Rotgrün und die Möglichkeiten gegenwärtiger Politik", in *Zeitschrift für kritische Sozialwissenschaft, Jg. 29*, Nr. 3.

World Bank.(1994). *Averting the Old Age Crisis Policies to Protect the Old and Promote Growth*. Oxford: Oxford University Press.

Wright, B. A.(1988). Attitudes and the Fundamental Negative Bias: Conditions and Corrections, In H. E. Yuker(Ed.), *Attitudes toward Persons with Disabilities*. New York: Springer.

찾아보기

인명 색인

저자소개

임정문

성결대학교 대학원 사회복지학 박사
EBS교육방송 강사, 이그잼 고시학원 사회복지학 교수, 경복대학 겸임교수, 고려직업전문학교 교수
현) 포천 다문화가정지원센터 부소장, 은평여성인력개발센터 운영위원, 경민대학교 교수

저서

EBS사회복지개론, 사회복지개론, 사회복지정책론, 사회복지행정론, 노인복지론 외 다수

신미애

대진대학교 행정학 박사
일반직공무원 경력경쟁채용 면접시험 평가위원, 포천시 주요업무 평가위원, 포천시 성과관리 위원회, 보훈학회 홍보대외 협력 부위원장 및 재무이사
현) 대진대학교 공공인재대학 공공서비스관리학과 교수

저서

한국의 사회문제(윤성사), 지역사회복지론(동문사), 가족복지론(동문사)

원유나

위덕대학교 사회복지학 박사
포항교육지원청 근무, 안강지역아동센터 센터장
현) 성운대학교 조교수

이지복

한국외국어대학교 대학원 행정학과 행정학 박사
알권리연구소 이사
서울시 영등포구 정보공개심의회 위원
현) 서정대학교 글로벌융합복지과 교수

저서

정신건강론(2018), 청소년활동론(2017)

나직균

성결대학교 사회복지학과 및 동 대학원 졸업
사회복지법인 굿네이버스, 대림대학교·성결대학교·세계사이버대학·순천제일대학교 강사
사회복지사 1급 국가고시대비 전문 강사
현) 아세아연합신학대학교 평생교육원

저서

사회복지정책론(공저, 2008), 아동복지론(2008), 사회복지행정론(공저, 2009), 노인복지론(공저, 2010), 사회복지개론(공저, 2011), 자원봉사론(공저, 2012), 인간행동과 사회환경(공저, 2013) 외 다수

사회복지정책론

초판 1쇄 발행 / 2020년 3월 5일
초판 7쇄 발행 / 2026년 1월 5일

•

공저자 / 임정문·신미애·원유나
이지복·나직균
발행인 / 이 중 수
발행처 / **동 문 사**

•

서울특별시 서대문구 홍제원 1길 12
(홍제동 137-8)
Tel: 02)736-3718(대), 736-3710, 3720
Fax: 02)736-3719
등록번호: 1974.4.27. 제9-17호
가격: 25,000원

•

ISBN: 979-11-6328-131-3 (93330)
E-mail: dong736@naver.com
www.dongmunsa.com